ハロー！バックステージ III

CONCERT STAGE EXCITE Special

地を揺るがすサウンド、
めくるめく光の乱舞、何万という観客の歓声、
そして憧れのアーティストと同じ空間を共有している一体感。
ライブ・ステージに足を運んだ人は五感を通じて非日常な体験をします。
こうした特別な空間は、出演アーティストだけではなく、
数多くのスタッフによって支えられているのです。

本書では、日本のスポーツとエンターテインメントの歴史に残るコンサートやイベントを取り上げて、
そこで活躍したスペシャリストたちの知られざるノウハウやエピソードの数々を紹介します。

Concert Stage Excite Special

サザンオールスターズ

特別ライブ 2020

「Keep Smilin' ～皆さん、ありがとうございます!! ～」

Photo：高田梓

ハロー!
バックステージ
III

Concert Stage Excite Special

DREAMS COME TRUE

史上最強の移動遊園地
DREAMS COME TRUE WONDERLAND 2015

読売新聞
ME TRUE
DREA
RLAND
WON

Concert Stage Excite Special
矢沢永吉
EIKICHI YAZAWA
69TH ANNIVERSARY TOUR 2018　STAY ROCK

Concert Stage Excite Special

安室奈美恵

Final Tour 2018 ～ Finally ～

25
THAN
I

Concert Stage Excite Special

MISIA

20th Anniversary

THE SUPER TOUR OF MISIA
Girls just wanna have fun

Concert Stage Excite Special

氣志團

氣志團万博 2018 ～房総爆音爆勝宣言～

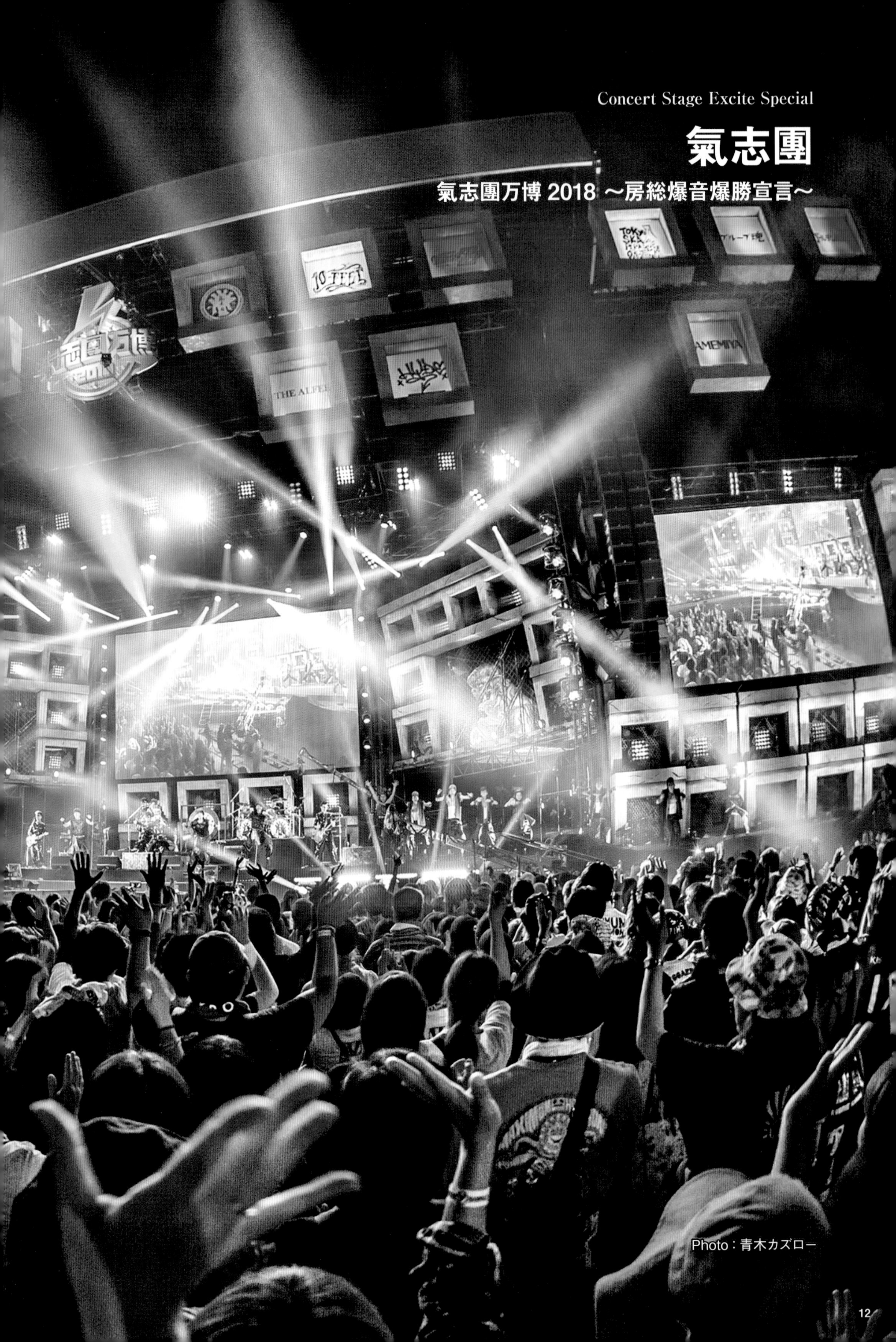

Photo：青木カズロー

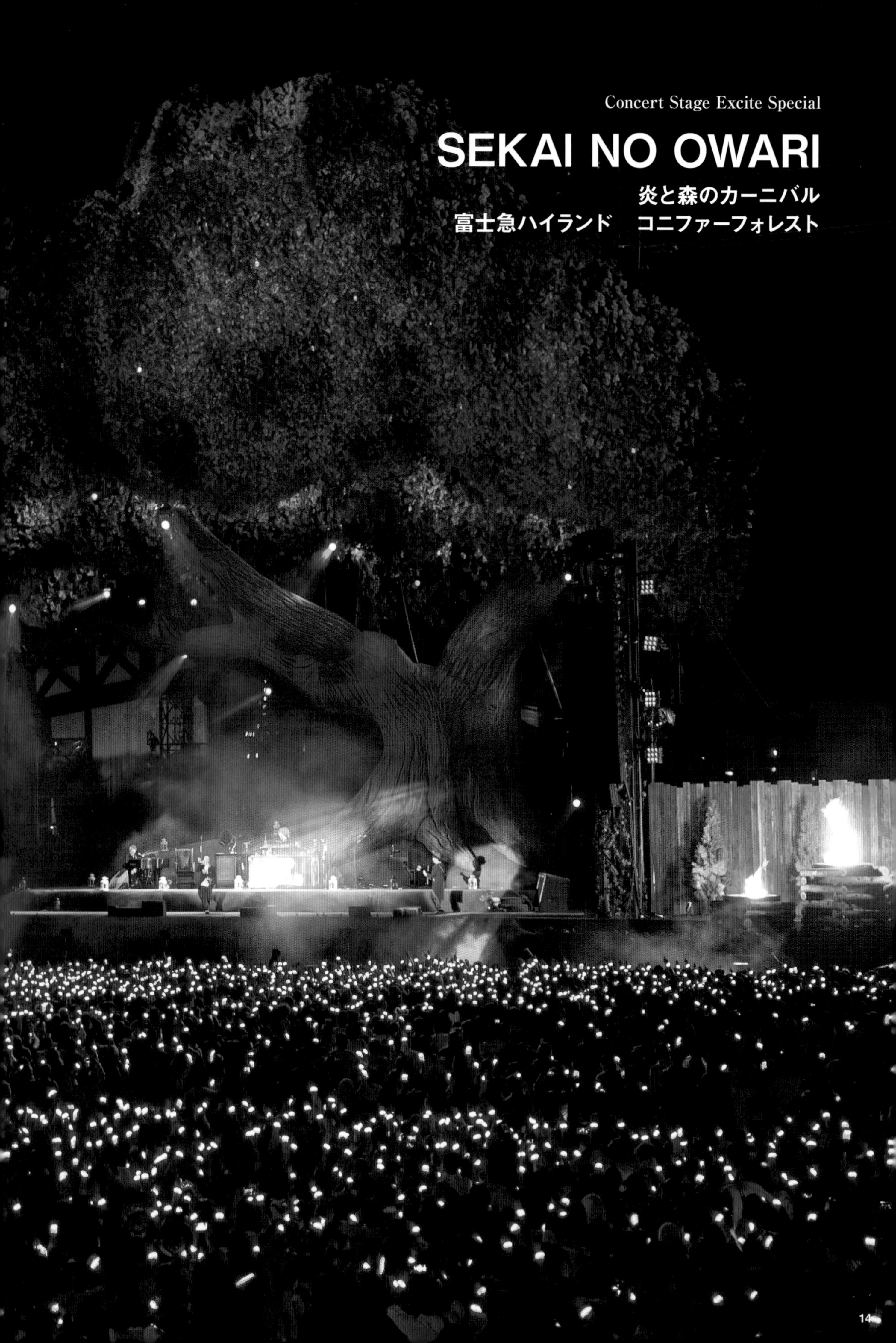

Concert Stage Excite Special

SEKAI NO OWARI

炎と森のカーニバル
富士急ハイランド　コニファーフォレスト

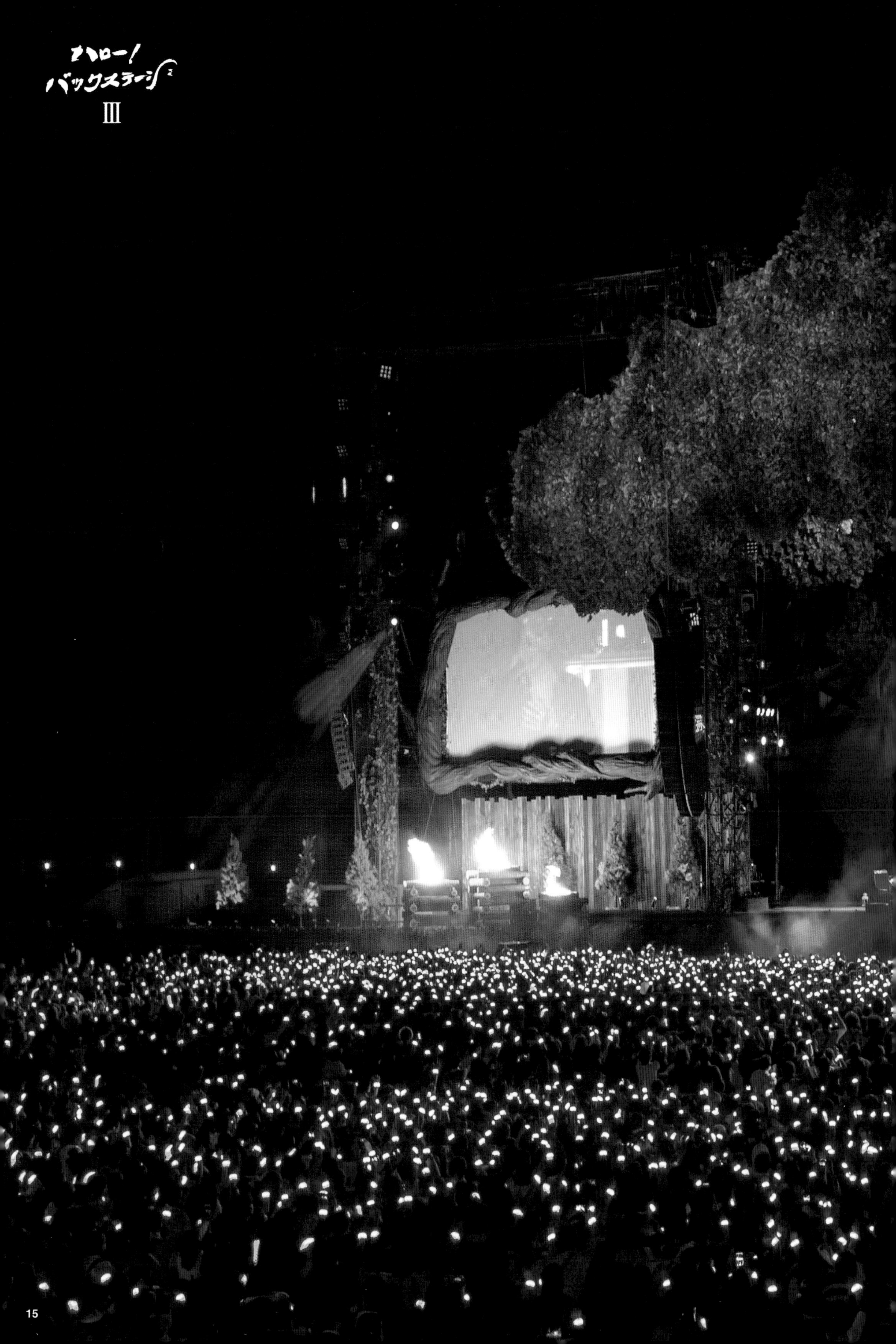

Concert Stage Excite Special

東京コミコン 2018

Concert Stage Excite Special

松任谷由実

TIME MACHINE TOUR
Traveling through 45years

© Seitaro Tanaka

写真提供：天皇陛下御即位奉祝委員会

Celebration Excite Special

天皇陛下御即位をお祝いする国民祭典

長渕剛
10万人オールナイト・ライヴ 2015
in 富士山麓

日程：8月22日（土）～8月23日（日）
会場：ふもとっぱら（静岡県富士宮市）
〈DATA〉
会場面積：35ヘクタール（東京ドーム 約7個分）
ステージ上タワーの高さ：43メートル／総重量：174トン
舞台幅：120m／奥行き：77m
鉄板枚数：932枚／総重量：1,495トン
敷き面積：13,940平方メートル
鉄骨総数：38,130本
設置されたトラスの総延長：1,289メートル
照明総台数：1,226台／総重量：37トン
LED枚数：1,582枚
大型トレイラー：160台／重機：30台
スタッフ総数：2,995名
設営開始から撤去まで：43日間

長渕 剛

10万人オールナイト・ライヴ2015 in富士山麓

富士山麓の大地を揺さぶった民衆の歌とはなんであったのか？

※ 2016 年発行『イベントマガジン BANZAI Vol.44』より

いまや伝説となった「富士山麓 10 万人オールナイトライブ 2015」を終え、長渕剛は何を考えるのか？ ライブの実現に向けて立ち塞がった困難の数々や、そこから見えてきたライブ自体の意味とは何か。そして来るべき未来に向けて、わたしたちは何をなすべきなのか。

インタビュアー **島村仁**
（ラジオパーソナリティ）

1974年12月4日生まれ。FM局でラジオパーソナリティを務め、FM PORT「BEAT COASTER」（月～木）等を担当。また2008年より「Jin Rock Festival」を主宰。

原稿構成：岩本太一　撮影：辻徹也、西岡浩記

10万人の仲間と仕掛けた富士山麓でのストライキ

――2015年は長渕さんの人生の中で一番充実した年だったんじゃないですか？

長渕　本当にきつい一年でした。11年前の桜島も苦しかったけど、それと富士山とは意味合いが違いました。今回のライブはいわゆる「ショー」ではないんです。来てくれた10万人の内の何人があの場の〈真実〉を感じ取ってくれたのか……準備している間もずっと不安でした。スタッフや長年連れ添った仲間であっても伝わってないな、という瞬間が見受けられたしね。彼らが有能なスタッフなのは間違いないんだけど、どうして富士山なのか？　どうして10万人なのか？　その覚悟がどこまで共有できているのかを絶えず自分に問いながら本番をむかえたので、僕自身は衰弱の一途でした。死ぬ覚悟で臨みましたからね。

――いまも現在進行形で富士山麓ライブを検証されているんでしょうか？

長渕　何度も問い返しています。今回のライブは、ある意味では神に祈りを捧げる「神事」だったと思うんです。アーティストが自身の夢を追いかけるライブとはまったく違っていました。浅間大社に「富士の国」という曲を奉納しましたが、古来から歌や能は「祈り」から生まれてきました。そうした根源的な姿に立ち返る意識があったんです。古代には「生け贄の儀」がありますが、「ひょっとしてもう自分を捧げるしかないのか！？」なんて思ってました。

――「生と死の50日間」と表現されてましたよね。

長渕　一つのステージを作るということはどういうことなのか？　命を懸けたとび職が何百人と現場に集まって、あの大きなステージが出来ました。その人達が何を思い、われわれの神でありシンボルでもある富士にどういう気持ちで臨んだのか……その真意を手繰り寄せたかったんです。でもそう考えれば考えるほど、自分の中で定まってきたのは、もう誰かが血を流さないとわからないのかなぁ……ということでしたね。残念ですけどね。そこまでしないと金至上主義に冒されて心を置き去りにしているエンターテイメント産業は気づけないんじゃないか。震災から4年間、僕たち日本人は多くのことを感じたはずです。そこから始まったのが今回のライブです。お客さんとは別にスタッフだけで二千数百人が富士に集結しています。スタッフだけで二千数百人というのは、生涯ないと思いますよ。

――想像がつかないような巨大なステージでしたね。どんなイメージでつくり上げたんでしょうか？

長渕　人間の心の縮図は三角形なんだと思います。一つの頂点とそれを支える底辺があって、下からずーっと上がっていかなければ頂点に届かない。たとえば家族だったら、頂点に主が立ち、底辺では母が支える。この関係性がなくなると家庭はバラバラになってしまいますよね。そういう人間が本来あるべき根源的なイメージをコンセプトにステージをつくりました。「メカ富士」という人もいましたけど、富士山というのはなんだろうかとも考えましたね。富士山を見ると、人はその頂上を見るのが普通で、その大地にはなかなか目がいかない。でも富士山は雪が積もった頂上から、ずーっと下がっ

ていって一番下には海抜0メートルに駿河湾がある。その高低差の中に富士山はある。だから5合目から登ったとしても本当の富士の雄大さ、頂上へたどり着く苦しみはわからないですね。そう考えたとき、下から上までを含んだ三角形というのがすごくフィットした。

設営はすごかったですよ。瞬く間にしてあのステージが出来上がりましたから。何もない更地に、鉄パイプを刺して、鉄板を引いて、あくまでも大地を借りる身分ですから傷つけないように意識して、人間の手で組み上げていく。ピラミッドと一緒ですよね。土台からどんどん積み上がっていき、最後に頂点ができ、シンボルとなる旗をたてて完成です。これだけのステージができたから、ステージの演出イメージも膨らみました。国政の中心である国会から、震災の被災地をふと考えました。政治はオリンピックに何十億とお金をかけてますけど、それこそわれわれ人間の力を総結集すれば、シミズオクトの連中がどっと集まれば何もなかった大自然の中にあれだけのものを作れてしまう。そして一夜にして何もなかった自然の大地に戻すことだってできる。これだけの叡智があるならオリンピックに浮かれる前に、いま被災して悲しみの淵にいる人たちに住宅を作ってくれよ。そういうメッセージもあったんです。

――そもそも10万人オールナイトライブは震災を受けて始まったものですよね。

長渕　震災が僕の着火点だったのは確かです。被災地に行った時、くそったれ！という気持ちで東京を睨んだら、その先に富士山があった。富士山が見えてきたんです。でも富士山といっても広いですからね。最初に入った東富士では現代日本が抱える大きな自己矛盾をみました。この夏、まともな議論もされぬまま安保法案が可決されましたが、その一番の矛盾を強いられている自衛隊の演習場がそこにはあるんです。彼らは戦争に行きたくて演習しているわけではないのに、今では戦争に行かざるを得ない事態になった。「大義」という言葉の欺瞞と、それに使われる人たちが現実のなかで葛藤する姿はけっして無視できないし、戦争が始まったら必ず犠牲になる次世代の子どもたちの存在も決して無視できない。国会前のデモは無視され、国会議員は無責任にものごとを決めてしまう時代、民衆の声が顧みられない時代に、表現者としてやるべきことは一つしかない。それは「叫ぶ」「吠える」「怒る」です。ダメなものはダメだと正直に言わないといけない。今回のオールナイトライブはそのことを命懸けで叫ぼう、10万人の仲間とストライキを起こそう、そう考えてスタートしたんです。

「信頼」という表現の根源的力を探し求めて

――そして1曲目は「JAPAN」でしたね。

長渕　これしかなかったですね。僕だけでなくスタッフの意見も「JAPAN」でした。スタッフ一丸となって日本というものの自尊を取り戻したいという想いがあったんです。

――本当はドラムのカウントから始まるはずだったけど、大型スクリーンに長渕さんの姿が映った瞬間に突然「おおJAPAN」と始まったと聞きました。

長渕　あそこは予定外だったけど、ピッタリ合ったね。やっぱり素晴らしいスタッフなんです。50日にも及ぶリハーサルと、全国ツアーも一緒にやっていますからね。ローレンとピーターは、最初は僕のことをクレイジーだ、冗談じゃないと思っていたらしい。（笑）一夜のためだけに本番さながらのステージをスタジオに組んで長期間リハーサルをして、これは狂っていると。でも僕は寿司屋で彼らと富士の意味をじっくり話したんですよ。そしたら彼らは二つ返事で「やろう！」と言った。それが僕は嬉しかったな。本番に突っ込む何日か前に、彼らがスタッフに「俺たちもサムライになるんだ」って言ったと。同国の同志よりもアメリカの戦友がそんなことを言ってくれるなんてね。あれだけ日本の国旗が振られるステージは、もう一生ないだろうし、それを見たアメリカ人は何を感じたんだろうか。でもあの国旗は排外的なものではなくて、むしろその中に彼らアメリカ人も溶け込んでいった。この構図は僕もすごく嬉しかったですね。

――一つになりましたよね。DVDのドキュメント映像でも映像や照明などのセクションに対して「今までやっていたありがちな仕事を捨ててくれ」と呼びかけています。

長渕　それはやっぱり意識の差なんですよ。そうじゃなければあんな風に国旗がたなびかないし、拳も挙がらない。そこまで自分を追い込んで、自分の役割に120％の力で神に捧げられるかどうか、意識の問題なんです。本番の数日前というタイミングで、僕がああいう話を映像部や照明部にしなければいけないという状況があるってこと自体、どれだけ自分がギリギリのところに追い込まれていたかと思う。僕はステージで10万人を牽引して朝日を引きずり出すことに集中しなければいけないのに、そうはいかなかった。その意味では舞台設営は本当に素晴らしかったですね。鉄兵率いるシミズオクトの人たちと、とび職の人たちが、本当に一生懸命仕事をしてくれたおかげで、予定よりも早くに設営が完了した。クリエイター部隊は逆に何をやってるんだという状況でしたから。

――照明は大切にしている部分ですよね。過去に一番大切だとおっしゃっていたこともありますよね。

長渕　そのことを何年も言い続けているんだけど、なかなか理解してもらえないね。みんな仕事が官僚的なんですよ。たとえばいまホームページを新しく作るとしますよね。すると、デザイナーというセクション、写真を撮るセクション、文章を書くセクション、と分かれてしまってみんなバラバラなんです。デザイナーに会うと、みんな異口同音に「写真と原稿はどれですか？」と言って自分の仕事の領域に線を引く。デザイナーとして素

材をネットに上げることしか考えてない。人間と人間の会話をまったくしないんですよ。インターネット言語しかしゃべらないし、ずっと業界の中で生活してしまっている。でもこれは大間違いです。こんな生活を一年も続けると人間は言葉を忘れます。インターネットはまだその歴史が浅いですけど、現代に起きていることは照明も音響も一緒です。そうなってしまったら表現の次元で話ができない。僕が「この色は赤か？」と訊くと機材をみて「赤です」と答えるんだけど、それはいまこのステージで求められている赤じゃないわけよ。「赤というのは、血の赤だ」といっても、機械の設定されている赤を出すだけ。「こういう赤もありますけど、この赤で大丈夫ですか？」という会話がない。こっちは信頼して任せているのに、コミュニケーションがないまま本番前日にそんなことが起こる。それぞれ自身の中の感覚、「血の赤といわれたら、これだ」というものがなければ、単に機械に使われるだけでそれは表現じゃないよね。

——ライブというのは当然一人の力ではできませんよね。長渕さんにとって「チーム」とはどういうものなんでしょうか？

長渕　いくつもの三角形の塊といえばいいのかな。それぞれのセクションの頂点に立つ人が、末端で動く人がどんなことを考えて動いているのかを理解し、末端にいる人はどういう思想でものを作っているのかを理解し、意識を固めていく。どのセクションにもそういう三角形の構図はありますよね。そしてそれぞれの三角形の頂点にいる人たちは、自身が指揮者となり得るのか、絶えず自分で問い詰めていかなければいけない。そういう指揮者たちが集うことで大きな三角形になっていくんで、今回はもっと自分が積極的に参戦しておけばよかったな、という後悔や反省ばかりですよ。任せてしまったことが良くなかった。

——そういう意味では今回の「勇次」は象徴的ですね。長渕さんは〝信頼〟と叫ばれていました。このとき「勇次」にこめられた思いはどんなものだったんですか？

長渕　第一部の最後で「勇次」を歌いきったときには、「チーム」や「信頼」のもっとも究極のかたちをすべてのスタッフ、すべてのお客さん、それからセキュリティスタッフもフードコートにいる人にもすべての人に伝えたかった。それはなにかというと、もう最後だということです。僕はもう「勇次」を歌わない。「乾杯」を歌わない。「とんぼ」を歌わない。旧譜などくそくらえ、もう生涯歌いたくない、その決意であそこに立ってましたからね。それがどうして「信頼」なのか？　毎年毎年「勇次」を歌う度にクラッカーが鳴らされて、それが定式化していく。そのことは僕の音楽活動の軌跡からしたらとてもありがたいことです。僕がやれと言わなかったことを、みなさんが主体となってクラッカーを隣の人に渡し、その輪が広がっていった。ここまでは本当に素晴らしいことです。でも僕はもう一つ深い次元で、みんなと信頼を作ってきたんです。それはそれぞれが自分の生活に戻ったとき、そこで「勇次」が生きていてくれよ、という想いで。そのためには「勇次」は一度死ななければならない。だからもう歌いません。最後に歌うという覚悟で選んだセットリストでもあったんです。そうして「勇次」は富士で死にました。過去の遺産に自分が酔いしれて、どれだけ旧譜を歌い続けてきたか……そういう歌で万の拍手をもらう僕の姿はもういいでしょう。あとはみんながそれぞれに歌って欲しい。それぞれの心の中で生きている歌であって欲しいんです。僕は新しい歌を作らねばいけません。時代は動いているのですから。その歌が感動できなかったとしたら現役引退だな。いつまでも同じ歌を歌うなんて嘘ですよ。

太陽の光の中で、生々しい僕の歌を愛してくれた人々が、僕の頭を一生懸命撫でてくれた。そのことが、ただただ嬉しかった

生とは、死とはなにか……
僕の歌は、そこから
もう一度始まる、何度でも始まる

——10万人ライブが終わり、「孤独」という言葉を口にされていましたが、いま孤独を感じていますか？　それともスタッフを含め10万人と歌った連帯を感じているんでしょうか？

長渕　それは微妙です。集まってきてくれた人たちと、歌を通じて生まれた信頼が織りなす光景というのは、天国の絵図のように苦しみと喜びの両面が同居しているものなんです。そしてそれは一夜にしてできるものではない。僕の何十年もかけてここまで辿り着いた苦しみ、それ

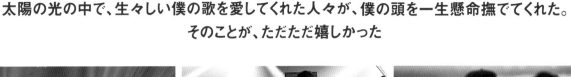

からみんなが歌を通じて何十年かけてここまできた人生、そういった無数の命が、あの一夜に炸裂した。富士の眼前に太陽が昇ったのも、みんなが太陽を信頼していたからこそ。「これからも信じていたい！」、そう思わせる人間と人間のあいだの友情の証であった。

――実際、まさか日が昇るとはという思いでした。雲が切れ、朝日が顔を出し、富士の輪郭が鮮やかに浮かび上がる……朝日を引っ張りだしたという感覚はあの場にいないとわからない感覚かもしれません。実際、朝日を見てどう思いましたか。

長渕　「くそったれ」という思いですよ。太陽の光を浴びて涙を流すみんなの顔を見たときは一番幸せでした。その中に埋没して死んでもいいと思った。だから、客席の方に頭を突っ込んだんですよ。そうしたらお客さんはパニックを起こすどころか、頭を撫でてくれました。神様が僕の頭を撫でてくれるんじゃなくて、生々しい僕の歌を愛してくれた人々が、僕の頭を一生懸命撫でてくれた。そのことが、ただただ嬉しかったですね。眼前に現れた太陽は、歌をパイプに人々の思いが一つになったその心を、宝石のように照らしてくれた。僕も泣きながら歌った。ああいう瞬間は生涯忘れない。僕はみんなの中に溶けいってましたから。

――年が明けて２０１６年、還暦を迎えますが、どのように考えていますか？

長渕　僕は還暦に全くこだわっていないですね。そういう区切りよりも、僕はいつ死ぬのか、ということにこだわっています。生と死というものは、問うべき価値ですから。肉体はやがて滅びるということを、僕の戦友でもある愛犬レオがその体で教えてくれました。本当はもっと生きられたんだろうけど、レオは痛いも苦しいも言わなかった。あっという間に死んだんです。前日までは僕が深夜に帰ろうともレオだけは僕を迎えにきてくれた。僕が「おやすみ」って言った次の朝ですからね。レオは横たわって天を仰ぎ、立ち上がれないもどかしさに、僕と目を合わせようとしなかった。すぐさま病院に直行しましたけど、脾臓破裂でした。そこに至るまでどれほど痛かったか。仲間の痛みに気付けなかった自責の念に、今も囚われています。レオの骨と毛皮は肌身離さず生涯持ち続けることになるでしょう。彼の死に様を見たとき、僕は初めて一緒に焼き場に放り込まれて焼かれたいと思った。父や母や友人の死ではそんなこと一つも思わなかったのに、どうしてレオにはそう感じるのか、そこから僕は考えなければいけない。

――レオは桜島の年にハンガリーからやってきて、富士を見届けてあの世にいってしまった……。

長渕　僕は命なんか惜しいと思わないです。ついこの前までは、老人になって、骨になって、最後の歌を歌いますなんて言いながら死ねたらいいな、と言ってましたけど、そういう生き方ではないと感じています。いつどうなってもいいと思えるような生き方、死をしっかりと意識しなくてはいけない。それはレオの急死からも教えられました。まさかという事態は自分にだって起こり得るし、他の誰かにも起こる。死を見つめるということは未練を残さずにいまを生きていくことに繋がっている。

いまは毎日富士山の映像の編集作業に追われています。ドキュメントは特に観ていただきたいですね。業界の重鎮たちが来ていただけるかわからないですけど、試写会をやって、富士山のライブの正当な評価と賛否を仰ごうと思ってます。それが決着したら、次に進みます、日本という国に、社会にどう自分が向き合っていくのか。僕は歌い手なので、新しい歌でそれを考えたい。でももう20代30代とは違って生きている時間が少ないですから、時間の感覚がちょっと違いますね。一曲一曲ごとに自分の矢の指し方に、表現は穏やかであっても、心中はものすごく強烈な刃を持っていなければならない。表現者としてはきわどいところで生きなければその価値はないですからね。そしてその歌が十代に刺さらなければ僕は終わりです。若者たちに本物の強烈さ、本気で生きること、情熱を絶え間なく流し続けることの豊かさ、上の者に噛みつく反骨の魂、それらを伝えて「さらば！」と死ぬのが僕の夢です。（了）

シミズオクト会長

長渕剛×清水卓治

清水：長渕さんが忘れられないコンサートは？

長渕：僕が忘れられないコンサートはいくつかあって、ブルース・スプリングスティーンの日本来日公演、サイモン&ガーファンクルが再結成した後楽園球場。僕自身がほとんど無名の頃、南こうせつ先輩に引っ張り出されてツアー60箇所の前座をやったコンサート。あとは初めての日本武道館も忘れられないですね。古くから武道の歴史が続く武道館は、良い意味での圧力があります。日本武道館っていう響と、独特のホール感はやはり特別です。

清水：武道館のコンサートは、センターステージでしたよね。センターステージは、私たちからすると非常にやりにくいんですよ。全方向から見えるように、飾り付けをしなければいけないので。そこで長渕さんがギターだけでやるというのは、驚きましたね。

長渕：誰もやったことがないことを、僕はホールでいろいろやらせていただきました。その度に亡くなったあにいを困らせては「おめーはよ!」と、東北訛りで協力してくれました。あにいは親分気質で、今はああいう人がいなくなりましたけど、西日本シミズの鉄兵が、その意思を汲んでいるように思います。

清水：これからも皆を驚かせるようなコンサートを楽しみにしています。

長渕：また僕も無理難題を言わせてもらうかもしれないので、その時は仲間になってください。

シミズ舞台で功績を残したあにいこと菅原秀隆

Concert Stage Excite Special

嵐

This is 嵐 LIVE 2020.12.31

株式会社シミズオクト創業90周年記念誌

ハロー！ バックステージⅢ

Octo Hall

目次

シミズオクト 90周年に向けて

松任谷正隆

音楽プロデューサー
有限会社雲母社 代表取締役社長

シミズオクトってそんなに古かったんですか……。失礼しました。僕はずっと若い会社だと思っていたもので。若いスタッフが多いってことなのかなあ。それとも体質が若いってことなのか。でも確かに、思いだしてみると袖ケ浦の工房には温泉もあったからなあ。袖ケ浦と言えばあの温泉*ですよ。まだあるんでしょうか？　袖ケ浦に通ってリハーサルをしていた頃、毎日のように入っていましたから。ひとりでね。何という贅沢な……。あのとき、なんであんな温泉があるのか、よく分からなかったけど、90周年と聞いて今分かりました。おじいさんもいたってことだったんですね。

冗談はともかく、本当に長い間シミズさんにはお世話になっています。いいデザイナーも着々と育っているようですね。それに今ツアーについて回ってくれているオペレーションスタッフもとても優秀です。とにかく若い。そして吸収が速い。さらに柔軟性が高い。仕事が丁寧……と褒め殺しはこれくらいにして……。

1999年のシャングリラを始めるとき、僕は故マーク・フィッシャーにデザインをお願いしました。そうしたら彼は興味を示すどころか、そんなものリングを作ってクマを出しておけばいいんだよ、とめちゃくちゃ素っ気なかったんです。全く興味を示さなかった。でもいやいやスケッチは描いてくれた。テーマは僕が出任せに言った「妖精の森」だったかなんだったか。スケッチを見たときにはあまりピンとは来なかったんですが、まあ、これでいくしかないだろう、と。さあ、ここからがシミズの仕事ですよ。あのスケッチを何倍にも膨らませて、本当に素敵なセットが出来上がりました。あれが組み上がったときの感動は今でも忘れません。おおっ！……なんてロシア人達と声を上げましたから。スケッチだけ描いてあとは知らん振りをしていたマークも声を上げました。そして僕にこう言ったのです。「マンタ、俺たちはすごいものを作ったぞ！」もう死んじゃったから言えませんけど、言ってくださいよ。「ばかやろう、作ったのはシミズだ！」と。

ただ、マークからシミズのスタッフはいろいろと吸収をしましたよね。パースの作り方、エイジング、いろいろ、です。今のシミズにはマークの血が流れている、とさえ思っています。

舞台は人が夢を見るところ。夢を見せるために必要なことは一にも二にもイマジネーションではないでしょうか。もちろん、それを裏付ける知識も必要です。知識の無かった僕を育ててくれたのもシミズだったりします。ここまで一緒にやってこられて本当に良かったです。相性も良かったのかな。いや、温泉が良かったのかな。

僕はもう70歳で、考えられることも古くなって来つつあります。でも舞台が無くなることは絶対にない。形態がどんなに変わってもお客を入れたショーは必ず未来永劫になくならないと断言出来ます。まあ、僕が死んだら天国か地獄かわかりませんが、そこからシミズの活躍を見させてもらうことにしますよ。900周年を迎えたら、どこからかわかりませんが表彰状を出しますね。

*ステージの廃材を焼却する熱を利用して何かできないかという意見がきっかけで「清水温泉」が千葉スタジオ内に作られ、ゲネプロスタジオをご利用のアーティストやスタッフの皆様にご利用頂いています。

ハロー！ バックステージⅢ 刊行に当たって

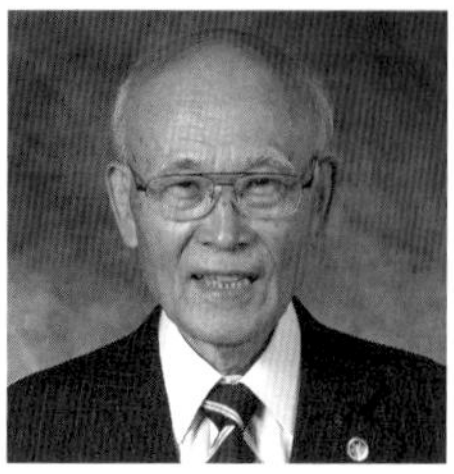

株式会社シミズオクト 代表取締役会長

清水卓治

２０１３年に『ハロー！ バックステージⅡ』を刊行いたしましたが、このたび、その後のイベントの急速な展開、並びに先代・清水芳一没後50年を数え、ここまで永く事業承継しましたことの、関係の皆様のご支援、ご芳情に改めて感謝申し上げるべく、創業90周年記念誌『ハロー！ バックステージⅢ』として発刊いたします。

平成23年（２０１１）、東日本大震災が発生し、地震、津波、そして原発事故と大惨事となりました。

あらゆるイベントはストップ状態となりましたので、事業経営上、呆然自失の状態が続きました。以後、世情が落ち着くにつれて、イベントが復活、我々も大いに励まされました。

平成時代の終わりから令和にかけて、ライブコンサートツアーはそれまでの以前にくらべ一段と大型化し、長渕剛さんの富士山麓10万人コンサートや、安室奈美恵さんのラストコンサート、ＳＭＡＰや嵐などの類例のない超ド級ツアーが集中しました。

また、音楽フェスやカウントダウンイベントは真夏や年末の風物詩として、若者の夏休みや冬休みに欠かせない楽しい生活の一部となりました。

また、ラグビーワールドカップや、各種スポーツリーグの普遍化、そして「東京２０２０オリンピック・パラリンピック競技大会」開催へと時代は大きなうねりとなってスポーツのビジネス化を発展させました。シミズオクトは、スポーツ施設サービスの専門家を目指して、あらゆる努力を重ねて参りました。

今年は創業者の清水芳一が昭和47年（１９７２）に亡くなりましてより丁度50年目となります。75歳で倒れるその日まで、プロ野球の木戸番の現場に立ち、シミズで働くすべての人々の団結とチームワークの源でありました。

50年以前は企業の形には程遠い徒党に近い存在でありましたが、興行やスポーツの浮沈や変化の激しい世界で、先代の仁徳は次第に認知され、多くの公共団体、公益団体より取引を頂いておりました。先代の周りにいた人達は独特のシミズ・スピリットがありました。

特に、「１９６４年 東京オリンピック」を機会に会社組織となり、オリンピックに参加する遍くいろいろな種目に携わることとなり、先代没後50年、連綿とこの仕事を我々は引き継いで来ました。先代は「１２５歳まで生きる」と語っていたことを記憶しておりますが、２０２１年が丁度その年に当たり、「東京２０２０オリンピック・パラリンピック競技大会」が行われたのであります。先代の霊魂との奇しくも深い縁を感じます。清水芳一はさぞかし心弾み、我々の仕事ぶりを見守っていたことでしょう。

また、先代と一緒に働いた幹部ばかりでなく、シミズオクトの今日を築いてくれた多数の幹部職や諸先輩たちも、時代とともに物故され、思い出を伝える必要を感じております。スポーツが好きなだけでシミズに入った方々は、組織だった秩序のない時代、個人個人の無限の努力や苦しい思いに堪えて、その場その場で知恵を働かせ、シミズなりのやり方を高め、能力を発揮して来ました。

令和の今、国際的スポーツ競技大会を機会に入社された多数の社員の方々に、実務上の知識や経験ばかりでなく、その根本にある「シミズ・マインド」を『ハロー！ バックステージⅢ』刊行を機会に是非とも汲み取っていただきたく存じます。

初めに例を挙げたように、本書にはたくさんの大型イベントが掲載されますが、どの会場も大小を問わず、シミズオクトは最初に会場にはいり、第一歩の仕事は小さな下積みの事柄からはじまるのです。そして、会場を退出するのも最後となります。この原則は先代から始まり、会社が発展した今も、これからもつづきます。

２０２０年は「働き方改革」関連法の施行と「新型コロナウイルス感染症（ＣＯＶＩＤ-19）」の流行と、二面の大きな困難が起きました。

亡くなられた方々、感染による後遺症の残る方々には、心よりお悔やみ、お見舞い申し上げます。

この「働き方改革」と「ウイルスとの共生」、二つの課題は今後のイベント実施にあたり、欠くべからざる要件となりました。すなわち、従来はツアーの日程や会場使用の都合により「人海戦術」、「突貫作業」、「徹夜の長時間労働」がともすれば行われて来たことですが、「週40時間」以内の所定労働時間と感染予防の観点からすると、放置出来ない事柄となります。今後は、労働法規の遵守と感染対策の両面で、お得意様、関係先の皆様との十分な打ち合わせが必要となりますので、どうぞよろしくお願い申し上げます。

本書に掲載をご許可いただきました、お得意様のご厚意に、日ごろのご愛顧を含めまして、厚く厚く御礼申し上げます。

２０２２年３月12日

第１章　シミズオクト草創期
清水芳一を偲んで

日本のイベントを支え続けたシミズオクトの歴史

球場の木戸番から日本最大のイベント会社までの歩み

シミズオクトの歴史は、そのまま日本のスポーツ／芸能イベントの歴史と言っても差し支えない。オリンピックから屋外の20万人ロック・コンサートまで、ありとあらゆるイベントにシミズオクトは関わり、成功に導いてきた。長い歴史の中で培われてきたシミズオクト独自のスピリットを、90年以上に亘る同社の歩みを通してご紹介する。

文／ ハロー！バックステージⅢ編集部

一、催し物に絶対に穴を開けない。仕事を投げない。
一、仕事は、やらなければならない時はとにかく、やる。

清水芳一の信条

創業者・清水芳一の生い立ち

シミズグループの創業者、清水芳一（以下、芳一）の人となりを伝えるエピソードがある。

シミズスポーツサービスセンター（当時）の社員がまだ十数人そこその黎明期、芳一が現場に行けない時は代わりの社員が現場を担当するのだが、発注主に必ずこう言われたという。

「清水（芳一）さんは、こんな仕事はしなかった」

イベントの裏方仕事は予期しない出来事の連続で、それらすべてに対応し仕事を全うするには、相当の機転と、何よりも経験が物を言う。前記のエピソードは、芳一がいかにイベント業界で高く評価され、信頼を得ていたかを如実に物語る。

芳一は明治二十九年九月十日、石川県能美《のみ》郡浅井村（現・小松市）に生まれた。清水家は代々この地で農業を営んでいたが、芳一が2歳の明治三十一年に、北海道石狩国上川郡鷹栖《たかす》村（現・旭川市）に移住する。

長男だった芳一は小学校を卒業してすぐに働き始め、薬店を皮切りに鉄道局、船員と様々な職業を経験した後、大正五年に陸軍に入隊する。除隊後は小樽で果実商を経営したが、昭和七年に東京で六大学野球の巡視人の職を得た。

戦前のスポーツの花形は東京六大学野球だった。芳一は興業関連の労働供給業者に雇われていたが、経営者に真面目さと勤勉実直な働き振りが高く評価され、新しく出来る神宮球場事務所に配属された。芳一はそこでグラウンド整備や試合当日の場内整理から案内の看板書きに至るまで、スポーツ・イベントの裏方仕事を一通り任された。そうした経験したノウハウの積み重ねが、後のシミズグループの礎《いしずえ》となる。

日米野球を機にプロ野球が誕生

この時代のエポックは、昭和九年秋に開催された日米野球であった。ベーブ・ルース、ルー・ゲーリッグ、ジミー・フォックス、レフティ・ゴメスらを擁したMLB選抜チームが、沢村栄治、ヴィクトル・スタルヒン、三原脩《おさむ》、水原茂らで構成された全日本チームを十六戦全勝で圧倒した。当時、17歳の学生だった沢村に封じ込まれた全米チームが、ゲーリッグのホームランで辛くも完封を免れた伝説の試合も、このシリーズである。

このイベントの成功を機に、大日本東京野球倶楽部《くらぶ》（現・読売ジャイアンツ）が結成され、日本のプロ野球（当時は職業野球と呼ばれた）がスタートする。言わば、芳一は日本のプロ野球の創成期からその現場に立ち会っていたことになる。

終戦後、プロ野球人気に火が付き、芳一も多忙を極めるようになる。昭和二十五年の芳一の日記からも、当時の場内整理の大変さが伝わってくる。

「三月二十一日（注：2リーグ分裂後のセ・リーグ開幕日）朝七時集合で水道橋に着いた時はすでに入場客が一塁側に二、三百名位、三塁側には百名、正面特別入口には二百名位来て居た。此の様な客足だから、たちまち一塁側は雑踏しだした。怪我人は出さなかったが相当、無料入場者はあったらしい。僕は正面に釘付けのため男の連中を各所に応援に出しどうやら無事に過した。（中略）男の整理がせめて三、四十はほしい。無料飛込み数を考える時、整理員の十や二十は増しても怪我人を出さず楽々と客を扱い整理にも苦しまず一挙両得だと思う。」

日本初の世界チャンピオン

芳一は野球以外にも、ラグビーやボクシングの試合の場内整理も手がけるようになる。当時はメールはおろか家庭電話すら稀な時代だったので、人を集めるのにも直接出向いて依頼するしかなかった。そんな時に活躍したのがスクーターで、芳一は知り合いの家を一軒一軒スクーターで回ってはガラリと戸を開けて開口一番、

「オイ、〇〇はいるか？」
「明日三時、日大でボクシングだ」
「いつもの三人、いいな？」
「必ずダゾ」

そうやって芳一が一回りすると、たちまち50～60名もの人員が集まったという。否も応もなかった。頼まれた方は苦笑いしながら「いやー、全く親父《おやじ》さん（芳一は現場でこう呼ばれていた）にはかなわん」と言いつつ、友人を誘って現場に出かけるのだった。

終戦後、それまでボクシング会場に使われていた日比谷公会堂、両国国技館などはすべて進駐軍に接収され、使うこと

はできなかった。そこで接収が解除された後楽園球場が使われることになり、ピッチャーズ・プレート付近にリングを設営して周囲に椅子席を設け、一塁側と三塁側のスタンド、バックネット裏も観客席とした。リングや会場の設営、観客整理は芳一らが担当して、戦後初のプロボクシングの試合（10回戦4試合）が行なわれ、一万人の観衆を集めて興業としては大成功だった。

そして昭和二十七年五月十九日には、同じく後楽園球場で白井義男とチャンピオンのダド・マリノ（フィリピン系アメリカ人）の世界フライ級タイトルマッチが行なわれ、白井が15ラウンド判定勝ちで日本人初の世界チャンピオンに輝いた。詰めかけた四万人の観衆は「ワーッ」「ワーッ」という歓声を上げながらリングの周辺に押し寄せ、白井選手らは芳一たちの誘導で辛くもリングを降りることができた。まだ戦争の傷痕《きずあと》が残る娯楽の少なかった時代、日本人の挑戦者がアメリカのチャンピオンに勝ったことで、その熱狂ぶりは経験豊富な芳一も呆気《あっけ》にとられるほどだったという。

法人化でシミズスポーツ設立

昭和三十三年に開催された第三回アジア大会は、国立競技場、東京都体育館（現・東京体育館）など東京／神奈川の16会場に分けて開催され、芳一も二百人のアルバイトを動員して、各会場の切符販売、会場整備、観客整理、清掃業務を担当した。

この大会は成功裡《り》に終わったが、同時に、従来の労務提供だけの業態では限界があることも明らかになった。施工部門を持たないので、ひとつのイベントを請け負っても装備や装飾などの施工部分は外注になり、労力に比べて売上がもうひとつ上がらないのだ。５年後には東京オリンピックも予定されている。そこで昭和三十四年にシミズスポーツサービスセンター（以下、シミズスポーツ）を設立し、芳一は社長に就任した。

当時の状況を清水卓治会長（以下、卓治）はこう語る。

「それまでは後楽園さんのお陰で飯を食っていると、そういう風に周りも見ていたし、うちで働いている人間も後楽園の子会社みたいなものだという認識でいました。しかし個人経営だった清水芳一が（シミズを）会社組織にしたのは、東京オリンピックの誘致がきっかけでした。スポーツは商売になるという見通しのもとに会社を立ち上げたわけです」

シミズスポーツは国立競技場、国立ラグビー場、新聞社や放送局のイベントを担当し、後楽園球場、神宮球場、川崎球場、東京都体育館の営業権は芳一個人が持つ形でスタートした。これは創立したばかりで体力のない新会社に過大な負担をかけず、徐々に育てようという芳一の漸進《ぜんしん》主義によるもので、その後、会社の業績が上がってくるにつれて営業権は移され、昭和三十九年にはすべての業務がシミズスポーツに一本化された。

12人で東京オリンピックを担当

東京オリンピックの前年である昭和三十八年に、オリンピックと同じコースで第18回毎日マラソンが行なわれた。シミズスポーツも二百人を動員してコース案内の立看板から給水ポイントの設営などを担当して大会の成功に貢献し、これはオリンピック本番に向けた恰好のシミュレーションとなった。

そして迎えた昭和三十九年の東京オリンピック。シミズスポーツは国立競技場、代々木総合体育館、同別館、東京都体育館の清掃業務、駒沢競技場でのプログラム販売の他、38会場の表示板の掲示、マラソンコースの杭《くい》打ちやロープ張りなど、芳一以下たった12人の小さな会社にとっては途方もない規模の仕事量を受注した。関係者の中には「もし自信が無かったら、今のうちに止めた方がよい」とアドバイスする人もあったという。

例えば体操会場となった東京都体育館の場合、地下に格納されていたマットや鞍馬などの器具を一時的に港区の有栖川《ありすがわ》公園に移動させる必要があり、それだけでも6トントラック延べ60台分の大変な作業であった。埃《ほこり》を被《かぶ》った大量の器具類をトラックに効率良く積み込み、公園の狭い場所に積み上げるという一連の作業は、芳一のようなベテランでなければとてもスムーズにこなせなかった。現場に立ち会った社員は、芳一の手際の良さにほとほと感心したという。

オリンピック終盤のある夜、帰宅した芳一がテレビを見ると、国立競技場で物凄い量のゴミの山をシミズスポーツのスタッフが懸命に処理していた。芳一は直ちに作業服に着替え、現場に駆けつけた。頬かむり姿で掃除をしていると、まさか社長が現場に来ているとは思っていないスタッフから「今度はあそこを掃《は》いてくれ」と指示され、芳一は「ああ、そうかい」と知らぬ顔で従ったという。

昭和四十一年に70歳を迎えた芳一は、遠縁である吉岡岩雄の次男、卓治と妻の三千代を後継者として養嗣子として迎え、卓治をシミズスポーツに入社させた。といっても会社はスポーツのイベントが飛躍的に増加して文字通りネコの手も借りたい状況で、卓治に幹部教育をする余裕などなく、入社したての卓治はいきなり一作業員として丸太の組み立てやステージ組み立てに駆り出され、得意先から怒鳴られることも再三だったという。

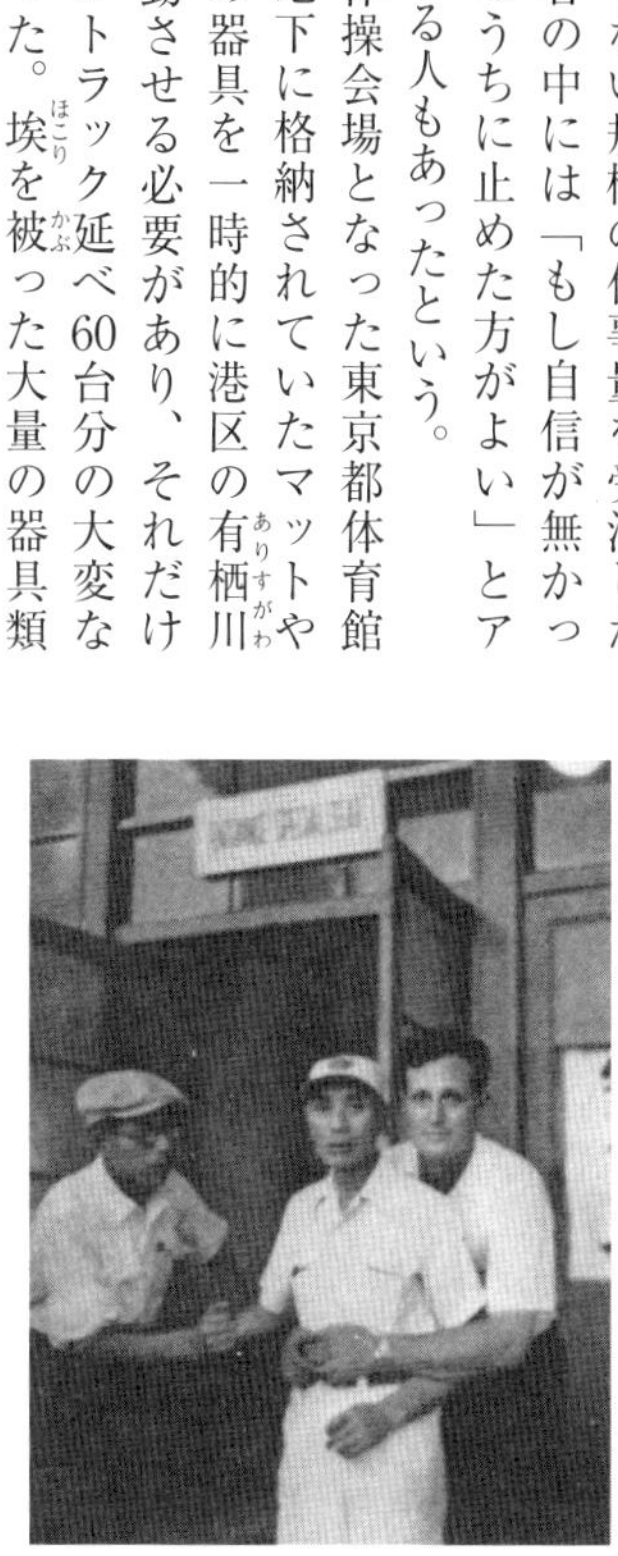

芳一（中央）とスタルヒン（右）
出典「裏方ひとすじ 新装版」P62

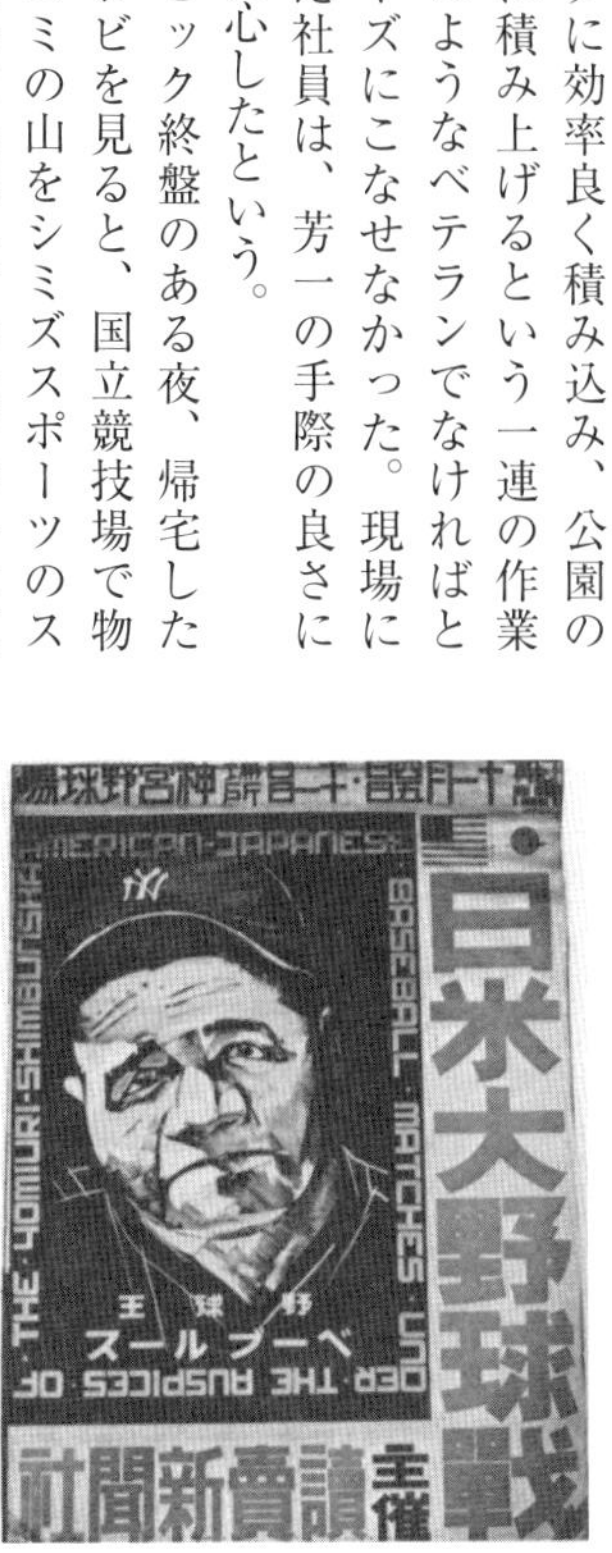

日米野球（昭和九年）のポスター
出典「裏方ひとすじ 新装版」P61

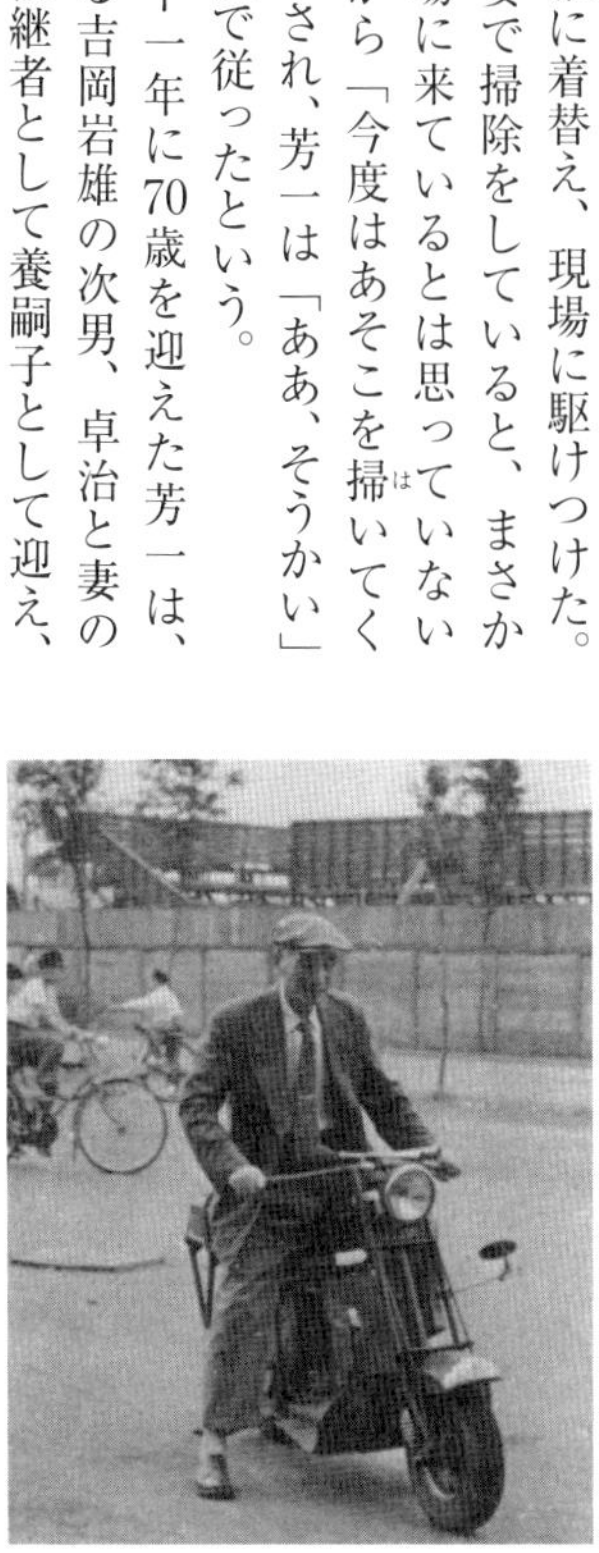

スクーターに乗る芳一
出典「裏方ひとすじ 新装版」P99

芸能関係のイベントも手がける

芳一はスポーツ以外にも、芸能関係のイベントも手がけていた。きっかけとなったのは昭和三十一年に「第4回民間放送週間（略称：民放祭）」のメイン・イベントである「十大歌手歌謡大会」だった。文化放送が運営を担当し、芳一は観客整理を任された。

このイベントは全国の視聴者が人気投票で10人の歌手を選ぶというもので、当時は歌謡曲が全盛時代だったので、百万枚を超えるハガキが集まるという空前の人気を呼んだ。チケットは1枚5百円で全席自由席、9割が前売りで残りの1割の当日券を求めるファンが会場の東京都体育館に前夜から行列を作るという騒ぎになった。会場周辺にはダフ屋（注：チケットの違法転売業者）が横行して主催者にチケットの買取を強要したが、主催者と芳一はこれに毅然《きぜん》として対応し、無事にイベントを終了させることができた。

昭和三十四年には「第14回日本専門店会連盟全国大会」3日目に国立競技場で行われた「全国郷土芸能パレード」の企画を請け負い、村山装飾舞台の協力もあって、全国の郷土芸能をイメージした山車が国立競技場内をパレードし、詰めかけた6万人の喝采を浴びた。

芳一の遺した〝やり遂げる精神〟

そうしてシミズグループが業績を順調に伸ばしている昭和四十七年、創業者の芳一が脳出血で突然この世を去る。自身の隠居場所と社員の保養所を兼ねた桐生の梅田山荘の建設に取り組んでいる最中の、突然の他界であった。享年75。葬儀は後楽園球場、シミズスポーツ装飾センター、シミズ舞台工芸3社の合同葬として執り行われた。

芳一の没後、こんな出来事があった。ある日の夜中の11時過ぎ、シミズスポーツ本社に電話が入った。

「明日の日本武道館の全日本剣道選手権大会の観覧席の組立を何時から始めるのか。前夜の催し物が終わって、後片付けも間もなく終わるから早く始めるように」

電話を受けた社員は仰天した。担当者の勘違いで、何の手配もしていなかったからである。経験者にはピンと来る会社の一大事だ。武道館の剣道の観客席は、中央の道場の周りのアリーナ部分にひな壇状の観覧席を組み立てるもので、通常は70名程度の人員で8時間はかかる難工事だが、真夜中にも関わらず90名以上が現地に集合し、必死に取り組んだおかげで観客席は早々に組み上がったという。

このエピソードなども、芳一のモットーである「やらなければならない時は、どんなに辛くとも、やり遂げるまでやる」が社員一人ひとりに深く浸透している現れと言っていいだろう。

分社化でシミズ舞台工芸が誕生

シミズ舞台工芸は昭和四十七年にシミズスポーツ装飾センター（シミズスポーツサービスセンターから改称）から独立する形で設立された。その理由は、舞台工芸部門の業務が多くなってきたことと、より専門的な要望に応えるためであった。しかし、当時はスポーツと芸能の壁が厚く、シミズスポーツが芸能分野に進出することを危ぶむ声もスポーツ界から上がっていたと二代目社長の卓治は語る。

「ある野球関係の方に『ちょっとシミズさん、山っ気が多いんじゃないかな。なんで芸能関係なんかに手を出すの？』と言われました。東京ドームが出来る前は、スポーツは非常に季節変動の激しい商売だったんです。シーズンの波動を予防するような多角経営というものに飢えてました。シミズが舞台の仕事をやりだしてインキュベーター（育成者）になれたというのは、スポーツが本来持っている季節性に対して、舞台をやればスポーツの終わる秋口にピークが来るので、いくらか（売上が）平均化する、という動機があったことは確かです」

創業者である芳一の後を継いでシミズスポーツの社長となった卓治は、同時にシミズ舞台工芸の社長も兼ねることになった。仕事は広がったが、会社の経営状態はそれほど良くならなかった。というのも、会社の中に不採算部門がいくつもあり、それらが経営の足を引っ張っていたのだ。不採算部門の整理を提案しても、古い幹部たちは面子を重んじて首を縦に振らなかった。また、ベテラン社員が発注主とトラブルを起こして、仕事を失うことも頻発《ひんぱつ》した。

創業者の芳一は文字通り叩き上げの人で、その技術と人間力で協力者を数多く獲得するという、いわば「親分肌」の人であり、清濁併せ呑む気風であった。

しかし、それでは近代ビジネスの運営には限界があり、芳一の死と共にその問題点が表面化してきたことが、小樽商大で経営理論を学び、卒業後は室蘭《むろらん》の海運会社で海運ビジネスを経験した卓治の目には明らかだった。

そういった負のエネルギーが蓄積したある日、会社の監査役による公開質問状

球場入口で木戸番を勤める芳一
出典「裏方ひとすじ 新装版」口絵 P9

東京都体育館　出典「シミズオクト誕生」P57

ダド・マリノ vs 白井義男戦（昭和二十七年、後楽園）
出典「シミズオクト誕生」P49

の形で問題が一気に表面化した。

「旧来の固定観念を捨て、近代経営がどうして行われないのか」

「社長の放漫経営を言う前に、旧幹部は自らの行動を反省し、社内融和に励め」

この公開質問状を受けて、卓治は新体制の構築を決断し、旧幹部と若手幹部の入れ替えを始めとする大幅な経営改革を断行した。

その効果はてきめんだった。発注主からの苦情は激減し、停滞していた売上は上昇カーブを描くようになり、業績は徐々に改善されていった。シミズグループは旧来の個人商店から、近代的な企業へと転身した。

伝説となったＧＦＲ東京公演

話は前後するが、シミズスポーツの武勇伝というより、日本のロック史における伝説として語り継がれているコンサートがある。それは昭和四十六年七月十七日のグランド・ファンク・レイルロード東京公演だ。会場は後楽園球場。グランド・ファンク・レイルロードはギター&ヴォーカルのマーク・ファーナーを中心としたトリオ編成のハードロック・バンドで、同年四月にキャピトル・レコードからリリースした4枚目『サバイバル』がプラチナ・アルバム（当時の基準で売上二百万ドル以上）になり、バンドとして絶頂期にあった。

公演当日の東京は、あいにく朝から土砂降りの雨で、開演予定の夕方になっても雨脚《あまあし》は強くなるばかり。主催者は照明や音響の電気系統にトラブルが発生することを恐れて開演時間を遅らせていたが、入れなかったファンが入口のシャッターに体当たりするなど会場は次第に不穏な空気になり、これ以上騒ぎが大きくなると収拾がつかなくなるとの判断から、8時30分にようやく開演した。演奏が始まると今度は突風が吹いてタイトル文字が吹っ飛び、積み上げられたスピーカーの一部が舞台の前に落下した。場内は異常な興奮状態となり、フェンスによじ登る者、売店のカウンターの上で踊る者など破壊行為が続出し、日本のロック史に残る伝説のコンサートは11時30分にようやく終了した。

翌年のエマーソン、レイク&パーマー公演（甲子園球場）では、観客がグラウンドに侵入して演奏が中断されるトラブルが発生し（注：当時のスタジアム公演ではグラウンド部分は観客は立入禁止）、一時期、ロック・コンサートはスタジアム関係者から敬遠されていた。現在はどのスタジアムにも芸能関係の事業部が設けられているが、当時はまだまだロック・ミュージックに対する一般社会の偏見が根強かったのである。

ステージ・テクノロジーの進化

前述のグランド・ファンク・レイルロード日本公演は、ステージ・テクノロジーの歴史の中でも、特筆すべき改革が二つ行なわれていた。

一つ目はビティという鉄骨組立方式のシステムで、規格化された鉄骨を舞台の大きさに合わせて組み立てて骨組みを作り、そこにパネルを貼り付けて舞台を構成するようになっている。というのも、グランド・ファンク・レイルロードの公演は東京の翌日に大阪で開催されることが決まっていたので、コンサートが終わったらすぐに解体して撤収し、移動して組み立てなければならない。従来のように現場で2〜3日かけて角材を組んでいくやり方ではとても間に合わないし、会場は野球のグラウンドなので釘1本落ちていることも許されない。現地での大工仕事は一切できないことから考案された、画期的なシステムだった。

もうひとつはPAシステムの導入だ。それまではステージ上に置いたギター・アンプやベース・アンプ、ヴォーカル・アンプから音を出していたのが、グランド・ファンク・レイルロードはアルテックのA7（劇場用スピーカー）を40セットほど持ち込み、それまで誰も聴いたことのないような大音響で日本のロック・ファンを圧倒したのだった。

昭和五十三年のボブ・ディラン日本公演（日本武道館）では、金属パイプを三角の格子状に組んだトラスと呼ばれる構造材が初めて使われた。このトラスに照明や音響の機材をセットし、天井から吊るしてモーターで上下する。ディランのスタッフが持ち込んだのはアルミ製の電動トラスで、従来はステージ両脇に櫓を立ててそこから照らしていた舞台照明が、真上から可能になり、演出効果が飛躍的に上がった。シミズ舞台工芸は早速そのトラスをアメリカから購入し、トラスを漢字の「日」の字に組んだ「日の字トラス」を開発して、以後の国内コンサートで盛んに使用されるようになった。

照明ではバリライトの導入も画期的だった。これはコンピュータ制御の可動式照明装置で、バリライト社とイギリスのロック・グループ、ジェネシスの共同開発によるものだ。照明オペレーターの操作により、あらかじめプログラムされ

観客がグラウンドに侵入して中断されたエマーソン、
レイク&パーマー大阪公演（昭和四十七年、甲子園）
出典「シミズオクト誕生」P84

グランド・ファンク・レイルロード東京公演
（昭和四十六年、後楽園）
出典「裏方ひとすじ 新装版」P139

グランド・ファンク・レイルロード公演の
入口ゲートのディスプレイ
出典「シミズオクト誕生」P82

た照明パターンに瞬時に変更することができ、リズムとの同期《シンクロ》も可能なので、リズムに合わせたライティング・パターンを作るなど、照明による演出効果を飛躍的に高めることができた。

大規模コンサートの時代

スタジアム・コンサートは昭和四十年にビートルズが二回目のアメリカ・ツアーでニューヨークのシェイ・スタジアムで行なったコンサートが最初である。以後、音響機器の発達もあって、大観客を収容できるスタジアム・コンサートは音楽業界に定着していった。

卓治は当時を振り返ってこう語る。

「スポーツの会社が芸能関係をやるのは邪道だと言われたんですが、今になってみると、いちばん先を進んでいたんじゃないかと思います。キャンディーズやピンクレディーの後楽園コンサートが実現できたのは、野球場の仕事をしていて、舞台やコンサートの知識を持っていた私という人間がたまたまそこに居たから、意見が採用されたんですね。当時の球場の組織というのは、支配人や営業主任という人がいて、彼らは野球の専門家ではありますが、コンサートについては専門外なわけです。野球場が多目的利用に目覚めて、野球にも貸すしコンサートにも貸すようになった時、たまたま経験と知識の両面で私たちがいいポジションに居たんじゃないでしょうか」

ロックのビッグ・ビジネス化

その中でも桁外《けたはず》れにビッグだったのが、平成二年のザ・ローリング・ストーンズ日本公演だ。すでにレジェンド的な存在となっていた彼らの来日は、薬物使用の問題で噂になっては立ち消えの繰り返しで、それがデビューしてから28年後の平成二年、遂に実現した。ロック史に残るレジェンドだけに持ち込む機材の量も物凄く、楽器はもちろん、舞台セット、楽屋やキッチンまで、日本に持ってきた機材の量は40フィートのトレーラー二百台分にもなったという。契約についても膨大な条項が記載されており、スタッフはその対応に奔走した。その甲斐あって、ザ・ローリング・ストーンズ日本公演は、東京ドーム10回連続ソールドアウトという、歴史に残る金字塔を打ち立てた。

同じ平成二年には千葉県袖ヶ浦市に千葉スタジオが設立された。それまで使っていた立川スタジオが、ドーム・イベントの時代の工房としては手狭になってきたこと、終了撤去した資材の搬入に時間がかかること、廃棄する資材を焼却処分できないこと、などの理由から、千葉県の工場用地払い下げの制度を紹介されて、袖ケ浦市に新たな機材拠点「千葉スタジオ」を作ることを決定した。広さは七百八十平米。ドーム・クラスの舞台をそのまま再現できるオクトホールを備え、ここでゲネプロ（注：本番と同じ内容で行う最終リハーサル）を行うことで、どんな大舞台にも対応できる体制を整えることができた。

根幹を揺るがす入札制度の改変

シミズスポーツとシミズ舞台工芸は、平成十三年、創業以来最大の転換を迎えた。すなわち、二社の合併である。前述したように、この二社はもともとシミズスポーツ装飾センターという一つの会社だった。その理由は、芸能関係の仕事が増えてきて、専門性が要求される芸能分野の仕事のニーズに応えるためだった。

しかしここへきて、入札制度の改変という大きな課題がシミズグループにのしかかってきたのである。正式には「競争参加者の資格に関する公示」と言い、競争契約（いわゆる入札）制度の新たなガイドラインが政府から示されたのだ。それによると、各省庁の役務契約を金額に応じてAからDの4ランクに分け、各ランクで一定の条件を満たした企業に限られることになった。

A　3千万円以上
B　千5百万円以上～3千万円未満
C　3百万円以上～千5百万円未満
D　3百万円未満

これをシミズスポーツに当てはめると、シミズスポーツはBランク以下の入札にしか参加できなくなる。高度成長期から箱モノが増え、それに対する受注体制を整えることでシミズグループは成長路線を走ってきたが、ここにきて入札制度が変更されることにより、大型案件に入札する道が閉ざされてしまったのだ。

従来の指名競争入札だと、該当する施設の管理ができそうな業者を官公庁が選んで指名し、その範囲内で入札を行っていた。ところが世の中のグローバル化が進んでくると、それでは透明性が足りないということでこの変更になったという。

一般競争入札は大型案件を前提としているので、企業ランクはおのずと高くなる。指名競争入札は小額案件を想定している筈なのに、そこで億単位の金額で落札されていたことが問題になったのだ。

国立競技場の担当者は、シミズスポー

世界初のスタジアム・コンサートが行われたビートルズのニューヨーク公演（昭和四十年、シェイ・スタジアム）
出典「シミズオクト誕生」P90

国技館に設置された日の字トラス
出典「シミズオクト誕生」P87

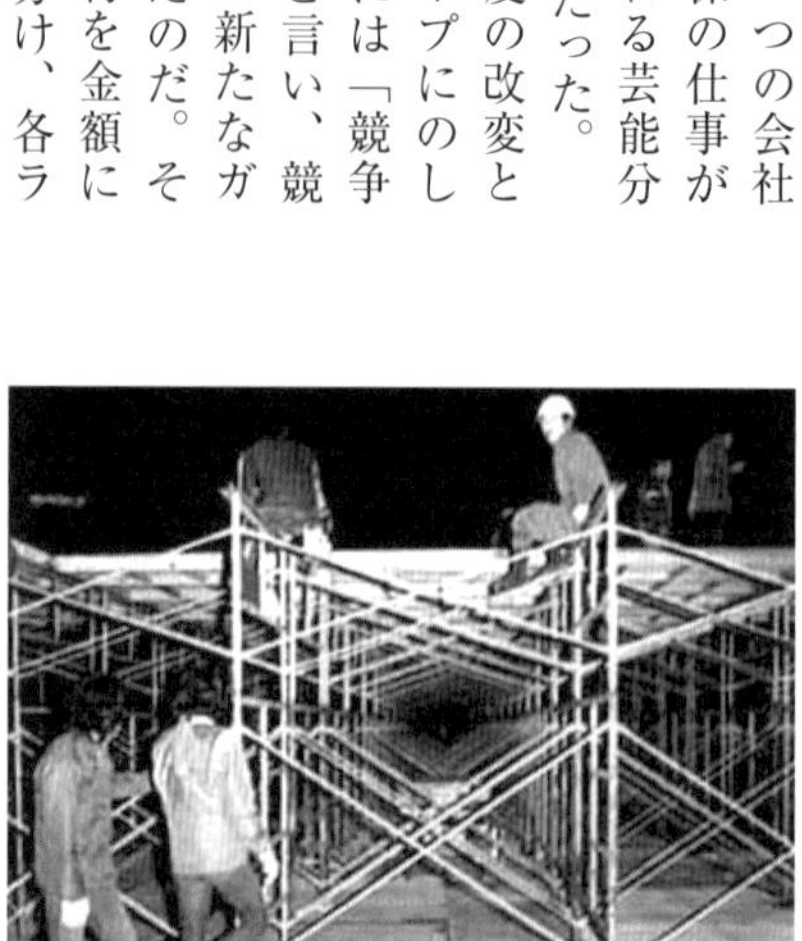
ステージ・テクノロジーに革命をもたらしたビティ
出典「シミズオクト誕生」P86

ツの担当者に向かって「国立競技場だけじゃなく、官公庁は全部そうなります」と言った。ランクが下がれば小さな案件の入札にしか参加できない。民間の仕事もあるとは言え、官公庁の仕事は経営の大きな柱である。細かい計算は省略するが、ランクAを獲得するためには資本金が約10億円以上か、年間の売上が百億円以上であることが必要になる。当時のシミズスポーツの年間売上は約57億円。シミズ舞台工芸の年間売上は78億円。両方合わせればAランクを獲得できる。

　卓治はシミズスポーツとシミズ舞台工芸の合併を決断した。

シミズオクト誕生

　もともと一つの会社だったのを二つに分けたのは、スポーツと芸能という専門性の違いによるものだった。ところが時代が変わり、仕事の規模が大きくなってくると、取引先がほぼ同じになるので、管理コストの面から見ても非効率なのは明らかだった。

　プロ野球は春に始まって、秋の日本シリーズで終了する。個々のイベントも、花火大会やお祭り、ボクシングの試合など、単発で人を雇うが、イベントが無い日は何もない。そうすると事業体として組織することが非常に難しくなる。博覧会やオリンピックなども、開催期間中は売上も上がるが、そこで組織を作ってしまうと、会期の終了とともに仕事が無くなってしまう。演劇でもコンサートでも、イベント関係はすべて同じこと。それは創業者の芳一が球場の木戸番（注：入口でチケットを確認する係）をやってきた頃からの、シミズグループの宿命的な課題でもあった。その不安定さを無くすために、不稼働の期間を埋めるための努力が欠かせなかった。

　しかしそのことがシミズグループならではの強みになっていると卓治は言う。

「野球の試合でも、例えば横浜ベイスターズが（横浜スタジアムで）年間55試合くらいやるわけです。本当はホームの試合は65試合あるわけですが、10試合くらいは地方でやりますから。横浜スタジアムの建物の形態からいって1試合で（場内整理に）百五十人くらい使うようになっているわけですね。発注側としては、シーズンが終わったら『さよなら』で、退職金も何もいらないわけですよ。ところがシミズスポーツは百五十人の人を出すために、20人くらいの社員がいて、教育したり、人を配置したり、トラブル対策をしたり、そういう責任ある立場でやっているわけです。シーズンが終わったら、営業力を発揮するわけですね。コンサートやラグビーなど、いろいろとイベントを企画営業して、野球だけじゃなく、ラグビーもコンサートも覚えるわけです」

　シミズオクトに一本化することで、売上の安定化ばかりでなく、請負型企業から提案型企業への転換の可能性も見えてくる。施設をハードウェアとすれば、その運営はソフトウェアになる。ハード面で行き詰まれば、ソリューションとしてのソフトを他の現場から持って来ることができるかも知れない。そういった発想は、数多くの現場を担当し、数多くの経験を蓄積してきたシミズオクトだからできるのではないか。

　合併時に行われたシミズグループ決起集会で、卓治は次のように社長挨拶を締めくくっている。

「もはやイベントがどのように不況化しようと、逃れることはできません。その中で、シミズスポーツがやってきたことも、（シミズ）舞台工芸がやってきたことも、いささかも手抜きせず、倦むことなく続けなければなりませんが、時代の変化をひしと受け止め、イベントがよりしやすく、普及拡大するように、やることは変わっていかなければならないと考えます。イベント作りへの提案型企業への脱皮を目指そう、それがシミズオクトです」

（文中敬称略）

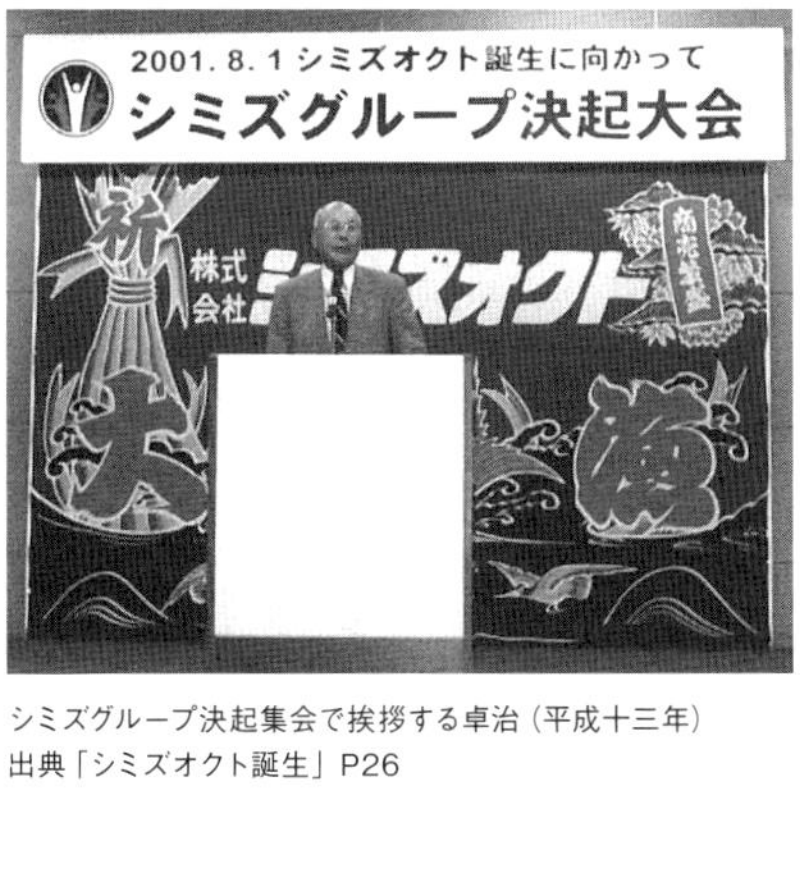

シミズグループ決起集会で挨拶する卓治（平成十三年）
出典「シミズオクト誕生」P26

平成二年に竣工した千葉スタジオ
出典「シミズオクト誕生」P89

2回目のザ・ローリング・ストーンズ日本公演
（平成七年、東京ドーム）　出典「シミズオクト誕生」P91

巨人軍9連覇時代の裏方の生きざま

株式会社シミズオクト 代表取締役会長
清水卓治

いまは東京ドームとなって久しい後楽園スタヂアムへの愛着と回想にかられて本文を記します。球場の内幕を語ることは、当時は出来る事ではなかったけれど、過ぎ去った、栄光の時代の光と影としてお許しいただきたい。

後楽園スタヂアムは、長嶋茂雄、王貞治の全盛時代に殺到するファンに対処して、昭和45年、1塁・3塁内野席のキャパシティを飛躍的に増大すべく「ジャンボスタンド」を開設し、同時に日本初の全電光型スコアボードが完成した。

片側200席40段の両面で一挙に1万6千人の観客増員が可能となり、野球を見られるたやすさは、都会に激増してきた高度成長期のサラリーマンをたちまち熱狂的な巨人ファンに自然と感化した。

ジャンボスタンドの最上段にあがると、東京の大景観がひろがり、野球のダイヤモンドはまるで、ゲーム盤のようだった。なんとなく、自分が偉くなったような気がしたものだ。

川上巨人軍は連勝し、千葉茂、青田昇、別所毅彦、広岡達朗、長嶋茂雄、王貞治、金田正一などなどの人気は留まるところを知らず、裏方を務める吉井滋支配人、丸井定郎副支配人以下の球場部も、シミズも清水芳一、長嶋儀一、喜多政道、以下全神経を注いだ。

ここで、少しさかのぼるが、日本プロ野球は、戦前から、戦後1リーグ時代に至るまで、日本野球連盟が主催者であり、切符、場内販売は連盟が管轄していた。つまり、東京六大学と大差ない仕組みだった。酒、タバコ、弁当などの場内販売は、先代が連盟から受託していた。

2リーグに分裂とともに、試合の主催権は球団に移り、読売新聞社と後楽園スタヂアムの間で、球場の賃貸契約が結ばれ、清水芳一は、販売権を返上し、後楽園スタヂアムの嘱託となって、人員募集の業務委託契約者となったのである。これは、GHQの指示に基づき、職業安定法が制定せられ、職業紹介業が禁止されたことが背景にあった。

何よりも、当時の後楽園スタヂアムの代表取締役社長の田辺宗英氏の英断によって、この形が決まったのである。

戦後、GHQは日本人の軍国主義を是正するためには、野球を盛んにすることに力を注いだと言われている。GHQ参謀第2部（G2）のチャールズ・ウィロビー部長も大の野球ファンであった。

清水芳一は、GHQが接収した国技館（のち日大講堂）、神宮球場、東京宝塚劇場（アーニーパイル劇場）などの公開使用時の労務委託契約をアメリカ第8軍と取り交わしていたので、多くの2世軍人と自然に懇意になった。これらの会場では、駐留米軍慰問の目的で、沢山の来日芸能人の演奏会があった。ビートルズ招聘で著名な永島達司氏も、この時代に人脈を築いたと思われる。

米軍基地の公演は勿論、日劇や日大講堂で一般公演も行われていたのである。

野球担当をしていたキャピー原田さんとは特に昵懇となり、ジョー・ディマジオが来日した時、後楽園球場で少年野球教室を行った。

ディマジオ選手を囲んで野球教室。芳一助手の表情も真剣だ。後楽園スタヂアム。昭和26年（1951）

　また、日系人2世の一人であるジャニー喜多川氏は、メリーさんと共に米国生まれで、戦中日本に帰国していたが戦後渡米、学校卒業後に再帰国。米軍の一員として朝鮮戦争に派遣され、除隊後、米大使館軍事顧問団の事務職員として代々木のワシントンハイツに住んでいた。そして日本の子供たちに野球を教えるチームを作った。清水芳一は子供たちを連れて後楽園に通う喜多川氏を応援し、いろいろ野球を見せる便宜をはかった。

　かくして昭和20年（1945年）、国土が焼け野原となった終戦翌年に早くも神宮球場にて、初のプロ野球「東西対抗戦」が行われた。

　この時に、歴戦の名選手と一緒に清水芳一も戦時中の苦難に対する功労者として、日本野球連盟の表彰を受けた。

表彰を受ける清水芳一

　食べるものもない、着るものもない、野球用具とて何も揃っていない中、1リーグが発足し、飢餓のなか、爆発的に野球人気が沸騰し、2リーグ制へと発展し、セントラル・リーグ、パシフィック・リーグそして両リーグを統括する日本プロ野球コミッショナーが発足したのである。

　ここで、当時の野球の人気の有様について語ろう。

　指定席のお客さんは遅れてきても、座席は保証されているが、外野席ならびにジャンボ自由席は、先着順を原則とする。後楽園スタヂアムは、時計周りに入口が21か所あって、番号がついていた。

　巨人軍側内野自由席は1塁側21番入口、ビジターチーム内野自由席は3塁側17番入口、外野は19番（センター入口）と定められていた（1塁側21番、3塁側17番入口は入場待機列の入れ込み時のみに使用、列が無くなった時点で、1塁側の自由席は1番入口、3塁側の自由席は14番入口より入場、ジャンボスタンド最上段自由席立ち見エリアへ誘導した）。

　長嶋、王を応援したい自由席の巨人ファンは、1塁側21番入口に並び、延々長蛇の列が毎日続いた。ナイター18時試合開始の場合、通常開場は16時、係員配置は15時となっていたが、人気カードの巨人・阪神戦、あるいはペナントレースたけなわとなると、開場前の入場待機列で、後楽園敷地内から外堀通り・白山通りの歩道いっぱいに延々と伸びて行き、開場時間繰り上げに合わせて、配置時間・配置場所の変更見直しを臨機応変に対策しなければならない（土日祝日の好カードでは、内外野の自由席のみ、13時～14時の時間帯に開場したことが幾度もあった。客席スタンドの清掃は、ジャンボスタンド席が出来るまでは翌日に行っていたが、昭和45年シーズン以降は試合終了後に外野席と新設ジャンボ席を行い、翌朝1階指定席・2階旧スタンド指定席を行った。土日等で13時過ぎ開場の時は、まだ指定席の清掃中であった。当時は、朝、スタンド清掃、午後、野球案内業務他、終了後、スタンド清掃と3点セットが当り前であり、選手駐車場の早出要員、清掃要員、入場待機列整理要員等々、要員手配確保に大変苦労した）。

　かくして、内外野3か所の自由席入口は、毎試合、ダフ屋、応援団、そして熱心なファン、東京見物のおのぼりさんたちでごった返しとなり、安定した入場をめぐっての修羅場となった。

　今は、球場の係員などは誰でも務まるように思われているかもしれないが、いったん興味が集中して、数百人が異常心理に駆られた場合、不幸な事故に至った事例は限りなく生じている。

　後楽園スタヂアムは水道橋にあって学生街でもあり、球場でアルバイトをしたい者にとっては非常に手近い。日本で一番大きい大学と言われる日本大学の人事課長・三上さんは、卒業生の就職を世話する本業の傍ら、現役学生に後楽園のバイトを世話することも熱心にやってくださった。

　紹介された学生さんたちは、昔からのシミズの伝統的な指導と経験によって、その人間に適した球場のポストが決められる。

　シミズでバイトした人間は太鼓判をおされ、三上さんから有力企業へ就職紹介されるのであった。某学生に、卒業後シミズの社員になれと説得しかけた時、「僕は三井物産に内定しています」と断られたことがあった。ちょっとショックであった。

　球場の内線番号356の部屋がシミズの後楽園営業所・アルバイト控室になっていた。10番入口の2階にあった。アルバイトにきた学生は、控室に入ると、金本さんの面接を受ける。

　金本さんは江東区にあった運送業の跡取り息子なのだが、家を継がずに球場のチーフをやっていた。金本さんは学生の経歴や学生証を見て、今日の割り振りを即座に判定する。金本さんが出勤簿を前にして、出勤して来たアルバイトに「○○ページ」と指定する。そこで小松田くんが助け船を出し「開場前のミーティング」の要領を説明する。

金本清氏

　球場の係員は内野のページ、外野のページ、1塁側、3塁側のページに分かれ、エリア別に数十名ごとの出勤簿になっていた。ページ番号に分かれて名簿記入し、出勤した日付欄に印鑑を押す。300人にもなると、まさに戦場のような人の出入りである。

　こうして、エリアごとに集まったアルバイトに、その日の仕事の詳細や要領をエリア担当チーフが説明して、統一のとれた行動を果たすのである。

シミズでバイトした社会人は、日本中ありとあらゆる要職に学生時代の見聞を活かして活躍しているのである。これは、戦後の日本社会が産んだよい仕組みだ。働いた人々に未来がある。


戦前、戦中の係員も人選はきびしかった。興行関連業者への加入は戸籍謄本が必要だった。だけれども、定職というには程遠い世界だった。

この野球人気の沸騰に、シミズにとって頼りになる男たちがいた。北村博さんたちのグループである（後楽園球場担当・新井一雄さん、東京スタジアム担当・荒井要一さん、川崎球場担当・小野崎さん）。年齢的にも経験豊富で、どんなに混雑した時でも、毅然として沈着冷静に捌いてくれた。皆さん、れっきとした社会人である。勤務時間帯をコントロールして来てくれたのである。


主催者のルールを守らない無法な者たち。この者たちにとっては、巨人の試合は全国どこでも最高の稼ぎ場だった。地方主催試合は開催機会も少なく、指定券の枚数も限られる。ダフ屋の稼ぎ場は新聞販売店が配る無料招待券である。配られた招待券は大抵の来場者が余分に持っている。

「余り券ないか?」「余り券ないか?」純真な観客は気軽に余分な招待券を差し出してしまう。こうして満員札止め状態になった時の無札来場者がカモにされるわけだ。

田舎から出てきた純真なファンが「指定券あるよ」のダフ屋に誘われて、高額なチケットに騙されたりしないようにする。これは、警察の仕事でもある。「無札入場」「場所取り」「割り込み」などなどの常習犯との闘いであった。

主催の読売新聞社からはゲート管理の厳重な実施が当然のように求められる。常連の無法者たちを見分けられる入口責任者の任務は重い。

北村さんたちがいると、常習者たちは近寄らなかった。


この時代、巨人軍は読売新聞社の方針で、北海道3試合、東北または北陸隔年毎3試合、西部読売新聞社の九州3試合、地方球場オープンの特別試合など10試合程度の地方開催が慣例であった。また春のオープン戦が約20試合、秋は日本シリーズ、あるいは日米野球などによって試合数は変動があった（本当はこの他に、コミッショナー依頼によるオールスター戦3試合、日本シリーズ7試合もあった）。


読売新聞社が日本一の部数を誇る大新聞に至る原動力は、編集もあるが、野球開催地の新聞販売店の部数拡張の機会が多いことに他ならない。

これだけの地方遠征が清水芳一の仕事であり、幹部10数名が帯同した（年間数十試合行われるフランチャイズと比べると、地方球場のキャパシティは小さく、またプロ試合の機会が稀なため、グラウンド整備や、入口、選手関係者入口などの熟練者がいない）。


地方球場における主催試合は、読売新聞社としては、無事に終わらせねばならない重要事項であった。


年初に、その年のオープン戦や公式戦地方主催試合がきまると、事業局（当時は普及部という）から、主催地ごとの担当者が任命される。早い時期から、その地の販売店を拠点に営業活動一切が始まる。入場券の前売りに始まり、使用球場のコンディション、スコアボードや、ブルペン、グラウンドの水はけ状態など、現地で折衝することは山のようにある。

しかし、こと観客の扱いに関しては、現地まかせでは済まなかった。清水芳一が呼ばれ、本社事業部と一体となって会場管理に当たったのである。

これは、年間を通じて日数も多く、地方球場の劣後性などからして、責任の重い大変な任務であった。

なおかつ、特徴的に大変なことは、球場の観客案内にかんする看板類は、清水芳一が筆を揮って間に合わせていたことである。

清水芳一は、若き日、小樽市花園町で、果物屋「きのくにや」を経営していた時代に、商売に必要な値段のビラや看板の書き方を修練した。
商店会の役員など重ねるうち、習字に興味を覚え、懸命に看板の修練に励んだ。その後の人生に於いても役にたった。
野球場において、入口の案内板は欠かせない。さらに、「満員札止め」とか「雨天中止」とか、臨書するものが相当数必要であった。
読売の主催試合は清水芳一の書体でなければ読売の雰囲気になってこないと信じ込まれていたほどだ。

30代の清水卓治

ここから、鈴木博明時代に移る。
清水芳一の指定席は9番関係者入口であった。
ここはビジターチームの入口であった。新聞・報道審判や公式記録員などの関係者、また球場事務室は開場と同時にドアがロックされるので、いろいろな来客は面会の可否を9番関係者入口の係員の受付を経由してやっと入場するようになっていた。

清水芳一社長の思い出

鈴木博明

後楽園球場のアルバイトを経て、株式会社シミズスポーツサービスセンターに入社。 後楽園球場関係者入口、読売新聞社ファンサービスの補助業務、巨人軍地方遠征業務を長年務め、退社されたシミズOB。現在82才。

地方球場での読売新聞主催ゲームには、前日に清水芳一社長（当時）は車で野球場に向かい、入口の案内看板、関係者入口、一塁入口、三塁入口、指定席、外野席等の案内看板を毛筆で書いて、翌日の準備をしてから宿に入る。

このやり方はいつも変わらなかった。後発組は長島常務と他数名で夕方に現地に入る。

当時、宿は旅館が多かった。夕食は全員集合、食事をしながら、ミーティングをする。その時、必ず徳利が１本ついていた。

開催当日には朝８時には球場に入り、前日に社長が書いた案内を持って入口に張りながら球場を一周して見てまわり、その後、当日の配置が決まる。そして社長のところに戻り、開場時間等を確認して配置につく。現地アルバイトには、仕事の説明と注意事項を説明する。

雨天の時は主催者・巨人軍広報担当者・審判の三者が集まり、担当者は気象台、自衛隊に電話をして天気の状況を聞いて、三者に報告して中止の有無を決める。

もし中止が決まると社長は道具箱と紙をとり出し「雨天で中止」の案内を書く。紙を張りお客様に中止のお知らせをする。これが地方での一連の仕事でした。

ある遠征の時、例のミーティングの最中に珍しく社長が徳利を２本追加した。その１本を私に渡されたので他の人につごうとしたら、社長が「ヒロ、お前にやったんだ。飲め」と言われた。その時はどうしたのかと訳が解らなかった。

その後、社長と一緒の仕事が少しずつまわって来る様になった（梅田山荘、ラグビー場など）。その頃に後楽園球場の関係者入口の担当に配置された。

さらに１年たった頃、長島常務より、地方野球は「お前がやれ」と言われて、それから読売新聞の野球担当者とのつき合いが始まる。私が会社を退社するまで、その関係は続いた。

話は変わりますが、昭和47年に関係者入口で仕事をしている夕方を過ぎた頃に、社長が「具合が悪い」と言われて、運転手の丸山さんと車で高田馬場の自宅まで御送りしたのが、社長にお会いした最後となりました。今でもその時の事が目に浮かびます。

先代・清水芳一を偲ぶ会にて。
左から
松村謙 取締役副社長、
小松田奈史さん（OB）、
清水卓治会長、
鈴木博明さん（OB）、
中津川滋 埼玉シミズ監査役

小松田奈史

1966年、大学入学後に後楽園球場でアルバイトし、株式会社シミズスポーツサービスセンターに入社。横浜スタジアム・東京ドーム・札幌ドームのオープン時に責任者として従事。 その後、スポーツ系業務全般を行ったシミズOB。現在74才。

巨人軍9連覇時代の裏方の生きざま
先代との出会い、思い出

株式会社埼玉シミズ 監査役

中津川 滋

大学卒業後、シミズスポーツ装飾センター（現・シミズオクト）入社。TBSテレビ制作庶務部出向、業務部主任、営業部課長代理を経て、取締役として営業部、Jリーグ・プロジェクト、東京ドーム営業部、警備部、スポーツサービス部、経理部、支店・グループ会社等でさまざまな部門の管理を務める。

後楽園球場の選手入口にて門番をする清水芳一。1970年6月11日撮影

旧後楽園での仕事のスタートは1968年（S43）、後楽園球場のシーズン社員募集に（4月~9月の期間）応募した事から始まる。契約社員としての採用が決まり、担当するエリアは1塁側と決定、球場の管轄担当者は柴田氏でありました。以後、柴田氏の指導・助言を受けながら、従事してきました。

契約期間を無事に勤め上げ、翌年の3月オープン戦の時期に、球場の事務所を訪問し、今期も勤務を継続したい旨を申し入れた所、球場側は1969年（S44）より野球場の管理全般を業務委託する事に決定しており、委託先は「旧シミズスポーツ・サービスセンター」と告げられた。

職員に案内され正面入り口横の関係者入口で、シミズの創業者・清水芳一社長の紹介を受ける。その場で前年の野球場での経験を説明し、常勤アルバイトとして勤務を希望していると伝えた所、即OKを戴きシミズの現場事務所で人事管理を担当している金本氏に相談する旨、指示を受けました。

面接の結果、翌日から勤務する事になりました。後に、小松田先輩が人事のサポートに加わります。

当時、巨人軍は5連覇に挑戦のシーズンで、大変な人気で開催日の球場はいつも超満員、自由席券の入手も困難な状況にありました。場外は自由席で開場を待つ列で埋まり、場内はコンコースの立ち見・2階通路へ誘導が限界状態に、時には試合開始時間に間に合わない事態に、トラブルになる事もありました。

球場の観客数を大幅に増やすべく、かねてより計画・工事中の2階席ジャンボスタンドが1970年（S45）にオープン、観客数は飛躍的に伸びました。

主な業務は水道橋駅よりの場外広報・案内・誘導・列整理・入口ゲートの入場管理・不正入場防止。場内では指定席ゲート・自由席ルートへの案内・誘導・空席防止広報・押し上げ・詰め他。全体ではスタッフの配置・業務の説明・指導・トラブル対応等でありました。

ダフ屋対応では、入口周辺より離れ敷地の外へ移動する様に交渉しておりました。目に余る時は警察に通報する事もありました。

その頃に、先代の人脈により北村博氏が率いる社会人のグループが、一塁側、主に入場ゲートを担当するチームとして配置されました。大変心強く、頼り甲斐がありました。三塁側には、専門学校の寮長で同姓である北村氏の学生チームが配置されております（メンバーの中には、後にシミズ舞台工芸の社員となる小田原氏・菅原氏がおりました）。

その環境下、常勤スタッフとして勤務を続けながらも1971年（S46）に拓殖大学を受験し合格。4月、22歳の時に入学が実現した。球場での勤務を続けながらの大学生活で、苦労もあったが、無事4年間、1974年（S49）3月24歳で卒業を迎えました。

その間、拓大2年の時に、後楽園で初めて出会いシミズでのアルバイトを快く受け入れてくれ、大変お世話になった創業者の清水芳一社長が1972年（S47）6月にご逝去されました。驚きと共に様々な、指導を受けてきた恩人とも言うべき師匠の訃報に接して、悲しく残念でなりませんでした。巨人軍が8連覇を達成した1972年（S47）のシーズン途中の事でした。

翌1973年（S48）には9連覇を達成し、10連覇への期待も大きく迎えた1974年（S49）のシーズン後半戦、中日との接戦の末、僅差のゲーム差（勝率1厘差）で敗れ、リーグは惜しくも2位シリーズへの出場かなわず、このシーズンを終了しました。

この年をもって、川上哲治監督が辞任・長嶋茂雄・森昌彦選手が引退いたしました。長嶋氏は翌年巨人軍の監督に就任しております。

10月14日にシーズン最後の試合が終了した後、引退セレモニーが執り行われました。長嶋選手は引退の挨拶の後、打合せにはないグラウンド一周へと歩き出し、ファンへの感謝の思いを示されておりました。

突然の事で、球場の寺田氏が先導に球場の山本社員、後に中津川が付きなさいと指示がありました。外野席を通過するとフェンス越しに、花束を手渡され幾つも受け取って回った記憶がございます。巨人軍は永遠に不滅です（セレモニーでの長嶋選手の有名な一言）。

自分自身もこのシーズンをもって野球場を離れる思いを強くしておりました。卒業後の就職活動も不調ながらも、それ以上にシミズの幅広い事業活動にアルバイトとして様々に、経験出来た事で将来の社業発展への期待感がより膨らみ、人生の道筋を決めるきっかけとなりました。

翌1975年（S50）シミズへの入社を希望し清水誠幸常務に面接を受け、4月に正式採用されました。1969年（S44）に先代と初めて出会って以後、6年間のアルバイト時代を経て、以来52年余の長きに渡り、中身の濃い充実した人生の機会を今日に至るまで与えてくれたシミズの歴代社長には感謝の思いで一杯でございます。

振り返りますと、旧後楽園球場での勤務は浪人生・大学生の期間で足掛け6年、その間に初めて、先代とご一緒した仕事は地方野球への遠征でした。

1969年（S44）～1971年（S46）の約3年間遠征のメンバーとして、いつも責任者である先代に帯同し、巨人軍公式戦・オープン戦・日米野球・他球団の試合等を関東・東北・北陸・名古屋・大阪・九州各地の球場で会場管理の一員として従事して来ました。

内・外野の自由席入口の配置がメインでした。特に重要な事は入場の管理・不正入場防止・ダフ行為禁止等ダフ屋への対応でした。

先代は案内・誘導・禁止行為等のポスター（筆書き）を現場で作成し要所々に掲示をしていました。

遠征メンバーは6～10名程で試合・球場毎に決定し、それぞれに配置が決められました。事務局作業全般は大先輩の鈴木博明社員が担当しており、事前準備から移動・宿泊・食事等の手配をはじめ現地での備品調達他一手に引き受けておりました。時には厳しい指導もありましたが、面倒見がよく色々とお世話になりました。

後に知ることになりますが、興行の世界では既に先代の名前が広く知れ渡っていて、現地での本番業務中にも大きなトラブルなく終了出来るのは先代の内に秘めたる大きな力の賜物と心強く感じた事を思い出します。

終わりに、昭和7年創業、創業者初代・清水芳一社長は野球界を原点にスポーツ界・後にエンターテインメント界・展示イベント界、他あらゆる分野に対して基盤作りにたゆまない努力を継続して来ました。

その企業資産を有効活用しながら、今日では、シミズは全国のグループ企業へと成長・発展を遂げております。創業90年を迎える今、将来を見据えた企業グループへと更なる発展をお祈り致します。

自身、先代とは僅か4年間程の主従関係でありましたが、得難い経験・パワーを戴き、中身の濃い人生を送る事が出来ております。

ここに、先代のありし日を偲び改めてご冥福をお祈り申し上げます。合掌。

先代・清水芳一

清水芳一の日記より

1966年（昭和41年）

清水卓治は1967年に株式会社シミズスポーツサービスセンターに入社。その頃、先代・清水芳一は手帳に日記を付けていました。卓治に仕事を引き継ぐためのヒントとして書いたのかも知れないその日記は1967年6月まで綴られています。その後、卓治は先代に付いて全国を回るようになり、直接仕事を教わる事になるのです。そんな貴重な日記を、先代の50回忌（2021年6月23日）を記念して掲載します。

株式会社シミズオクト 代表取締役会長　清水卓治・編

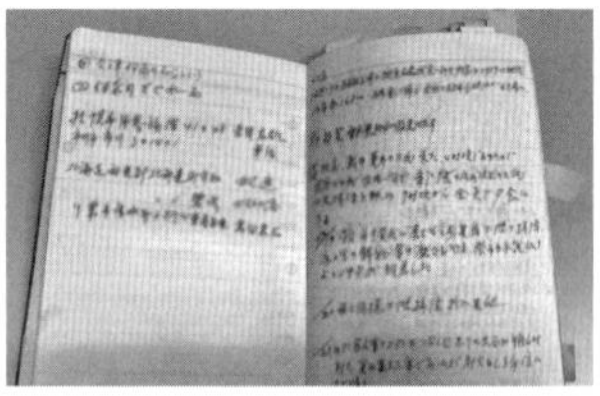

先代の日記。手帳に細かく書き込まれており、卓治が無数の付箋を付けている

3月19日　巨人対メキシコ・タイガースオープン戦。試合開始2時。10時半、後楽に行く。3対0で巨人勝。今日の客入りは悪い。後楽初試合のため巨人代表より金一封頂く。あと2戦。湯浅氏と伊勢崎の打ち合わせをする。

メキシコから1966年3月に来日したタイガース
写真提供：報知新聞社

3月23日　伊勢崎球場開場記念オープン戦。巨人対大洋。大入り満員となり、丸山氏上々のご機嫌。

3月27日　朝7時、平に出かける。11時40分着。永野新聞店に行き、山崎氏と共に球場にて4時半まで、色々「書き物」をする。その足で水戸に向かい、旅館「藤よし」に宿泊。

3月28日　朝8時50分、丸山卿三と共に水戸球場に行く。昨夜から大分降ったので、今日は止むだろうと思っていたが、小雨は止まず、実に寒い。書き物をしていても、震えて字も思うよう書けなかった。3時終わって、旅館に帰り、昼食をした。後部隊は2時頃着いた。明日はどうかと心配。

会場に掲示する張り紙用に芳一が筆を揮う様子

3月29日　朝8時、湯浅氏、丸山氏、長島、小生等で球場に来たが、グラウンドは雨が上がれば上々だが、9時過ぎより、又雨が強くなり、寒さもひどいので、これでは、今日は決行できないだろう。

　昨日の書き残りを書いたが、その間、手足が縮みあがった。11時、ようやく雨は上がったが、今度はグラウンドが駄目。11時40分、「中止」の張り紙をして帰る。

3月30日　今日は天気になったが、寒風強く、実に寒い。5時半起床。全員6時10分出発。準備にかかる。まったく足も凍る気持であった。9時20分開場。風はますます強く、張り紙は飛んでしまい手の施しようもない。1日中寒い日で全く参った。入場客はまずまず、暖かければ、超満員のところだ。

　試合終わって車が混むので、電車移動のものを、車で先におくり、われわれ5名は折り返しで乗ることにして、歩き出したが、殆ど駅の近くまで、歩いた。水戸で、食事をして休む。

4月9日　今日は公式戦初日である。巨人大洋3対6で巨人の負け。

　会社へ行き、毎日毎日多忙で、泰正も今日で4日間朝4時に出掛けているので、そのこともあって様子を見に行ったのだが、木佐美は例のズル休みをして全く困ったものだ。10時半までいて後楽へ。

　満員になった。読売より、森さん、佐々木さん、小生の3人に社長室で、橋本部長より表彰された。

　7時から東映対阪急戦。

4月10日　朝8時半、会社に出る。皆の仕事を色々見て後楽へ。11時過ぎから良い天気になり、観客続々来て、超満員となった。巨人軍優勝旗を頂く。夜、東映対阪急。8時帰宅。

後楽園スタヂアム。1965年撮影
写真提供：朝日新聞社

4月19日　会社に行く。昨日、ボリショイサーカスが盛大に終わったので、本間興行より、感謝状と記念品として、シーマフレックスの腕時計を頂く。それから後楽へ。

4月21日　朝10時集合。明日よりボリショイサーカス地方巡業で満男ほか9名（菅原アニーが入っていたと思われる）が、関西、東北、北海道とおよそ2カ月旅にでるので、長丁場無事に終わるよう十分な心得を訓示した。

4月23日　10時半、後楽へ。今日は土曜日なので大分観客が来た。佐藤総理が見えられ、王選手の2ラン、スリーランと彼独り舞台となり、総理も大満足。

4月24日　後楽に行く日。朝から渋々降り出し、10時頃より本格的になり、中止となり、今日の日曜日は台無し。夜、本間興行の野井氏が事故で亡くなったというので、通夜に行く。

4月26日　今日は川崎球場ナイター開始。球場内部が大分変ったので驚いた。客の入るころ雨となったが、2回頃止む。1万5千人は入った。

川崎球場。1967 年撮影
写真提供：朝日新聞社

4月29日　今日は誠に好天。2時半、東京スタジアム行った処、黒山の人で驚いた。まず、外野扉を開放させ、各売り場に客を散らす。こんなことをしていたらケガ人を出すところであった。今日の試合はサンケイ対巨人なので開門4時半からずっと7時45分まで客は途切れず、3回には超満員となっていた。

　大入りも出た。これでスタジアムは、2回目。8時過ぎ、笠原氏を同乗させて混みあわないうちに帰る。

1962 年に開場した東京スタジアム
写真提供：朝日新聞社

5月6日　全日空10時40分発。本間興行・横山氏運転の車で北村へ回り、碧水の四辻宅に泊まり、翌日、離農者に頼まれ、購入した山林を視察。

　その後、旭川へ向かい、本間誠一社長に挨拶。非常に喜ばれ、もてなしを受けた。

5月17日　今日からセ・リーグ　ナイター。入場8分。巨人4対1大洋。

5月28日　午後1時会社に行き、専務と共に都体のシチズン慰安会の舞台装飾の出来具合を見る。その足で川崎に向かう。4時開場。客足は上々。試合直前に満員。明朝、富山・金沢へ出発予定なので、8時帰宅。

5月29日　朝5時、須山、荒木両氏運転して出発、途中恙なく小松到着は5時45分。

5月30日　小松出発、晴天気持ちよく金沢10時半着。3時半まで、準備に掛かり、富山に向かう。

5月31日　朝9時、富山球場にて午後3時すぎまで、「書き物」をする。

6月1日　朝6時起床、朝食、7時球場着。準備に掛かり、8時半バイトの部署付けをなし、9時半入場開始。ポツポツ小雨が降り出したが、入場客は満員になった。部長も、田中、林、湯浅氏等も大変喜んでいた。スコアは巨人4対0広島であった。終了後4時55分富山を発ち、金沢・倉屋旅館、6時半到着。

6月2日　朝5時起床。夜中からポツポツ降り出したので、心配だった。空を見ると曇りだ。大丈夫のようだが、金沢の空はわからない。天気は持つようなので、部長と話し合い、9時チョット過ぎに開場した。

　客は途切れる様子がなく、指定、内野席は前売りで全部出ていることだし、外野引換券を７０００枚から撒いてあるので、球場小さいので、外野の列切れるまでとして、７００ほど売れた時、列が切れたというので、「入場券全部売り切れ」の看板を出す。

　ヤレヤレと安心をしたものの、最後までズルズルとお客が来て暇がなかった。そのうち、9回の裏で、巨人が0、広島が11点も入れて、ファンがクサっているところ、フライを追わなかったということから、瓶の雨となり、グラウンドが真っ白になり、いくら集めても集めても取り切れない。15分ほど中断、試合終了は5時過ぎだった。

　宿で夕食。金沢を出発。帰京安着したが、相当きつかった。

グラウンドに空き缶が投げ込まれた
石川県立兼六園野球場
1966 年６月２日。写真提供：報知新聞社

6月14日　後楽に着いた時、何か変わったことだと思ったが、ＮＨＫの「ある人生」という番組で畑福氏の取材で、川上、小西、小生等巻き込まれ、役員・選手入口で、大分映写された。7月16日に放送だそうだ。

6月20日　本日は、野球は出来ないかなと思っていたが、日和見をして5時に入場させ、無事に試合は出来た。しかし、天気具合で入場者は7分であったが、実にいい試合で、巨人対大洋11回まで0対0。12回、長島のホームランで止めを刺した。

7月19日　オールスター戦、第1試合、東京スタジアム。
今日はどんよりとした曇りで実に蒸し暑く。ただ立っているだけで汗がだくだく。嫌な日で客を入れ始めたところからポツポツ降り出し、試合終了まで降り続いたため、満員にはなったが、立見席は残った。

7月20日　朝、8時半、ひかり号で大阪着11時40分着。車で甲子園そばの夕立荘に行く。3時球場着、場長・川口氏と打ち合わせ後、上村氏と場内外を見て廻り、4時入場開始。天候は上々であったが、外野の入りが悪く3万4千人。
終わって夕立荘で1泊したが、蒸すため、一夜中寝られず閉口した。

7月21日　6時起床、8時40分、大阪駅発広島へ向かう。1時広島着。安食氏の友人の出雲そば「大黒屋」という珍しいそばを食べる。その後、吉野家に行き、3時球場に行く。広島は外野まで入場券は全部売り尽くし、場長は大機嫌。あまりに客が多いので、3時45分開場する。たちまち超満員。一つのトラブルもなく、上々。

7月26日　都市対抗4日目から後楽に出る。やはり暑い日だ。27日まで4試合が続くから、長時間なので全員疲れる事大なり。

8月6日、7日　巨人対大洋。2日とも巨人の勝ち。実に良く入る。

8月9日、10日、11日　巨人対阪神、3連戦。巨人3勝。

8月31日　今日12時、読売新聞へ入場券取りに行き、福井さん、林さんなどと、ドジャース来日の件で打ち合わせをし、前売り券を予約して帰る。

9月23日　セ・リーグは本日、巨人対阪神戦、4対0で巨人の優勝が決まる。第2試合終了後、大サロンで大変なお祝いがあった。

10月12日　第1戦（後楽）巨人12対5

10月13日　第2戦（後楽）南海5対2

10月16日　第3戦（大阪）巨人3対2

10月17日　第4戦（大阪）巨人8対1

10月18日　第5戦　大阪最後の試合で大奮闘14回。4対3でとうとう南海が勝利。
今年のシリーズは巨人楽勝の感満々であった。

10月19日　第6戦（後楽）。巨人4対0圧勝。日本一連覇となる。

10月22日　日米野球、第1戦、後楽。晴天10時開場であったが、客足が早いので、9時45分開場した。試合開始1、2回頃、超満員となる。ドジャース16対5巨人（国松1号）。明日は30分開場を早めることとした。
第2戦、後楽9時半開場。1時超満員。ドジャース0対5巨人（益田投手）。

南海を破り優勝を決めた巨人ナインはペナントを持って場内を一周
写真提供：日刊スポーツ

10月25日　仙台朝8時半、球場着。いろいろ「書き物」準備をする。

10月26日　宮城球場9時入場開始。雨が強くなっているので、試合開始を早め、1時半開始、2時半ころには雨も止んで、全く助かった。ドジャース13対5巨人（黒江1号）。

10月28日　大阪球場、ドジャース5対0南海・巨人連合。

10月29日　阪急球場、ドジャース7対1全日本。

10月30日　甲子園、満員。追いつ追われつ、ドジャース9対7全日本。夜行列車。

10月31日　富山球場準備。

11月1日　富山球場、ドジャース5対2巨人（相羽1号）。

11月3日　後楽、ドジャース8対5全日本負け。

11月4日　日本プロ野球創立30周年。鈴木惣太郎氏の「アメリカ野球史話」出版記念パーティーに於いて帝国ホテルへ出席。鈴木惣太郎氏をはじめ、小西得郎氏、鈴木セ会長、秋山慶幸氏、関三穂氏、野口務氏、三宅大輔氏、青柳氏、斎藤一雄氏、小池氏、佐野氏、大和球士氏等が居られ、皆様としばし懇談した。

左より長嶋選手、中央左後が王選手、中央が芳一、右が正力松太郎氏

11月5日　後楽、ドジャース2対8全日本、初めて勝った。

11月6日　後楽、ドジャース3対11全日本。
今日は天皇、皇后ご高覧で大入り満員。まったく風もなく、好天候で、観客も満足であっただろう。夜8時、須山、清水の運転で岡山に向かう。

11月7日　須山の運転上々で13時間で岡山到着。それからいろいろ「書き物」、他の人間は柵作り等で3時半までかかる。瀧本館に落ち着く。

11月8日　朝6時起床。6時半朝食、7時球場に向かう。誠に良い天気で、全員で早速準備に掛かり、9時半準備終了、9時45分開場。最初はあまり客足なく、今井氏も心配していたが、ここは心配ないと安心させていた。案の定、試合が始まる頃には、外野から満員札止めにし、3回からは指定席のみ、5回には見渡す限りの満員となる。4時半試合終了。ドジャース10対2南海・巨人連合。僕らは広島へ向かう。広島市の旅館の場所が判らず、探すのに手間取り、19時過ぎやっと到着、全員で夕食をして休む。

11月9日　広島球場。天候は上々、満員とはならなかったが、外野招待券には参った。ドジャース10対10広島・巨人連合。5時半、長田屋旅館に戻り、全員で夕食、7時半に出発、熊本に向かう。朝3時半についてしまったので、宿屋にも入れず、開いていた「おでんや」で一杯やり、旅館の横で車中泊。

11月10日　朝6時半、野球場に行き、上野様宅で朝食を頂き、2時40分まで「書き物」をして旅館にもどる。ポツポツ雨がやってきたが、明日は大丈夫とのことだが心配もある。後部隊が4時到着した。

11月11日　熊本球場。入場者は満員。ドジャース6対3、西鉄・巨人。試合は3時半終了、直ちに福岡へ向かう。たけ河旅館着7時半。

11月12日　たけ河旅館、8時起床、8時半朝食。9時球場着。
　天候は上々で、外野、指定は全部超満員、内野は8分の入り。野球終了は3時40分だが、来場者のハケが悪く、4時半過ぎまで手間取り、5時、小倉に向かう。
　小倉に入る少し手前で、西鉄タクシーに追突される事故があった。須山運転手を残し、別のタクシーで和田旅館に着いた。事故の話し合いは、すべて先方で修理しますとのことだった。

11月13日　昨夜12時頃より大雨となり、朝7時には大風雨、以後止まる様子無く、強風雨で、10時、中止発表されたが、外には出られない悪天候であった。

11月14日　小倉球場。朝まだ雨が降っていたが、全員7時半、宿を出て、9時45分、試合開催に決定。11時開場する。しかし、月曜日開催に日延べしたため、払い戻し者が多く、4、5回まで参った。ドジャース1対3巨人。試合は無事終了、5時20分、小倉発、夜行列車で名古屋へと向かう。

11月15日　朝7時、中日球場に着く。まだ時間が早いので、町中で朝食をして9時に戻り、10時開場。12時まで、球場に居り、須山の車が戻って来たので、12時10分、静岡に向かう。しかし、工事のところが多く、到着時は真っ暗で、外周入口状況だけ見て、宿に入る。11時ころまで「書き物」をして休む。

11月16日　朝7時、球場に行き、準備に掛かる。10時開場。内野、外野共に超満員となり、読売新聞社・橋本道淳本部長、橋本完三企画本部長も非常に喜んでおられた。ドジャース3対7巨人（王5号）。終了後、須山と小生は修善寺みゆきホテルにむかった。

11月17日　朝10時発。午後3時、無事帰宅する。

（中略）

11月22日　今日から会社に出掛けた。

11月26日　後楽園、巨人ファン感謝デーに出る。昨夜から強風で実に寒い日であった。

12月2日　重役会議。ボーナスの件で、夜10時ころまで掛かる。

12月7日　東京会館。巨人ファン感謝の会。

12月10日　朝9時50分、会社に行き、社内・出先社員、全員集合。今年度の労を謝し、のち賞与を渡す。本年は3月半の賞与支給であった。
　午後2時半、青山斎場にて松本治一郎氏の葬儀。

12月17日　北村、荒井、新井ほか1名来る。本年の清算を行い、別途、前渡金を渡した。

12月19日　清掃コンクールのため、石井紳三（元都体館長）他と朝8時出発して、清掃事業所7か所を視察点検した。各所共実に立派で、非難されるところは無かった。

……　以下　略

　この日記の後、卓治は先代に付いて全国を回るようになり、直接仕事を教わり、先代の最期の5年間を共に過ごしました。

左より、芳一、卓治。
芳一に同行の際は卓治が写真を撮る事が多く、二人が並んだ写真は貴重

東京放送ものがたり

テレビ制作庶務・平澤 眞氏の思い出（小林茂勝「8時だョ！ 全員集合」公開放送担当の活躍）

株式会社シミズオクト 代表取締役会長

清水卓治

１９６４年に東京オリンピックが開催されて以降、千駄ヶ谷から原宿周辺の住民は、国立競技場、代々木競技場、神宮球場、東京都体育館の催し物に必要な人手の供給源であった。春秋のベストシーズンには猫の手も借りたい人手不足になるのは当然のことであるが、様々な雑役の身軽なアルバイトとして、近隣同士の男女が自然に大きな集団になっていった。

清水芳一と長嶋儀一は、後楽園スタヂアムと、出来上がったばかりの千駄ヶ谷スポーツコンプレックスの円滑な運営に、お互いに毎日毎日、恒常的に仕事がある訳ではないながら、仕事の物件数が重なり高まることに否応なく巻き込まれていた。

特に、催し物開催時の人手を要することは勿論のことだが、それ以上に大変なのは、催し物終了後の清掃であった。プロ野球、プロレス、ボクシング、各種歌謡ショー等々、人気のある催し物は、夜9時、10時までにもなり、清掃は主催者の退出後の夜半に短時間に終わらせる必要があり、そのためには、とにかく人数を揃える必要があった。

関戸ちえさんは、オリンピックを機会に必要な女子部隊編成のために抜群の力量のある婦人だった。千駄ヶ谷、仙寿院、代々木、原宿界隈の家庭婦人をお誘いしてトイレ清掃に、清掃したくない人は「手欠」要員に（チケット販売要員の意）など、また、登校拒否の学生たちも「椅子並べ」や「観覧席スタンド組み」等々のメンバーに育て上げてくれた。

会社組織化の際には役員にはならなかったが、出資者のひとりである。都体の建物の隣にはプールがあり、脱衣場の籠の預かり係は唯一の常勤業務であった。清水義也が責任者で、小林茂勝、村松徳光、柴久喜五郎、丸島久制がバイトして仕事を覚え、推薦されてシミズの社員となった。そして、関戸ちえさんの集めた中から、常勤者となり社員となったものが多数に及ぶのである。

渡辺岩雄は、都体の裏手にある「仙寿院」の住民であったが、ボクシングが好きで、田辺ジムに通ううち、リングサイドの雑用に詳しくなり、さらに、都体にはアジア大会に使用したボクシングリングがあったので、当時のタイトルマッチには必ずリングサイドにいた。

会社組織になった時、都体と国立競技場は最重要な仕事場であった。だが、当時のスポーツ界は「アマチュアリズム」が原点であり、高校や大学あるいは、宗教法人の運動会などの利用に留まっていた。せっかく出来た国立競技場で、大きなことをやろうと立ち上がったのは、毎日新聞社。「7万人の夕涼み大会」であった。

ラジオ東京は、テレビとラジオを両方放送する東京放送となり、毎日新聞社事業担当であった、亀岡亮三氏が事業局長として赴任、才腕を振るった。このイベントを通じて、シミズは東京放送と懇意になった。新局舎が出来、Gスタジオという一番大きなスタジオでは、公開形式で番組収録にニーズがあり、係員派遣を頼まれるようになった。ザ・ドリフターズの「8時だョ！ 全員集合」が、ヒットし毎週土曜日に生中継するようになって、局内にテレビ制作庶務部が発足し、小林一元さんが部長に就任、専属出向者の要望があった。そこで、シミズの社員の中から選ばれたのが、小林茂勝君であった。

東京放送の担当者は、平澤 眞さんという人で、なかなかのジェントルマンであった。会場管理のマナーやルールに厳しく、小林君は、そこでみっちり鍛えられた。「ロッテ 歌のアルバム」と「全員集合」が公開番組で、Gスタ、文京公会堂、渋谷公会堂など、都内各所の会場押さえから始まり、整理の仕方、方法、楽屋弁当の手配まで、緻密な計画と実施が、平澤流と言えるほど、とことん教えられたのである。

常に黒のダブルスーツに黒いサングラスで会場管理する平澤さんの姿は、威圧感があった。しかし、根は廉直であり、情実や、不正が大嫌いな真っ当な人であった。外見上、私もその点の誤解が多分にあった。

小林君は、都体の経験を軸に、局内のそれぞれの部局とも顔なじみとなり、私が東京放送へ出向くと、平澤さんの部局だけでなく、ラジオや、美術部へも必ず案内してくれるようになった。美術部にも顔出しをした。

平澤さんの仕事は、東京音楽祭と日本レコード大賞を東京放送が行うようになってから、大拡大した。会場は日本武道館になり、今までと規模が違って来た。そして、シミズが舞台作りに関わるようになった。また、この頃、出向者は小林茂勝君から、中津川 滋君と交代した。

当時の東京放送は、民放各社中でもダ

ントツの人気で、ドラマも歌番組も全盛時代であった。また、ラジオも野球中継の最盛期で、ラジオ営業促進部が「東京バザール」などを開催した。

そこで、美術関連業の集まりである「東京放送美術関連企業連絡会」に加入を勧められた。シミズとしては、東宝舞台、金井大道具などに伍しての業界参加は大変喜ばしいことであった。

デザイナーの三原康博氏は、斬新、ユニークな舞台デザインで、東京放送の歴代を代表する人であった。しかし、既存のスタジオにはない大空間を自由に飾るためには、吊り作業や、金物、トラスワーク等の作業が必要である。

これは、当時としては大変なチャレンジで、大道具ばかりでなく、場内音響効果をいかにアップさせるか、照明の空間的配置の工夫や、会場設営の問題点をひとつひとつ改善する取り組みが必要であった。東京音楽祭のＤＶＤは、そのままシミズオクトの舞台作りの作品集でもある。

ところで、小林茂勝君は、１９９９年のお台場舞台倒壊事件の後、舞台製作工事の安全の為に、各社毎でなく業界横断の運動組織が必要であるとして「日本舞台技術安全協会（ＪＡＳＳＴ）」を発足した際に、事務局長を引き受けていただいた。

小林君は経験を活かして、業界各社に呼びかけ、幹事会を組織し、舞台安全教育、講習を熱心に行ってくれた。幹事が手弁当で講師を務めるというスタイルは、まるで平澤眞スタイルである。

この20年間で、６０００人以上の受講者に及び、日本の野外、ドーム、アリーナでのイベントの無事故に貢献している。

２０２１年6月、小林君が病気で亡くなったが、コロナ禍の影響により、お弔い出来なかった。東京都体育館で育った自然児の一生はシミズオクトと共にある。

小林茂勝

平澤眞氏

東京放送ものがたり
～放送業界での初めての仕事～

株式会社埼玉シミズ 監査役
中津川 滋

　１９６７年（Ｓ42）３月、18歳。高校卒業後上京。様々なアルバイトをしながら、大学入学を目指し浪人生活を続けていたが１９６９年（Ｓ44）３月、旧後楽園球場にてシミズの先代（創業者）清水芳一氏と出会い球場の仕事に従事することになる。

　その前年には、（株）後楽園スタヂアムとの契約にて、野球場のシーズン社員（会場管理担当）として４月～９月の期間、球場での業務に従事し経験は有していた。担当は１塁側で水道橋駅からの場外案内広報、入場整理、不正入場の監視、スタッフの配置と業務指導等が主たる業務であった。球場の担当社員は柴田氏（相撲協会の春日野部屋出身）。

　その後も、常勤スタッフとして従事しながら、拓殖大学に合格。１９７１年（Ｓ46）４月、22歳の時に入学となる。大学生活は大きなトラブルもなく４年間過ごし、１９７４年（Ｓ49）３月、25歳で無事卒業を迎えるが、その後就職活動もままならず、シミズでの勤務を継続していた。１９７２年（Ｓ47）の６月には先代の清水芳一社長がこの世を去った。

　当時、巨人軍は川上哲治氏が監督。長嶋茂雄・王貞治選手他の活躍でＶ９を達成していたが、１９７４年（Ｓ49）、シーズン終了の10月、長嶋茂雄選手の引退を発表する。長嶋選手の引退を目の当たりにして、数年の期間アルバイトながら先代には大変お世話になり、教育・指導も受けてきた（株）シミズスポーツ装飾センターへの就職を希望し、入社の面接を受ける（面接官は清水誠幸常務）。

　翌１９７５年（Ｓ50）４月に社員採用が正式に決まっていたが、配属先は後の人事で東京放送への出向と発令された。

　ここから放送業界での初めての仕事がスタートする。担当のセクションはテレビ局制作庶務部公開放送チームであった。ＴＢＳの責任者は平澤眞氏・松永チーフ・田中・高野等数人のチームで編成されていた。平澤氏は常に、黒いスーツ・黒ネクタイを着用、局内は当然に業界内でも広く知られた存在であった。平澤氏とは初めての出会いであり、その後のビジネス人生に大きな影響と変化を及ぼした。

　当時、ＴＶ各局は公開番組の他事業系イベントも盛んにおこなわれ忙しい毎日であった。後には、日本テレビ（沼田氏）・ＮＨＫサービスセンター（東氏）・テレビ朝日（小笠原氏）・フジテレビ（田代氏）等への関係が舞台製作・施工部門を含めたイベント系全般が営業の対象として拡大していく。

　内勤時の主な業務は公開番組の告知・制作担当との打合せ・番組毎の応募はがきの抽選・当選者への入場整理券の発送・あて名書き、警察消防への書類の提出等であった。平澤氏を総括に役割分担をしながら対応していた。

　収録会場は都内では渋谷公会堂・文京公会堂・調布グリーンホール・三鷹公会堂等。地方での収録は各地の市民会館を多く利用していた。

　代表番組は「８時だョ！全員集合」ドリフターズ・いかりや長介、毎週土曜日ゴールデンタイムで生放送、大変な人気でいつも高視聴率を上げていた。

　他には、「ロッテ歌のアルバム」、「クイズダービー」、「家族そろって歌合戦」、「トップスターショー歌ある限り」、「ヤングおー！おー！」、「たのきん全力投球」、等々多々あった。

　特番では、輝く日本レコード大賞、東京音楽祭、演歌大賞、有線大賞、民謡大賞他スタジオでの収録番組も各種放送された。前任者は小林茂勝先輩で公開チームのメンバーとして活動していた。

　以前より、喜多政道副社長がテレビ局への営業を継続しており、これまでの本多芸能の契約ポストをシミズとの契約に変える事が実現した。小林氏は公開チームのデスクでラジオ局へも営業を始めておりラジオ局営業促進部へ出入りしていた。促進部は原氏・木暮氏を中核に佐藤氏・渡辺氏・森氏他数名の社員で業務に対応していた。その後、後任として様々引継ぎ、担当する事となる。

　大型の催事では神宮外苑の並木通りを使用して年２回春・秋開催した「東京バザール」は10年程継続している。営業促進部の担当は原氏。開催日には毎日早朝一人で清掃・ごみ集積を行っており、業務指示がない中でシミズのスタッフも自然と活動し出したとのエピソードが伝えられている。

　エンタメ系では、旧国立競技場を使用した民放連主催のライブコンサート、東京都体育館を使用したＴＢＳレコード８社対抗大運動会等大型のイベントも開催されていた。他にはチャリティーイベント等も多く実施されている。

その後、ＴＢＳへの展開はテレビ局・ラジオ局から人事部・総務部との関係、新規に事業部も活動を開始し、更にグループ会社へと広がっていく。現在の本社ビルは１９９４年（Ｈ６）10月にＴＢＳ放送センターとして運用を開始し、その後、本社管理部門・テレビ局・ラジオ局・グループ企業を集約、スタジオも大・中・小と併設して機能の充実を図ってきた。シミズ本部に戻った後も事ある毎に関係先に訪問していた。

制作庶務部への出向は２年間で１９７８年（Ｓ53）２月29歳の時、出向が解かれ本部への復帰となる。その年の４月４日には後楽園球場では「キャンディーズ」のサヨナラコンサートが開催されている。

公開チームへの後任人事は後輩の園部氏（後楽園球場でアルバイトの後、シミズへ入社１年目）で、出向後、担当として平澤氏の部下の様に７年間勤め上げ、その後、実家の事情により福島へ戻る。平澤氏の推薦もあり、系列局の「テレビユー福島」へ就職している。

出向後、平澤氏との関係は２年間の短い期間でありましたが、野球場業務の経験しかない自分にも面倒見良く、指導を受けつつ、放送界の内情を学習しながら、コミュニケーション良くお付き合いを頂きました。苦労人であり、人情家・お酒を好み若輩者の自分にもよく声を掛けてくださいました。シミズ本部への復帰後も関係を続け、担当の現場へもご挨拶へ伺い親交を深めてまいりました。

平澤氏は60歳の定年迎えると社内での継続勤務・グループ会社での勤務を固辞し、自宅生活に切り替わった。その後、病魔（大腸がん）に襲われ１年にわたる闘病も空しく２０１３年（Ｈ25）10月、78年の生涯を閉じた。葬儀・告別式は家族葬にて執り行われ、後日49日法要の前日にお別れの会を行う事になった。

お別れ会は２０１３年（Ｈ25）11月19日。会場は故人の通いなれた東京プリンスホテルの「サンフラワーホール」にて。発起人代表は当時の制作部部長・石川滋氏。

発起人には公開チームとして松永氏・中津川・園部氏が選任され、事務局世話人として廣中氏（現在公開チームで勤務）が任命された。

お別れの会では奥様の彩子様・お子様夫妻・お孫様ともお会いでき、故人への感謝の思いを申し上げ、改めてご冥福をお祈りいたしました。

長きに渡り、お付き合いを戴いた大先輩。酒を友に人生を語り合い、人生の師として一生忘れる事はありません。

翌年の一周忌には大磯町の善福寺に妻を伴いお参りに参りました。お往時を偲ぶも、お会いする事は叶わず、寂しく悲しい思いが広がりました。

平澤眞氏お別れ会の案内状

菅原アニーの想い出

シミズオクトの90年の歴史の中でも一二を争う名物社員だった菅原秀隆さん。アニーというニックネームで、サーカスや武道館など様々な長い現場経験に基づいた技術は、長年にわたりシミズオクトの顔であった。その豪快な生き方と長渕剛さんとの交流、そして最期——。菅原アニー秀隆さんの裏方人生を浮き彫りにする。

株式会社シミズオクト 代表取締役会長
清水卓治

（1）大シベリア博

千代田区には大学が14あり、後楽園スタジアムのある文京区にも同じくらいある。これに専門学校に予備校がかさなり、神田から水道橋にかけては文字通り学生街だ。

東京テレビ工学院（現・総合学院テクノスカレッジ）という全寮生の技術学校が小石川グラウンドのそばにあった。寮長の北村さんが引率して、あちこちのアルバイト募集先に寮生が出向くようにしてくれた。寮のすぐ近くの村山装飾舞台（現・ムラヤマ）さんの方がメインだったと思うが、10人とか20人ある程度まとまった人数で来てくれるので、後楽園スタヂアムや日本武道館などの現場で大助かりだった。当時は、日本社会の所得水準が今よりはるかに低い時代である。学生たちも、金の掛かる東京の生活に親の仕送りが十分な人間は稀なほうで、アルバイトをするのが当たり前だった。賃金も1日300円の時代が長く続いた。収入はそれほど期待出来なかったが、実益と社会勉強の為に夜や夜中に働くのも大歓迎で、どんな仕事でも選り好みせず、たくさんやらねばならぬ人が多く、真面目にやってすぐ仕事を覚えてくれるので、役に立った。

菅原アニーは仙台の山奥から出てきた中のひとりだったが、次第に学校の方はそっちのけになり、村山とシミズで足繁くバイトするようになる。シミズは、プロ野球は勿論、あちこちの会場での雑役、ゴルフ場の球拾いなど、いくらでも仕事があった。彼はバイトに熱中し過ぎたあまりに、寮費滞納で追い出されて、友人や仕事現場の仮住まいを転々としていた。同級生である小田原剛郎宅などに転がり込んでは迷惑をかけていた。シミズの事業部の仮眠所があるのだが、常住してはならんという掟があるので、ふとんの乾燥屋さんが来るたびに追い出された。だから、夜警とか、寝るところと食事のある仕事なら何でも良かった。つまり旅仕事、今言うツアーめぐりが何よりマッチしていたのだ。

冬期自主興行として、後楽園スタヂアム大サーカスが始まると、彼は夜警を志願し、昼間は「ポニー乗馬会」の馬丁を引き受けて貰った。子供たちをポニーにのせて、サーカスの外側の空き地をポックリポックリ一周するのである。ごつい菅原アニーだが、不思議と女の子と子供たちに好かれた。

昭和47年、後楽園競輪が廃止され、競技場が空き家となっていた時、シベリアの永久凍土から発掘された古代生物のマンモスを中心にした「大シベリア博」の企画が持ち上がった。東西冷戦のさなか、アメリカ一辺倒でなく、ソ連との情報窓口を模索する日本対外文化協会と毎日新聞社の企画運営、主催であった。毎日新聞社は、都市対抗野球を主催する大新聞社であり、その野球を所管する事業部が主管し、競輪場バンク（滑走路）の内側の空き地に、およそ60ｍ×100ｍの大エアーテントの空間を建設して博覧会規模の大展示会を開催することとなった。太陽テント社の自慢の新製品エアードームのお披露目でもあった。

私は、毎日新聞社の事業部にお願いして、入口アーチやその他沢山の諸仕事を頂戴した。冬場の長期興行に備えて、松下朗先生のデザインによる鉄骨2階建ての床のある壮麗な入口は、まさか競輪場の入口とは思われない格好良い装飾となった。また入口係員、場内展示物の案内人などはシミズスポーツから多数配置についた。

この時期、後楽園には営業本部というのがあって、有馬記念の場外馬券の扱いや回廊でのイベント、球場ではサーカス興行の時期と重なり、大シベリア博は人気話題ともに上々のスタートを切った。展示物はすべてソ連から持ち込まれたが、ソ連の共産主義の国家的宣伝の機会である。テント内の中央部にモスクワの尖塔のような15ｍほどの先のとがったタワーが目立っていた。

この年は寒冷な冬季間であった。1月21日、この日も雪だった。かなり積もるような予想だった。私は早く帰宅した。夜半、自宅に電話が来た。菅原アニーからだ。なんと彼はその日、大シベリア博の夜警をしていたのだ。まさか、そんな所に？

「社長！　テントが下がっています」

……

「すぐテント会社に電話しろ。テント会社は来て居ないのか？」と私。

「センターのシンボルタワーにテントシートが当たっています」

……

「シートが破れました！」

……

エアードームは、積雪があった場合、送風を増やして内圧を上げることによって構造を維持するのだが、この日、テント会社の係員は常駐していなかったらしい。菅原アニーは重要な管理情報の窓口だったわけだ。内圧を上げるためのスイッチの操作方法を教わっていたのかどうか？　菅原アニーの責任は重大であるなと認識していた。

私もそれから直ちに現場に駆け付けたが、あの分厚いシートがペチャンコに平らに雪に覆われ無残に姿をさらしていて、見るに堪えない光景であった。関係者の狼狽、パニックは散々だし、当直者を非難する声が高かった。

当然「大シベリア博」は一旦中止となったが、こんな時に不思議とテキパキする人がいて、毎日新聞社の不屈の闘志を燃え立たせ、テントは改修をして遮二無二再開させた。

莫大な損失イベントとなった。この改修費用、不稼働期間のもろもろの経費はテント会社に訴訟提起された。毎日新聞社の審判のジャッジのお陰で、アニーの責任追及はセーフ宣告におわる事になった。

（2）ボリショイサーカス

敗戦後の日本の大衆娯楽の最たるものは、サーカスだった。日本人には梯子乗りとかお手玉、ジャグラーのような伝統的な得意技があるが、「曲馬団」や、熊、ライオン、象などの猛獣を引き連れて芸をさせ、大衆に見せるサーカスは、子どもたちに生きた動物を見せられる良い機会と大歓迎された。当時は動物虐待にあたると考える人はいなかった。

神彰（じんあきら）氏は、興行会社「アート・フレンド・アソシエーション」を創設し、ソ連から「ボリショイサーカス」を連れてきて大成功した。米ソ冷戦のさなかに、まさにたぐいまれな早業であった。成功の大原因は、場所に後楽園アイスパレスを長期間借りられたことが何といっても大きい。また、当時の読売新聞を見ると、連日紙面を大きく使って、一人ひとりのサーカス芸を褒めちぎり、見ないと損をするような賞賛ぶりである。

神氏の世評は高く、時代に先駆けて、老人介護を扱った小説「恍惚の人」を書いた才女、有吉佐和子さんと結婚し、得意の絶頂にあった。

その後、後楽園アイスパレスは取り壊され、黄色いビルと青いビルに生まれかわり、サーカスには使えなくなった。

そこで、神彰氏が目をつけたのは、東京都体育館（現・東京体育館）である。

千駄ヶ谷駅の真ん前にあり、アリーナにスタンドを組んで3500席、2階と3階で4500席、合計8000席を誇る総合体育館であり、昭和29年、敗戦後の建築資材がまだ十分に出回っていないときに完成したばかりである。

総合体育館であるが、都内にこれだけの収容力のある集会場は他にないことから、ボクシングやプロレスばかりでなく多目的ホールとして、テレビ・ラジオ各社の公開収録、東急グループ社員家族慰安会に五島昇氏、西武百貨店慰安会に堤清二の挨拶会、「赤旗　春の音楽祭」、「日本のうたごえ」の祭典、朝鮮総連の「万寿台芸術団」などなどの催しの貸し出しに美濃部知事時代は広く許可していたのである。

会社になったばかりのシミズには最高の仕事場であった。

神彰氏の思惑は図に当たり、東京都体育館はまさにサーカス興行にぴったりの会場だった。

「キオの大魔術団」、「疾風ジキド」（馬に乗った曲芸）に人々は群れを成し、千駄ヶ谷にあつまった。次なる「ボリショイ氷上サーカス」はスケーターの演技が素晴らしく、これも大好評であった。

神さんの実績のお陰で、以後の東京都体育館はいろいろなサーカスの聖地となり、メインの常打ち場となって行く。

シミズもサーカスの裏方業務に否応なく従事し、豊富な経験を積んで行った。例えば、「ハイ・ワイヤー」と呼ぶ水平綱渡りは18㎜のワイヤーを強く水平に張る必要があるが、その基礎アンカーがないため、建物のどこからとるか建築上キチンと了解をとる必要がある。

もっと困難なことは、空中ブランコの吊り点だった。建物の天井のどこからとるかが難問だった。都体の屋根は、高さ17mの小山が7つ連続して大空間を構成している。天井裏のキャットウォークは、その7つの継ぎ目にしかなかった。天井板のアルミ板、クールライトの照明器具は、その7つの小山から下げられている無数の2分の丸棒鋼によりサッシュがさげられている。その丸鋼を頼りに丸太を横に這わせ、番線で結んで吊り点を作るのだ。その際、一歩でもサッシュやアルミ板を踏み抜くと、そのまんま踏み抜け落ちて墜落する。命がけの作業だった。

シミズには内藤恒治という腕の良い老鳶職人がいて、仕事は無類に出来るのだが、いざ仕事にかかると神経質になり、とくに相棒が気に入らないといつまで待っても仕事にかからない。仕方なく、私が仕事中付きっ切りで手伝わざるを得なかった。

サーカス興行設営は苦心惨憺であった。こんな苦労がわかるのは、名古屋の水野組の濵地六郎さん位しかいない。いろいろ意見交換した。のちに濵地氏は東海ク

長渕剛さん（右）と打ち合わせをする菅原アニー（左）。本名は菅原秀隆だが、誰もが「アニー」と呼び親しんでいた。

リエイトを作り独立し、素晴らしい会社になった。一方、シミズはボリショイで苦労したお陰で、いろいろなサーカス芸の設営に習熟し、木下サーカス、キグレサーカス、田村サーカスなどの出入り会場も増えた。

だが運命は暗転し、神さんの会社は、ボリショイサーカスが来日の都合がつかない年に、他のサーカスものに手をだして興行のあたりはずれを繰り返すうちに、債務がふくらんで倒産。神さんは亡くなり、ソ連との交渉を担当していた東道輝氏は、北海道の本間興業を招聘元として興行をつづけるようになり、当初の成績は驚く好成績の全国展開であった。

本間興業は、北海道旭川市出身の本間誠一氏が、映画館の技師からはじめて、映画や歌舞伎興行まで手掛けた伝説の出世頭であった。東京都体育館での初回公演は大ヒットで、千秋楽に事務室のテーブルに現金を積み、仕入先を全部呼んで本間氏自ら手渡した。

その後は沢田さんという辣腕の専務がいて、興行の仕切りを厳しく取り締まったから、興行の大成功が続いていたが、支払いは渋かった。子息の正則氏になってからは放漫経営で、興行界から姿を消した。

（3）スペイン少年サーカス

翌年（昭和49年、1974）、東映株式会社から「スペイン少年サーカス」の企画が持ち込まれた。それは東急グループの50周年記念行事としてスペインのサーカスを呼び、北海道から沖縄まで日本全国を回る大規模な興行であり、これに対する協力体制と従事するスタッフの要請であった。

当時の東急グループは2代目の社長・五島昇氏が日本商工会議所会頭に就任する全盛期で、東映の岡田茂社長が東急グループのイベントに強い影響力を持っていた。プロデューサーは門間安彦氏、舞台監督は牛瀬古俊機氏であった。

シミズは副社長の喜多さんが現地へ下見に行った。

実はこのサーカス、スペインではなくメキシコの神父が少年たちの自立支援の共同体を運営しているもので、主催者側には大変な喜捨を求めるものだった。

馬は15頭、組み立て式の馬小屋を用意しなければならなかった。また、空中ブランコを演技するための15ｍの門型タワー3台を建てる作業は少年たちでは危険であり、専門の鳶職さんも手配してほしいとの神父さんの要望であった。

シミズの営業は羽根信男君であった。タワーは吉本組、馬小屋は日新工業に、テント屋根の組み立て式に発注した。そしてこの馬小屋の組バラシの責任者として菅原アニーを呼んだ。

菅原アニーは前年の「大シベリア博」でいろいろ問題にされ、くさっていた。「サーカスの地方へ連れて行くから、社員になって仕事を覚えて身につけろ」と誘った。

かくしてスペインサーカスは旅立ちをしたが、東京都体育館や関東近辺はともかく、北海道、東北、まして沖縄などの地方公演は不入りだった。現代では、ツアーは必ずローカル媒体と現地イベンターが存在するが、当時は東急エージェンシーも姿なく、門間安彦プロデューサーは孤軍奮闘、しかしツアー先の口コミは芳しくなかった。

私は札幌市円山球場への巨人軍遠征の際、スペイン少年サーカスの帯広公演に激励に出向いた。ところがその日、菅原アニーが天井からパイプを取り落として、跳ね返って下にいた牛瀬古監督の頭部に当たり、救急車で運ばれたという最中だった。

興行は閑散としていた。私は見かねて、門間プロデューサーに「この長帳場、興行打ち切りの方がベターではないか」と進言した。門間氏は「そうもいかないんだよ」と寂しく答えるだけだった。東映は大会社だ。そんな興行でも支払いはきちんと払ってくれた。

門間氏はその後、五島昇会頭の日本商工会議所主催・商工会議所100年記念行事のメインプロデューサーに抜擢され、「全国郷土祭」のパレードを国立競技場で行い、牛瀬古監督は多彩なプログラムを寸秒違わず演出進行、見事な腕前だった。羽根・菅原チームが大活躍したのは言うまでもない。

その時、昭和天皇はいたく感激され、終了後も席をお立ちにならなかった。永野重雄新日鉄会長の大変な賞賛のお言葉もあった。そのせいかどうか定かではないが、日本商工会議所のイベントは東急エージェンシーの扱いが多いようである。

菅原アニーは1年近く、およそ100公演のサーカスに従事した。おかげで大変な経験をかさねた。吉本組と一緒に金物の組バラシや吊り点作業に熟練し、一人前のエンジニアになった。そして、あちこちの現場に出るようになった。

菅原アニー　名場面名言集

株式会社フジテレビジョン／事業局
GENERAL PRODUCER
吉田太郎

1988年フジテレビ入社。営業局配属後、事業局に異動しイベント一筋30年。シルク・ドゥ・ソレイユ日本公演は、22年間で10作品、4810公演・64回のテントお引越しをオペレーション。

【出来事】

▼**「もしもし俺だ！ 1トン持ってこい！」**
某カナダのサーカス集団の演技用基礎が浮いた時、アニーが電話をしてました。2時間後、4トン平ユニック車で来たのが……巨大なコンクリート塊の1トンウェイト……。

㊟基礎の不備か、計算外の荷重がかかったのかは、20年後も明らかではない。

▼あにぃ、パスどうします？
「シミズと書くな！」
じゃあなんて書きますか？
「テクニカルスーパーバイザーだぁ！」
写真は適当にやりますよ！
「おっうぅ！」

㊟「あにい」ではなく「あにぃ」らしいです。

（４）京都円山公園 ザ・ビーチ・ボーイズ 屋根つぶれる（昭和54年、１９７９）

渡辺プロダクションからのお話で、海辺でロックフェスティバルをやりたい人がいると、板幸行氏を紹介され、かねてより懇意にしていたＴＶＫの平松常務に相談したところ、さすがは地元のテレビ局、江の島の海岸を貸してもらえるという破格の相談がまとまった。

１９７９年８月４日、５日
Ｊａｐａｎ Ｊａｍ '79 ｉｎ 江の島
主催　：ＶＡＮ　ＰＬＡＮＮＩＮＧ
協力　：ＴＶＫ 平松淑郎氏
出演者：ＴＫＯ、Ｆｉｒｅｆａｌｌ、Ｈｅａｒｔ、サザンオールスターズ、ザ・ビーチ・ボーイズ

Japan Jam '79 in 江の島

湘南海岸は海水浴のベストプレイスであり、ザ・ビーチ・ボーイズのリズムは最高であった。しかし、ヒッピー風の若者が多数たむろして、在日米軍兵などと酔っぱらってロックを歌い、当時のフェスファンのマナーも最低だった。我が世の春とお客さん同士で騒いだ。ごみは散らかし放題で、地元での評判は最悪となった。江の島はその後、この種の催事には貸さないことになった。平松常務には大変迷惑をお掛けした。

そして、次の公演地は京都円山公園で、江の島のステージをそのままそっくり持って行くことになっていた。担当は菅原アニーである。

私はこの時期、身動きできない繁忙期で、舞台監督の中野正豊氏によろしく頼んだ。

このステージには、菅原アニーが仕込んだ、簡単にパイプを組んだ屋根の骨組に透明のビニールを張った雨除けがついていた。雨風がつよい場合に公演中止を前提としたものである。

８月７日、京都公演で屋根がつぶれたとニュースになった。

雨の中、本番が始まり、演者の真上に水たまりがだんだん膨らむので排水すべく、演奏中断を舞台監督の中野正豊氏と菅原アニーが掛け合ったが、外国人演者は言うことを聞いてくれず、事故になったという。

この損害は大きく、観客からのクレーム殺到にＶＡＮ　ＰＬＡＮＮＩＮＧは閉鎖に至ることになる。シミズの打撃も大きく、野外のフェス専用のステージや天候不順等への災害対策をいかにすべきかが問われることになった。

ＴＶＫの平松常務と組んだもう一つは、中国パンダサーカスの誘致であった。日中国交回復のシンボルであり、愛らしいパンダは上野公園に子どもたちを引き寄せた。横浜市やＴＶＫは招聘元にはならなかったが、１９８１年１月24日～２月２日の横浜公演実現を喜ばれた。

パンダだけでなく、中国上海市曲技団は、からだの信じられない柔らかさで演ずる女性２人のアクロバットや足芸など、織りなすさまざまな芸達者がそろっていた。

パンダサーカスの現場の清水卓治

円舞台や花道など全体を照らすための三角トラスの枠組みを作り、電動チルホールで一体的に引き上げる事とし、菅原アニーが采配した。

実はこの頃、シミズには、東京都体育館ばかりでなく、日本武道館をはじめ、いろいろな会場にての吊り作業の要請が激増していた。

東京音響通信研究所の岡本廣基氏が音楽祭で使う箱型低音スピーカーは重量も大きく、ロープ滑車や手動チルホールは、天井裏で作業する菅原アニー達には重労働であった。電動チルホールとトラスユニットは最新の道具で、中国パンダサーカスがテストの機会となったのである。

（５）沢田研二ツアー ポールトラスシステム（昭和60年、１９８５）

シミズは、キョードー東京 マイク中村氏の依頼で日本武道館と大阪フェスティバルホール舞台緞帳の前に、一本18ｍの

▼「**おっうぅ！　次行くぞ**」
ある忘年会一次会終了時、アニーが「**次行くぞ**」って言ったので、事前に決めていた、一つ目の角を曲がったらダッシュを皆実行したが、１名足を骨折していて松葉杖だったＴさんのみがつかまり、朝までコース。

▼お台場まで歩いてきた……
えっ？　中野からですか？
「**すぐだよ　４時間かかった**」

▼「**10トントランポは俺のハイヤーだ**」
深夜に作業終了し…タクシー呼びますよ！
「**いやっいい！**」
１時間後、シミズの看板車（10トン）がお迎えに……。

▼海外出張時は、フジテレビの紙袋一つで出国。

▼仕事に熱中するあまり家賃滞納し「**家の鍵が変わっていて入れねー**」……。

▼現場プレハブに、「**菅原さんはいますか？**」と来客。アニーが菅原姓と誰もが知らずに「**そんな人いません**」……。後日わかったのですが、借金取りだったそうです。

【名言集】
「**日本の小屋の吊り点は全部俺が決めた！**」
「**ビートルズ連れてきたのは俺だ！**」
「**マイケル・ジャクソンにディズニーランドに行こうと誘われたが、俺は忙しいと断った**」
「**マドンナの公演時トラブった時に、マドンナ本人が助けて！って言った**」

北米で 1999 年撮影

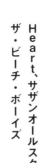

トラスをポール2本の間に水平に手動で引き上げる道具を拵えた。

このトラスは鉄製の3角トラスであった。

スティーヴィー・ワンダーが爆発的人気で、東京音楽祭に招聘され、大阪も是非とのことになった。

大阪フェスという立派な劇場にこのトラスポールが何故必要なのか不思議で参観に出向いたが、スティーヴィーさんがステージの最前部に陣取り楽器を弾くので、前方斜めの上からの明かりがどうしても必要とのことであった。お陰で大変な好評であった。

これをきっかけに、沢田研二さんの地方公演に使いたいとの要望があり、菅原アニーが沢田ツアー専属随行となった。

これまでのシミズは、単発の仕事しかしていなかったが、トラスポールシステムを持ち歩く初めてのツアーとなった。

沢田研二さんは人気絶頂のスーパースターで、圧倒的に女性ファンの支持があった。当時のいわゆる歌謡界は、地方公演はその地元に〝売り興行〟にするのが常識であった。しかし、地方でも自分でチケットを売り切れるという自信が、沢田さんをツアーのパイオニアにしたのだと思う。

照明用のトラスまで用意することの意味は、地方公演の手抜きを許さず、音響や舞台装置を含めて均質なショーをやり続けたいというサービス精神がなくては出来ないのである。

このトラスポールシステムは2年ほど断続的に続いた。シミズがアメリカのコロンバス・マッキノン社と代理店契約して、チェーンモーターを導入して、トラス日の字、目の字の時代になるまで、続いた。

ツアーが長かったので、新幹線食堂で沢田さんに偶々絡んできた酔客を菅原アニーが撃退したことで、アニーは沢田さんの大親友となった。

(6) 日本武道館の駐在員に任命

キョードー東京 内野二朗社長が、ラブ・サウンズ路線からアリス、ユーミン、さだまさし、海援隊などのJ-POP路線に踏み出したころ、日本武道館の貸し出し稼働率は空前の空き日なしとなり、日本武道館は館の東側に指定業者用のプレハブの控室を提供してくれた。

在京キー局は、日本レコード大賞、東京音楽祭などなど、こぞって日本武道館を会場として豪華絢爛のステージ空間を競争してくりひろげたのである。これらのイベントには必ず、新規の舞台装置や舞台効果が試された。音響効果のためのスピーカー吊りは際限なくその時その時いろいろな吊り点が必要だった。照明もまた然り。

菅原アニーは不愛想で口利きも乱暴だが、イエスノーははっきり言う男だった。次第に内野さん、舞台監督の皆さんに頼りにされた。

なにしろ仕込み・本番・撤去を深夜早朝問わず、手際よくやりぬかねばならない。

菅原アニーはどんな時間帯でも控室にいた。空きの日でさえなければ主催者からのケータリングはいただける。着るものはスタッフのTシャツだ。着た切り雀の菅原アニーは必ず次のTシャツが貰えた。シミズの控え室の屋根裏はアニーの個室同然だった。同僚にはその点は嫌われたが、彼には勢いがあった。

スタッフの打ち合わせには、徹夜明けでも呼び出しがあれば、菅原アニーはいつもいるので、すぐさま推参。「あそこのところはこういう風にならないかね？ アニー？」と内野さん。「へい。わかりました」とアニー。しかしその時、どういう物が要るとか条件とか、他の者が言い出せないときに、物おじせず、ズバリ言ってのけ押し通すのが菅原アニーの流儀だ。外国人に対しても同じだ。不思議と外国人は菅原アニーが言うことは理解するのだ。

長渕剛さんが1984年、日本武道館で初めてのワンマンショーの時、「センター・ステージでやりたい」「ギターだけでやりたい」などの案をだした。テレビ局などの演出家が反対するのに、菅原アニーは賛成協力して実現。以来、菅原アニーは長渕さんの友人であり相談相手となった。いま、長渕剛ツアーは株式会社西日本シミズの河野鉄兵が担当している。

(7) シルク・ドゥ・ソレイユ フジテレビ・吉田ダンさん

吉田ダン氏（吉田斎。故人）

菅原アニーのもうひとりの絶対的信者は、フジテレビの吉田ダン氏である。

バブル全盛時代に吉田氏は事業局次長として、たくさんの大型公演の招聘や実施にたずさわった。

【単語集】

「**おぅ！**」おはようからお疲れ様・あけましておめでとうまでの広い意味を持つ。

「**バカタレ**」
いいけど、少々修正が必要という意味。

「**スットコドッコイ**」大きく違うという意味。
㊟通訳さんが何と訳すか大変に苦労。

「**コーシー**」
コーヒーの事。基本自分では入れない。

ビールは飲まない

「**落ち着け！**」（トラブル時）必ず言う！

「**NO**」外国人に（対し）「YESはねぇ。常にNOだぁ！」と日本人には説教するものの、本人は……。

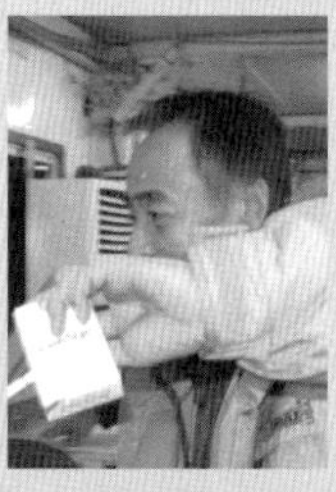

写真は嫌いだ

「**言おっか？**」
何か提案する前に必ず言う前置詞。
2回連呼する事が多い。

「**もう一つ言おっか？**」
2つ目の提案時に言う前置詞。
㊟これは連呼しない。

もう一つ言おっか？

作曲アンドリュー・ロイド・ウェバー、美術ジョン・ネピアのコンビで作るイギリスミュージカルは世界中に紹介され、大ヒットを続けていた。

1987年11月
「スターライトエクスプレス」
代々木体育館

招聘元のフジテレビは鹿内ジュニアの時代で、グループ各社総力で興行に取り組むスタイルの原点であり、シミズも多くのことを学んだ。ここでもアニーは大活躍した。

1989年4月〜9月
「ジークフリード&ロイ」
汐留特設ホワイトシアター
「イリュージョン」

汐留の広大な土地がまだ空き地だった。ラスベガスで人気絶頂の象やライオンを使いこなすショーが、ベガスホテルの建て替えで休演となる情報を聞きつけて、ダンさんの活躍が始まる。フジサンケイグループの決定力により、汐留にてテントで行うことが決まったのだ。

ある日、ダン氏から羽根・菅原アニーチームに呼び出しがあった。

「テント会社は、（催事の為に必要な諸々の）ウェイトをテントの柱に掛けては構造上困ると言っている。ついては、ラスベガスが要求している舞台機構を見積もってほしい」

見せられた図面は本格的な舞台機構になっており、かつ舞台の高さもセリの上下を収めるために5mほどになっていた。

かつてない大変な大工事だった。舞台機構は本格的な簀の子棚を備えバトンも30本ある、中野サンプラザホールと同等の本格的劇場であった。舞台は実際に象がのしのし歩むと床が抜けると心配され、H形鋼を敷きならべて補強をやり直した。また、舞台が高すぎてフロアの客席からは見切れてしまうなどの理由で、客席全体のかさ上げを数回やり直した。

ショーは、日本で「これが見られるのは夢ではないか」という素晴らしいものだった。どうして「象が一瞬にして消えるのか?」「ライオンがいなくなるのか?」大人もお子さんたちも、首をかしげてこのマジックに酔いしれた。道具番の親方は当然、サーカス野郎の菅原アニーである。

左から、ジークフリード氏（2021年没）、ロイ氏（2020年没）

ジークフリードさんとロイさんとはすっかり仲良くなり、随分良くして貰った。ハロウィンもクリスマスも招待されたし、公演終了後のラスベガス復帰公演にも、大勢の裏方が全員呼ばれた。

この公演終了時、シミズは千葉スタジオを建設工事中だった。廃棄処分となった舞台機構をリサイクルしてシミズオクトホールが出来たのは、菅原アニーの提案によるものである。

「シルク・ドゥ・ソレイユ」
代々木競技場第一体育館 アリーナ
1992　ファシナシオン
代々木競技場ホワイトシアター テント
1994　サルティンバンコ
1996　アレグリア

どの公演も前例のない超大型公演であり、ホワイトシアターという5000席のテント劇場の長期公演が恒例となっている。最初の訪日公演の時、大道芸を集めた人間だけのサーカスという風に新聞等で紹介されていた。

設営はテント建設に付随していない吊り点の必要とか、いろいろ変わったことを命じられてかなり大変だったが、菅原アニーがギー・ラリベルテ団長（シルク・ドゥ・ソレイユ創立者）と親しくなり、うまく行くようになった。

しかし、始まってみると、まことに奇妙な世界に人々は吸い込まれていった。日本人には普段なじみのない妙なる歌声、メロディー、生のバンド。次から次と現れるピエロに引き込まれて、人々はここに猛獣がいないことは誰も問わなくなった。

菅原アニーが亡くなり、周りのもので葬儀を出そうと中野の天徳院に集まった。出棺の時、長渕さんがつかつかと前に出て、棺の横に「菅原アニー　俺を生かしてくれて　ありがとう!」と大書したのだ。驚き感動した。

「コッキンコッキン」意味不明。
「ぱぴぷぺぽ〜♪」意味不明だが、機嫌がいい時に叫ぶ。
「アニーテック」シミズ発注でなく、バイトだけを手配し、アニーとバイトちゃんでのみで行う手直し工事。1時間に4回は「バカタレ」連呼。
「エレガンス」①コーシー以外唯一の本人がしゃべる英単語。②「エレガンス明美」アニーが通う中洲のスナック。

シミズオクトさんからこの執筆を「アニー」特集にしたいというご要望に応えました。

アニーがお亡くなりになり20年。何かトラブると、アニーだったらどうした? を常に考え対応してきましたし、新しいショーが無事スタートすると、ステージ上のANII-SQUARE*見ながら、「アニーありがとう」って思っていました。感謝・感謝です。

手作り合羽を着て
キダム名古屋の設営中に。
入院直前の時期

㊟掲載内容は私自身の見解であり、フジテレビの立場や意見を代表するものではありません。

（協力：フジアール　川鍋・河野）

* アニーが企画した吊点用フレーム。これにより柱の客席見切れが削減された。

菅原秀隆（アニー）の最期

シミズオクト
舞台メディア営業部 部長 執行役員
小林武司

事業部（現在の美術制作部）を経て舞台部営業部に配属され、舞台ひとすじ約35年。武道館での日本レコード大賞や24時間テレビ、コンサートツアーは矢沢永吉、長渕剛、宇多田ヒカル、スティーヴィー・ワンダー、ポール・マッカートニーほか数多くのアーティストを担当。

2003年、日にちははっきりしていませんが、4月後半にアニーは入院しました。新宿区戸山にある国立国際医療研究センター病院です。

この頃、フジテレビ主催のシルク・ドゥ・ソレイユの公演『キダム』（Qu・i・dam。2月7日～5月5日）が国立代々木競技場の敷地内の特設テントで開催されており、アニーも常時駐在していました。その時、アニーに黄疸が出てフジテレビの事業部の方が心配し、急遽この病院を手配して下さいました。

病名は胆管癌です。余命3ヶ月との診断でした。この事は本人に知らされませんでした。

キダムと同時進行で、長渕剛さんのコンサートツアー『TSUYOSHI NAGABUCHI LIVE 2003 Keep On Fighting』に向けて、打合せ及びリハーサルが始まっていました。アニーは入院する前まで舞台セットの打合せの為、リハーサル会場の世田谷スタジオまで何度も通っていました。

長渕剛さんにとってアニーはステージプランにおいて絶大な信頼をおく存在であり、ツアー現場においても心の支えでも有りました。そんな関係ですので、アニーの入院の知らせを聞き何度も病院に足を運んでいました。ある日、息子たちを連れて来て、アニーの為に子供たちが作ったCDをプレゼントしてくれました。奥さんの志穂美悦子さんも子供を連れてお見舞いに来てくれました。アニーは子供達にも好かれ、家族ぐるみの付き合いをしていました。

先生の計らいで一旦退院する事が出来ましたが、10日もたたないうちに再入院しました。そして長渕さんのコンサートツアーが始まるのですが、長渕さんにコンサートを見ると約束していたらしく、初日公演の大阪南港WTCオープンエアスタジアム（7月19日）に行くと言い出しました。この頃はすでに一人で歩く事が出来ませんでした。車椅子の生活でした。

それで、アニーのご近所さんで子供の頃から可愛がられており、アニーを看病し面倒を見ていた広川家のミカさん、ユカさんが同行する事になりました。

本番当日の夕方、アニーが車椅子で会場に到着しました。長渕さんが急遽楽屋を用意してくれました。スタッフも気を使って通り道に車椅子用のスロープを造ってくれていました。

本番直前にミキシングテントに移動しましたが、ファンの方もアニーを知っている人がいて、アニー、アニーと声をかけていました。

本番が始まりアニーはじっとステージを見つめていました。そして公演も半ば過ぎた頃、疲れたのか「戻る」と言い出しバックヤードに移動しました。舞台後ろで一人、音だけを聞いていました。3時間40分もの内容でアニーには身体的に辛かったと思いました。

コンサートが終了し長渕さんがステージから降りて一目散にアニーに駆け寄り泣きながら、アニーありがとう、アニー生きろよと抱きしめていました。アニーは長渕さんに頑張れと言いました。これで二人の約束は守られました。

コンサートが終わり、アニーは長渕さん手配のホテルに宿泊させて頂きました。翌日、アニーと一緒に病院に戻りました。体力的にはもう限界だろうと感じました。それから数日後7月26日、名古屋商科大学ラグビー場公演の本番が終わり、翌日病院に行くと、もうアニーの意識は無く酸素吸入で生かされているといった状態でした。

長渕さんも御見舞いに来てくれましたが、会話する事は出来ませんでした。

アニーは7月30日11時26分に息を引き取りました。54歳でした。

遺体は霊安室に運ばれました。長渕さんは知らせを聞き、いの一番に駆けつけ線香を上げてくれました。その際は後ろからなので良く分からなかったのですが、アニーの顔を両手で触っている事は見てとれました。

後でアニーの顔を見て理解したのですが、亡くなった時に顎が少し歪んでいたのを覚えていました。しかし、その歪みが無くなっていました。長渕さんがアニーの顔を真っ直ぐに直しきれいな形にしてくれたのです。なんと凄い方だと思いました。長渕さんのアニーに対する思いを痛烈に感じました。

葬儀のお寺も決まり病院を出たのですが、看護師さんや主治医の先生が見送って下さいました。車が出る際に先生は泣いていました。

中野区の早稲田通り沿いにある天徳院に運ばれました。本堂傍の控え室が有る建物に運ばれました。7月31日は別の葬儀が入っており、アニーの通夜は8月1日、葬儀は8月2日になりました。通夜葬儀両日とも業界の方々始め大勢の方が参列していました。大勢過ぎて何人の方が足を運んだか判りません。

出棺の際、長渕さんがアニーに感謝の言葉を棺にペンで書きました。するとそれに続き、参列の方々もアニーへの最後の言葉を書いていました。

アニーは落合斎場にて火葬されました。遺骨は弟の菅原信隆さんによって市川の自宅に引き取られました。

その後8月30日、アニーの実家がある岩手県一関市大東町摺沢にある高建寺にて地元での葬儀が行われました。参席者は、仙台から株式会社東放の先代の今は亡き水本社長、東京から株式会社協同プロモーションの永島智之代表取締役を始め10数名、地元からは同級生他10数名でした。

遺骨は高建寺敷地内のお墓では無く、岩手県一ノ関駅から出ている大船渡線の摺沢駅から歩いて15分位の道路傍に有る墓地のお墓に納められました。アニーはこの地で永遠の眠りについています。

当時を知る役員より
清水芳一への手紙

祖父の両腕

株式会社シミズオクト
取締役副社長
清水佳代子

母が弟を妊娠していた時、私はちょくちょく祖父母の家に預けられていました。ひたすら優しかった祖母に比べ、祖父は笑顔を見せることはなく、私に話しかけもせず、私からするとひたすら怖い人でした。

しかも、そんな祖父は頭はツルツル、そして両手にケロイドのような傷跡があったのです。私は子供の頃、祖父のツルツルの頭とザラザラの腕に触ってみたくて仕方ありませんでした。
祖父の生前にそれはできませんでしたが、私が小学校４年生の時に祖父が亡くなり、葬儀場で頭と腕に触ることができました。冷たくて、思わず手を引っ込めました。

その後、最近私がこの本を編集し始め、そのために祖父が亡くなった後に出版された「裏方ひとすじ」を読み返してみた時、祖父の腕の傷跡の謎が解明できました。

時は１９６４年、社員１２人だったシミズですが、国際的スポーツ競技イベント東京大会の様々な業務を請け負っていました。

そんな最中、駒沢でのサッカー競技で競技用の白線が引かれていないことが試合当日になって分かったのです。

祖父は一人で競技場に石灰を引き、サッカーの試合を間に合わせることができました。しかし、いくら熟練の祖父でも、あまりの突貫的業務に両手が石灰まみれになり、皮膚がケロイド状になってしまい、それは生涯消えることはなかった、と「裏方ひとすじ」に書いてありました。

「どんなことをしてでも本番に間に合わせる」という現在もシミズオクトが理念としていることを、祖父はたった一人でやっていた。その姿を思い浮かべ、葬儀場で初めて触った祖父のザラザラの腕の感触を思い出して胸が熱くなりました。

先代・清水芳一　五十回忌

株式会社シミズオクト　監査役　橋場忠雄

昭和47年６月、源通寺にて、24日お通夜、25日葬儀、私は入口案内、早稲田通り車両誘導しか出来ませんでした。

入社と業務

私は、株式会社シミズスポーツサービスセンターに昭和40年4月1日に入社後、56年間、先代の清水芳一社長、また、上司の皆様の指導を頂き長期勤務が出来ました。

入社前の面接は総務部の清水誠幸様でした。会社の説明は、昭和39年10月の国際的スポーツ競技イベント等の話、また、各会場の仕事等、清掃業務、マラソン等の設営本番中の苦労話を久保幸雄先輩から聞き、その後、マラソン折り返し（円錐赤塗装）看板を後楽園野球博物館に私が納品した事を思い出します。

事務所で紹介を受けた方々

長島儀一常務、知久三郎常務、喜多政道専務、
営業部・松原延憲、中根昭男、桜井満、
中村寿々子、デザイン・深沢公明、宇和野喜美恵、
石田清一、鈴木栄美子、美工・大橋正弘、新山進、
設営・先代の弟・清水芳雄、宇和野允宏、
渡辺岩男、木佐美正、幕・大貫種子

夕方、先代の清水芳一社長宅に私と両親でご挨拶に行き、会社の仕事情報、また、国際的スポーツ競技イベント清掃業務、設営等の話を聞き、今後は、社長の運転者の丸山郷三氏とトラック運転をするように指示がありました。

現場設営会場まで道案内に清水芳雄氏、また、渡辺岩男氏の指導を頂きました。清水芳一社長の指示で野球場の後楽園球場・東京スタジアム回廊の案内図看板書換え客席番号交換等の作業も多く有りました。

社員旅行

約25名前後の旅行ですが、清水芳一社長が帰り道、日光裏街道で炭俵を20個購入し、自社トラックで運搬、火鉢で使用。

また、府中作業場に保管し、読売カントリークラブで、12月、日本シリーズ大会で深夜は寒くテント内で使用していた事を思い出します。

イベントでは、国立競技場、東京都体育館等の看板取付、基礎舞台組立、ボクシングリング組立作業、客席椅子セットが多く有りました。

桐生・梅田山荘

清水芳一社長は、運転者・丸山郷三氏と梅田山荘の初めての家を建てる工事の際、山の中にテント２Ｋ×３Ｋを立て建物横で宿泊。トラックから木材を運び疲れ、夜はテントで仮眠し、手足を蚊にさされ、３日間は歩く事が出来ず、病院に行った事を思い出します。

その後も、清水芳一社長は時間を掛け、川より石を運び、玄関廻り、庭や畑の土留を作りました。当時苦労したスタッフは、大林、長谷川、羽根、皆が頑張って出来た梅田山荘でした。

以降、国立競技場、東京都体育館等の清掃各担当者を梅田山荘に招待。翌日はマムシ園を観光して皆様は楽しまれていました。企画は清水卓治社長と運転手は橋場忠雄。新入社員、役員等の研修会として使用していた思い出の有る梅田山荘です。

社内でも日常の造り物、また、備品及び幕整理と工具管理が出来ていないと厳しい指示がありましたが、先代の清水芳一社長は仕事以外では穏やかで優しい笑顔の方でした。

創業九十年に寄せて

株式会社シミズオクト　常務取締役　須永英二

拝啓、清水芳一様。

国際的スポーツ競技イベント東京大会が閉幕し灼熱の新国立競技場をはじめ各競技場に秋冷が爽やかな季節になりました。

貴方が取り組まれた１９６４年（昭和39年）国際的スポーツ競技イベント東京大会への熱情は、57年ぶり２度目の国際的スポーツ競技イベント東京大会開催へ、全社を挙げて我々の発奮するところとなり、多くの社員が活躍し栄誉を授かるものとなりました。

清水芳一先代会長は新型コロナ感染症をご存知でしょうか。感染力が強く世界中に蔓延し、日本でも一年余りに百数十万人が感染し多くの大切な命が失われました。二年に亘り政府による緊急事態宣言が幾度も発出され、かつて無い大惨事に見舞われています。

コロナは国内外のコミュニケーションを遮断し、旅行、イベント、飲食、そして家庭内の日常生活さえも破損させました。医療崩壊をまねき、社会経済は沈下し、我々のエンターテインメント・コンサート業界は壊滅状態となりました。

会社経営も危機的業績を突き付けられました。社会が疲弊し混迷する中、わが社はコロナ対策を最優先に、社員の安全をはかり、社員皆が我慢強く耐え、あらゆる努力を惜しまず、この難局を乗り越えるべく頑張っております。

現在、ワクチンの接種も進み、業界を始め社の稼動も回復の兆しに有ります。一年遅れの国際的スポーツ競技イベント東京大会では、コロナ感染予防対策とともに、若手社員の成長を得ることが出来ました。

貴方が人生訓として詠まれた、
「踏まれても　根づよく忍べ　みちしばの　やがて花さく　春はきたりぬ」

この歌がわたしは好きです。道端の雑草にさえも優しい心をむけるあなたが好きです。そしてこの歌を頼りに頑張ろうという気持ちが湧いてきます。これからも。ずっと……。

敬具

先代・清水芳一　五十回忌へのメッセージ

株式会社埼玉シミズ　監査役　中津川 滋

私が、先代と初めて出会ったのは１９６９年３月、20歳の時、後楽園球場での仕事に従事したく、相談した事がきっかけでした。

前年の野球シーズン４月～９月の期間を後楽園との契約（契約社員）で仕事をしてきた経験を説明すると、即時ＯＫでアルバイトとしての勤務がスタートしました。人事担当は金本氏一人で切り盛りしていました(後に小松田氏が加わる)。

以後、常勤スタッフとして勤務を継続、１９７２年（Ｓ47）６月に先代がご逝去されるまでの４年間、野球場の業務指導を受けつつ（担当は１塁側）、地方野球の（オープン戦、巨人軍の公式戦、日米野球等）遠征チームのメンバーとして全国各地の試合に従事してきました。

現地では観客案内・入場者整理・不正入場の監視・配置では特にダフ屋の行為に注力し、その対処法等の指導を受けました。

先代はチームの責任者として常に遠征に帯同し、寝食を共にしながら活動しておりました（事務局は鈴木博明社員）。

４年という短い期間ではありましたが、社会経験が浅い若者達を厳しく、優しく指導監督しながら、仲間意識を高めておりました。

厳格であり規律正しい父親の様な雰囲気を持ち、アルバイトしながらの浪人生を、何ら偏見もなくお付き合いを戴き、更に人生の基礎について指導賜り、大変有難く感謝いたしております。

お陰様で卒業後はシミズへの就職が実現し、以来、長い間お世話になっている次第です。

今後の人生も、シミズの社訓「裏方ひとすじ」を念頭に生きていく思いでございます。

ここに改めて、先代のご冥福をお祈り申し上げます。

当時を知る役員より清水芳一への手紙

創業者・清水芳一翁　50回忌に寄せて

シミズオクトOB（元・株式会社シミズオクト　取締役副社長）小松田奈史

私が清水芳一社長に初めてお会いしたのは、１９６６年４月６日の文京公会堂（現・文京シビックホール）で入学式を終えて数日経った、後楽園球場関係者入口でした。当日は巨人戦で大変賑わっておりました。

当時の社名シミズスポーツサービスセンター（ＳＳＳＣ）後楽園営業所にアルバイトをお願いしに伺った時、関係者入口で親切に事務所を教えてくれたのが芳一社長でした。当時の営業担当・桜井満氏は、中学校恩師の奥様の兄ということもあり、翌日からアルバイトを始めました。

当時は、野球場正面入口の前に後楽園競輪場（現・東京ドーム）があり、会社は野球場の改札モギリ・案内・清掃・出札等の他に、一部ですが競輪場入口の改札モギリや特別観覧席入口の検札の仕事をしておりました。競輪開催が廃止になると、建物外周は有料駐車場と戸建住宅展示場、建物内側で夏は流れるプール。夏以外がゴルフ練習場として営業。大型テントを張って、マンモス等を展示した大シベリア博を開催しましたが、雪の重みでテントが潰れ一時中断したことがありました。

競輪廃止後、暫くしてから南側の客席スタンド下の空きスペースに、装飾舞台部門の後楽園営業所を開設し営業を開始しました。旧スポーツ系はゴルフ練習場のボール回収作業を受注し、営業終了後の夜間に行いました。

ジャンボスタンド客席増設後の翌年１９７１年頃、格闘技の聖地・後楽園ホールの高橋建氏より、仕込み本番・撤去・清掃をワンセットでの依頼があり、受注して現在に至っております。

少し年代時期が戻りますが、アルバイトを始めて３年目の１９６８年春頃から巨人軍の地方遠征に行くようになり、当時の先輩チーフから統括監察関係者・清水芳一の名は興行界隈で知られていると聞いた時は、うちの社長は凄い人だと思いました。

どこの地方だったか忘れてしまいましたが、当時の芳一社長は、遠征先の球場で自ら毛筆で、関係者入口や手指先で方向を示した案内表示張り紙を書いていたのを覚えています。

会社は小滝橋近く（現在の別館）にあり、ご自宅に結婚の挨拶に伺い、歓待激励していただきました。喜んでくれた芳一社長の笑顔が未だに脳裏に残っております。

本社の入口玄関に掲げてある写真は、後楽園球場のライトスタンドポール側よりセンター電光掲示板を背景に撮影したものです。

後年の１９７６年10月11日、巨人軍・王貞治選手がベーブ・ルースの生涯本塁打記録を超える７１５号ホームランを打ちました。そのボールが芳一社長を写真撮影したライトスタンドＤ指定席ポール脇に落下しました。

翌年の１９７７年９月３日、私は横浜スタジアムオープンの準備で横浜におりましたが、王貞治選手がハンク・アーロンの最多本塁打記録を超える７５６号ホームランをライトスタンドＤ席に放ち、世界記録を達成しました。のちに世界記録達成記念プレートがライトポール下のフェンスに設置。１９８７年秋、さよなら後楽園終了後に撤去され、東京ドーム一塁側の野球博物館に展示されております。

私自身、永らく後楽園球場・東京ドームに係わって来た事もあり、在りし日の芳一社長の凛とした姿には感慨深いものがあります。

清水芳一翁が事業を興されて９０年。創業初代・二代・三代に渡り在職し、それぞれの社長には大変思い出深いものがございます。学生アルバイトを含め５４年間、様々なジャンルのイベントに係わる事が出来、大変濃密で充実したシミズライフを過ごしました。

この度は清水芳一翁に思いを寄せ、自己の人生を改めて振り返る事が出来ました。創業９０周年おめでとうございます。

社業の益々の発展をお祈り致しております。

創業者清水芳一翁を偲んで　　合掌

シミズオクトの想い出

当時の正社員の努力と汗。寝不足危機の改善

株式会社シミズオクト 監査役
橋場忠雄

株式会社シミズスポーツサービスセンター、株式会社シミズスポーツ装飾センター、株式会社シミズスポーツ、株式会社シミズ舞台工芸。

若手社員の力と、一人一人が健康で、元気な社員の技術力、社員の協力体制を借りました。

私は昭和40年4月1日に社員として入社しました。営業の人や職人もいて、当時技術の無い私は口も手も出せず、入社後は会社のトラック2t車から4t車を約14年間運転しました。

家に帰れぬ日も多くありました。当時は高速道路も無く、地方の現場は早朝に発ち、現地での作業応援後、17時頃に東京に帰る日や、舞台機材運搬を行った山中湖畔コンサートでは、前日の別現場作業終了後に積込みをし、翌日7時出発、まだ高速道路が無い中で往復2回の運搬、会社に戻るのは深夜になる日もありました。

そんな日々でしたので、常に寝不足で、ダンプのクラクションで目が醒め命の危機を感じる事も有りました。一日600キロの運転は危険でした。

その後は、広島音楽祭、大阪コンサート、名古屋サーカススタンド、盛岡コンサート、プロゴルフ地方、施工チームの北海道・釧路・帯広・札幌・函館方面ツアー……といった現場を、2名体制で4t車を事故無く運転しましたが、現場が増え、運転者も増えてくると、トラブルも多くなりました。

●都内イベント施工で、会場柵や車止め看板に接触
●現場車両移動時、若手社員が移動中に壁・入口屋根の廻りで接触
●作業中の事故の他、製作・美工・出来た製品の養生が悪く手直し
●木工機械、横切盤の固定式安全カバーをせず、担当者のお腹にあたり病院検査

その他にも通勤中の社員の大きな事故が2件起こったりと、厳しい時期でした。社員のマイカー通勤禁止指令が発令されたのはこの頃です。

運転トラブル以外にも、現場作業中の事故が多く続きました。当時は安全指導が十分にされておりませんでしたので、それをきっかけに安全指導部の教育の回数を増やし、社員の笑顔と安全（人・機械・車・通勤）を守ることを重視するようになりました。

現在では、シミズオクトグループは、安全教育を通して安全意識を全員で共有しています。

シミズスタッフの思い出
毎日の勉強会・小さい技術力を学ぶ日

トラブルや、ケガ、重大事故を未然に防ぐべく、シミズオクトグループは、今日も厳しい教育と現場でのミーティングを行っています。作業に対する資格を多く設けることで、現場での安全指導が可能となり、徹底した安全指導に取組んでいます。

1965年4月1日～2020年まで

各会場の大型イベント会場施工や装飾仕上げ、横看板、案内図・受付他の作業が多かった。

東京都体育館の基礎舞台組立、場内の暗幕取付け窓枠パイプにホリゾント取付など危険な場所があった。

国立競技場の外周り3ヶ所横断幕ゲートに取付け、場内手すり大型看板取付け、また、競技場外回りフェンス、ポールのロープ交換作業は高くて危険だった。

日本武道館のコンサートも多く、舞台設営機材は、レッカーで上げ下げ作業を行った。平台、イントレ機材、三角トラス、吊り物や機材はレッカー作業で時間が掛かった。

後楽園スタヂアムは、野球終了後通路等の養生引込み、機材を搬入、設営は2日間掛かった。本番後に撤去が始まり、翌日は朝から野球選手が練習をする為、苦労した人が多かっただろう。

イベント等は、バザー販売等の各展示会。スポーツはテニス、プロレス会場設営、ボクシングリング組立、照明吊り込み。

コンサートも横浜・横須賀・久里浜方面基地でのイベントが多くなり、朝は早く、帰りは深夜まで作業が続いた。機材の回転も多くなり、社員やアルバイトも増員した。小さい倉庫から、立飛企業内大型スタジオを借り、その後高田馬場スタジオから小滝橋本社営業部、千葉スタジオに機材を移動。また、社員、嘱託、技術者、車両、各社の運転者も移動で回転が出来た。社員に感謝。

社員・スタッフ一同の応援を頂き、スタジオが2倍～3倍に大きくなっていきました。皆様に感謝です。今後も、事故なく安全で楽しい会社を目指していきましょう。株式会社シミズオクトのレベルの高さを全員で守っていけるよう、引き続き宜しくお願い致します。

心から感謝しています。苦労した皆様有難うございます。

第2章 ｜ 大型コンサート時代の予感

西城秀樹『傷だらけのローラ』

**大型会場でのコンサートのパイオニア・西城秀樹さん。
舞台美術家・松下朗さんと共に常に新しく迫力のある舞台美術を追求した
彼の功績は今も日本の舞台美術界に継承されている。**

株式会社シミズオクト 代表取締役会長
清水卓治

雨の屋外コンサートで歌う西城秀樹さん。
1979年、後楽園スタヂアム。
写真提供:朝日新聞社

ご縁と出会い

シミズが日本武道館の仕事をやるようになって、最初のお客様は創価学会で〝歌と講演の集い〟という名目で毎月定例としておこなわれた。学会員のボランティアが多数あつまり、終演後はトイレも廊下もピカピカに磨いてくれるのだ。後始末がまるでされない当時のロック系イベントとは大違いだった。

やがて、一般財団法人 民主音楽協会が創立され、毎年末の一週間は「民音歌の大行進」が定例化した。連日、超満員、当時の日本武道館で最大最高の舞台装置と出演者の顔ぶれであった。御三家といわれる人気スターの野口五郎さん、郷ひろみさん、そして西城秀樹さんが代わるがわる出演した。

秀樹さんは広島出身で、小学生の頃から兄とバンド演奏をしていた。ロック系の有望新人として株式会社芸映からスカウトされ、父親の反対をおしきり、新人デビューした。『情熱の嵐』がヒットし人気爆発状態となった。

「民音歌の大行進」の出演、これが縁で、西城秀樹さんの事務所「芸映」の西野寛氏と親しくなった。

１９７５年７月20日 富士緑の休暇村

西野さんからは秀樹さんをショーアップするために、アメリカで行われたウッドストックのように、野外でスペクタクルな「ワンマンショー」を企画したいという提案をいただいた。

１９７５年７月20日、場所は富士緑の休暇村だ。山梨県南都留郡鳴沢村にある。

スタッフはすべて「民音歌の大行進」と同じ。

デザイン：松下朗
舞台：シミズ舞台工芸
音響：東京音響通信研究所
照明：東京舞台照明（高部修氏）
制作進行：シナノ企画（民音系の企画、構成、演出、制作進行）

これは、日本で行われる野外フェスの先駆けであった。

緑の休暇村は、スポーツ少年団などの合宿訓練、林間学校などを目的とした公共の大規模施設である。

富士山の山懐に抱かれて、眺望絶佳である。

だが、中央自動車道はまだ開通していなくて、機材の輸送、仕込み人員は膨れ上がり、興行的には、赤字必至であった。また、キョードー東京のような「イベンター」もまだなくて、主催は放送局、チケット販売は「ぴあ」もなく「プレイガイド」任せであった。

観客３万人。富士急行線河口湖駅から定期バスがでているが、全国からバスツアーも募集した。

収支を心配して、芸映の青木社長、鈴木専務よりご注意あったが、西野さんはじめスタッフは熱中していた。

ステージの足元を固めるのに苦労したが、ビティ式（枠組足場の一種）のステージを7段ほど積み上げて、秀樹さんが走り廻る結構な舞台ができあがった。

朗さんデザインで、鳥かごのようなゴンドラを作った。クレーンで空中高く舞い上がり、歌い踊り、客席の上空を舞った。ゴンドラの秀樹さんの足元には身を小さくした、シナノ企画の舞台監督の吉岡さんが乗っていて、クレーンの運行を指示していた。ワイヤレスマイクの出始めのころである。

「安全進行」が朗さんの厳命。秀樹さんのイヤフォンとバンド演奏音とのタイムラグは難題であったが、秀樹さんの演技からは、まったくそれを感じさせなかった。場内ファンはもちろん、関係者スタッフもこのスペクタクルな情景にはしびれた。

多数の観客を迎え入れるイベントをこの様な自然環境で行う場合、仮設トイレを多数用意しなければならない。当時は今あるようなレンタルトイレは未だ無

左から、舞台美術家・松下朗さん、清水卓治会長

かったので、材料は何でも良いから仮設の囲いで、地面に穴を掘って作れとの指示で、色々なスポーツ大会の使用済み看板など、使い古しのベニヤパネルを沢山持参して、間に合わせた。

秀樹さんファンは、殆どが女子中高生。男性アイドルの自由奔放なパフォーマンス、喉の奥から絞り出すような声量には熱狂的な拍手と興奮が送られていた。

1976年8月14日　大阪スタヂアム

富士山での余韻をスタジアムに再現したいと、秀樹さん自身が熱望して、富士緑の休暇村と同じスタッフ、松下朗オフィスのデザインになった。基本ステージと会場づくりは、日本ステージの本田さんが担当した。また、舞台監督は井出悟氏が手がけた。

大阪スタヂアムでの公演は10年間も続いた。このうち、ジャニー喜多川さんが視察に来たこともある。翌年、「たのきん3球コンサート」（ジャニーズ事務所初のスタジアム公演）が予定されていたのだ。ショーのあとで、ジャニーさんから「あのゴンドラ貸してよ」とのお話しがあった。

ゴンドラは秀樹さんのもので、他の人には貸せない。たのきんに必要なら、いつでもデザインするから新しく作れという朗さんの返事だった。

ここで松下朗さんの話になるが、フジテレビの美術デザイナーであったが、組合活動で鹿内体制に睨まれ、美術部を外されたことが原因で、無役となっていた。河田町の本社に当時の日枝委員長が、赤旗を立て、鹿内体制を批判していた。それで、シミズはいろいろご指導を仰いでいた。「芸映」の岩崎宏美さんの舞台デザインも朗さんである。

スペースイーグルに乗って夜空をかける西城秀樹さん。1980年、後楽園スタヂアム。写真提供：日刊スポーツ

1978年7月22日　後楽園スタヂアム

この年は、後楽園スタヂアムが人工芝になって2年目。7月22日、西城秀樹さんの全国ツアーは、ここからはじまった。後楽園の舞台は空母「ミンスク」を表現したダイナミックなものであった。

7月23、24日はピンク・レディー、8月28日は矢沢永吉さん、4月4日には伝説のキャンディーズのファイナルカーニバルが開催されるなど、後楽園スタヂアムでのコンサートは目白押しだった。

1978年11月3日　日本武道館リサイタル

8角形のセンターステージで行った。ステージの蹴込み幕がビニールシートであったが、演奏中にドライアイスのスモークで、スタッフの失神さわぎがあった。

この頃、ギタリストの芳野藤丸氏が秀樹さんの懇請により、バックバンドに加入、演奏は一段と盛り上がるようになった。

1979年3月31日　与論島コンサート

『YOUNG MAN（Y.M.C.A.）』の振りに合わせて、島民やファン3000人と一体になって、さらに盛り上がった。

その余韻で、シミズの表 勝比古が、ツアーのため沖縄滞在中に恩納ビーチで親しくなった女性とのちに結婚し、国場姓を名乗るようになった。

時代が移り変わっても

スタジアムコンサートはドーム時代となり、電子チケットの普及のお陰で、デビューしてすぐでも、一度解散したグループでも、誰でも日程さえ押さえれば行える時代となった。

秀樹さんはスタジアムコンサートを常打ちにした最初のアーティストである。毎週のようにテレビ音楽番組に出演しても、著名なバンドがついているとはいえ、曲のサイズは限られるし、楽器の構成も自分の好きな音づくりとは異なる。TBS『ザ・ベストテン』プロデューサーの今里照彦氏の応援があっても、秀樹さんの持ち味のロック系のリズムに乗れるのは、自分のコンサートだけだ。

秀樹さんが存命していたら、すくなくとも5年毎のドームコンサートが実施されて、『傷だらけのローラ』を聴くことができただろう。

最近、テレビや音楽雑誌に秀樹さんがとりあげられる機会が多いと聞く。沢山のロック系の歌手の皆さんがいるけれど、日本人として並外れた歌唱力の音源は、不滅の音として、われわれの耳に残っているのだ。

コンサート会場にはクレーンが何機も

クレーンに吊られ、スモークを噴き上げながら空中を移動するゴンドラ（右）。秀樹さんがイーグルとなる際の翼も（中央下部）

内野二朗さんの仕事、その功績

キョードー東京・内野二朗氏、東京音響通信研究所・岡本廣基氏、共立・丸岡壽昭氏、シミズオクト・清水卓治は、業界内で最も親しく、「業界四人ばやし」と呼ばれた。ここで内野二朗氏の功績を偲び、「内野さんの仕事」と題して、４項目を挙げ、ご冥福を祈るものである。

株式会社シミズオクト 代表取締役会長

清水卓治

内野二郎氏（1999年）

輸入商、例えば三井物産は鉄鉱石・石炭・石油などの輸入商である。ほかにも商社、商事会社は沢山ある。

永島達司、内野二朗、嵐田三郎、有働誠次郎各氏が築いた世界は、音楽や文化の輸入商であった。

東洋の島国で、外国からの情報に飢えていた日本。鎖国の江戸時代のささやかな蘭学。海外情報知識を無視した軍国主義の日本。

敗戦後の日本復興が進むなかで、海外文化を紹介する事業は重要な意義を持っていた。

音楽のリズムやハーモニーは、「軍歌」漬けの日本国民に、ジャズは楽しいものだと抵抗なく受け入れられた。

私の先代、清水芳一は、神宮球場等の進駐軍施設利用の際の、労務提供契約をアメリカ第八軍と取り交わしていた。第八軍とは、テネシー州の州兵だったそうだ。

内野さんの経歴はいろいろな処で紹介されているが、内野さんが生前出版された自分史・書籍『夢のワルツ』によると、18才の時、狭山・入間にあった米軍ジョンソン基地で、皿洗いを振り出しに事務に抜擢され、永島達司氏とのふれあいがあり、ショービジネスへ引き込まれて行くようになる。

当時、熱狂的に歌われていた「テネシーワルツ」が内野さんは最も好きな歌だと語っていた。

そしてエルビス・プレスリーの全盛時代が来る。ロックだ。

ジョンソン基地のオフィサーズクラブは空軍士官が多く、ショー予算も豪華で、最良の環境、努力を誘う場所だった。

つまり、アメリカ式のプロモータービジネスの修練の場だった。永島達司氏が仕込んだミュージシャンを基地の士官クラブに出演させて、クラブから集金をして支払いをする立場だった。つまり、招聘ノウハウの蓄積である。

のちに、この経験が買われて、赤坂・ラテンクォーターのショープロデューサーを務める。32才だった。「日本一のナイトクラブ」を目指した。

一番目の内野さんの功績は、マネーをきちんと決済するアメリカ式ショービジネスのルールで、日本の興行界では、甚だ怪しいものだった。損得収支の計算がアバウトのまま大物招聘に走る所が多い中で、内野さん、嵐田さん、キョードーグループは、費用を正確に把握し、払えるギャラの限界を譲らなかった。その流儀を押し通してきた。首都圏だけでなく、地方のナイトクラブに卸す場合もおなじだ。

わが社の経験から言うと、プロレス、ボクシング、サーカス、外国人アーティストのコンサートなど、興行には当たり外れが日常茶飯事で、外れると未収になることが多いことが最大の悩みであった。照明も音響も立場は同じだ。同業他社も皆、内野ファンになった第1の理由は、約束通り支払いしてくれることだった。

そして1枚1枚のチケットの管理は厳しく、入場料2，800円を常に維持し、LPレコード1枚購入するのとコンサートに行くのとを等しくしていた。これは、つねづね尊敬を感じることだった。

2番目に、「音楽のある生活は素晴らしい」という、ポール・モーリアをはじめとするラブ・サウンズ路線は、レコード会社とリンクしていて、ラジオもテレビも音楽専門誌も、常に集中的にキョードー東京の興行を取り上げ、大衆の視線が盛り上がっている環境の中で興行する、これが内野流であった。

カーペンターズ3度目来日の時、人気過熱でプレイガイドでは捌ききれないので、ニッポン放送へハガキ申し込みの上で抽選になった。当時、シミズの社員がニッポン放送事業部に出向していたが、日本武道館3日間の興行に40万枚ものハガキ申し込みがあった。

東京音楽祭も、テレビ局による海外アーティストのビッグ招聘と、日本人アーティスト出演とをリンクさせて、レコード各社の洋楽ビジネス、プロダクション各社の機会創出など、多年にわたり、内野さんは日本の音楽業界の人の輪を広げ、事実上、育てる事に貢献してきた。

ホセ・カレーラスと内野氏

日本武道館の1万枚の指定席券は、1枚1枚座席番号をゴム印で押して作る。大変な手間だった。これをプレイガイドへ配券して、前売りを始める。

1枚のチケット2，800円に、キョードー東京の皆さんの熱心さ等々、すべての会社のエネルギーを内野さんのもとに結集していた。

3番目の内野さんの功績は、Aliceとの出会い、シアターフレンズ運動を筆頭に、ニューミュージックを強力に押し上げたことである。ロック系には貸さないという経緯から、会場を貸して貰えないと悩む谷村新司さんらに共鳴、外国人アーティスト興行だけだったキョードー東京は、ユーミンさん、武田鉄矢さん、さだまさしさん、因幡晃さんのコンサートを、日本武道館で開催、新聞や放送局の名義借りはあったものの、誰でも簡単に興行出来る時代を作った。

そして、日本武道館ばかりでなく、後楽園スタヂアムなどのツアー時代を見越して、「チケットぴあ」と提携、また「ハンズ」を設立した。

こうして興行の条件を会場側に受け入れられるようにする努力が実をむすんで、ジャパン・ツアーの時代が花を咲かせ、ACPC（コンサートプロモーターズ協会）の結成に至った。

また、裏方のわれわれに声掛けして、「バックステージ共和国」を設立、裏方仲間が語り合える場所を作った。

4番目は、ニニ・ロッソの音楽をテーマ曲にしたラジオ・チャリティー・ミュージックソンをはじめ、多彩なチャリティーイベントを実行したことである。

AAA（アクト・アゲインスト・エイズ）をはじめ、内野さんの無欲な人柄、実行力、人間的魅力などがあって、至って自然に皆様の協力が得られ、音楽を土台にして日本人社会の美しさを伝え続けてきた。

またその延長で、「クラブ進駐軍」や、「翔歌」など、出演者も観客も双方嬉しいコンサート、まだまだ続けてほしいものがたくさんあった。

2004年6月、内野二朗氏は亡くなった。以来17年、音楽イベント業界はコロナ禍による緊急事態で、閉塞状態にある。

昔、ロック騒動でピンチの時、「音楽のある生活は素晴らしい」とラブ・サウンズ路線を提唱した内野さんのオーラを思い出し、今に生きる我々は明日への希望を振るい立てようではありませんか！

左より、丸岡氏、岡本氏、内野氏、清水卓治。2001 年に行われた『ハロー！ バックステージ』出版記念パーティーにて

日本の大型コンサートの夜明け

グランド・ファンク・レイルロードとミッシェル・ポルナレフ

＊バックステージカンパニー刊「続・夢のワルツ」より編集し転載したものです

日本の大型コンサートの黎明期を語る上で欠かせない出来事は1977年グランド・ファンク・レイルロードと言えるだろう。また、コンサートに「演出」を取り入れた初めてのアーティストの1人としてはミッシェル・ポルナレフが筆頭に立っている。この2アーティストへの証言を元に、関わった裏方たちの手探りの日々を回顧してみたい。

グランド・ファンクで初めて取り入れられたビティ

株式会社シミズオクト 取締役副社長

清水佳代子・編

テレビ制作会社、出版社、主婦と子育てを経てシミズオクトのアメリカ法人に勤務。1998年に帰国しシミズオクト本社の一員となる。現在は取締役副社長。

40年以上経った今でも、ロック界最大の語り種であるグランド・ファンク

プロモーター・内野二朗さん、舞台美術家・松下朗さん、鉄骨ステージ製作・入江正男さん

株式会社シミズオクト 代表取締役会長

清水卓治

球場側からはステージを鉄骨にしてくれと言う要望。また内野社長（当時）からステージには屋根をつけることになっているとの注文があったので松下朗先生にお願いして、屋根付きステージのデザインをお願いし、その屋根は入江製作所に発注した。

その屋根は片屋根になっていて高さ及び強度は今から思えば幼稚なものだったが、当時としては画期的なデザインで、さすがは松下先生と一発で話が決まり、また入江さんの作りもしっかりしていて好評を博した。またジャンボスタンド増設工事に使用されたビティ式足場を竹中工務店に紹介してもらい、いろいろな研究工夫のあげく、わが国ではじめての組み立て式ステージが完成した。

嵐の後楽園球場で伝説のライブ、始まる

本番日は朝から雨。大粒の雨がグラウンド全体を叩きつけ、普段の野球興行ならば中止となる程の悪天候。当然中止と思っていたが、後楽園球場は翌日に都市対抗前夜祭が入っており、またライブも移動日がなく翌日に難波球場公演を控えていたので、内野社長はやりますと言い続ける。雨が激しく降り続く中、グランド・ファンクが到着しリハーサルが始まった。

とてつもない大音響が野球場全体を覆うばかりか水道橋周辺にも響きわたり、驚いた通りがかりの野次馬もまた開場を待つチケットを持った人々も1、3塁ブルペン入り口付近に集まり、否が応でも雰囲気は盛り上がった。開場予定時間になると、また一段と風が激しくなり、中止を要請する野球場とは相当揉めたが、集まった大群衆に入り口を破られる騒ぎもあり、予定時間を大幅に遅れ夜8時過ぎにようやく開演した。

開演してからの興奮は筆舌に尽くしがたいものがあった。前座登場後すぐ、一陣の風が来たかと思うと、ステージ前の飾り文字が一瞬のうちになぎ倒され、左袖のスピーカーがドシンと落下。たちまち、どよめきにも似た歓声が轟き渡った。

グランド・ファンクが登場した時は、雨の中、上半身裸になった若者たちが我を忘れてネットによじ登り、売店のカウンターに上がり、拳を振り上げ雄叫びをあげる。そしてステージのマーク・ファーナーもメンバーも裸。後楽園全体に降りしきる嵐の中の大群衆とアーティストの共感はこれまでに見たことのない光景だった。

そんな中、我々シミズのスタッフは、内野社長も含めてイントレの上に登り、必死でスピーカーが振動で落下しないように押さえていた。

祭りのあとは地獄

激しい公演は夜11時半にお開きとなった。さて、まず後楽園球場を現場復帰し、野球ができる状態に戻さねばならない。ところが撤去作業を始めてみると、たっぷり雨を含んだグラウンドは泥沼と化し、人が歩くだけで膝頭まで沈みこむ有様だった。車は一切乗り入れ禁止となり、すべての機材は人が担いでグラウンドの外へ出すこととなった。

豪雨の後の撤収風景。70年代

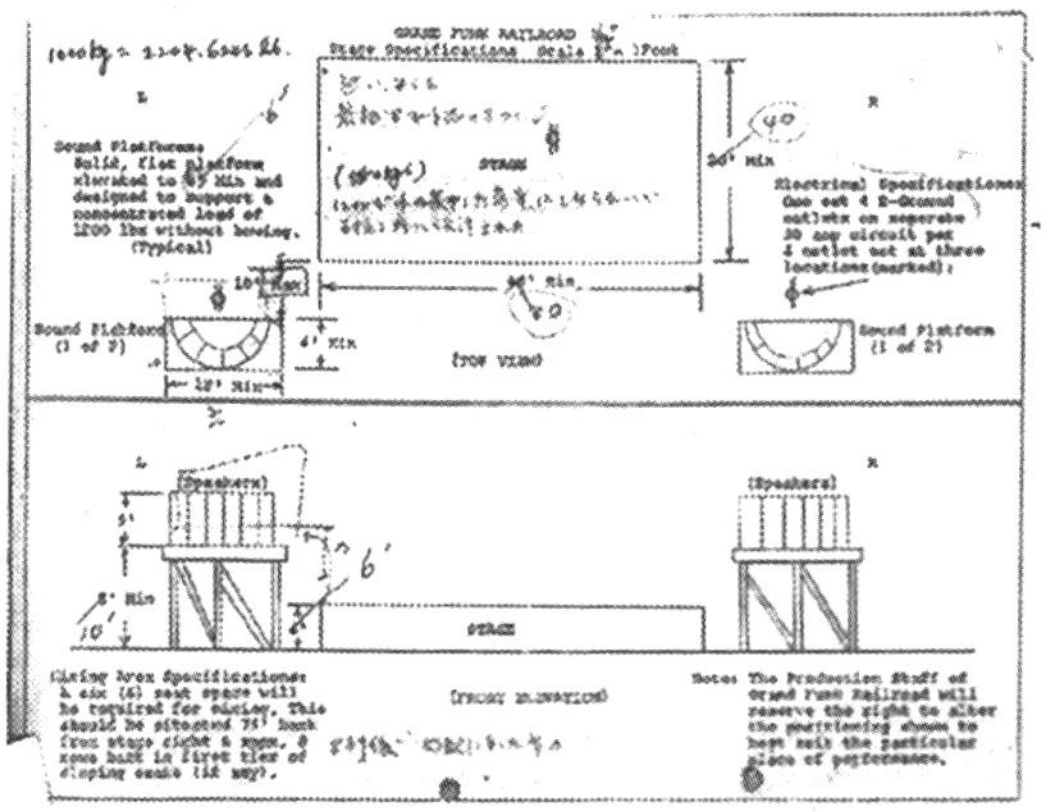

アーティスト側から提示されたステージのスペック

しかし次の日の大阪でのライブに間に合わせなければいけない。内野社長からは「シミズさん大丈夫?」と心配された。とても大丈夫とは言えない状態だったが、昼12時までに届けないと大阪公演ができない。

シミズではその時、長島・喜多の両副社長が相談し、その場にいた者全員が手伝うよう命令が下された。朝から仕事のシミズスタッフも疲れきった中で大変だったと思うが、100人以上の人々が応援を申し出た。後楽園球場の丸井さんや寺田さん達も手伝ってくださった。そのおかげで入江さんの屋根付きステージが先に午前3時に出発した。

シミズの荷物は運転手2名ずつ乗り込み交代運転で行くこととし、私も直前になって着替えも持たずに行くこととなった。私、久保、長島、大林、橋場、柴久喜、石多、井上、菅原、村松。このメンバーで、1時間交代で仮眠をとりながら大阪へ行くこととなった。

沼津を過ぎたあたりで夜が明けた。朝の光が眩しくどっと疲れが出てくる頃、牧之原インターに差し掛かった。先に出発した入江さんのトラックがエンジントラブルで路肩に停まっているのが目に入った。手を振っていた。エンジンがオーバーヒートしてこれ以上走れぬと言って泣きつかれた。やむなく牧之原パーキングにてシミズのトラック4台に積み替えをした。見つけただけ運がよかった。しかし、これで我々の荷物はすっかり重くなった。そこから先はエンジンの温度計は上がりっぱなし、スピードも出なくなった。大阪御堂筋に入り難波球場の搬入口に着いた時には午後3時を回っていた。

グランド・ファンクでの自信が会社設立のきっかけに

内野社長がブルペン入口で待っていた。その時の喜びと安堵の顔は忘れられない。内野社長も、マイク中村さんもキョードー大阪の橋本さんも、その場にいた者全員が平台を担ぎ無我夢中で、あっという間に舞台を組み終えグランド・ファンクのリハが始まった。前夜の地獄を思うと歓喜の絶頂だった。一生の思い出だと思う。

私はグランド・ファンク公演を経験し、この時の自信から、松下朗先生と相談して、舞台会社設立を決心してシミズ舞台工芸株式会社の設立に至った。それ以来、内野社長はキョードーのすべての仕事をシミズ・オンリーに約束していただいた。おかげで仕事冥利に尽きる数々の経験をさせていただいた。また入江さんはシミズのパートナーとして野球場や武道館に舞台を作ると言う、教えてくれる人のいない世界を共に歩んでくれた。

私及び、現在のシミズオクトにとっては、このお三方への感謝と、グランド・ファンクの思い出は会社の草創期のエピソードとして長く後輩社員に伝えていきたいと思っている。

セルフ・プロデュースの天才、ミッシェル・ポルナレフの衝撃

アーティストの芸術的要望は「これで終わり」というものはなく、無限の欲求の過程の積み重ねとなる。これまで来日したアーティストの中で、今に照らし合わせても特筆される芸術的要望が強かったミッシェル・ポルナレフ。来日公演では内野二朗さんが制作マネージャー的役割を担っていた。ミッシェル・ポルナレフは1972年初来日時、「シェリーに口づけ」が大人気でカーペンターズと人気を二分しており、そんな彼がパリのオリンピア劇場で行った大規模なショーの複雑な照明効果をオープニングで使うプランのセットを、そのまま武道館に持ち込むことになった。内野二朗さんが約束したのだ。そして、それは波乱のジャパンツアーの始まりだった。

株式会社共立 元社長
丸岡壽昭（故人）

チップ・モンクと内野さんとの思い出

チップ・モンクはアメリカの照明デザイナーで、別名クレイジー・モンクと呼ばれている。私がアメリカに打ち合わせに行き、仕事中のホールを訪ねたが、所狭しと仕込まれたスポットライトに驚いた。莫大な費用と奇抜なアイディアの持ち主ということからクレイジー・モンクと言われているそうだ。

そのクレイジー・モンクが、1972年にミッシェル・ポルナレフとともに照明デザイナーとして来日し「トラスはあるか」と聞いてきた。当時日本にはトラスは存在せずどんなものかもわからなかったが、三角のラジオアンテナのようなものと言われ、それは日本にも建てられているのを見たことがあり早速購入してみた。八間間口にイントレを立てラジオアンテナを渡し、人間1人がぶら下がっ

てみると弱々しくたわみ、ライトを吊れる状態ではなかったが、ドライアイスのホースを4本取り付け、上から噴出するアイディアであったのでそれで行くことになった。このトラスのアイディアをいただき早速鉄工所で鉄の三角トラスを制作し、後にアルミトラスへと発展した。

本番付きの演出照明

このアンテナ・トラスを使用したポルナレフの公演は福岡の九電体育館が初日となり、前日から仕込みを開始した。このときのアイディアは、舞台のセンターにダミーのドラマー及びドラム台が、オープニング音楽に合わせて演奏をしている最中に左右に割れて行く演出で、割れた中央部からポルナレフが、逆光と上から噴出するドライアイスの中を出てくる。そして音楽に合わせてポルナレフが右手で下手のフロントライトを指差すと、ライト1台がポルナレフめがけて投射、更に音楽に合わせ連続して数回、左手、右手、とそのたびに左右のライトが投射される。照明操作も難しかったが、ドラム台が割れる操作も、舞台の上下の袖中で、ロープを引っ張り均等に音楽に合わせて弾く操作も大変で、徹夜で何回となく練習をさせられた。この間、内野さんも客席から徹夜で見守ってくれた。その後も「あの時は大変だったね」と口癖のように言ってくれた。

武道館に鏡を吊った クリエイション公演

その後、内野さんはモンクがよほど気に入ったのか、武道館でプロデュースをした、日本のバンド、クリエイションのコンサートに照明デザイナーとして指名。再びチップ・モンクが来日し新しいアイディアを見せてくれた。その手法は武道館の客席の天井より舞台幅に近い本物の鏡（6ミリ厚さのミラー）を吊り、舞台上の奥にピンスポットを4台設置（メンバー4人）し、ピンスポットのオペレーターはミラーに映るクリエイションを見ながらフォローする照明技法であった。この時モンクは、裏方スタッフも舞台に出演者と一体となって仕事をする演出を試みたかったと言ってくれたが、まさにこの演出は内野さんがプロデューサーとしてやりたかったことではないかと思う。

株式会社シミズオクト 代表取締役会長
清水卓治

演出を「ネタバレさせない」ミッシェル・ポルナレフのこだわり

そして日本武道館では、バトン式の紗幕を用意してもらいたいと内野さんから深夜毎晩、催促・念押しの電話が入ってきた。入場時に紗幕を下ろし、舞台上が見えないようにしておく。オープニングで、ピンが当たると、初めてドラム台がありドラマーが座っているのが見える。という演出にどうしても必要と言うことだったが、日本武道館施設課の天井に穴を開けて、バトン工事をする許可が降りないため紗幕の件は未確定であった。

私は入江製作所の入江社長と協議を重ね、日本武道館の八角形のコーナーにある大人柱の天井近くに18ミリのワイヤーを貼り、5点吊りの枝車をクリップで留め、20メートル×9メートルの紗幕をそっくりバトンで飛ばすようにした。前代未聞の壮観な出来栄えであった。

徹夜仕込みで引き渡ししたところ大喜びされたが、そこから先の照明操作のきっかけがミッシェルに満足してもらえず、丸岡さんたちは本公演の後もまた徹夜で練習したとの事だった。

ミッシェル・ポルナレフ

チップ・モンク

スペクタクル・エンターテインメント
〜イリュージョンとサーカスの世界〜
イリュージョン／シークフリード&ロイ

※ 2001 年発刊「ハロー！ バックステージ」より

ダン吉田

その昔、船に乗ってアメリカに渡りアメリカの大学を卒業。フジテレビ・ニューヨークを経て帰国。事業部のエグゼクティブ・プロデューサーとして数え切れないほどの欧米のエンターテインメントを日本に招聘した。吉田さんはお亡くなりになっています。謹んでご冥福をお祈り致します。

ラスベガスでマジックショーは成功しないと言われ、どのホテルもメインのショーにマジックを採用していなかった70年代半ば、突如として現れたドイツ生まれのシークフリード&ロイの2人組は勝負師の街ラスベガスに大奇跡を起こした。高級ホテル「ミラージュ」での、の本物の象やホワイトタイガーといった野生動物を使った幻想的なマジックが、長期間にわたってアメリカの興行成績ナンバーワンの座についたのだ。そして1988年、人気絶頂だった彼らを汐留のテント劇場に招聘したのが当時フジテレビ事業部のプロデューサーだった吉田斎（通称・ダン吉田）さんである。

日本は敢えて大きな会場を使っていた

「スターライト・エクスプレス」も「シルク・ドゥ・ソレイユ」もそうですが欧米のようにホテルや劇場を半年も1年も借り切って公演すると、日本では絶対にペイしません。観客を1000人入れようが10000人入れようがアーティストに払うギャラはほとんど変わりません。だから日本では、大きな会場で開催し1回の公演でたくさん売り上げられるよう、演目自体を1から作り直すんです。そのために私自身も向こうへ行ってオーディションを行うこともあります。このシークフリード&ロイの場合は汐留にテントを建設して行うことになりました。それが僕とシミズさんの二人三脚の始まりでした。

舞台が主役

このショーはご存知の通り「イリュージョン」ですから、道具も使うし、抜けたり隠れたりのスペースも当然必要です。彼らのショーは大掛かりでしたから、それを全部収納するには3メートルもの高さの舞台にしなければならなかった。しかしその高さのステージをお客さんが見たら、「あ、ここに何か隠してる」ってことが一目瞭然でしょう？　そのため、地面に穴を掘ってそこにステージを設置することも考えましたが、汐留は宝物が埋まっていると言う話で、地面は80センチ以上掘ってはいけないことになっていたんです。それで、結局ステージの高さはそのままでそこが地面だと錯覚させるように客席を上げました。つまりお客さんは階段をどんどん上がって客席の1番後ろまで行き、そこから自分の席まで降りてくるという形をとっていたんですね。でもそれは実はお客さんにステージの全体像を見せつけるためでもありました。とにかくステージが大きくて迫力があったので、お客さんが階段を上りきって突然見えるステージに感動し、そこから自分の席に降りてくる間にショーへの期待、ワクワクした気持ちが盛り上がるようにという演出だったんです。そういう意味では舞台が主役で、お客さんが舞台を一目見た時点で、もう7割位はその公演の成功は約束されていたと言えるでしょう。

舞台を愛する男たち

それから印象的だったのは、舞台裏にはシークフロイド&ロイのスイートラウンジを作ったことです。彼らは1日の大半をそこで過ごしていました。その後ろにはケージがあり、有名なホワイトタイガーなどの動物がいて、調教師が寝泊りしていました。ホワイトタイガーはショーが始まった頃には妊娠していて、ショーが終わった時には4匹もの赤ちゃんが生まれていました。それで赤ちゃんには「トーキョー」という名前をつけたんですよ。

この時の舞台機構にはレールなど様々な仕掛けがあり、シミズさんにとってはチャレンジであったかも知れません。「これは誰にも任せられない」と清水卓治社長が自ら来て計測をしてくれたこともあるんですよ。社長の思い入れを感じました。

そこで大活躍したのが「アニー」こと菅原くんでした。僕の仕事にアニーは欠かせません。仲がいいわけじゃなく、一緒にいても話すわけじゃないんです。でも肝心なときには頼れます。めちゃめちゃな日本語でまくしたてるだけなんだけど、外国人スタッフもアニーのことなら聞くって感じでした。反対にしっかりしているのは能見くん。日本初のミュージカル「スターライト・エクスプレス」をオーストラリアに輸出した時も能見くんに任せました。でも、この2人、タイプは違うけど、舞台を愛する気持ちは一緒でしたね。

スターライト・エクスプレス。ステージ下の機構

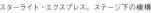

二階建てがテント公演の基本に

※ 2013 年発刊「ハロー！ バックステージⅡ」より

元シミズオクト社員、故人
小田原剛朗さん

スポーツ関連の仕事に従事した後、国技館の「トヨタディーラーショー」で日本初のルーフトラス作業をする。喜多郎、バーンスタイン、ホセ・カレーラス、三大テノールなどたくさんのオペラの分野で活躍。小田原さんはお亡くなりになっています。謹んでご冥福をお祈りします。

世界中を驚かせたシルク・ドゥ・ソレイユ

カナダのシルク・ドゥ・ソレイユという会社があって、そこのプロデューサーがストーリー性のあるサーカスをやろうと思い立ち、まずヌーベン・エクスプレスと言うプロジェクトを作って世界中からサーカス団員や大道芸人を集めてそのようなスタイルのショーを作り、あちこちで公演をしていたんです。それをニューヨーク支社勤務が長く、その後フジテレビ事業部で「スターライト・エクスプレス」を始めとする海外プロジェクトを手がけていたダン吉田さんが見つけ、日本用にアレンジして持ってきたのが「ファシナシオン」なんです。「ファシナシオン」は代々木競技場での室内公演で、テントは作りませんでした。その次に来てテントでやったのが「サルティンバンコ」です。サーカスと聞いたんで、最初は伝統的なサーカスを想像してたんですけど、実物を見てちょっとびっくりしましたね。

「サルティンバンコ」のセットは、いわば日本が立ち上げたようなものなんです。「サルティンバンコ」自体は海外でもやっていたんですが、日本でやるならこういうセットにしたら受けるんじゃないかというものをダン吉田さんがプレゼンテーションして作ったものです。シミズオクトが受け持つのは、テントの中。どうすればステージの運営を上手にできるか、客席をたくさん作れるかというコンサルティングから入りました。海外では円形テントを使っていましたが日本ではかまぼこ型のテントにしたのでその特性を最大限活かす方法を考えました。客席を上げれば見切れないでお客さんをたくさん入れられるけれど、でもロビーはどうすればいいんだっていうことになる。そこで2階建てにして、客席の下をロビーにしたわけです。この2階建て構造はその後のテント公演の基本になりました。

それをさらにスケールアップしたのが「アレグリア」です。東京では代々木テントでしたが、福岡ではドームでやったんです。レイヤーでタワーを立て、トラスで屋根をつけて幕を張って劇場風にしました。福岡ドームだと大きすぎるのでその中に劇場を作ったというわけです。雨の心配は無いので布の幕を使いました。

小田原さんのお仕事あれこれ

ノーチェ・トロピカール

日本武道館がナイトクラブのようになった。1992 年、日本武道館のアリーナで飲食ができたのは非常に珍しかった。センターステージでその上にサークルトラスが使われた。

オペラ／三大テノール

三大スターの共演が国立霞ヶ丘競技場で 1996 年に実現。養生が何より大変だったという。まだ国立競技場でコンサートをやることは一般的ではなかった。

チケットは S 席 75000 円。よって大人のお客様が多かった。

サークルトラス

養生風景

大人のお客様が多かった

シミズさんと僕の終わりのない仕事

※ 2013 年発刊「ハロー！ バックステージⅡ」より

株式会社フジテレビジョン
吉田太郎

「クーザ」は2011年の2月から2012年の4月まで、全国で121万人を動員しました。震災の影響により東京の一部と仙台公演の計103回を中止にしましたが、360公演を成功させました。「クーザ」からは、シミズさんにステージと客席設営だけでなくエントランステントの装飾、看板類の美術施工だけでなくトータルデザインもお任せしているんですよ。「クーザ」の成功は、これまでの過去12年の演目での我々とシミズさんの苦労にあると思います。

ドーム型の鉄骨テント

初めてビッグトップと呼ばれる巨大移動式テントで全国公演をしたサーカスが、シルク・ドゥ・ソレイユ「サルティンバンコ2000」でした。北米のシルク・ドゥ・ソレイユが使用しているテントと全く同じものを小川テックが日本の法律にはまるように設計し直して作ったテントです。

フジテレビはその次に「キダム」と言う演目をやるのですが、当時は東海沖地震が予想されていて、このテントは地震にも弱いであろうというところで「ドーム型の鉄骨テントを造ろう」ということになりました。サルティンバンコのテントは、直径50メートル、約2200人収容、客席の一番前から一番後ろまでが20列だったんですが、「キダム」からの鉄骨テント（日本では新ビッグトップと言われていますが、特に外国人からはフジドームって言われていました）は、直径57メートル約2600人収容、客席は22列で設計をしました。「台風と地震に強い、そして3日で設営ができる」ということがコンセプトでした。

引き継がれる設計コンセプトの確立

シルク・ドゥ・ソレイユのツアーショーはすべて、90度ステージ、270度客席という線引きで行われているのですが、この270度の円形客席を造るということにシミズオクトさんと私は非常に苦労をしました。シルク・ドゥ・ソレイユの270度の客席平板は、「正方形・三角形・正方形・三角形」で組まれているのですが、シミズさんはなんと「長方形・台形・長方形・台形」で設計が上がってきたのです。そのコンセプトを出したのは能見さんなんです。その時は「そんなのでできる訳ないじゃないですか」って僕がケチョンケチョンに言ったんですよ。そしたらできちゃったんですね（笑）。結果きれいな円形と言う意味ではこちらの方が優れていたんです。それと、何より設営が早かった。そのコンセプトのまま､以降「アレグリア2」「ドラリオン」「コルテオ」「クーザ」があるのですが、ずっとその歴史が引き継がれていて、今でも設計コンセプトは全く変わっていません。

最初の客席設計においては、建築法も消防法も含めて､何度も「それはできません」と言われる事だらけ。そんな中、いろいろな策を練りながら作り上げたというのが印象深いです。

福岡マリンメッセとさいたまスーパーアリーナで行われたシルク・ドゥ・ソレイユ「マイケル・ジャクソン ザ・イモータル ワールドツアー」の現場はシミズオクトだらけでした。係員、警備、舞台の他、ビジョンもあったので映像も入っていました。これもすごく苦労した現場でした。吊りものがたくさんありました。それでシルク・ドゥ・ソレイユ協力のもと、シミズさんとステージCOさんと協力して世界に一個しかない試作版グランドサポートを作って見事に大成功させました。本当に感謝しています。

そんな現場の後もたくさんの現場が目白押しです。シミズさんと僕の仕事には、本当に終わりがありません。

Costumes: Marie-Chantale Vaillancourt © 2011 Fuji Television

『クーザ』の中でも人気の高い演目「コントーション」

Photo: OSA Images
Costume: Marie-Chantale Vaillancourt
© 2007 Cirque du Soleil

『クーザ』メインビジュアル

バックステージ座談会①
——世代を超えて受け継がれるもの

「ハロー！ バックステージ」を作った21年前、内野二朗さんも佐々木芳晴さん（コマルさん）も元気いっぱいで大活躍していらっしゃった。裏方でありつつも、カリスマ的存在感を示していたお二人をお引き合わせして世代を超えた仲間になることが「バックステージ共和国」の権利と義務であったことから実現したのがこの座談会だ。お二人の活躍を忘れないためにここに転載することとした。（清水佳代子）

＊本座談会は2001年に出版された「ハロー！ バックステージ」から転載しています。
＊本座談会に登壇された内野二朗さんと佐々木芳晴さんはお亡くなりになりました。謹んでお悔やみを申し上げます。

内野二朗×佐々木芳晴×宮﨑裕介×大和田光人

裏方たちが集った伝説の店

司会　内野さんは新宿厚生年金会館の横で、「バックステージ」という名前のバーをやってたんですよね。

内野　「バックステージ共和国」ね。

司会　裏方しか入れないバーですよね。

内野　そうそう。仕事が終わった裏方が集まって飲みながら情報交換をする「裏方共和国」というわけで、ちゃんと憲法も定められていた。そして1万円払ってそこの国民になる。

佐々木　税金を払うわけだ。

内野　で、会員は1ヵ月に1回マスターになる義務がある。

一同　へぇー！

内野　1日の売り上げ3万円がノルマで、3万以上は自分の収入になるわけ。だから自分がマスターの日はみんなに電話をして呼び出しをかけるんだ。そして自分で買い出しに行って「今日は何を作って出そうかな？」と考えたり。

佐々木　いいなあ、そういうの。今は、ぼくたち裏方の横のつながりがとても少ない時代だと思うんですよ。アメリカみたいなユニオン・システムがあるわけではないので、ぼくはこの業界の仲間——シミズ舞台を通じてお付き合いさせてもらっている舞台監督仲間や演出家仲間たち——とできるだけ多く交流して、横のつながりをどんどん広げていきたいと思っているんですよ。横のつながりを作って意見交換をして、使い回せるものは使い回して、お金を上手に使っていけるようにしたい。

大和田　無駄をなくすというのはとっても大事なことですよね。

佐々木　これから先、ぼくより若い人たちがどんどん出てきたとき、後輩たちに頑張ってもらえるような環境を作ってあげたい。そのための踏み台になれればいいと思ってるんですよ。そのためにも、それまで人がやったことのないようなことを——内野さんの足元にも及ばないですけれど——ひとつでもふたつでも多くやろうと。

司会　日本で初めて舞台美術に予算を取ったのも内野さんですよね。それまでは、どんなビッグ・アーティストでも、例えば「ビートルズ」という看板があって、丸太組みのステージがあるだけで。

内野　われわれは裏方じゃないですか。ぼくが舞台美術に興味を持つようになったのは、外タレの仕事をやっていて、ただ単にいわれたことをやるのは面白くない、裏方のぼくらが参加できることがどこかに何かないか——ということで、舞台美術に目をつけた。少しでもエフェクトをつけて効果を上げるための参加ですよね。それで、アメリカのウッドストックのステージを手がけたチップ・モンクを日本に呼んだんだけど、最初は、彼の言う「トラス」の意味もわからなければ、吊り重量の計算も全然できなかったんだ。

大和田　今の、吊り重量がわかってるトラスでも、めいっぱい吊るとリスクがあるというのに。

内野　あの頃は、安全なんてことはあまり考えてなかった（笑）。

宮﨑　『ウッドストック』の映画を観てるとステージを建てるシーンから出てきますけど、とんでもない建て方をしてますよね（笑）。会場内の警備もまるでないし。

内野　最初は警備なんか全然なかった。しかし、70年代はじめは学生運動がらみ

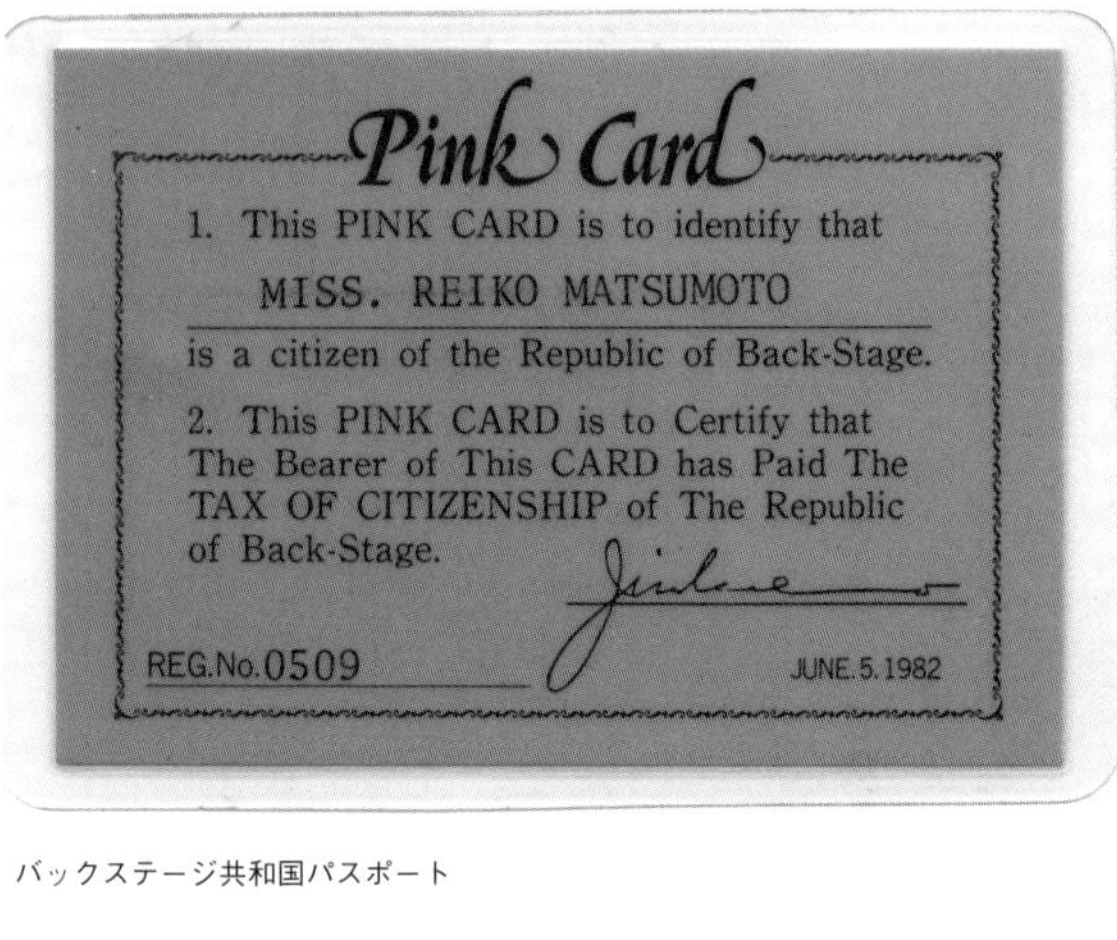

Pink Card
1. This PINK CARD is to identify that
MISS. REIKO MATSUMOTO
is a citizen of the Republic of Back-Stage.
2. This PINK CARD is to Certify that The Bearer of This CARD has Paid The TAX OF CITIZENSHIP of The Republic of Back-Stage.
REG.No.0509
JUNE.5.1982

バックステージ共和国パスポート

バックステージ共和国憲法 —— 国民の権利及び義務

第1条	国民はすべての基本的飲酒権の享有を妨げられない。
第2条	国民が保障される自由及び権利は、国民の不断の努力によって、これを保持しなければならない。
第3条	すべての国民は、個人として尊重される。
第4条	すべての国民は、酒の下に平等であって、人種、信条、性別、社会的身分又は門地により、政治的、経済的、又は、社会的関係において、差別されない。
第5条	思想及び良心の自由は、金品をもって売買出来る。
第6条	飲料の自由は、何人に対してもこれを保証する。いかなる宗教団体も、これを阻止してはならない。
第7条	集会、結社及び言論、出版その他一切の表現の自由はこれを保証する。
第8条	何人も酒の上での過ちの自由を有するが、いいわけしたりに根にもったりしてはならない。
第9条	婚姻は当事者の合意のみに基いて、成立し、性別、数量は問わない。
第10条	すべての国民は、健康で文化的な最低限度の生活を営む権利を有するが、この限度を越えてはならない。
第11条	すべての国民はその能力に応じて、ひとしく酒を飲む権利を有する。
第12条	すべての国民は年1回、カウンター内での勤労奉仕の義務を負う。
第13条	国民は飲酒の義務を負う。

大和田光人（シミズオクト）
国際部でリチャード・ハートマンやマーク・フィッシャーと共に働いた後、営業部へ。現在はプロデュース部においてイベントやメディア・コンテンツのプロデュースを行っている。

宮崎裕介
武蔵野美術大学を卒業後、シミズオクトのデザイナーとして活躍。定年後独立し、ライフワークバランスを保ちながらデザイナーとして活躍している。

佐々木芳晴
兄の影響で17歳でこの業界に入り、ステージ・プロデューサーに。椎名林檎、ミッシェル・ガン・エレファント、GLAY、SOPHIAなどたくさんのアーティストを手がける。現在はお亡くなりになりました。

内野二朗
キョードー東京時代にはビートルズ、グランド・ファンク、レッド・ツェッペリンなどの大物アーティストを来日させ、日本のコンサート業界の基盤を作る。現在はお亡くなりになりました。

＊写真は4名とも対談時のお写真を使わせていただいています。

の嫌がらせがあったり、「爆弾を仕掛けた」という脅迫電話があったりして、お客さんの持ち物検査をやるようになったんだけど、ぼくはあれがどうしても納得できなかった。持ち物検査や警備員の問題がロックを止めたいちばんの理由だったんだ。

宮崎　ロックを止めたわりには、ロックなことやってますけどね。

内野　そりゃ、気持ちはそうですよ。

アーティストに対する思い

司会　内野さんはニニ・ロッソが亡くなってから、「バックステージ共和国」に集まっていた仲間たちと一緒にイタリアまでお墓参りツアーにいきましたけど、アーティストがプロモーターやスタッフと仲良しになって長く交流が続くというのは素敵なことですよね。

内野　ニニ・ロッソはキョードー・グループにとってはいちばんの功労者だもの。

司会　一緒にチャリティもやってましたし。

内野　そうそう、ピエロの格好なんかしてね。ニニ・ロッソが先頭に立って新宿や六本木のクラブやキャバレーに入っていくわけ。そしてニニ・ロッソが舞台に上がってトランペットを吹いて、われわれが箱を持って募金を集めて回るの。

大和田　ニニ・ロッソがいきなりお店に入ってくるんだからすごい。

佐々木　人間味がありますよ。今はビジネスライクになりすぎてるから。

司会　内野さんからアーティストにメッセージを送ることもありましたよね。

内野　普通はお客さんに向けてセットを作るんだけど、アリスのコンサートのとき、演奏が終わって引っ込むアリスに向かって、電飾で〈RUN.RUN FOREVER〉っていうメッセージを送ったの。

佐々木　ぼくらのデザインやプランの中にも、裏方としてのアーティストへの思いというのが常に込められているんです。

宮崎　デザイナーとしては、そうやってコマルさんが出してくるテーマをどう表現するか、悩んで悩んでしぼり出していく。その作業はまさに産みの苦しみですよ。そうやって産んだもの（絵）を実際のステージに作り上げるまでが、われわれ裏方の仕事ですね。

内野　キョードー東京はプロモーターだけど、ぼくは自分がプロモーターだとはちっとも思ってなかったですよ。自分はシチュエーション・クリエーターで、アーティストが自分のものを最大限発揮できるような、そんな状況を作ろうとしていたんです。たとえ豪華なステージを作っても、問題はそれがアーティストに合っているか、アーティストを生かしているか。ステージが目立ってアーティストが消えてしまったら意味がない。

佐々木　お金をかければいくらでも豪華なステージができると思うんですよ。でも、お金をかけなくても豪華さは出せるわけだし、やっぱりアーティストにマッチしていることがベストですよね。

宮崎　GLAYのような巨大コンサートは、たぶんいまがピークだと思うんです。巨大ステージの限界までいってしまって、それ以上巨大なものを作っても、それを収めるだけの空き地が日本にはない。観られなくても参加するだけでいいやっていうライブは、日本の国民的感情を考えると難しい気がするし、ぼくたちがもっとリスナーやオーディエンスの立場になっ

左から音研・岡本、キョードー内野、渡辺、久保、小田原、川村

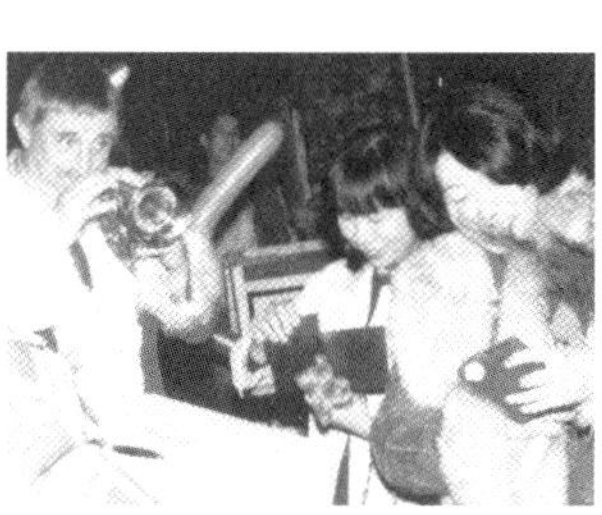

ニニ・ロッソのトランペットに思わず募金をするお客さん

ニニ・ロッソをはさんで。ピエロは左・賢ちゃんと右・道ちゃん（共にシミズオクトOB。故人）

て考えていかなければどんどん衰退していくかもしれない、というのは、作ってるぼくたちがいちばん感じていることなんですよね。

内野　やっぱり、コンセプトがしっかりしていないと。これからは、ただ金と労力と時間を使っただけではだめ。ステージを製作する人たちは、これはこういうコンセプトで作ったんだということをアーティストに理解してもらう必要がある。いまはどうなんですか？　アーティスト本人と話し合って？

佐々木　アーティストとしか話をしないというのがぼくのスタイルなんです。

内野　やっぱりそうでないとね。

佐々木　アーティストが考えていることを形にしてあげないといけませんから。お互いにアーティストだと思っていますからね。彼らは曲を作って聴かせるアーティストであり、ぼくらは彼らが考えている音楽を形にして見せるアーティストだと。

内野　その両者が一緒になるとより大きな力になる。

大和田　コマルさんと仕事をしていて楽しいのは、アーティストの意向がコマルさんを通じてこちらに伝わってくることで、ぼくたちもぼくたちでいろんなことを考えたりして、すごくやりがいがありますよ。アーティストもよくわかっていないような技術的なことも、コマルさんが補ってこちらに伝えてくれますから。ステージに立ってるアーティストにはわからないような裏方の苦しさってあるじゃないですか。

内野　もちろんありますよ。

大和田　そういうところをコマルさんがうまく通訳してくれるから、すごく助かってます。

宮崎　ぼくだって、自分はデザイナーというアーティストだと思ってますよ。立場としてはシミズ舞台工芸の社員かもしれないけれど、デザイナーというのはアーティストでなきゃできない仕事なんです。それをみなさんに期待されてデザインするんですから。つまり、いろんな種類のアーティストが集まってひとつのコンサートが出来上がっている。

大和田　するとぼくも営業アーティスト？（笑）

内野　誰でも自分のイメージと感性で仕事をしているわけだからね。何かを頼むときには自分なりにイメージがあるし、もし、出来上がってきたものが自分のイメージと違ってると……。

大和田　ああ、それが連携プレーの中でいちばん難しいところですよね。

内野　だから、イメージが違ってたら、それに対しては「いらない」と言う。

佐々木　「違うものは違う」としかいいようがないですよね。そこで「しょうがないか」って言っちゃうと、自分が目指しているものとアーティストが目指しているものがまったく違ったものになってくる。それは自分としては許せない。

大和田　コマルさんが築いているような信頼関係というか、「あうんの呼吸」の中にぼくのような若輩者が入っていくのは、かなりのプレッシャーを感じます。でも、若輩者とはいえ、お金の管理をやっている立場としては、やっぱり自分のイメージがあり、自分でやりたい部分はあるんですよね。たとえマイナスになっても「ここだけはこうしたい！」というものが、やっぱり営業にもあるし、また、営業として割り切らなきゃいけない面もある。デザイナーのデザインも大事にしたいし、コマルさんのおっしゃることも100パーセントやりたいという気持ちもあるけれど、そこにジレンマというか、ぼくはぼくなりに産みの苦しみがあるんですよ。でも内野さんは、今では分業化されている各パートが負っているプレッシャーをすべて経験なさってきたわけですよね。

佐々木　そういう意味では、ぼくたちは内野さんにレールを敷いてもらったわけで、それがあるからうまくやっていける。そして今はそのレールからいかに外れて――本質は外れちゃいけないんだけど――違うふうに見せるかという、いってみれば「ごまかし」の時代になっていると思うんです、デザインも、演出も、営業的な面も含めて。しかしもうそれも頭打ちで、これからまた違う方向に進んでいかなきゃいけない。それを考えていかなければならないときだと思うんです。

ぼくらはジャパニーズ・スタイルで

司会　今後、日本人の裏方が世界に出て活躍するようになると思いますか？

内野　島国育ちの日本人が外に出ていくのはなかなか難しいかもしれないけど、大切なのはオリジナリティですよ。

宮崎　ぼくもそう思う。日本はコピー文化っていうことで、ぼく自身もおちゃらけて「マーク・フィッシャーのラフスケッチのような世界」っていったりするけれど、実はコピーしたとは思ってなくて、自分の中から出てきた作品だと思っているわけですよ。自分のオリジナルだと。誰かから「似てるよね」と言われたとしても、これは「オレのオリジナルだ」と

マーク・フィッシャーのラフスケッチ

「武道館でやったクリエイションのコンサートでは、安全帯もつけずに大きな鏡を客席に吊ったんだ」という内野さんの話に口あんぐりの宮崎氏

いう気持ちはある。

内野　それくらいの自負を持ってたほうがいいよ。

佐々木　ぼくは基本的に外タレのステージは観ないんですよ、パクッたって言われるのがくやしいから。

宮崎　コマルさんから伝えられるイメージというのは〈グジャ！〉とか〈レトロな宇宙〉とか、そういう言葉だから、ぼくも選択の幅が広がり、イメージが広がるわけですよ。もしコマルさんが「ローリング・ストーンズのあれ」という言い方をしたら、ぼくのデザインはそれの亜流でしかなくなると思う。

佐々木　ほとんどのアーティストがぼくに言うのは、具体的な海外アーティスト名や、「誰の何年のツアー」ってことなんですよ。

内野　やっぱりそうなるんだろうね。

佐々木　だけど、それをデザイナーに伝えるとそのままのものになってしまうから、それを別の感覚でとらえ直して伝えるんです。

司会　でも外タレのステージは観ないんでしょ？

佐々木　観ないといっても観てるわけで（笑）、今はインターネットもあるし雑誌もあるから、形は観てますよ。でも、例えば「99年のU2のセット」って伝えたら、人から「パクッた」って思われる。そう思われないために、言葉でどう表現しようかと考えるわけで。

宮崎　言葉をこっちに投げてもらうだけじゃなくて、どうしようかと一緒に悩んでいただく。しかもデザインの問題だけじゃなくて、アリーナだったら「平米荷重がどう」とか「吊り重量が何キロ」とか、そういったことも全部考えた上でプランを立てていかなきゃならない。

佐々木　絵だけを描いてもらうことは簡単なんですけど、それを形にしないとぼくの仕事もありえないわけですから。

宮崎　だから、そのような「言葉」から始まっていることを考えると、充分なオリジナリティを持って仕事をしているという自負はあるんですよ。

佐々木　ぼくらはジャパニーズ・スタイルを確立しているだけであって、資本がいっぱいあるようなワールド・ツアー・スタイルのものはぼくらにはできないわけじゃないですか。だから、日本でツアーをやるならぼくらは負けないという自負はありますよ。

内野　話を聞いていると、やっぱり時代は進んでいるな。21世紀になって、興行形態もまったく変わってきて、われわれの時代はすべてにおいて終わってしまって、もう老兵は消え去るのみ――。

佐々木　まだまだ終わってはいませんよ！　ぼくらはまだ内野さんの敷いたレールの上を進んでいるんだから、そのレールに乗っかってる以上は21世紀になっても22世紀になってもこれが続くと思うし、それが続いている限り、決して終わりはしないですよ。

内野　まあ、ぼくは裏方が好きだからね。

史上空前の規模となったGLAY20万人コンサート。
裏方は徹夜の連続だった。

座談会はかつてバックステージ共和国がイベント的に何回も行われた千駄ヶ谷「キーパース」で行われた。ちなみに「キーパース」という名前は「守る人」というイメージで付けられた。

ニニ・ロッソのお墓参り

～豪快に駆け抜けた「マッハ50」～

私と小丸さん（演出家 佐々木芳晴）の四半世紀

株式会社エムシャープ 代表取締役

宮﨑裕介

武蔵野美術大学卒。アルバイトを経て1989年、シミズ舞台工芸株式会社デザイン部入社。GLAY、BUCK-TICK、松任谷由美、矢沢永吉などのステージデザインを担当。2021年定年退職。株式会社エムシャープ 代表取締役。

長渕剛コンサートツアー1994(Captain of the Ship) のステージデザインを担当させていただいたのが、私と小丸さんの初仕事でした。

「大きな帆が風をはらみ大海原を突き進む!」ツアータイトルとなったニューアルバムからイメージを熱く伝えていただき、絵にしていきました。当時、一度のプレゼンでは決まらないとされていた厳しいアーティストを相手に、小丸さんは見事「一発OK」。ダイナミックに帆を上げる演出を実現するため、当時としては最先端の「スターリフト」を採用。ツアーサイズに特注し、ステージセットを完成させました。

ツアー自体はアーティストサイドの事情で途中急遽中止となりましたが、小丸さんの演出家そして美術プロデューサーとしての手腕に感服させられました。

そして、これを機に四半世紀に及ぶお付き合いが始まり、沢山のアーティストのステージデザインをご一緒させて頂くこととなりました。お互い年齢が近く、共通の趣味・話題も多く、打ち解けるのに時間はかかりませんでした。基本的に小丸さんの脳内アイディアを「ディスカッション」を通じて私がデザインイメージを具現化するというスタイルで、手がけたアーティストはBUCK-TICK・GLAY・椎名林檎・ケツメイシ・THEE MICHELLE GUN ELEPHANT・NIGHT MARE&仙台貨物・SOPHIA・the brilliant green・JUNSKY WALLKER(S)・YUI・ぼくのりりっくのぼうよみ・Seo Taiji(韓国)・the pillows 等々。

特にGLAYの絶頂期に幕張で開催した「20万人コンサート」は日本の音楽史上、類を見ない規模のステージで、決して破られないと言われている観客動員数を記録しました。

小丸さんは現場に入るとストイックで決して妥協しない厳しさを持つ反面、身長六尺一寸から発する大きな声で談笑し楽屋の雰囲気を和ませる優しさも備えてました。全スタッフに愛され信頼される大将的存在だったと言えるでしょう。

アイディアの「ディスカッション」のため様々な場所へ研究旅行にも出かけました。国内はもとより、アメリカ、フランス、カナダ、イタリア、イギリス、中国、韓国……。何度も訪れたラスベガスはロスからレンタカーを運転して行くのが定番でシルク・ドゥ・ソレイユを中心に観賞、ロンドンのピカデリーサーカスでミュージカル、ミラノ・スカラ座でオペラ、もちろんブロードウェイも。ルーブル、メトロポリタン、MoMA、バチカン、ウフィツィ美術館、大英博物館などもアイディアのソースを求めて精力的に足を運びました。

旅先ではできるだけゴルフをし、美味しいものを食べ、反省会と称して大いに飲みました。ロンドンのハロッズで約7万円のキャビアを豪快に買い、スティッキーライスをテイクアウトしてハイドパークのホテルで「キャビア丼」で部屋呑みする。GLAY「Winter,again」の気持ちを感じたいと極寒の函館教会巡りを決行し、凍える寸前でタラバガニの味噌汁に救われる。真夏に打ち合わせで入院中の病室に伺うとベランダでコパトーンを塗りたくって日焼けしてる……。小丸さんにまつわるエピソード、思い出は数えきれない程、書ききれない程あります。

結果的に最後の仕事となってしまったのは小丸さんが一番力を入れていたと言っても過言ではなくライフワークとも言えるアーティストBUCK-TICKの2019年ツアーファイナル「THE DAY IN QUESTION」代々木体育館でした。アーティストを引き立てる舞台美術、照明、映像に小丸さんの感性がほとばしり、その一年を締めくくる……そんな年末がまだまだ続くと思っていました。

2020年初秋、小丸さんは去ってしまいましたが、これからもその功績、記憶はコンサート業界に残り、次世代へと語り継がれるでしょう。

愛車のシボレーサバーバンのように豪快に駆け抜けた「マッハ50」。心より感謝申し上げます。

私と小丸さん（左：宮﨑裕介　右：佐々木芳晴）

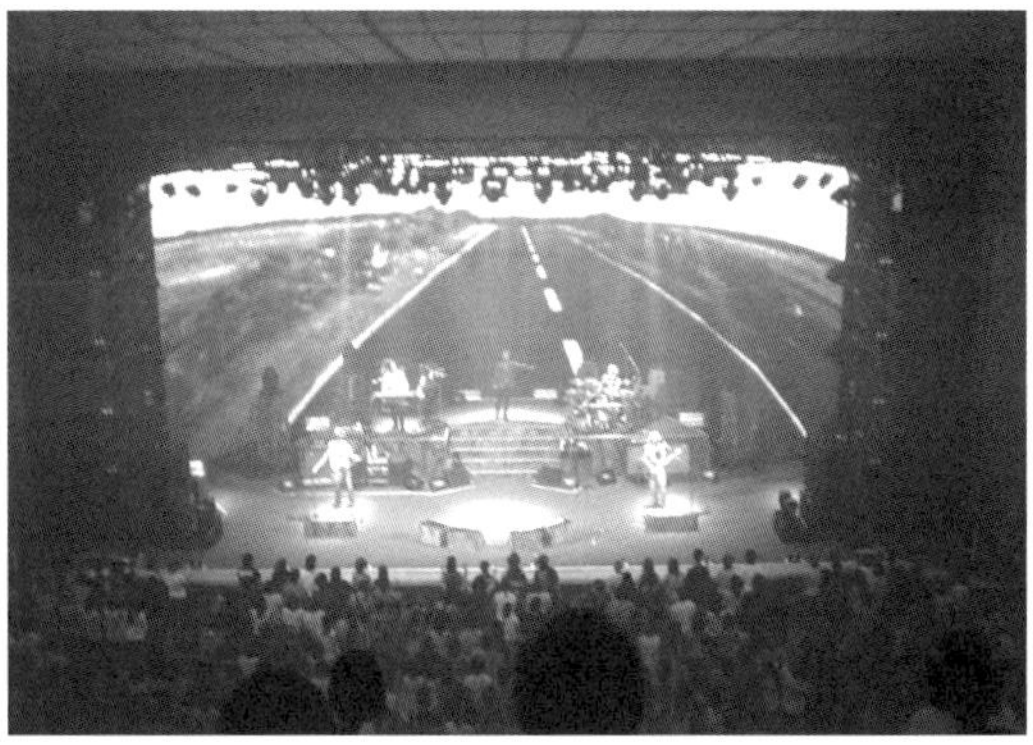

SOPHIA TOUR 2002「HARD」にて　背景全面 LED（Dome Vision）

BUCK-TICK TOUR 2009「memento mori」

デビュー 30 周年記念スペシャル・ライヴ
「BUCK-TICK 2017 "THE PARADE" ～ 30th anniversary ～」

BUCK-TICK TOUR
「THE DAY IN QUESTION　2017」

BUCK-TICK　2018
「Tour No.0 -FINAL-」日本武道館

『続・夢のワルツ』中扉用に書かれた似顔絵
（イラスト・川村道男さん。シミズオクトOB。故人）

バックステージ共和国
―― 裏方たちの集まるバー

※2013年発刊「ハロー！ バックステージⅡ」より

株式会社シミズオクト 取締役副社長
清水佳代子

内野二朗さんというひと

昭和2年に生まれ、戦争も体験され、廃墟に響く復興のジャズから、高度成長時代にはビートルズ招聘で日本の音楽業界に革命を起こし、その後もキョードー東京でグランド・ファンク・レイルロード、レッド・ツェッペリンなどのロックミュージシャンのコンサートを行い、さらにニニ・ロッソ、カーペンターズ、ポール・モーリア楽団などの優しい音楽を次々と日本のコンサート業界に紹介していた内野さん。２００４年の6月に内野二朗さんは亡くなったが、コンサート業界のたくさんの人々に愛され、残した思い出は数知れない。その中で、「バックステージ共和国」というプロジェクト（？）については、我々裏方は忘れることができない。13年前に出版した「ハロー！バックステージ」という書籍名はこの内野さんが、「バックステージ共和国」のイメージを継承してつけてくれた題名である。今回、シミズオクト90周年記念誌を作成するにあたり、題名について役員の間で議論になった。しかし、ほとんど間をおかず、題名は「ハロー！バックステージⅢ」となった。そのくらい、内野さんと「バックステージ共和国」の思い出は、シミズオクトの一定以上の年齢のスタッフには浸透しているのである。

バックステージ共和国とは？

今はなき、新宿厚生年金会館の横に「バックステージ共和国」はあった。内野二朗さんの音頭で始まったものだ。これは何かというと、コンサート業界の裏方の会員制のバーである。「共和国」の名の通り、会員にはアメリカ永住権の通称「グリーンカード」ならぬ「ピンクカード」が発行され、裏には共和国憲法～国民の権利および義務～が記されていた。第一条「国民はすべての基本的飲酒権の享有を妨げられない」などというノリのいいものであった。1万円が通常の店でいうところの「会費」、ここでは「税金」と言われていた。「税金」を払えない国民は「難民」と呼ばれ、入店は許されたが労働を課せられた。

国民は1ヶ月に一度、マスターになる義務がある。1日の売り上げのノルマは3万円でそれ以上は自分の収入になった。だから皆自分がマスターになる日は業界の様々な友人に電話をかけ「共和国」に飲みに来るよう呼びかけた。そして「さて今日は何を作ろうかな」などと考えるのである。誰でも子供のころに夢見たこともあるであろう「大人のお店屋さんごっこ」であった。ここで夜な夜な「コンサート業界の情報交換」がされていたのである。

シミズオクト清水卓治、共立（故）丸岡壽昭さん、ヒビノ日比野宏明さん、音研（故）岡本廣基さん。舞台、音響、照明、そしてプロモーターや舞台監督、演出家の方々、そして、ライバル関係でもある会社の役員らがしょっちゅう同じバーに集まり情報交換をする場所というものが、現在の日本に存在するだろうか。一般論で言えばこれは難しいことではないだろうか。アメリカでは業種別ユニオンが確立しているため、同業他社の方々と会う機会は多いかも知れない。しかし、この「バックステージ共和国」は業界団体の集まりとはまた違う、非常にパーソナルなタッチを残したあくまで任意の場所だった。

2011年「バックステージ共和国　新年の集い」
@シミズオクト下落合スタジオ

2010年6月17日、中野サンプラザにて開催された
「内野二朗さんの七周期に…♪♪♪
夢のワルツ・再び…♪♪♪ありがとう…乾杯！」

会場全体が、内野さんが大好きだった
花と音楽で溢れる空間となった

内野さんを偲ぶ仲間達が出版した「続・夢のワルツ」

ニニからのイラストのプレゼント

内野さんとニニは親友になり、ローマ郊外にぶどうを植え「UCHIVINO」を作りました

バックステージ共和国が残したもの

戦後の日本の復興期を経た高度成長時代。「チャリティ」という概念がまだ根付いていなかった。それを簡単にやってのけたのが内野二朗さん率いる「バックステージ共和国」だった。裏方を可愛がってくださったのは勿論だが、舞台のセッティングに関してはアーティストと直接コミュニケーションをとり、そのためアーティストとも親交が深かった内野二朗さん。特に彼と懇意だったニニ・ロッソはバックステージ共和国を起点として、「国民」がピエロの格好をして、ニニと一緒に新宿のその他のバーや六本木のクラブを回る。そして、当時有名だったニニがいきなり店に入って来て演奏をすることに驚愕するお客さんに国民たちが箱を持って回り、募金を集める。これは、ただの「流し」ではない。現在一般的になっている「チャリティ・コンサート」の原型となっているのだ。

人間味のあるお付き合いは、イベント業界が巨大化し、国民たちがあまり集まることができなくなり「バックステージ共和国」が閉店した後も続いた。ニニ・ロッソが没した後には、元国民が集ってイタリアまでお墓参りに行ったくらいである。

「バックステージ共和国」の元国民も高齢化が進み、オリジナルの店を知る人も少なくなった。しかし、残された者たちからはこのような集いを懐かしむ声も多数聞かれ、年に一回程度、仮設の場所で、業界の皆が語らう機会が継承されている。

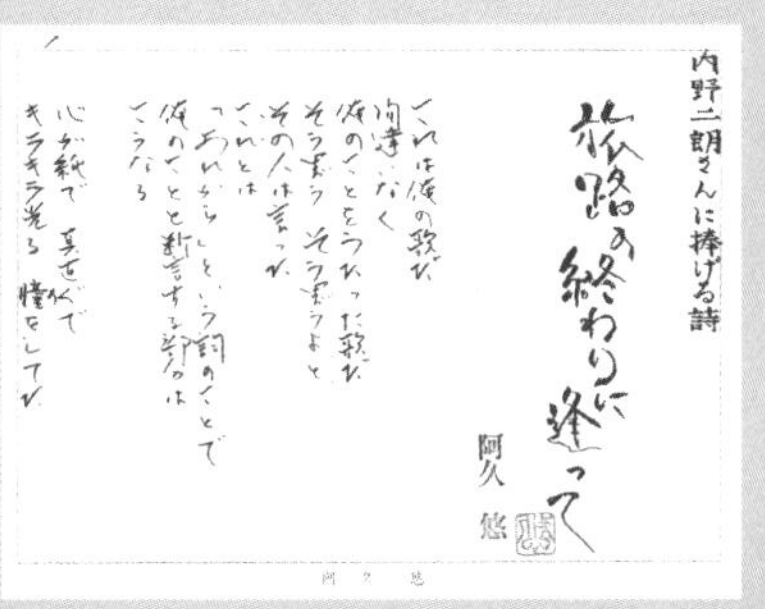
内野二朗さんに捧げる詩
旅路の終わりに逢って
阿久 悠

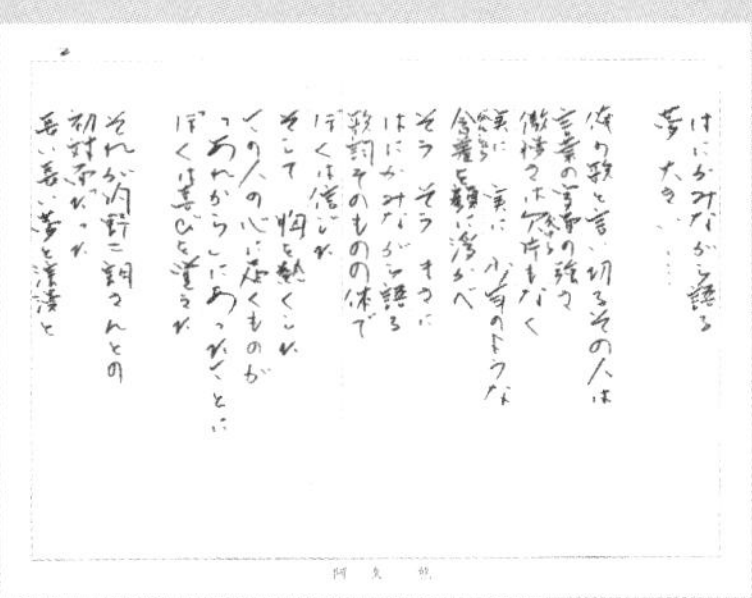

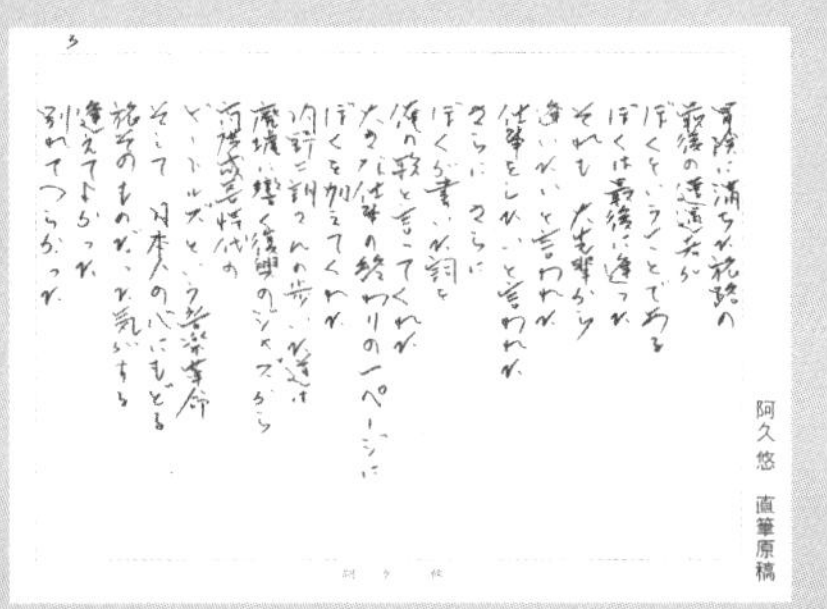
阿久悠　直筆原稿

阿久悠さんが『続・夢のワルツ』出版時に内野二朗さんへの追悼を込めて書いて下さった詩です。帯にも使わせていただきました。その後、阿久さんもお亡くなりになり、寂しい限りです。（清水佳代子）

続・夢のワルツより転載。
カレン・カーペンターの手作りプレゼント

2013年「第3回バックステージ共和国・2013
創立80周年感謝の集い」@シミズオクト下落合スタジオ

2012年「第2回バックステージ共和国の集い」
@シミズオクト下落合スタジオ

後楽園のバックステージで
マイケル・ジャクソンと記念撮影する白井荘也氏。
「背の高さが同じだね」と言われ、うれしかったとの事。
※白井氏の個人的写真を奥様にいただきました。

テレビマン白井荘也と中西邦夫がイベント業界に起こした革命

白井荘也氏、中西邦夫氏の思い出

株式会社シミズオクト 代表取締役会長
清水卓治

日本テレビ放送網は我が国初の民放テレビ局である。読売新聞社が母体である。

放送が始まって、力道山のプロレスが街頭テレビの主役となったころ、清水芳一は、読売新聞社とは深い取引があるものの、野球関係に全力投球をしていた。

機会が訪れたのは、後楽園ジャンボプールで、「NTV紅白歌のベストテン」公開番組制作であった。中央の50メートルプールにステージを組む仕事なのだが、当時の大道具は木材加工制作オンリーであったので、鉄骨のステージ脚が必要であった。

山口百恵さん、桜田淳子さん、森昌子さんの3人娘が水着で歌う趣向がうけて、番組は好評。後楽園の夏だけでなく、赤坂プリンスホテルプール、お正月の特番、常夏の東京サマーランドプールなど、プールサイドステージの繰り返しで美術部の皆さんと親しくなった。ベストテンの美術チーフは志村靖夫さんで、永田孝文さん、中西邦夫さん、田原英二さんらが担当していた。

また制作局音楽班のチーフは白井荘也さんであった。白井さんが始めた「ドリフターズ大作戦」が野球の裏番組だったことをめぐって、毎週放送を要望する渡辺プロと離れ、ホリプロやサンミュージックと共に「スター誕生!」という番組で有望歌手を発掘し育成を始めた時期なので、関係するもの全員すごい熱気に包まれていた。

また「木曜スペシャル」という月一の特番は、東芝やHONDAなどのゴールデンタイムでお馴染みのスポンサーがついていて、通常番組にない規模の大きな仕事があった。

「アメリカ横断ウルトラクイズ」「びっくり日本新記録」「全国高等学校クイズ選手権」などで、シミズにお鉢が回ってくるようになった。

永田さんは、この特番制作を引き受けるため退社独立し「メトリカ」という会社を立ち上げた。

駒沢オリンピック公園総合運動場体育館などを借り切って、大規模に並べる「ドミノ倒し」や、未知の地底・鍾乳洞探検番組など、いろいろあった。新潟県の「白蓮洞」探検では、突然の豪雨で降り注ぐ水で、搬入したケーブルが流され、15名生き埋めになったが、シミズのトビの機転で岩陰に避難し、どうやら無事で命拾いだった。無事で終われば、番組の迫力は真に迫っている。

永田さんは緻密な図面を描くひとだったが、後に水難事故で亡くなった。

そして、日本武道館にて、民放4社持ち回りで行われるようになった「日本歌謡大賞」の初回、日本テレビ・秋元近史さん演出、デザイン・田原英二さんである。今までの日本武道館にない大型ステージを作りあげ、ディレクターの中西さん、日本テレビの制作・美術の皆さんから、シミズは信用を得た。

「24時間テレビ」「日本民謡大賞」を日本武道館で開催の頃には、日本テレビの協力業者会である「日本テレビ二十日会」に正式加盟した。

日本テレビ会長の小林与三次氏（故人）はとても気軽にお会いできた。日本テレ

左より、中西邦夫氏、田原英二氏、清水卓治、志村靖夫氏

赤坂プリンスホテルプール

フランスの新オペラ座バスティーユにて。中央が岩淵専務。左から3人目が清水卓治

中西邦夫氏、左後ろは青木陽一氏。マウント・フジ・ジャズ・フェスティバルにて

ビは、新宿区に広大な用地を取得しており、ゴルフ練習所にしていたが、そこに本社移転し、ピラミッドの形をしたスタジオ建設を構想しており、そこで読売日本交響楽団の定期演奏会も行い、テレビ番組収録も行いたいという要望を語っていただいた。

その為、「劇場研究会」が発足し、座長は日本テレビ専務（当時）の岩淵康郎氏、通称「ガンブチ」さんであった。この研究会は白井さん、中西さんが中心メンバーで、のちにウィーンやパリ、ミュンヘンなどの劇場視察に、東京音響通信研究所の岡本廣基会長（故人）と同行させて貰った。

日本テレビが修復工事を支援したローマ法王庁ヴァチカン宮殿の「システィーナ礼拝堂」壁画修復現場視察にはじまり、ウィーン楽友協会のホール「ムジークフェラインスザール」での音楽会、パリの新オペラ座の視察など、実に充実した研修であった。

時は流れ、白井さんも中西さんも事業局に異動し、イベントを企画するようになった。白井さんがチーフプロデューサーを務めたミュージカル「アニー」は、主役を毎年公募するシステムで好評を博した。

デザイナーであるダラスのピーター・ウルフが、本格的なハニガン先生の小屋や、ニューヨークのドロップ幕を作り替え、当社の石原君が永く担当してきた。

そして、白井さんが、番組制作担当時代で懇意にしていた友人から、マイケル・ジャクソンを呼ばないかという驚くべき情報がもたらされた。

高い音程のリズムある振り付け、ムーンウオークなど、世界中に人気を博しているスーパースターが日本にわざわざ来ることはないだろう。これが、日本の興行界の常識であった。

しかし、この打診が白井さんに来たのは、白井さんの友人の友人というマイケル自身の願望であったのである。

交渉は一筋縄ではなかったが、とにかく日本テレビ主催で交渉が成立し、1987年、マイケルは後楽園球場に来た。29才であった。

来てからの経緯はいろいろなところに書かれているので省略するが、マイケルは後楽園ゆうえんちや東京ディズニーランドを貸し切りで遊ぶことが気に入った。このツアーの最後に再び東京ドーム公演を見ることが出来た。

マイケルも、そして白井荘也さんや中西邦夫さんも、永田孝文さんや田原英二さんも、鬼籍の人となった。そしてテレビ局も変わった。いろいろな経験をさせていただき、心から感謝している。ご冥福を祈る。

左より、東京音研の岡本廣基氏、清水卓治、白井荘也氏、三菱地所、大林組

マイケル・ジャクソンのステージ

マイケル・ジャクソンさん来日歓迎パーティーで、契約調印式の記念写真にサインをもらう白井荘也さん。※白井さんの個人的写真を奥様にいただきました。

テレビマン・白井荘也と中西邦夫がイベント業界に起こした革命

株式会社シミズオクト 取締役副社長
清水佳代子

音楽バラエティ番組「カックラキン大放送!!」

白井荘也さんは、私が業界デビューである日本テレビの制作協力会社に入った時、誰もが羨むスーパースターでありました。白井さんはプロのジャズピアニストとして通用するくらいの実力を持ちながら、テレビ業界に就職しました。そして、お笑い・バラエティと音楽番組の融合を目指したのです。

私が勤めていた会社が担当していたのは、「カックラキン大放送!!」「歌のワイド90分」「トップテン」「スター誕生」の4番組でした。その中でも「カックラキン大放送!!」は若者に大人気の音楽とお笑いのバラエティでした。30分番組でしたが、コントが半分、歌が半分。レギュラーは堺正章さん、井上順さん、研ナオコさん、野口五郎さん、郷ひろみさん、西城秀樹さん、山口百恵さん、桜田淳子さん、森昌子さんら多くの有名タレントさんが、歌はもちろん、ガチでコントにも奮闘していました。

その音楽は番組毎に作るのですが、作るのは真剣勝負でした。歌手の方々は当時、自分でカラオケを持ってくることはありません。よって、その時の箱バン（その時はガッシュアウト）の編成や曲の尺に合わせてアレンジをして譜面を揃え、本番に生演奏をするのです。バンドは20人くらいの編成でしたから、準備する譜面も膨大なものとなりました。

また、コントの方ではBGMが必要になります。「楽しく」「可憐に」「オドロオドロしく」「シャープに」そのオーダーに合わせてBGMを作ります。

特に印象に残っているのは効果音でした。コントですから「ズッコケ」の音が必要でした。録音したライブラリーを使えば良いのに、と思いますがそうはいきませんでした。ちゃんと台本を読んで、その時のタレントさんの「ひっくりかえり方」を想像して効果音を作っていました。そんな効果音の中で私が1番記憶に残っているのは「オナラの音」でした。オナラの音は当時、トロンボーンとミュートの開閉で作っていたことが多かったのですが、白井さんは、ディレクターの卓に座り、「もっと濡れた感じ」「中身出ちゃった感じ」「ぽっぽぽぽみたいな軽やかな感じ」など、周囲のスタッフを笑わせながらオーダーを出していました。

そのような音楽の録音は、アバコクリエイティブスタジオで録音することが多かったのですが、ある日、白井さんがスタジオのカフェで「佳代ちゃん、ご飯食べてる？」と言っておにぎりをご馳走してくださったことがありました。巨大なおにぎり2個とタクアン。大プロデューサーさんに話すこともなく、無言で食べました。シミズオクトの地下にスタジオがあり、その名前は「シミズクリエイティブスタジオ」と言う名前ですが、その名前はアバコクリエイティブスタジオをイメージしてつけました。その他、一口坂スタジオ、日本テレビのGスタジオにもよく行きました。収録は渋谷公会堂、調布グリーンホールもたまにあったと思います。

ところが、そんな日々は、バンドブームやJ-POPの人気とともに後退していきました。歌謡曲は廃れ、バンドが人気を博していきました。私が勤めていた会社が担当していた4番組は1年間の間に全部休止となり、私は解雇となりました。

マイケル・ジャクソンを呼んだ男

白井さんと中西さんはその後どうなったかと言うと、テレビ番組制作の部署からイベント事業部へと移っていました。そして手掛けたお仕事が1988年、当時飛ぶ鳥を落とす勢いだったマイケル・ジャクソンBADツアーの日本公演だったのです。

実は私はその時、1年の放浪の旅を終えて日本に帰ってきたばかりでプランプランしていた時でした。そんな私を見兼ねて、マイケル・ジャクソンの東京、大阪、横浜の公演の翻訳、見積もり制作者のアルバイトとしてシミズに雇って頂いた私は、全ての設営・本番・撤去に関する請求書などの業務を行いました。なぜそんなことになったかと言うと、マイケルのチームにステージや道具や楽屋備品など、コンサートに関わる多くの項目を直接請求することになったからなのです。

外国のプロダクションに請求書を直接出すなんてことはしたことがありません。当時の相棒、商社出身の松原さんというおじさんとともに「珍翻訳」を続けながら笑われたり怒られたりしながら業務を続けました。当時は「Rigger」と言う言葉も「Truss」と言う言葉も日本語に訳すことができませんでした。日本の「鳶」のことを、これは私ではなく松原さんの意見なのですが、「鳶は〝火消し〟なのだから〝Ｆｉｒｅｍａｎ〟で良いと言われ「え〜それ違うと思いますよ」と言いつつ他にアイディアもないのでそのまま書いたら大笑いされたり（でも通じました）。

そのトップに君臨していたのが白井さんでした。そして、私は、1番下のアルバイトであったにも関わらず、「カックラキン大放送!!」でのお付き合いのおかげで白井さんにも中西さんにもすれ違えば会釈をもらえるような間柄でした。それは私にとって、とてつもない宝物のようなことでした。

その後、白井・中西コンビは巨大オペラ「アイーダ」、ローリング・ストーンズの来日公演などのプロデュースをこなしました。

中西さんは日本テレビの資料室を担当しているときは我が家の親友のようになり、私の子供たちが小さな頃にはよく、ご夫妻と私の両親とともにシミズグループの保養施設であった群馬県の「梅田山荘」にご一緒させて頂きました。しかし、その頃から体調が優れないようで、ご病気のため、お亡くなりになりました。

白井さんはお元気で野口五郎さんの事務所である「Ｏｆｆｉｃｅ-Ｇ」の代表取締役を務めていらっしゃいました。また、ジャズピアノはまさにプロ級で、弊社が主催のジャズライブでは何回か演奏をして頂きました。

そんな頃でしょうか。白井さんにマイケル・ジャクソンの来日を、有名プロモーターではなく、なぜテレビ局が契約することができたか、と言う話をお聞きしました。

それは私が幼少の頃に遡ります。昔、日曜日の夜7時半にフジテレビで「カルピス劇場」と言うアニメのテレビ番組がありました。「フランダースの犬」「アルプスの少女ハイジ」などの名作のアニメも人気でしたが、同時に人気が沸騰したのが、カルピスのＣＭに出演していたオズモンド・ブラザーズでした。特に末っ子のジミーは日本語で歌った「ちっちゃな恋人」が大ヒット。私ももちろん彼らのパフォーマンスには魅了されていました。小さな青い目の外国人の子供が、ボーイソプラノで日本語で歌う姿は日本で大人気になりました。オズモンド・ブラザーズは白人9人兄弟の男性兄弟のグループで（たまに入れ替わりがあり、長女マリーや両親が共演することもあった）、１９７０年には全米トップ1を5週連続記録しています。

その後、本国アメリカに帰ったジミーでした。そして白井さんは、17歳になったジミーの「日本に行きたい」と言う希望を聞き、（故）三波伸介さんがメイン・キャラクターで近藤真彦さんや高田みづえさんらが出演する新番組「日曜お笑い劇場」の留学生役に抜擢しました。そして、1クールの撮影中、単身で来日していたジミーを兄貴代わりに世話をしたり食事に連れていったりしていたのです。

そして、アメリカに帰り、プロデューサーとしても活躍していたジミーが、白井さんへの恩を忘れずマイケル・ジャクソンとの縁を繋いでくれたと言います。私は、その話を聞いて二重の意味で嬉しかったです。まず、日本人プロデューサーとして、マイケル・ジャクソンを呼ぶにあたり、その立役者があのジミーだったと言うこと。アメリカ人にそれだけ尊敬され、しかも、成長したジミーにビジネスで恩返しをされた。そんな日本人は多くはいません。白井さんという日本人がいたことを誇りに思います。

もう1つは、マイケル・ジャクソンという孤高のアーティストと思われていた人が、ジミー・オズモンドという友達がいたということを知ったことです。ジミーが世話になった白井さんに、是非恩返しのお手伝いをしたいとマイケル・ジャクソンが申し出た。確かに、ジャクソン5とオズモンド・ブラザーズは肌の色こそ違えど、兄弟で構成されているポップ・グループで、ジミーとマイケルは男の子の中の末っ子。共通点があります。そこにどんな友情があったのかはマイケル・ジャクソンがお亡くなりになっているので分かりませんが、そんな人の縁がマイケル・ジャクソンＢＡＤツアーのきっかけになったことをたまに思い出し、静かに感動している私です。

白井荘也さん、安らかに

白井さんにとってもマイケル・ジャクソンＢＡＤツアーの招聘をしたことは自分の人生のハイライトであったと思います。白井さんは、２０１７年秋に「マイケル・ジャクソン来日秘話　テレビ屋の友情が生んだ20世紀最大規模のショービジネス」（ＤＵブックス）という本を出版し、マイケルとジミーの縁によりマイケル・ジャクソンの来日が叶ったことを執筆しています。その本を父にもらい、読んだ私は感動し、白井さんにしばらくぶりに電話をしてみました。

実は、日本テレビに「清水佳代子」さんという私と同姓同名の方がいらっしゃり、30年以上前マイケル・ジャクソンの現場でご紹介いただいたのですが、最初白井さんは私をその方だと思っていらっしゃったようです。電話を切った後、しばらく、ちょっと不思議な気持ちになっていたのですが、程なく白井さんから電話が掛かってきました。

「清水佳代子さんて、卓治さんの娘さんの佳代ちゃん?」

「そうです」

「ごめんごめん、自分の部下の清水さんかと思っちゃった」と和やかな声で仰いました。私は、白井さんが執筆した本を読んだこと、そして大変感銘を受け、昔のこともいろいろ思い出したこと。お亡くなりになった元キョードー東京の内野さんに「あなたが繋いでいくんだ」と言われたこと、などを話し、是非白井さんのお仕事ぶりをイベントや雑誌で展開したい旨をお話ししました。

白井さんは、気持ちは嬉しいのだが、今体調を崩しているので無理なのだと仰いました。私からは、是非良くなってきたらやりましょうというお話をしました。

そして、その電話が私と白井さんの最後の会話になりました。

フーズ・ザット・ガール／マドンナ
WHO'S THAT GIRL TOUR/MADONNA

強風による公演中止で大騒動に

※2001年発行「ハロー！バックステージ」より

清水卓治

マドンナ来日決定

1987年3月11日　マドンナの来日が決定したので打ち合わせをしたいとの連絡があり、キョードー東京の内野氏、マイク中村氏にお供して、喜び勇んで電通会議に出席。マドンナ来日公演の獲得はメディアミックスの勝利であると、電通・勝田さんよりご説明があった。この公演はキョードー東京、アクス（宮崎恭一社長）、電通（三菱電機）、TBSの企業連合による招聘なのであった。

初めてのワールドツアーの起点として日本を選んだマドンナ。契約から実際の来日まで日にちが無く、一方、テレビを通じて流れる「ライク・ア・ヴァージン」のセクシーなコマーシャルは大うけで、三菱製品の販売シェアがたちまち10%アップした等々と、連日新聞に書きたてられていた。

5回公演で、チケットの総枚数はステージの位置関係で約14万枚と予想されるのに対し、郵便振替での申し込みが32万枚を突破して11億円以上が返金される云々と、後楽園球場での江川投手の快投はそっちのけでマスコミ界の注目はマドンナに集まった。

というわけで、球場のチケット枚数の管理が俄然重要ポイントとなった。加えて、キョードー東京の社長が嵐田三郎氏に代わり、内野二朗氏は一プロデューサーとして再出発し、このマドンナ公演に取り組んでおられたのである。

嵐田社長の命により、チケット管理、制作費統括担当として、経理部長の伊勢本光治氏が登場した。球場支配人・内村州利、副支配人・川口八束、興行企画部長・秋山弘志、副部長・青木道生の各氏とお引き合わせした結果、後楽園球場のチケットは1日4万2874枚、3日間合計で12万8622枚となった。

マドンナ側から持ち込まれるテントはマウンテン・ルーフと呼ばれ、組み立て式で両サイド6点吊り、そのテントの骨組みにロール式のスクリーンやカーテンその他の舞台装置を取付けるようになっている——とのことだった。

マドンナのテントを吊り上げる6本のタワー鉄骨はシミズ舞台工芸の榎繁雄が設計し、約2000万円かかると積算された。

実はこの時、もうひとりのスーパースター、マイケル・ジャクソンの初来日が決定し、マイケル本人立会いのもと、4月24日にロサンゼルスで日本テレビ放送網から発表された。東京3回、大阪3回、横浜3回、名古屋2回、計11回の日本公演が実現することになった。スーパースターが後楽園球場に相次いで登場するのだ。

しかし、いくらたぎるような興奮があっても、バックステージの打ち合わせには常に沈着冷静が求められる。期待と興奮の高まりに並行して、公演日程、舞台装置の打ち合わせが進行していった。

マドンナの6本柱ステージは、当然マイケル・ジャクソン公演でも使えると予想し、マドンナ5回、マイケル11回に共通使用とし、1／16ずつ経費負担することで伊勢本部長が関係先に了解を取りつけた。かくして、打ち合わせ、機材の調達・制作が大胆に、機敏に、的確に進行した。

大阪公演の成功

マドンナが来日すると、日本のマスコミはこぞってマドンナの姿を追い、彼女がテレビや新聞、週刊誌に登場しない日はなかった。早朝のジョギングがハードなものであること、彼女がベジタリアンであること。チャーミングなボディはなよなよしたものでなく、鍛えぬかれたむきむきウーマンであることなどがこぞって紹介された。そんな騒然とした中での舞台作りであった。

マドンナ後楽園の現場にて。左より、菅原アニー、清水卓治、長嶋隆夫（長嶋儀一の子）

あにい*、榎らから帰国報告あった、ライダーと呼ばれる準備項目によると、会場使用許可は、通常はまる4日間、どんなに時間がなくとも3日間を確保することとあった。グラウンドの養生、フォークリフトの準備、電源及びその種類、フォロースポットの台数、設営に必要な人数、といった項目は当然としても、異彩はケータリングにあった。

　ケータリングの詳細なメニュー、ナイフや食器、テーブル、椅子、搬入から本番に至る各食事の食数、アーティスト及びクルーに分かれた仮設のトイレ、シャワー室等をそなえた楽屋プレハブの部屋数（約20室）、このゾーンをガードするガードマンとバックステージに出入りするバックステージパスの発行——などが記されていた。

　これらの楽屋をセットして見ると、後楽園球場のステージ裏が完全に〈マドンナ・ビレッジ〉そのものとなる予定であった。

　マウンテン・ルーフは、アルミトラスでできた飛行機の骨組みのような組み立て式のぶどう棚で、じつに上手くできていて、まったく感心させられた。あまりに気にいってほめちぎっていると、公演が終わったら23万ドルで売るという。こういうものの値段がすぐに出るところが、またアメリカらしい。榎による設計のタワーはアイテックで間に合わせてもらい、取り合わせはうまく収まった。ただ、タワー6本をささえる五トンの重石が20個、水を入れて重石にするボックスも20個と、運賃が大変だった。

　6月14、15日の大阪球場公演がはじまった。オープニングは、ホリゾントスクリーンに影絵でうつる、ヌードかと思わせるマドンナ。ロールスクリーンが捲きあがると、ネグリジェショーツ姿で歌いながら、ステージ狭しと踊り、駈け回る。楽しさ、華やかさ、活発さにあふれ、魅惑的な、そして目まぐるしいばかりのテンポで、マドンナの素晴らしさが満喫できるステージであった。

　映像は、マドンナをアップで写したかと思うと一転して抽象画のパターンになる。早変わりしたマドンナの登場と場面転換のテンポがよく、見ているものは飽きるどころか、レビュー的満足感を思わせるものがあった。球場コンサートでの大型映像の価値をいかんなく教えてくれるショーであった。

中止となった後楽園初日

　後楽園球場の仕込みは6月18日。ファイターズ対ホークス戦終了と同時にグラウンド養生を開始して、夜半には6本の柱が見事に立ちあがった。そのあとはスローペースとなり、19日はマウンテン・ルーフ、トラス、照明、三菱スクリーン、ビデオ、PA等のセッティングがおこなわれた。照明のシュート、フォーカス等も夜通しおこなわれた。

　6月20日。朝から篠つく雨で、昼頃になると雨の勢いはより強くなった。スタッフ到着時間にはステージ裏のマドンナ・ビレッジは立ち入り禁止となるので、伊勢本部長にせかされながらシミズの作業は終了した。

　次第に小雨状態となったが、外国人クルーは現れず、ステージ・ギアと呼ばれる楽器のセットが出来ず、サウンド・チェックに入らないまま待機状態となった。

　夕方になって雨は止み、開始時間を遅らせば公演は可能とスタッフの我々は考えていたが、マドンナの到着時間になってもスタッフ、外国人クルーは姿を見せず、開場予定を過ぎた午後6時過ぎにこの日の公演は中止と決定した。外国人クルーは雨よりも風を重視し、スクリーン等がはためくとよい映像ショーにならぬと考え、腰を挙げなかったとのことである。

　会場入り口に集まった当日の観客に対して、「強風のため舞台製作が不可能となりました。本日の公演は中止させていただきます」とのアナウンスが繰り返し流された。

　出演者の風邪などで公演不可能となった場合は、まずは予備日をとり、当日のチケット所有者にはその予備日に再来頂くのが原則である。しかしマドンナ公演に予備日はなく、せっかく買うことのできた初日の切符が使えないという結果になったのだ。となるとただではすまない。

　ジャンボスタンドの下にブルペン入り口があり、その周りに人が集まりだした。人垣は見る見るふくらみ、抗議の演説をする人が現れ、「延期、延期、延期…」の大合唱が始まった。人々の抗議の理由は、『雨天決行』とあるのになぜ中止したのか、ということであった。

　シミズスポーツ355名、東京パトロール285名の警備要員は釘付けとなり、警察からも65名が緊急出動する騒ぎとなった。マスコミ各社からの厳しい追及もあり、中止した理由についての記者会見が午後八時半より開かれ、「雨天中止ではなく、強風によりステージ倒潰の恐れがあるための不可抗力」との釈明がなされた。

　この事件は、6月という気候の不順な時期、野外コンサートの契約条項について再考させられる貴重な経験となった。

　このとき、球場側の川口副支配人、青木副部長から伊勢本部長につけられたクレームは、「野球の場合、雨天中止は球場、主催球団、審判が協議して決めることになっている。マドンナの場合、外国人スタッフ側の一方的判断でやらないことに決定したが、球場側は、雨天順延ができないのでやる方向でいた。なぜその協議がなかったのか。それが騒ぎを大きくした」というものだった。また、マドンナ公演が1日中止となったため、興行収支の面でもダメージとなった。後楽園スタヂアムの社長室はジャンボスタンドの騒ぎが直接目に入る場所にあり、保坂社長は後日、この事件で屋根付き球場の必要性をますます感じたと述懐されていた。

　6月21、22日ともウソのように良い天気だった。夢のような素晴らしい表現力のコンサート。類いまれなる才能、セクシーな独特の歌い方、映像の魔力等々、満ち足りた思いで片付け作業の開始。人工芝での作業はさすがシミズ、慣れたものだ。6500枚の足場板も段取り良く片づけ、また天候にも恵まれ、作業は順調だった。

　翌23日12時に作業はすべて完了。すばらしいスピードであった。13時より巨人軍が練習開始、16時阪神が到着。18時、巨人・阪神戦のプレーボール。

　昨日までのマドンナのステージは幻であったのかと思えるほど、目の前にはきれいになった後楽園球場が広がっていた。

* 名物社員だった菅原秀隆。あにい、アニーと呼ばれていた。『菅原アニーの想い出』参照。

BADツアー／マイケル・ジャクソン
BAD TOUR IN JAPAN/MICHAEL JACKSON

スーパースターの本格的日本ツアー

清水卓治

※2001年発行「ハロー！バックステージ」より

日本テレビがマイケルを獲得

ギャラが高すぎて日本には来ないだろうと言われていたマイケル・ジャクソンの公演が遂に実現した。

冠スポンサーにはペプシコーラがつき、争奪戦が繰り広げられた結果、日本側招聘元は日本テレビに決まった。

マイケルは5人兄弟の末っ子で、かつてはジャクソン5という超人気アイドル・グループのスターであった。同じ兄弟グループのオズモンド・ブラザーズとは同時期に育った同輩であり、そのひとりジミー・オズモンドは、かつて出演していた番組があった日本テレビの白井荘也氏とは親しい友人同士だった。

ジミー・オズモンドはマイケルとも親しく、信用できる日本のテレビ局の人を紹介して欲しいとマイケル・ジャクソンから直々に頼まれて、日本公演の予定があるから引き受けないかと、白井氏に連絡が入ったのである。

白井荘也氏は、日本テレビ制作局の音楽班にこの人ありと、業界内で長く定評のあった人物だが、事業局には移ったばかりで、また事業局にも大型興行の経験者がいなかったため、後楽園球場のキャパや興行の仕組みについて、私に問い合わせがあった。

マイケル・ジャクソンといえば、1983年に出した「ビリー・ジーン」「今夜はビート・イット」と、リリース曲すべてがヒットチャートの1位を獲得する一方、ムーンウォークという天才的なダンスを披露、ヴィクトリー・ツアーが全米、カナダを席捲し、神格化されたスーパースターとしてエンターテインメント界に君臨していた。

1985年にはアフリカの人々を伝染病から救うため、ライオネル・リッチーと共に40人以上の歌手仲間に呼び掛けて「ウィ・アー・ザ・ワールド」をレコーデイング、アフリカ救済活動に絶大なる貢献を果たした。

このような絶頂期にあった24歳のマイケル・ジャクソンを日本に招聘することは大変な冒険であり、夢であった。しかし呼び屋といわれる方々の中には、あまりに巨額で引き合いの多いマイケル公演は日本ではとてもペイしないだろうと、最初から諦め顔の人が多かった。

たとえ日本テレビが乗り気だったとしても、あまたいるプロモーターの競争に飛び込めば授業料が高くつくだろうと、私は本気にしていなかった。だが、そうするうちにも白井さんは渡米、アメリカから2度3度と電話を貰っているうちに、ついに4月24日、正式契約にこぎつけたのである。

若い頃から知っている白井さんが、日本テレビという会社のお役目であるとはいえ、天下のマイケル・ジャクソンとの調印式の場にいるという事実に、私は驚愕した。

マドンナでの経験を生かして

公演は、

9月12～14日………後楽園球場
19～21日………阪急西宮球場
25～27日………横浜球場

の計9回。協賛は日本ペプシコ社とNTT。入場券発売は、7月1日に整理券を発行、12日から整理券の番号順に各球場の入場券売り場で前売りすることとされた。

これらの入場券管理とバックステージの采配はキョードー東京とKSFが担当することとなった。ステージに関するリクエストには、マドンナのときと同様ライブ映像スクリーンがあり、それを吊るすステージルーフ、ライトジャングル、照明機器及びトラス、レーザー光線など、ロサンゼルスのリハーサルに使用したものをすべて持ち込み、日本側で受け持つのは基礎舞台、ルーフを吊るすタワー6基のユニット等であった。

9月10日の巨人対広島戦終了後から人工芝の養生を開始して、足場板6500枚を敷きつめる。それから直ちにタワー6本の組み立て開始。これもマドンナで経験しているので順調であった。

翌日昼頃には大半の作業がほぼ終了の状態だったが、そこで内村州利支配人から大きなお叱りを頂戴することとなった。

今回の公演スポンサーは日本ペプシコで、依頼を受けたシミズの営業担当・宮崎はネット裏の客席をつぶし、ペプシコーラの飾りボトルを置く台を設置する作業を行なっていた。ペプシコ社の協賛はNTVもみな知っていたが、装飾物を設置する許可申請はだれも申し込んでいなかった。実は、当時の後楽園球場は宣伝も販売もコカコーラが独占契約していたのだ。つまり、契約に触れる事項をシミズの宮崎が独断で進めたというわけである。このボトルは風船式になっており、空撮の写真にもハッキリ映るほどの大きなものだった。

興行における冠スポンサーの権限は強大で、〈キリンサッカー〉のときは、ビールはキリンのみが場内販売される。シミズ社員の宮崎は劇団出身で有能であったが、内村支配人との衝突で気づまりとなり、退社してしまった。

イベントの設営というのは建築業と異なり、会場から発注というケースは少なく、会場を借りた主催者側から発注を受ける。工事上の規模の大きさや安全上の問題がある重要事項以外は、会場に対しては事後報告となるケースが多いのである。

このようなこともあるにはあったが、9月12日に予定通り行なわれたマイケル・ジャクソンのステージはさすがで、クリスタルな照明が美しい。音はひどく大きく、リズミックであったが、近隣からの苦情もいっさいなし。お客さんの満足度は、それまでの球場コンサートとは比べようもないほど、非常に楽しめるものであった。

朝日も毎日も読売も、新聞各紙は写真入りで大々的に報道した。

後楽園公演は無事終了、西宮ではマイケル・ジャクソンが風邪でダウンしたが、予備日に振り替えることができた。横浜では作業のミスでタワーを倒すという事故があった。幸い大事にはいたらなかったが、原因は担当者の横着であった。

マイケル・ジャクソンは大いに日本を気に入り、またマスコミの追い風もあって、横浜2回、大阪球場2回の追加公演を行なって計13回、丸まる1ヵ月を日本公演に費やした。

それどころか、世界120カ所に及んだワールド・ツアーの最後にも日本を選び、翌88年、東京ドームにおいて、12月12日から31日まで計8回の公演を行い、大晦日にはカウントダウンまでやってくれたのである。

ステージ設営中の後楽園球場。
左から清水誠幸、日高健一、清水卓治

自信を持って迎えたマイケルの来日公演

中西邦夫さん（2001年当時 日本テレビ勤務・故人）

――後楽園スタヂアムではそれよりずーっと昔、グランド・ファンク・レイルロードやＥＬＰなどがコンサートを行っていますが、現在のコンサートの原形ともいえる外タレのスタジアム・コンサートはあれが初めてだったんじゃないかと思うんです。結構大変だったでしょう？

中西　それが実は、マイケル来日時には結構自信を持ってたんだよね。というのは、実はその数ヵ月前に、やはり日テレ＆キョードー東京のタッグでライオネル・リッチーのコンサートが、同じ後楽園スタヂアムで行われたんだ。まあこんな事言うとライオネル・リッチーには失礼かもしれないけど、ライオネルの来日はちょうどマイケルの契約時だったんで、みんな「マイケルを呼べる！」っていう気持ちが盛り上がってて、ライオネル・リッチーでマイケルを迎えるための練習をしよう、と。切符のさばきかたからアーティスト・ケアから場内の整理から施行から、ライオネル・リッチーを使ってシュミレーションさせてもらったから、マイケルの時はばっちりだったってわけ。

――ステージの施工で心に残っていることは？

中西　看板だね。マイケルのワールド・スポンサーはペプシだったんだけど、当時後楽園のスポンサーはコカコーラだったから、そこらじゅうに看板がべたべた。それを隠すとか隠さないとかで随分もめた。あとは楽屋。後楽園の既存の部屋は使わず、スタジアム内にプレハブで作った。そのプレハブまでの通路はすべてバリケードでスタッフにもマイケルは触れないようにして。僕も驚いたのは、その「楽屋街」に銀行ができたこと。なんせ150人も来てるから、お金の出し入れも大変なものだったんじゃないかな？〈Bank Office〉という看板がかかっていたよ。

――巷の噂で、マイケルがホテルで流すトイレの水にいたるまで全部ミネラル・ウォーターだっていうのがありましたが、本当なんですか？

中西　いや、それは嘘（笑）。

――ＢＡＤツアー・イン・ジャパンの採算はとれたんですか？

中西　ぎりぎりだったんだよねー。でも、87年からバブル期に突入して、円がぐんぐん上がっていった。で、精算の時に円高差益で助かったんだ。

●中西邦夫●　日本テレビ放送網勤務（2001年当時）。事業部時代にはライオネル・リッチー、マイケル・ジャクソンなどの大物アーティスト、Mt.Fuji ジャズ・フェスティバルやジョージ・ルーカス・スーパーアドベンチャーなどのイベント、ミュージカルのアニー、などの話題作を次々にプロデュースし、「テレビ局事業部」のプロモーターとしての役割の土台を築いたテレビ人の1人である。

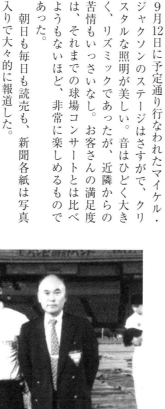

バックステージ座談会②

音楽イベント業界の隆盛と共に進化した舞台技術とシミズオクト

音楽評論家・作詞家

湯川れい子

音楽評論家･作詞家。『全米 TOP40』を始めとするラジオの DJ、早くからエルヴィス・プレスリーやビートルズを日本に広めるなど、ポップスの評論・解説を手がけた。『ランナウェイ』『センチメンタル・ジャーニー』『六本木心中』『恋におちて』など作詞家としても活動。

株式会社ウドー音楽事務所
顧問

石谷正和

株式会社ウドー音楽事務所 顧問。1968 年、株式会社ウドー音楽事務所に入社。1972 年の CCR（クリーデンス・クリアウォーター・リバイバル）の日本武道館公演を担当。ローリング・ストーンズ、マイケル・ジャクソン、ブルース・スプリングスティーン、キッス、ボン・ジョヴィ、エアロスミス、エリック・クラプトンなどを手掛けた。

株式会社キョードー東京
代表取締役社長

山崎芳人

株式会社キョードー東京 代表取締役社長。武蔵野美術大学在学中よりキョードー東京でアルバイトし、卒業後の 1971 年に入社。2000 年に代表取締役社長に就任。バックストリート・ボーイズ、ポール・マッカートニー、ボストン・ポップス・オーケストラなどの来日公演を手掛けた。

株式会社シミズオクト
代表取締役会長

清水卓治

株式会社シミズオクト 代表取締役会長。『裏方ひとすじ』を理念に創成期から現在までスポーツ・エンターテインメント業界を支え続けている。

モデレーター：**清水佳代子**（株式会社シミズオクト 取締役副社長）

『ハロー！ バックステージ』発刊のきっかけ

清水佳代子：『ハロー！ バックステージ』という本を作ったきっかけは、シミズ舞台工芸の30周年（シミズオクト70周年）に舞台美術を切り口とした本を作りたいと内野二朗さんに相談に伺ったところ「あなたにしかできないんじゃないか」と背中を押され作りました。本の題名をお願いし自宅に戻ったら、内野さんからＦＡＸが届いていて〝こんにちは裏方さん〟と書いてあったんです。それを見てちょっと笑ってしまって、電話して「すぐ書いてくださったことはとてもうれしいんですけど、もうちょっとかっこいい題にしたい」とお願いしましたら、英語にして『ハロー！ バックステージ』という名前を考えて題字も書いてくださいました。

清水卓治（以降、卓治）：スポーツ関係の施設では野球の後楽園などを中心に私の先代がやっていまして、１９６４年の東京オリンピックが招致決定した際に東京都体育館の仕事もやっていました。それまでは個人で引き受けていたのですが、東京都から会社にした方が良いと言われて組織化しました。戦前の昭和７年頃から神宮球場で雇われて先代の清水芳一が仕事していたのですが、そこから数えて90年になります。後楽園スタヂアムが本拠地でやっていたのですが、先代が亡くなりまして、オリンピックの後で私が引き継いでからちょうど50年になります。

ロックの台頭と路線変更

湯川：石谷さんは１９６８年からウドーさんにいらしたということは、その頃はウドーさんはまだロックをやっていなかったですよね。私から見ると今日はすごいメンバーなんです。つまりこの『ハロー！バックステージ』という題名をくださった内野さんが、「もうロックはやれない、こんなクレイジーな世界には自分は関わりたくない」とキョードー東京のファウンダーの永島達司さんに仰って、ロック系イベントは辞めさせてくれっていうことで、そこからウドーさんがロック系を引き継がれたのは……？

石谷：１９７２年です。

湯川：１９７１年にレッド・ツェッペリンが初来日したのですよね。その頃、山崎さんはもうキョードーにいらしたの？

山崎：私はちょうど１９７１年の４月に正式入社でした。内野さんがもうロックはギブアップだって言ったのは……。ツェッペリン初来日の武道館公演の際に、初めてセキュリティチェックをしたんですよ。あの頃は武道館のホール事務所とか警察に「爆弾を仕掛けた」という入場券購入ができなかった不満も含め怪電話が入るような時代で、当時はセキュリティの専門スタッフもいず、キョードーの社員がやっていました。全て入場し終わったら、最後の１曲か２曲でお客さんが暴れて、客席に置いてあったチラシを紙飛行機のようにして下に投げてアリーナに山になって、防火等の問題で武道館より厳重注意があり、その後はチラシ席置きも一社２枚ずつの制限付きの時代があったりしました。ツェッペリンの初来日武道館公演が９月で、アーティスト、ステージスタッフも含め問題が多すぎてその後のエルトン・ジョン公演後にロック系は止めようとなったと思います。

湯川：私もツェッペリンが来た時に、ちょうどワーナーの顧問をやっていたので、大阪から広島までツェッペリンを連れていったんですけど。もう亡くなりましたが、ドラマーのボンゾことジョン・ボーナムが物凄い酒乱で、新幹線の中で寝台車に寝ている人たちにお酒やビールをかけていったり、あるいは京都のホテルで物を壊したり……。まだそういう時代でしたよね。

山崎：当時のヒルトンホテルのロビーでサッカーをするんですよ。結婚式を行う花嫁が記念写真を撮る前にそのサッカーボールが当たったり。この場では話せないいろいろな事件が毎日というか、もう分刻みで。

石谷：ホテルを壊すのがブームだったんだよね。

卓治：武道館でのロックの公演の後は、出演者の控え室にしていた特別室の新しい絨毯にもタバコを踏みつけた跡だらけでしたものね。当然、施設側は怒るわけですよ。

石谷：一種の流行りですよね、ちょうどベトナム戦争の頃でね。

湯川：何かロックが世界を変えてくれるかも知れないっていう、ある種の幻想を持ってたんですよね。その頃はやっぱり、後楽園や武道館もシミズオクトさんにお世話になったりしていた訳ですか？

石谷：もちろんそうです。

卓治：キョードーはグランド・ファンク・レイルロードを呼んだ同じ年にバート・バカラックを呼んだり、ポール・モーリアも同じ年に呼んでるんですよ。「ラブ・サウンズ」シリーズとかそういうものがたくさんあって。内野さんは元々は赤坂のニューラテンクォーターの支配人をしてたから。ニューラテンクォーターは外国人の「ラブ・サウンズ」的な、ロック以外のものもやっていました。

血気盛んな70年代の若者たち

卓治：ウドーさんが当時社会的に評判の悪かったロック系を敢えてやり抜いてきたっていうことは、僕はやっぱり本当に立派だなと思うんですよね。

石谷：そういう視点もありますか。

卓治：やっぱり客席の秩序とかルールがまだ確立していなくて、グランド・ファンクの公演をやった翌年に石谷さんに呼ばれて甲子園に行ってみたら、お客がもう最初っから何かが起きるんじゃないかなっていうそういう雰囲気ですよね。

湯川：いや、それを期待して行ったんですよ（笑）、お客の方も。

卓治：前年に後楽園で騒いだ連中が甲子園に来たんじゃないかと。新幹線ができたばっかりだから、東京から3時間だし乗りたいっていう、ちょうどそういう時期だったんですよね。

湯川：場内警備ができたのは、いつぐらいからですか？

山崎：この頃にはもう本多芸能がありましたから。本多芸能さんはもう今は無くなっちゃったんですけど、いわゆる会場整理員のルーツですね。だから、我々は本多芸能さんに場内整理をお願いして。それで、その時の現場を仕切ってた山本さんが独立してケン&スタッフを作ったという。

石谷：その当時は警備はいなかったんです。

卓治：武道館のアリーナにごつい椅子を並べるんです。みんな争奪戦になって前に出てくるので、椅子を全部隅に片付けちゃって、ウドーさんもケン&スタッフさんも舞台に寄ってくる群衆に対応して。スタンディングでやるのは非常に危ないんですよ。身長や体重の差があったり、小さい人は非常に危ないんですよね。

湯川：女性は死に物狂いでした。女性も公演を観たいけれど、男の人たちにワッと押されたらもう大変だったので。

石谷：警備に関してはね、ちょっと痛い思いもありましたし、いろいろなパターンがありまして、そこからかなり勉強もしましたし。外国のコンサートの形っていうのは当時の日本と比べると学ぶこと

がいっぱいあって、例えばお客さんはとにかく楽しみたいっていうのが一番先にきます。やっぱり当時の日本人は楽しみ方があんまりわからなくてとにかく前に行きたがるんですよ。楽しむことを知らないから突進していくんですね。これが非常に危なかったですね。それで最初はなかったですが途中からバリケードを入れるようになりました。立席だけど一応は座席指定にして、その場で楽しめるようにアナウンスをいっぱいして、外国で楽しんでいるコンサートの雰囲気を何とか伝える、それを日本でできればもっと安全にコンサートを発展させられるんじゃないかなと思ったんですよ。

湯川：私もその頃からアメリカに行くようになって、何が違うかっていうと、日本のファンのほうが真剣なんです。アメリカはどんなコンサート中でも、ビールを買いに誰かしら通路を歩いている。日本はそんなことないですもの。もう皆ワーッと前に来て、本当に熱心で、ここで参加しないと損だみたいな、暴れなきゃ損だみたいな。外国のコンサートとは違いましたよね。

石谷：何とかならないのかなと思いましてね。舞台上はいろいろ対策ができるのですけど、その日本人のコンサートを観る態度を変えるっていうのはなかなか難しかったです。

コンサートの舞台技術革新

石谷：ウドーがロック系を引き継いでからそれからもう本当に発展の一途でした。同時にバックヤードというか、さまざまなプロダクション関係も、舞台作りからコンサートに必要な照明音響、付随するいろいろなものが物凄いスピードで発展しました。従来使用していた舞台用資材や装置にロックコンサートに合った新しいシステムが求められたからです。清水会長は物凄いとっつきが良くて。私共にはバンド毎に色々なプランの要求が来るのですが日本の皆様に外国のコンサートと同等の舞台を作り皆様に見ていただきたいと思っています。当時の清水社長は他社が二の足を踏んでいるところ最初にロックコンサートに理解をされました。例えば従来、舞台作りにはイントレとかビティという鉄の素材を使っていたのですが、ロックイベントの際に重い機材を載せると不安定なのです。それを何とか新しく開発してくれないかと直接頼みに行ったんです。それがきっかけでそこからいろいろなものを改革してもらいました。

　きっかけはボブ・ディランの来日公演で、この時はアルミのトラスが入ってきて、これを見てもらい、何とかこれを日本でも使えないかと。例えば武道館や他の体育館だと舞台照明を吊るものがない訳なのですよ。そんな訳でトラスというのは絶対有効なので、それを何とかお願いできないかって言ったら、やるって言ってくれたんですよ。そこからどんどん発展していきました。

卓治：ウドーさんは常に新しいテクノロジーを持ってこられる。非常に面白かったですね。

湯川：清水さんに伺いたいんですけど、ちょうど１９７４年、75年頃に西城秀樹さんが出てくるんですよ。西城さんは初めて日本でまだアメリカでもやってなかったクレーンを使ったり、すごいスタジアムコンサートをやるんですけれど、あれはシミズさんが手がけておいでですか?

卓治：はい、そうです。セクシーでかっこいい西城秀樹さんをアピールしたいっていう芸映の西野さんという人が担当で。広島出身で民音の公演で知り合いました。難波の大阪スタヂアムなどでやっていたんですけども。

湯川：確か西城さんも最初はクレーンで飛ぶんじゃなくて、クレーンでかごを吊るして、その中に入って歌っていたんですよね。それもめちゃくちゃ珍しかった。その後にクレーンで自分が吊るされて大きな翼をつけてっていうのが１９７５年ぐらいだったのかな。

卓治：そうですね。

石谷：クレーンではないですが空中を使う演出については、一つだけじゃなくていろいろな機材を空中でやらなきゃいけないんですよ。それを道具として使うのにはチェーンモーターという物がありまして、これを一番やっていただいたのがシミズさんです。チェーンモーターはジャーニーが持ち込んで始まったんですけどね。それをシミズさんに頼んだら「やります」って。CMロードスターって言うんですよ。そこから始まって、今や世界一の保有数ですよ、日本一じゃない!世界一です!

卓治：世界一あります! それは間違いないです。日本の舞台機構は、上からバトンを下ろして、看板とかジョーゼット幕とか吊るしてそれでバトンを上げますよね。それが劇場の仕組みなのですけれども、日本武道館などはバトンはないので、トラスを組んで上に穴を開けて引っかけさせてもらう。だからチェーンで下ろしてモーターは下についてるんですよ。それをトラスの上に載せて、電動で巻き上がって下から道具を全部吊るして、中ぐらいの宙吊りになったときに、バリライトとか、パーライト管とか、幕をつけることもありますし、いろいろ好きなものを吊るして上げるわけです。日本武道館は天井に引っ掛ければ良くてその技術はある程度覚えたんだけど、東京ドーム

ができた際に幕でやる事になり、どうしようかっていうことになったわけですね。

湯川：バリライトが日本に入ってきたときも、要はライティングがいきなり変わるんですよね。あれもすごいびっくりした。あれは70年代の終わりの方ですよね。

卓治：バリライトに一番お金出したのはロックバンドのジェネシスですよ。すごい出資したんですよ。それで元々はＳｈｏｗｃｏという音響会社が作った製品がバリライトです。

音の技術の進化

卓治：やっぱり門型に何か組まないと、照明もスピーカーもある程度大きな空間に対して全部に届くだけの音がいるんですよね。音響組織っていうのは、全空間に対して音が届かないと均一な聞こえっていうのはできないわけです。そこがやっぱり舞台照明音響の中で音が一番難しいって言われるのはそこなんですよね。それでやっぱりトラスにも結構スピーカーつくし、今はもう20ｔぐらいあるんじゃないですか？

石谷：武道館の場合は全量で、照明と音響も全部入れて、最大15ｔぐらいですね。

湯川：武道館でやって音が良いと思えるようになったのは、８年ぐらいかかったような。

卓治：やっぱり地べたに置いたんじゃだめなんですよ。例えばビートルズの頃は、天井には吊るものはないからたぶん聞こえてなかったと思うんですよね。舞台にいるポール・マッカートニーの後ろにあるアンプスピーカーからしか音が出てなかったんですよ。

山崎：まだなんにも解らなかったですものね。ＳＨＵＲＥ（シュア）の良いスピーカーもまだないもん。

卓治：まだないんですよね。

石谷：ウエムのコラムスピーカーで、クラブで使うような程度のものでしたよ。

山崎：うちの岡本有史（取締役）が彼の親父（音研）のことを喋る時に、武道館のビートルズのコンサートのミキシングをしましたって話になったわけですよ。じゃあどういうミキシングしたのって言ったら、武道館の中にある音響卓で。

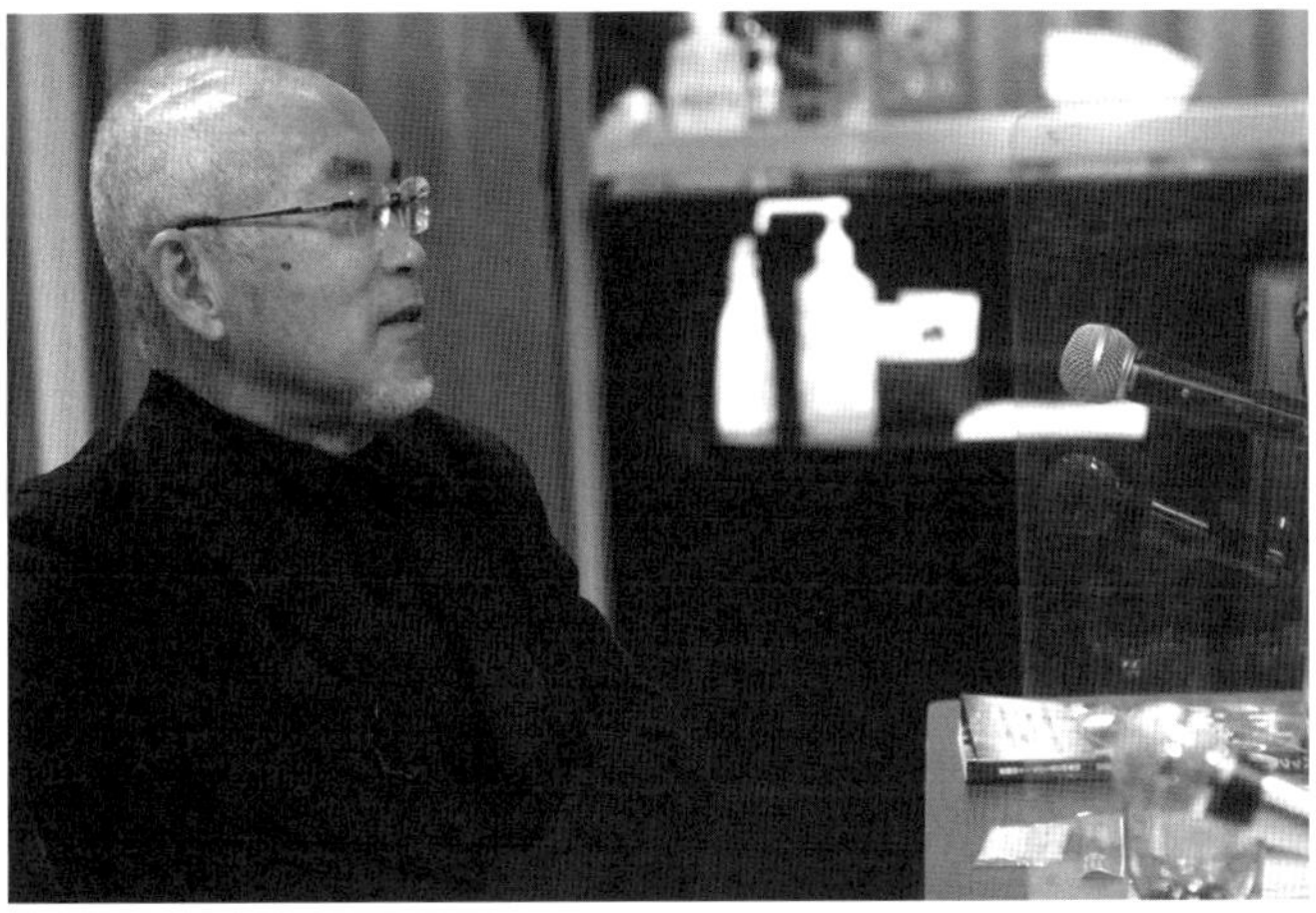

卓治：ＳＨＵＲＥなどの機材を持ってきたのはグランド・ファンクですよ。グランド・ファンクはトラック７台ぐらいスピーカー持ってきたんだから。

石谷：だから、１９６６年と１９７１年の間にはちょっと差があるわけですよね。

卓治：日本はラッパ型のスピーカーで。武道館で。

石谷：１９６８年に来日したザ・モンキーズですね。選挙で使うあのラッパですよ（笑）。それを俺観てたんです。

卓治：グランド・ファンクの公演とか観て、ヤマハさんが日本製の大型スピーカーが要るんだっていうことを認識したわけですよ。

山崎：当時のヤマハさんの主催する世界歌謡祭（１９７０年に「東京国際歌謡音楽祭」、翌年「世界歌謡祭」に改名し１９８９年まで計20回、毎年秋頃に日本武道館で開催されたポピュラーソングのコンテスト）の2回目のゲストがミッシェル・ポルナレフだったんですよ。その際に、ヤマハさんは自社で開発したラッパ型のスピーカーとミッシェル・ポルナレフの要求との調整にかなり苦労されていました。

石谷：その時代は日本は各社始まりの時期なんですよ。ヤマハさんもその時代はまだロックに慣れてないもの。そこから一緒に始まったんですよ。そういう経験があるから、70年代の後には名機と言われるすごい良いミキサーが開発されて。

湯川：ということはその頃ちょうど、スピーカーも音響もライティングも、足並み揃えてすごい進化していったわけですよね、一緒に。

石谷：そうです。我々と一緒に。

電子チケット時代へ

卓治：やっぱり一番、音楽業界にもスポーツ業界にも役に立ったことは、ぴあなんですよ。電子チケットなんですよ。

湯川：え？　そうなんですか？

卓治：電子チケットぴあに内野さんが契約したときに、何でぴあに頼むんだってみんな怒っちゃって。

湯川：だって、それまではみんな並んでチケット買っていたんですもの。

卓治：それで、みんなに反対されて内野さんはソファで横になって寝そべってましたよ。

　マイケル・ジャクソンの初来日公演（１９８７年９月12日～14日、後楽園スタヂアム）から、ぴあに依頼して、担当は川口さん。彼は僕のところに来て、その後楽園のチケット表をくれってわけですよね。それであげたんですよ。後楽園っていうのは、球場部に場内係と票券係があるんです。それで球場部っていうのは、営業の担当と、広告の担当と、それでチ

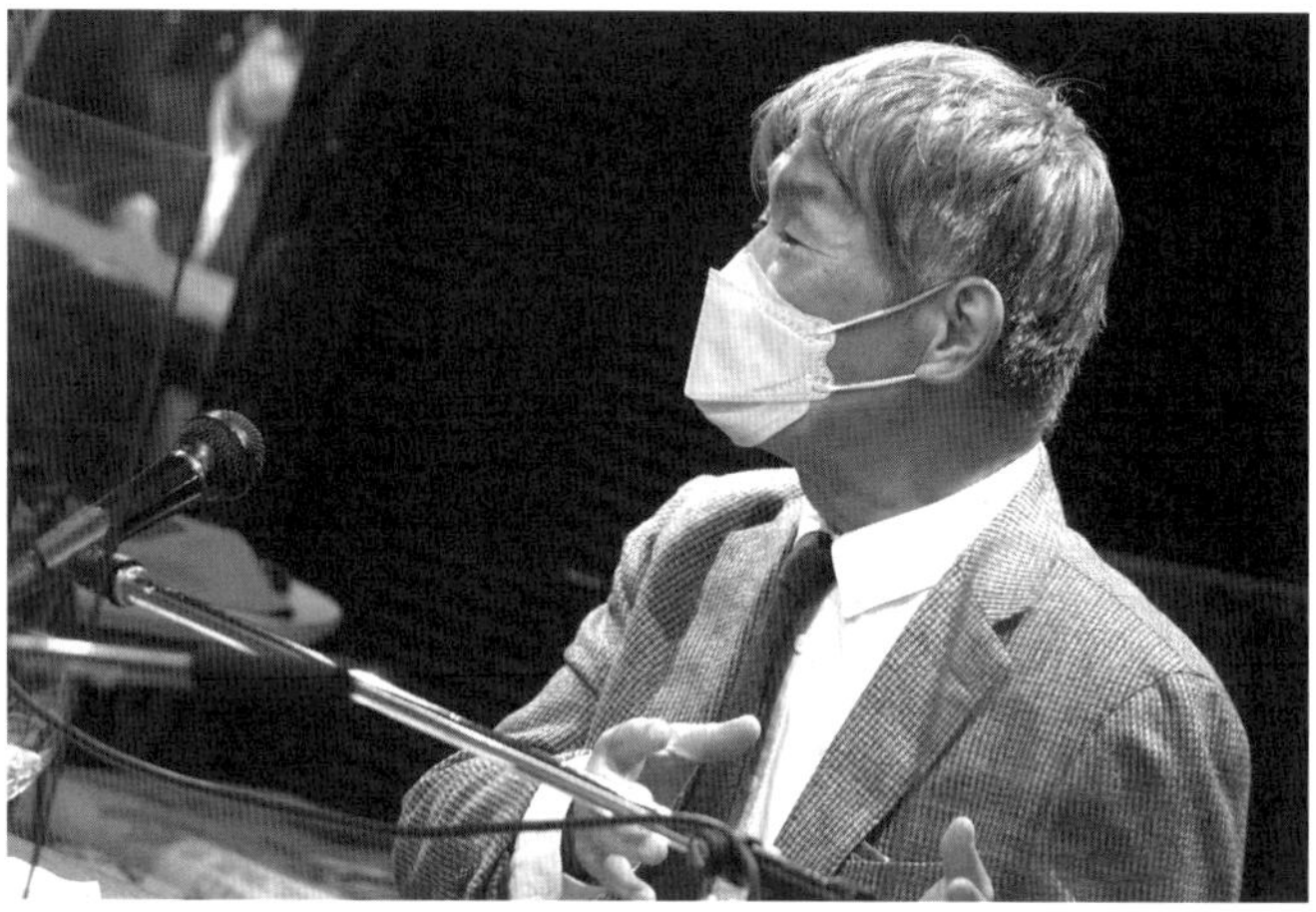

ケットを作る係は票券係と言い、60名もいました。全国から毎年募集し、青森県が多かったです。その女性社員たちは2階にいたんですよ。それで明けても暮れても、その指定席の券をゴム印で押してたんですよ。

湯川：そうですか、じゃあそれこそ青山のキョードー東京の前なんかで、みんなが徹夜で寝袋持って並んでたのはいつで終わっちゃったんですか？その辺で終わるわけ？

山崎：既存のプレイガイドのチケット販売への対応と取引条件に不満を持った弊社は、独自で、ミュージックソンプラザというプレイガイドを作りました。その後電子チケットの登場で運用方法の違いなどで、最終的にはぴあのシステムも使用しました。時間がかかりましたが、そのことは内野さんも、私どもも今も感じていることはやっぱりプロモーターはチケットの動きが目に見えない限りマーケットとお客さんが見えないだろうと。全部外部にお願いしちゃったらわからないということで、弊社は半分が自社販売、残りを流通に任せるというようなシステムがスタートしたのかなと思っていますけどね。

卓治：電子チケットと、もう一つは内野さんがラブ・サウンズ路線から、ジャパンポップスの流れで。

湯川：J-POPですね。

卓治：とっかかりは内野さんのシアターフレンズ運動ですね、アリスですよね。いろいろな人がいたけど、やっぱりアリスが一番影響力があった。ウドーさん達は会場を押さえるのに苦労していた。アリスは誰かが主催してくれないと演奏する機会がない。それで内野さんが引き受けて日本武道館を一週間借りたんですよね。ものすごい喜んだんですよ、谷村さんたちは。

山崎：最初に音楽プロダクションのヤングジャパングループを設立した細川健さん（1971年設立。マネジメントを務めたアリスを筆頭に、数多くのアーティストを世に送り出す。日本音楽制作者連盟の創設メンバー。80年にはレコード会社のポリスターを設立）と内野さんの話の中で、欧米先進国でのエンターテインメント・ビジネスを基にしたシステムを確立することが国内アーティストもビジネスのフィールドが安定し、大きく発展すると確信して始めたと思います。

卓治：その結果、株式会社ハンズという会社ができたわけです。

山崎：それでアリスや松任谷由実さんや矢沢永吉さんあたりが一気に出てきたのです。

日本と外国のフェス文化の違い

卓治：フェスティバルを、ウドーさんやキョードー横浜代表取締役会長の藤村良典さんたちや、横浜スタジアムでよくやったけれど。やっぱりオーレックス・ジャズ・フェスティバルなど、スポンサーをとってプロモーターとしてやろうとしても、なかなか定着しなかったですよね。でも今、ロッキング・オン・フェスティバルみたいに、夏だけではなく今は年末もあって……。日本人のすごいパワーだと思うんですよね。

山崎：それが我々の寂しさだよね、日本人が強くなりすぎちゃって外国文化がどうなるのという。

石谷：私としてつらいのは、そのフェスティバルの作り方なのですよ。外国でやっている楽しいフェスティバルは、大会場で何組も出てフードビジネスあり、いろいろなエンターテインメントをやっていて、お客さんもとても楽しんでいるのです。ある時、ウドーのファウンダーに提案したんだけど、実質そういうものをやろうとして有名アーティストを2、3組呼ぶとなったら、3倍4倍ギャラがかかると。単独でやってもある程度の客が見込めるのに、なぜそういうものをやるんだと。そういう論理にぶつかってしまって、どうもならないと思って（笑）。

ウドー音楽事務所とキョードー東京の目指すところは？

湯川：昔みたいに巨大なプロモーターが大きなところを握って、レコード会社と一緒に新人を日本から育てていって、QUEENやチープ・トリックのような形で日本で独自に外国の巨大アーティストを育てる土台を作る。ウドーさんもそうですけど、エリック・クラプトンはずっと来てくれてる、サンタナも来てくれてるみたいな、そういうのあるじゃないですか。でももうそれは作れないと思うの、これから先。もうあれは夢物語になってしまって、そうなると今、ディスクガレージやハンズなどを見ていると、スターの育て方とかコンサートのやり方が嫌でも変わっていくなと思うんです。ウドーさんとかキョードーさんがそれこそ生き残りをかけて、すごく考えていらっしゃるところだと思うんですけど、どうですか？

石谷：我々は一番の大物は単独のコンサートをやるけれども、考えなきゃいけないのは、フェスティバル形式のやり方です。ギャラが高いアーティストはね、やっぱりいっぱい集められないから、それはもうこれからっていう人たちが、感性鋭く工夫して、フェスティバル形式でやると。それをできるのは、やっぱりおじいちゃんじゃなくて今の若い感性を持った人で

すよね。そんな訳で今からの人たちに託したいと思います（笑）

湯川：キョードーさんは？

山崎：弊社は国内外の種々のカテゴリーにチャレンジしています。多様性を持ったのが良いところでもあり悪いところでもある。この先もっとボーダレスな時代になっていくと思いますので更なるチャレンジをして、弊社もウドー音楽事務所さんと同じ戦後のエンターテインメント・ビジネスのフロンティア・カンパニーとしてこれまでにないエンターテインメント空間を創造し、提供したいと思います。

90周年を迎える シミズオクトへメッセージ

石谷：90周年おめでとうございます。その間、私共はロックの発展と共にシミズさんとやって来ました。吊り物の発展から、鉄を使ったセットに至るまで数々の開発をされて非常に助かっています。清水会長を始めとする皆さんがやっぱり感性が良いんですね。駄目だっていうことなく果敢にやっていただけるので、外国からいろいろな注文が来ますけども、それを十分に吸収して開発していただける、これは日本の舞台関係の技術者やスタッフにとって非常に助かっていますね。レイヤー、ステージコ&タワーシステム、チェーンモーターやムービングの迫り（せり）など、いろいろなものを開発していただきました。それからこれは絶対基本なんですけれども、舞台には吊り物が絶対欠くことのできないものですが、日本の会場では出来ないことがいっぱいあるんです。それを開発し会場側を納得させる信用もあって、いろいろな会場で可能になりました。これからもどんどんその方向に向かってよろしくお願いいたします。

山崎：創業90周年おめでとうございます。弊社も永島・内野・嵐田の3名が一緒になって設立して60周年になります。私共もバックステージのスタッフで裏方なんですよ。裏方さんというと何となく舞台関係のような印象が、恐らくうちの会社のスタッフもそう考えているのかもしれませんけど。でも私も内野さんからの教育で「お前たちは裏方なんだ」「バックヤードの人間なんだ」「絶対に表に出るべきじゃない」「アーティストをサポートする人間だ」と。

　我々のできないところはシミズさんとか音響さんとかにお願いしますが、でも基本は我々、Ｗｅ ａｒｅ バックステージピープルですので、いつまでたってもハローバックステージ、これはシミズさんも含めてみんな同じつもりです。このことが今うちの社員も含めて、エンターテインメント・ビジネスの人たちには難しいんですけどね、比較的スポットライトが浴びるような業種になりつつあったり、それがまた若い層がビジネスに興味を持ってくれることもいいことかもしれないですが、少なくともキョードーグループは、バックステージのピープルだという気持ちだけはこれからも持ち続けてぜひご一緒に益々アーティストが光り輝くような状態を作りたいなと思っております。

湯川：90周年おめでとうございます。お話を聞きながら、音楽文化っていうのは、大きな川の流れだと思います。その川の流れの上で太陽の光、つまりスポットライトを浴びながらキラキラ光ってるアーティストというのは、流れとともに消えていきます。その流れを支えているものっていうのが、例えばシミズオクトさんであり、あるいはウドーさんであり、キョードー東京さんである、そのバックステージを支えている人たちがいてその人たちが不動のもので、日々たゆまぬ努力で進化し続けてくださってるから、川の表面、水の表面でキラキラ光ってるアーティストたちが輝けるんだと思います。

　今回一番強く感じたのは、エンターテインメントというのは絶対不滅であるということです。音楽は不滅である。必ず苦しいときほど必要になる。エンターテインメントとビールは生（ナマ）でなきゃいけないというのが、本当に今回、痛切に感じたことです。つまり生で触れ合うからこそ初めて発揮できるエネルギーだっていうことですよね。だから、これはどんな時代が来ようと、そういう逆境であり、苦しいときほど大切なもので、守り続けていかなきゃいけないものだということも痛切に感じました。

　そういう意味でこれからも何が大事かというと、老舗です。新しく出てくる力というものは常に存在します。でも新しく出てくるのも老舗の努力と歴史と知識と体験があって初めて育てられるものです。どんなに苦しくても、また新しいものを開発していっていただきたい。それが、老舗の一番大切な役割じゃないかしらと私は思っております。お蔭様で私は観せていただく、楽しませていただくという側が半分以上。そういう意味で私は豊かな人生を皆様からいただいてここまで来ることができたなあと心から感謝しています。どうぞこれからもその老舗の力を発揮して、素晴らしい日本を作り、支えていっていただきたいと思います。

卓治：この本ができたら、バックステージ共和国のイベントを開催したいと思います。厚生年金会館の裏にあったバックステージ共和国に呼ばれるとシミズ舞台も東京音研も共立もみんなすごい励まされていたんですよ。コロナ禍でみんな打ちひしがれてるんで、この本ができたら、またぜひみんなで集まりたいと思いますので、どうぞよろしくお願いいたします。

PICK UP STAGE!!

～ 海外アーティスト編 ～

**たくさんのアーティストの方々がシミズオクトの歴史を彩ってくださいました。
そのすべての思い出を取材・執筆することは出来ませんでしたが、
少しだけご紹介させて頂こうと思います。
本ページはウドー音楽事務所の石谷正和さんのご協力で実現しました。**

ビリー・ジョエル東京ドーム公演のステージ。2008 年 11 月 18 日

ボン・ジョヴィのクルー達と。
2010 年 11 月 27 日

MR. BIG 日本武道館
公演にてスタッフ達と。
2017 月 9 月 26 日

第３章 ｜ シミズオクトの革命 ～千葉スタジオ物語～

千葉スタジオ物語
—— ドーム時代のスピードとスケールに適応した拠点作り

※ 2013 年発刊「ハロー！ バックステージⅡ」より

株式会社シミズオクト 代表取締役会長
清水卓治

ドーム時代の到来

１９７７年に人工芝になった後楽園球場は、野球シーズンの最中でもグラウンドの傷みを懸念せずに貸し出しができるようになり、たちまちとてつもない人気を得て、都内最大の興行のメッカとなりました。

○キャンディーズ・ファイナル・カーニバル
○ピンク・レディー・コンサート
○サイモン&ガーファンクル
○アリス
○ローマ法王
○マドンナ
○マイケル・ジャクソン

最も大型の舞台装置を実験する場としての位置が固まり、トラス工法による照明や音響装置のハイテク化により、吊り物のできるルーフなど、未知なる技術へ挑戦せざるを得ない要望が続きました。

そして、ドーム時代という現代へ。

ドームになってから、仕事の規模の急激な拡大と、片付け終わっていなければならない仕事のスピードアップという必要変化は、想像を絶する体験でした。仕事の山というか、区切りというものが、余りにも際限なく重なり合って、遠いかなたに見えなくなってしまったと感じられました。

一方、東京ドームさんからは、「仕事が遅い」「間に合わないではないか」「仕事が雑だ。もっと丁寧にしろ」

営業担当は、お叱りで吊るし上げ状態の毎日。

立川スタジオの絶体絶命

そのころは立川スタジオを機材の基地としていましたが、前夜に終了撤去した機材は、総量大型トラック百数十台に及び、それを翌朝荷卸するのですが、倉庫の中をあちこち動かしながら収めるため、午前中はおろか夕方になっても終わらず、もちろんトラックの待機料はかかるし、それ以上に、構内の他の事業所から交通マヒに対する苦情が厳しくなる一方でした。

立川スタジオで周りから非難される当社の社員たちの中には、前日徹夜で働き、トラックを徹夜で運転し、荷卸にあたっている者もいます。現場で仕事を完成させるためにはどんな努力も惜しまず、完璧な会場の後かたづけに旺盛な責任感を発揮してくれる、愛社精神に満ちた社員たちも、自社の仕事場がクレームの対象にされることはコタエます。

こんなやり方をしていては、過労でみんないなくなってしまう——そう思える毎日でした。

また、舞台装置は、作ったものは用済み後、リサイクル可能な材料以外は廃棄処分としますが、ここは焼却禁止なので、全量を搬出して処分しなければならず、毎月数百万円の処分費がかかるのも悩みの種でした。

そんな時、もっときついクレームが来ました。「隣りの工場に丸のこのオガくずが舞い込むのはまかりならぬ」という苦情でした。隣りをお惣菜の宅配会社に貸したのです。丸のこ盤には吸塵装置がついてはいますが、吸塵は完全ではなく、作業をするとどうしても盤の周りにオガクズが溜まってきます。暑い夏、シャッターを開けて作業をしていると、風が舞って、空高く隣りの建物の食材に入りこむというわけです。そんな状況なら砂ぼこ

完成後の東京ドーム

建設中の東京ドーム

りだって入るわけですから、こんな理不尽な話はありません。大工さんたち、掃いても掃いても怒られるというわけで、ついに、もはや引越すしかない、という話が持ちあがりました。

　しかし、都内近辺で工場に適した借地など払底しています。

「やはり、ドーム時代の仕事のスピードにあったスタジオが必要だ。遠くてもスケールのある、作り物と荷捌きの理想的ラインをもつ、計画的立地レイアウトを追及しよう」と決心したのです。

千葉スタジオが選定されるまで

　そこで、会社の城所総務部長と松原常務に、工場適地の物色を密かに命じました。

　立川スタジオの松岡君たちの希望は中央道沿線でした。立川市、府中市、多摩市、隈なく見て歩きました。銀行にも紹介を依頼しました。山梨県の方まで足を広げましたが、これ以上の遠隔地になると輸送と従業員の確保に問題が起きるので得策ではありません。また、ロットのある土地は開発禁止であったり、道路付きが悪かったり、山坂で地盤規整に金を食うところしかないのです。

　山梨はやめよう――むしろ、みんなが嫌がる千葉県のほうが地価は安いし、アクアラインが開通すれば、横浜方面、東京方面、そして地元の幕張メッセと、3方面の扇の要にシミズが位置することになるのです。

　そうだ、千葉方面にしよう。

　それはまさしく、工場を支える苦労、辛酸を味わい尽くした者にひらめいた天の啓示。イベントを支える工場の絶大な価値観を知り尽くした、シミズの幹部にしか辿りつかない結論です。

　いまでも、「なんでこんな遠いところに」と、いろいろな人に聞かれることがあります。

「やっぱり千葉の刺身はうまいからねー」などと言って誤魔化しておりますが、腹の中で答えていることは、「急ぎの特急仕事も安心して、近所の誰からも苦情なく、徹夜してでも何しても間に合わせられる。ここはシミズの裏方天国サ」

　千葉県内の物件を20数件見て歩きましたが、山坂原野ばかりで探しあぐねていた頃、幕張メッセ、千葉マリンスタジアムの仕事でお会いした、千葉県内に詳しい栄和コンサルタントの佐藤裕彦氏に相談したところ、千葉交友クラブの石毛さんのご紹介で県の企業庁に工場用地払い下げの方法を教えて頂き、やっと現在地が見つかりました。

　川崎市の工場地が坪200万するバブルの最高の時期、反対側の袖ヶ浦の工場用地は坪20万円、5300坪。この値段なら、積んであればガラクタにしか見えない器材置き場として、申し分ない設計ができるぞ、と期待に胸が膨らみました。

イリュージョンのホワイトシアター

　汐留駅が廃止され、売却先が決まらず放置されていたとき、有効利用の第一号となったのがフジテレビ主催の〈イリュージョン〉でした。ホワイトシアターと銘打って巨大なテントがかけられ、ライオンや象が一瞬にして消えるという、ご存知シークフロイド&ロイの大マジックショーです。その舞台装置は床に仕掛けがいろいろあって、そのためステージは約6メートルの高さになり、ステージを見下ろすようにひな壇の観覧席が設けられました。天井からいろいろな吊り仕掛けもあり、結局テントから吊すことは出来ず、すのことプロセニアムアーチを、自立ちの20メートルの鉄柱で建て上げることになりました。これは、中野サンプラザ劇場の舞台の高さ、間口とおなじサイズなのです。

　ところが問題が起きました。汐留の東京公演は成功で、3月春休みまでの長期間、シークフロイド&ロイもご機嫌のうちに終わりましたが、大阪公演が始まる4月末のゴールデンウィークまでに引越し工事が間に合わないというのです。テントだけなら、汐留解体、大阪仕込みは約1ヵ月で間に合うものの、この巨大なプロセニアムと複雑な舞台機構があるため、大幅に遅れるとのこと。

　そこで大阪公演に間に合わせるため、テントもすのこも大阪用にもう1セット作る羽目になりました。フジテレビの吉田斎プロデューサーも、あちこち板ばさみになってまことにお気の毒でした。

　さて、問題はもうひとつのプロセニアムです。あるとき、千葉スタジオの設計をやっていた西村部長のところへ羽根君と菅原あにいがやって来ました。〈イリュージョン〉の柱は公演終了後に入江さんが引き取ることになっているが、これを千葉スタジオにぜひ建てて欲しいと言っている、というのです。千葉スタジオに仮設の劇場を建てて各プロダクションのゲネプロを誘致したいというわけです。

立川スタジオ外観

コンサート・ビジネスの巨大化により手狭になった立川スタジオ

一級建築士・西村英夫氏のスピーチ

この棟は2階建ての予定でしたが、これを収めるとなると高さ7階建の建物になり、建設費は約4億円に膨らみます。

着想は渡りに船ですが、本当に利用者があるのかどうか。「どうせ道楽に違いない」と思って、コンサート界のドン内野二朗さんに聞きにいくと、「面白いね。ぜひやりなさいよ。この棟全部をこの高さにして、ついでに宿泊室も沢山作っときなさいよ」と煽られる始末でした。「ええい。思い切って道楽をしよう」

というわけで、羽根とあにいに会社中が乗せられて、借金が増える結果となったのです。

1キロ先からでも遠望できる、千葉スタジオの特徴ある背高ノッポの建物は、このようないきさつで出来たのです。プロセニアムの柱には寄贈入江製作所と書いてあります。

千葉スタジオが出来てから、幕張メッセのコンベンション・ビューローのパーティで沼田知事にお会いしました。

メッセの設営会社のひとつとして、県企業庁の土地払い下げを受けて工場を作ったので、「知事の企業誘致の政策の実例だと思いますのでぜひお立寄りを」と申し上げたところ、後日知事秘書の連絡があり、お忍びで来所されました。

運良く、翌日のメッセ1周年パーティに出演する東京ディズニーランド・スモールワールドのステージの仮組みがしてありました。

「これが、明日私が挨拶する舞台ですか。今日はシミズさんにリハーサルに来たようなものですね」と、破顔されご帰還となりました。

二期工事を経て現在は７０００坪ある千葉スタジオは、木工製作、塗装場、経師場、造型、レタリングおよびプリントシステム、金物溶接機工、モーター工場、幕・緞帳工場、ビジュアル工場など、ディスプレイの総合工場として、１００名の従業員が自社一貫生産体制にいそしんでおります。いま、アウトソーシング工場とかいわれ、工場を持たない同業社が多いのですが、技術の蓄積と、東京ドームをはじめとするイベント会場への対応の経験からすると、シミズ舞台工芸にはこの選択しか無かったといえます。

どんな特急工事でも、また量やコストにおいても、日本はおろか世界の舞台人が見学されても遜色ないものを目指している次第です。

千葉スタジオのごみ焼却場前にて記念撮影

オープニング時には盛大なパーティが催された

海外機材使用の機構物

株式会社シミズオクト 大阪支店
制作部 テクニカルアドバイザー
松井恵一

1993年、中途採用でシミズ舞台工芸株式会社に入社。千葉スタジオ SSR 課にてレイヤー部材の加工で溶接加工を始める。営業のさまざまな要望に応え、ポップアップやターンテーブルなどの電動機構物を制作。ポップアップについては日本一保有するまでに。

機構物と云われる物を作り始めて25年余、初めは同業他社の物を見て初めて作ったポップアップが本番で大失敗、その失敗にめげる事なく改良に改良を重ね、現在では手動ポップアップの保有台数は日本一ではないでしょうか。

機構物を作り始めた頃は、モーターも汎用モーターが殆どで、制御もエンコーダーリミッター等を駆使して位置制御する時代で、位置出しが非常に大変でした。

今でも金額の問題で使用していますが、現在ではサーボモーターを使用するようになり、位置制御等も格段に楽になり（ロボット等の制御）、色々な物の制御が簡単にできるようになりましたが、代わりに作りの構造的精度を上げないと動きが悪く、精密であるが故にエラーが起こりやすくなり、電気的にも外からのノイズ等にも色々と対応しなくてはならず、単体で動かすのではなく、照明・PA・映像等の関係も考えて作らなければなりません。

物件が決まってから時間のない中、色々と苦心して製作しなければならず、大変悩ましい所です。と言いながらも、営業さんからのオーダーで「こんな感じの物を作って」と頼まれれば、無理やりにでもやってきました。昨今、働き方改革等の国の方針で、製作期間が無い上に製作する人員の確保にも苦労している現状です。

今回紹介する機構物は、カナダ製のスパイラリフトですが、これを作るために買ったものではなく、同業他社に無いものを、と言う会社の方針で、20年ほど前に展示会で同社のスパイラリフトを仕込んだ事があり、その時の物は、重量をかけていないとバラバラになるシステムで、重量をかけ忘れ、バラバラにした事がありました。

が、今回購入した物はアイロックシステム付きで編みあって行くシステムで、バラバラになる事は無い物なので、我々の様な者でも扱える、と思い購入することになりました。

まったく偶然か、カナダにスパイラリフトを買う為の講習を受けに行くと同時期にこの話が来ました。まだどの様に作るか模索状態でカナダに行き、スパイラリフトの講習を受ける中で、「これは使えるのではないか」と思いながらも、今までこの機構は常設でしか使用したことが無いらしく、無理やり仮設の機構物を作って良いのか、我々仮設業者に販売してくれるのだから問題ないかと思い、メーカーに確認もせず、帰国してすぐ製作図面を描き始めて試作を作り始めました。

出来たのがこの機構、パフュームパーティーメーカーです。スパイラリフトで物を上げ、サーボモーターで左右の動きを制御させている機構物です。この機構は、ネット上でも「どうやって動いているのか」とちょっとした騒ぎになったそうで、そのような話を聞くと「ヨッシャア！」と心でガッツポーズ、そのような思いだけで25年やって来ました。

次にＤＲＥＡＭＳ ＣＯＭＥ ＴＲＵＥのツアー『２０１４ ＡＴＴＡＣＫ25』では、スパイラリフトのステージの下にＺＩＰリフトのステージを置き、スパイラステージが上がるとＺＩＰステージを上げ、ステージを平らにする機構でした。

しかし、幕張のリハーサルの時に操作ミスで、スパイラステージをＺＩＰステージで持ち上げてしまい、スパイラリフトが大破。

下手するとツアー中止になってしまいそうになりましたが、3日ですべて修復、制御関係の安全装置も付けて、2度とこの様な事が無いようにした事もありました。

今思いますに、色々と綱渡りをして来ました。何とかイベントを成功して現在に至っていますが、過去に一度でも本番で失敗していたら現在の私の存在は在りませんし、ましてやシミズオクトすら無くなっていたかもしれません。しかし幸運にも現在でも、この様な仕事をさせて頂き、大変幸せに思っております。

余談ですが、このスパイラリフトの弱点と言えるのが、この物自体では立っていられない事。ホールのセリならば壁にガイドを付けるとか、今回の場合も、レイヤータワーやトラスの柱とかにガイドを付けて使用するしかできません。

しかし、このガイドが目立たない方法を考えています。コロナ禍の社会的状況が戻った時には、使い方を変えたもので、ご覧になる方が「これどうなっているの?」と思える物を作ってみたいと思っています。

機構物や金属加工製品の製作及びの現場施工を担当

ダイトースタジオ 生産部 機構課

丸田 朋宏　小川 慎司　國尾 大介　星野 竜汰　阿部 愛　河野 優彩　柳田 孝雄　金子 祐一　小林 希久男

レイヤー、ルーフ、モーター、電子制御機材などを担当

ロジスティクス部 テクニカル課

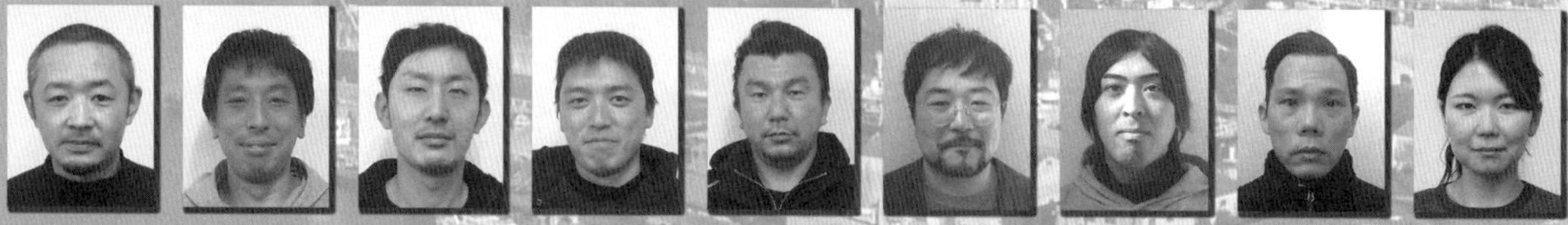

今関 章吾　出来町 佑介　菅 悠策　露崎 皓太　波多野 武人　中西 元　郡司 尊　川島 進太郎　清水 萌衣

トラス、リギング資材、輸送計画などを担当

ロジスティクス部 資材・物流課

菱沼 卓司　加藤 雄一　重田 基宏　木曽 祐介　市原 祥多　吉田 日出樹　山下 敦史　滝澤 輝昭　佐久間 賢汰

2022年1月31日付組織

スタジオの運営業務など管理業務を担当

スタジオ運営管理

松岡 員也　狩野 賢一　問可 龍一　菊川 義也

木工、グラフィック出力・経師、立体造形・塗装を担当

生産部 生産・積算課

森杉 直樹　野村 正路　渡辺 修孝　長島 利男　泊 啓二　石原 あずさ　村井 英樹　岡田 亜由美　吉光寺 康裕

ホール管理業務を担当

オクトホール

岩井 和男　石井 外幾雄

設備保全や廃棄物処理業務などを担当

施設課・リサイクル

安田 信　繁多 文忠　浅井 利一

千葉スタジオ　オクトホール

ゲネ小屋付き30年の男が見てきた アーティストたちの真剣勝負

株式会社シミズオクト
千葉スタジオ　オクトホール
岩井和男

事業部、S・S・R、ゲネ小屋付きと現場を渡り歩き、現在は嘱託としてオクトホールに勤務。

千葉スタジオにオクトホールができたのは1992年でした。広さは約780平方メートル。シャッターで半分遮られていた2号棟の南側半分だけで、北側半分はS・S・R（シミズ・ステージ・アンド・リギング）でした。45センチメートル角の鉄柱8本で、すのこ（7.5センチメートル幅のC型軽量鉄骨材を15センチ間隔に並べた床）を支え、均等荷重総重量20トン、一点荷重2トンまで耐えられるH鋼の梁で組まれていて、高さは高い梁が約18メートル、低い梁が約14メートルです。

設備は手動バトン3本、電動バトン14本で、これはツムラ・イリュージョンのツアーで持ち帰ったステージ機構を千葉スタジオ2号棟内に組み建てたものです。

オクトホールの用途は幅広く、基礎舞台、舞台セットの仮組み、大きい制作物の原寸だし、ドロップ（幕）書き、パネルの塗装、機構物作動チェック、新規購入機材の姿を組み立て強度チェック、スクリーン映写テスト、特効テスト、舞台道具修理、積み込みなどに使われてきました。

ホールとしても使用されています。社内行事、各研修会、袖ケ浦市の新年交礼会等催し物の会場として、またテレビ番組（さんまのスーパーからくりTV、NHK教育の大科学実験など）、CMやプロモーションビデオの撮影などで貸し出すこともあります。

しかしなんといっても1番多いのはやはりコンサートツアーのステージを組んで、照明や映像作り、振り付け、場当たり、演出、リハーサルの使用が圧倒的に多いです。都はるみ、沢田研二、プリンセスプリンセス、矢沢永吉、長渕剛、CHAGE and ASKA、松任谷由実、福山雅治、安室奈美恵、藤井フミヤ、Perfume、氷川きよし、倖田來未、東方神起、きゃりーぱみゅぱみゅ、ONE OK ROCK、UVERworld、BUMP OF CHICKEN、amazarashi、AKB48、マライア・キャリー、他多数のアーティストがオクトホールを利用してくださっています。

中にはセットの出来や動きを確認するだけで来場される熱心なアーティストもいらっしゃいます。制作する側としても本人に直接説明して納得してもらえることで、安心、自信につながるでしょう。

昔と今を比較すると、コンピューターによる図面の正確さ、精密さ、早い作図、視覚的に美しいステージの巨大化、ステージ機構の動き物の大型化、早い動き、複雑な動き、精密な動き、ステージ機構の動き物、コンピューター制御部隊、映像や電飾の組み入れなどが非常に一般化しました。

そしてそれらを構成する材料の多さ、多様性、多種類の新素材、鉄・アルミの加工技術の進化、3次元加工、それに伴う大量の廃棄物、大容量のロジスティクスとその運搬の速さです。もちろん会場での迅速な施工、撤収、それによるツアースタッフの過密な日程なども昔とは違うことです。

演出面では、正確な調光ビームによる照明、クリアな音響、音響機材の小型軽量化、明るく鮮明なLED映像、これらの転換の速さ、コンピューターによる制御とCG画像の多彩さが当たり前になってきました。

現場では、スタッフが作業中ヘルメット、安全靴を着用など意識が高くなりました。昔は、作業は上半身裸で裸足に雪駄、ヘルメットは皆無でしたから。これはJASST（日本舞台技術安全協会）の立ち上げの効果だと思います。

舞台の材料も昔はほとんど紙、木、布。作業道具はなぐり、ガチ、のこ。出来上がったら平ボディー（低床なし）トラックに平台手積み。ゴミは月一回4トン車で晴海の処理場に捨てる。図面はドラフターで手書き。連絡手段は公衆電話、人力による引き枠。ステージサイズは10間×5間高さ1800が定番……。若い人は何言ってるかわかんないでしょう。今の技術の進歩を見て当時を思い出すと感慨深いものがあります。

オクトホールができてから延べ400組以上のアーティストの方々がオクトホールを利用してくださいました。最近は千葉スタジオを使って無観客配信ライブをするアーティストも多いです。

アーティストがブレイクしてから数ヶ月で大型会場のツアーを組む速さにも驚かされます。いろいろなアーティストがこのゲネ小屋を使い、ときには清水温泉にも入っていただきました。

今後もイノベーションは続いていくでしょう。オクトホールはシミズオクトがクオリティーの高いステージを作り、それを持続するために、これからも必要な場所だと思います。最近の舞台規模からして100%の仮組みは不可能ですが、現実に限られたスペースをスケジュールセットのチェック範囲、作業スペース作業時間を調整してうまく有効に使っていただき、それ自体から良いアイディアが生まれるのではないかと思います。

最後に、昔から本当にお世話になりましたフライズ・コーポレーションの岡崎さん、演出家の佐々木芳晴（コマル）さん（故人）、株式会社音の竹田さん、SOGO東京の倉重さん、昔から本当によくしていただき本当に感謝しております。ありがとうございます。

第４章　SHIPS物語 ～国際ビジネスのはじまり～

SHIPS物語

——トラスの導入からSHIPS誕生まで

※ 2001 年発刊「ハロー！バックステージ」より

株式会社シミズオクト 代表取締役会長

清水卓治

常識破りのワールド・ツアー

東京ドームがオープンした翌1990年、ローリング・ストーンズの初来日公演が東京ドームより発表された。それまでにもミック・ジャガーの単独来日はあったものの、キース・リチャーズ、チャーリー・ワッツなどを加えたグループとしては初登場で、来日も困難視されていたし、麻薬歴のため入国すら疑問であった。

ウドーさんとかキョードーさんでなく、東京ドームが自ら招聘し、しかも2月14日から27日までの間に9回、約50万人を動員する超大型公演である。どんな人気アーティストの大型公演でも、長い間かかって10万人が常識であったショー・ビジネスは、東京ドームの興行進出であっさり大記録を打ち立てられてしまった。

この記者会見は旋風のように音楽ファンに伝わり、私のところまでたちまち、あらゆる知人から50枚、100枚と入場券予約の依頼が殺到する有様であった。

今まで日本に招聘されたあらゆる——マイケル・ジャクソンやマドンナ級のスーパースターも含め——外国人アーティスト中でも、この公演はすべてにおいて別格であった。

舞台設営会社の立場でいうと、それ以前の外国人招聘は、基本的に東洋の島国への遠い旅であり、なるべく身軽に、出来たら手ぶらで来てもらい、日本のステージ器材を使ってもらうことで成り立っていた。シミズ（舞台）や共立（照明）、ヒビノ（音響）などの企業がそれをあてにして成り立ってきたのはまぎれもない事実である。たとえ持ってきても、ステージの上の飾り付けや、それに組み込まれた特別な照明器具や楽器、衣装と、相場が決まっていた。

ところがである。ストーンズのこの〈スティール・ホイールズ〉はワールドツアーとして世界中、例えばアフリカでも南米でも、どんな山の中でも公演出来るよう、基礎の骨組みから電源車まで、すべての器材がセットになっていて、部分的にバラして切り売りが出来ない仕組みになっていたのだ。

当然、興行のギャラは破天荒な価格となる。マスコミの憶測報道では、10日間で総額60億円、契約手付金7億円という記録的な金額であった。まさに既成観念にとらわれない、東京ドーム興行部を作った保坂社長、秋山部長だから出来た決断であった。

東京ドームはマーチャンダイジングの権利をカナダのブロッカム社から包括的に獲得。これから大きなビジネスになっていくであろうと想像ができた。7億円の手付金をサッと払えるプロモーターはいない。切符1枚がいくらについて、それが何枚売れるかは、やってみなければ判らない。危険な綱渡りなのだ。だから、東京ドームというメジャー企業の興行界乗り出しは、起こり得るあらゆるリスクを東京ドームという施設のスケールメリットで解消出来るに違いないと思わしめる、大きなインパクトがあった。大手興行プロモーターはともかく、一発を狙う中小興行会社の踏み倒しにさんざんに泣かされてきた、われわれ裏方会社からすればこんなありがたい話はなかった。

フィッシャーの巨大セット

さて、その〈スティール・ホイールズ〉ワールドツアー89-90のステージであるが、とにかく巨大という噂であった。

興行企画部の本田さん、ウドーの石谷さんに連れられて、共立、ヒビノさん等とともに、シミズの国場、中島、松山が米国デトロイト市ポンティアック・シルバードームに調査行きを命ぜられた。

一行は現地にて、ストーンズ側ジェネラル・プロデューサー、スティーブ・ハワードとミーティングを繰り返し、設営およびリハーサル、本番、撤去を視察した。

帰国後の報告では、ステージすべてを持ちこむ事については——セットの内容からして、日本の部材を無理に導入することはかえって厄介になる事も予想されるので——一応OKとし、セッティングのために来日するのはステージ・ジェネラル・コーディネーターのジェリー・ジラードほか、ステージ担当14名。現地側

マウンテン・プロダクション社にて。右よりジム・エバンス氏、久保賢治、ロナルド・W・シムズ社長、清水、中村

ユナイテッド社のマイク・ブラウン氏（左）

客席を買うよう力説するブラウン氏

で用意する事項としては、

・とび職等の設営要員
昼夜12時間交代で80×2＝１６０人
・大道具も同じく、50×2＝１００人
・アルバイト　40×3交代＝１２０人

そしてフォークリフト、レッカーその他の重機類である。

その他特別なものとしては、楽屋設備の注文が変わっていて、まずロビーサロンを観葉植物でジャングルのように緑でいっぱいにしてくれとか、ミックの好きなピンポン台を置いてくれとか、ビリヤードにゲーム機など、長期滞在のためにいろいろな要望が出されていた。

ステージのデザイナーはマーク・フィッシャーで、そのデザインはまるで巨大な製鉄所か生コン工場を思わせ、早くいえばまるで建築現場、それも廃墟になりかかっている雰囲気で、壮麗さとはまったく違うものであった。また、ステージの上にはサス照明のためのルーフやトラスがなく、格子戸を大きくしたような照明器具が両サイドのタワーから斜めに吊るすようになっていた。タワーの高さは26メートルもあり、このような巨大なステージは日本において今までまったく経験したことがなかった。

手持ち無沙汰の鳶さんたち

打ち合わせと段取り、体制づくりに追われるうちに、いよいよ準備の時がきた。

専属長期チャーターされたロシアのツボレフという貨物機２機で到着した機材の総量は大型トラックで百数十台に上った。一方、東京ドームはご存知エアー・ドームである。貨物も、内圧のかかっているグラウンドに降りるには二重シャッターのあるエアー・ロックから入らねばならないが、一回の開け閉めに5分ずつかかるので、トラック１００台を入れるとなると3時間以上かかる。前夜の催し物が終わって、さぁ、仕込み開始といっても、ヨーイドンという訳には参らぬ。

人工芝を巻き取ってどかす、厚い養生シートや足場板を張って、それから舞台の位置の墨（すみ）だし、そしてやっと基礎舞台の組み立てが始まる。文京区の東京ドームを取り巻く敷地は広大なものだが、外濠通りから白山通り、左折して壱岐坂通りに停まることのできる大型トレーラーの隊列は台数30台程で周回になり、二重停車などしようものなら深夜といえども交通渋滞を招くから、はるか飯田橋駅の先のほうで待機してもらわねばならぬ。荷降ろしを我勝ちに急ぎたい運送屋さんをなだめすかしながら、必要な荷の順番にエアー・ロックにいれ、その荷物を降ろす場所も作業手順を考え、邪魔にならずに、かつ至近なところに整頓しては降ろさせる。

こういう仕事は外国人より日本人の方が総じて得意だ。トラックの呼び出し、中で荷降ろしを指図するもの、仕込み作業も舞台の上手、下手、中央、客席などに手分けして組織的におこなう。

ところが外国人は違う。外国人は舞台の上手にチーフがいると上手に全員がかかり、ある程度チーフが確認してからでないと、へたには取り掛からせない。このときも日本人鳶会社はおおむくれになった。

ステージ・コーディネイター、ジェリー・ジラードよりオーダーされていた80人の鳶さんは、12時間、昼夜フレッシュ・レイバーとの約束であるが、日本では当時、夜起点の鳶出勤というものが無く、またバブルの最盛期に鳶職を１００人単位で集めるのは容易なことでなく、結局いくつかの鳶組に分け、夜組の80人を含め１６０人を朝から集めて待機させているのだ。当然朝から高額賃金を払わねばならず、無駄なく働かせないとべら棒な事になる。

これに対しジェリー・ジラードは、夜組の80人は全く無視。朝方の80人に対しても、この仕事に10人、あっちの仕事に5人――という調子だ。つまり、東京都内、近県中から張り切って集まった腕利きの鳶さんたち１６０人なのに、働いているのは僅かで、全員ただ待たされているだけなのだ。

競輪再開に備えて作ったエアー・ロック裏手の巨大なコンコースが控え室に当てられていた。そこで屈強の鳶さんが、なにもやる事を当てがわれず、トランプや花札で時間つぶしをしている。しかも、いつ何をやるという指示も来ないものだから、皆カンカンに怒っている。

外国人との仕事では、このような国情の相違による食い違いがよくある。それを乗り越え、外国人のやりたいことを出来るだけやれるように協力するのが我々の務めなのだが、ウドーさんはじめ海外招聘業務社は、入管、動物検疫、施設における重量スピーカー等の吊り上げ許可、工事の申請許可、火気使用許可等々、外国にはない厳しい規制をクリアしなければならない。興行とはそれら制約との闘いと受難の歴史でもある。

新しい皮袋に新しい酒を

やっと出来あがった舞台の大きさは、

ドーム内に入ったすべての人々を瞠目させるものがあった。結局、80人×8時間×3交代で5日間という、空前の鳶職の動員であった。働いた人達に支給された深夜食を含めた1日4食の弁当の量は延べ数千食、整理案内警備員を合わせると数万食におよび、まるで戦争準備のようであった。

ドーム内のライトからレフトまで横断する舞台装置の大きさ、ドームの天空にほとんど届きそうなステージのタワーや櫓、「ホンキートンク・ウィメン」の曲で踊り出るアンジーとルビーのバボット人形——高度に爛熟した工業国家に放り出された未開の国の人間にされたような、そんな錯覚を覚えるものだった。

そして始まった演奏。流れ出る懐かしいドラムとギターの響きを聞きながら、私は逆に、激しい疎外感に包まれていた。

東京ドームにおける最高最大の興行——延べ10日間で55万人、連日満員の観客がストーンズに酔い興奮して競ってグッズを求め、売れたパンフ24万部、Tシャツは14万枚という莫大な収入をもたらし、公演は大成功であった（数字は東京ドーム白書による）。

その手伝いの一部に参加できたことは、舞台会社を維持してきた者にとっては大変有難いこと、大きな幸運であるが、この舞台づくりそのものに対して我々はなんと無力なテクノロジーしか持ち合わせていなかったことか。このような舞台を発想し、デザインし、作る事に対して、我々は鳶さんを貸すだけ。手も足もでない完敗であった。

この年、我々はドーム時代のバックグラウンドを担うべく、千葉スタジオを建設中であった。

あらゆるイベントのニーズに応えて、その機材、装置のインキュベーターを目指しているのに、このストーンズ公演で出したものは、鳶さんと養生シートと客席椅子、楽屋備品程度である。千葉スタジオを擁してこのありさまでは泣けてしまう。舞台作りに役に立っていない。自慢の千葉スタジオのスケールは無駄だったか——との不安が黒い雲のように湧き上がるのである。

東京ドーム興行部の秋山弘志部長に恐る恐るお伺いにいった。秋山氏の回答はおよそ次のようなものであった。

「それはね、ワールドツアーは、シミズさんも今までと違って、座して待っても仕事には割り込めないよ。東京ドームも施設に投資し、その回転を効率良くするため興行部を作り、ワールドツアーを買い取る投資をしてきた。シミズさんも舞台作りに参加するためには海外情報を求めて、応分出資するなりしないと、やはり置いて行かれるよ」

シミズの力では、ワールドツアーに出資など滅相もない冗談だと思うのだが、しかし「座して待つ」時代が過ぎたことは確かだ。今まで、我々東京都内の業者は、日本武道館や東京ドームの指定業者制に安住し、ほとんどヒモツキで仕事にありついてきた。これからは、人員規模や工場だけ大きくすれば自動的に仕事に与れる、という時代ではないのだ。

そうだ。千葉スタジオでは、今までのシミズとは違う、何かを生み出せるかというテーマをハッキリ持とう。

「新しい皮袋に新しい酒を」という西洋のことわざもある。それによって、これからのシミズ舞台工芸は生きて行くのだ。

いままでの日本の舞台会社の伝統は、日本は森林資源の国であり、得意とする木工技術に結晶した歌舞伎の道具、大工さんの別称である大道具等々、木工を中心に紙とベニヤと絵の具とで維持されてきた。

これらの伝統を持ちながら、新しい世界の道具会社と共通のテクノロジーをもつ舞台装置会社を目指そう！〈スティール・ホイールズ〉が作れる工場をめざそう。

そのようにすれば、世界のコンサートの潮流の中でも、味噌っかすな日本の舞台会社からおさらば出来るのではないか。

国際化への対応

この年の7月18日、私はプロ野球の合間を縫って、アメリカのステージ会社を訪問することにした。まず東京ドーム秋山氏にお願いして、ニューヨーク駐在員の北谷さんにカナダのブロッカム社をご紹介頂いた。東京ドームでの国際コンサート用にシミズ舞台工芸が舞台装置一式を購入するため、アメリカの舞台会社を引き合わせてもらうのだった。

東京ドーム神谷駐在員にご同行頂き、当時北米最大のプロモーターと言われていたブロッカム社（BCL）のジョン・メグレン氏と会見、日本におけるシミズ舞台工芸の技術や経験をアメリカのプロダクションにご紹介いただき、今後のショー・コンサートにおける相互の経費節減を了解してもらった。また舞台会社では、今回のストーンズに従事したユナイテッド・プロダクション・サービス、および3年前に来日したマドンナの公演でルーフを提供したマウンテン・プロダクション・サービスをご紹介いただいた。

ペンシルバニア州ウィルクスバリにあ

ミッドランドのトムキャット社屋

るクラシックな雰囲気のマウンテン社を訪ねると、銀行家の社長ロナルド・W・シムズ氏と弁護士が待っていて、取引は東京ドームと行い、更に全額前金条件とすると、いきなり宣言された。担当のジム・エバンス氏から、秒速36メートルの風と吊り荷重75トンに耐えるルーフとレイヤー・スティール、デッキの見積もりが提示されたが、約150万ドル（約2億円）FOB北米東海岸とのことであった。

　また、ユナイテッド社はカリフォルニア州モンロービアにあって、舞台会社というよりも仮設スタンドが主力で、ラスベガスのミラージュ・ホテル裏に、ボクシングのタイトルマッチをやる野外観覧席をレンタルしていた。ラスベガスのショーに招待され、舞台より観覧席を買うようにとの熱心な説明を受けた。

トムキャット社の社長室にて

資材置き場にはストーンズ公演の黄色い造型物の残骸がうず高く積まれていた。世界中を順繰りにツアーで巡るため、ユ社はこのでかいステージを3セット作り、もう1セットはロンドンのエドウィン・シャーリーに頼んだとのことであった。

　この時と9月、2度にわたるアメリカの舞台事情調査でわかったことは、どんなに素晴らしい舞台を見たからといって、その機材はスクラップ（死骸）と同じようなもので、舞台を作りあげる本当の能力とは、「デザインし、設計し、製作し、いろいろな技術を組み合わせてまとめる力＝エンジニアリング力である」ということであった。

　それぞれ、見積もりやカタログをもらったが、ルーフやタワーは、常にその強度の保証が求められるものである。マウンテンもユナイテッドも部材メーカーではないので、それらの部材購入を直ちに決断するのは得心しかねた。また、この2社は全米で激しい競争関係にあり、うっかり片方につくと他方から恨まれる。これから先の交渉には弁護士と銀行家が出てくる。アメリカとはそういう国である。自分が一人合点で飛びついて歯が立つ相手ではないのだ。

　そのとき、私はダラスにいる青木さんのことを思い出した。そして相談のため立ち寄ることにしたのであるが、そこからシミズ舞台工芸は青木氏、リチャード・ハートマン氏の2人を軸に、国際化へのアンテナとなるシミズインターナショナル設立に向けて一気に進んでいくことになるのである。

トラスの導入

　シミズでは、東京都体育館以来、天井から照明器具を吊り、空中ブランコを吊り、スピーカーを吊りと、イベントの会場設営には吊り物が付きものであった。都体でプロレスやボクシングというと、共立の梶田さんからリングを照らす照明パイプの吊りを、コンサートというと音研の岡本さんからスピーカー吊りを頼まれるのだが、ロープと滑車では吊り点が少なく、かなりの重量を吊り上げるのはおおごとであった。

　こういう吊り物工事を特徴としていたシミズとしては当然、トラスに関心をもった。

　そして1982年、ダラスの青木さんが日本でのイベント用に持ってきた一本のトラスを購入することになった。米国のコンサートプロダクションより納められた。その発明者はリチャード・ハートマンという名前であった。

活躍するトラス舞台

　この一本のトラスはその後のシミズ舞台工芸で大活躍した。まず、初来日のスティービー・ワンダー。キョードー東京のマイク中村さんが、大阪フェスティバルホールの緞帳前からスティービーを照らすサス灯かりがどうしてもいるのだと言う。ポールでトラスを自立できるよう工夫して間に合わせた。

　次はご存知、ジュリーこと沢田研二。いまのコンサート・ツアーの元祖は渡辺プロダクションの沢田であった。スティービーで作ったポールトラスがそっくり彼の持ち道具になり、渡辺プロの稼ぎ頭である彼のツアーは回数ダントツで、シミズには大いなる貢献となった。菅原あにいはまるで沢田の親友のようになった。

　こうなると他の照明会社が黙っていない。トラスは三角から四角になり、工夫して日本で作るようになったシミズはたちまち、トラス「日の字」や「目の字」を組んでほしいと要望されるところとなった。そこでシミズは、強度が落ちない構造の継ぎ手やコーナーブロックを考え、アルミ製作したのである。

　トラス「日の字」の出現は日本武道館の照明を一変させた。照明器具を吊ることができない時代は、ステージのバックをどう染めるかだけだった。共立の服部さんに頼まれる舞台は、丸太を組んでステージのバックに幕を吊るし、幕の前に旭光マシンをおいて軍艦マーチ風とか、ホリゾントライト等を置き朝焼け夕焼け、あるいはエフェクトマシンをおいてモヤモヤを作るのが精々だった。出演者を照らすには、ピンスポット以外に大型スポットライトを二階客席に砲列のように並べた。赤のアンバーになると出演者も観客も、建物全体が真っ赤になっていた。シカゴでもレッド・ツェッペリンでも、体育館のショーとはそういうものだと誰もが思っていた。

　ところが、トラス「日の字」になると器具も大量に吊れるので、サス灯かりが劇場照明、いやそれ以上に効果を上げるようになったのである。この「日の字」トラスを引き上げるのにはチルホールという、梃子の原理を応用した手動ウインチを使った。日本武道館の屋根裏は、キャットウォークならぬ足場板の通路が確保されていた。吊り点の上で20メートルの高さにレバー操作するのは、まさに

CMモーター

汗みどろの重労働である。だから武道館の屋根裏の足場板全部には吉本政広はじめ、シミズの歴代鳶の汗が沁みついている。その後ワイヤーモーターになり、「4点吊り」「6点吊り」など、複数の吊り点をいっぺんに上げるようになった。任意の吊り点から吊れない場合は、チルホールさんと共同で実用新案特許取得した、「二股掛け」で吊る〈ブライダル〉という方法を使った。現在は全国至るところで、これが当たり前のように行なわれている。

　ワイヤーモーターのモーション・コントロール性能には限界があるので、「日の字」「目の字」が大掛かりになってくると、アメリカCM社のチェーンモーターに切りかえることとした。クイーン、キッス、その他、ウドーさん招聘による名だたるロック・バンドの公演には、必ずCM社のチェーンモーターが持ちこまれていた。だが、日本ではチェーンモーターが敬遠され、普及していなかった。日本では手動チェーンブロックはあるが、より重量のある物を上げるにはチェーンよりワイヤーの信頼が断然大きかったのもその理由のひとつである。ウドーの石谷さんから何度も言われていたことだが、日本代理店では故障のメンテができず、いちいちアメリカに送り返さないと対応できないのがネックだった。シミズもメンテについてメーカーと接触する必要を感じており、青木さん経由で交渉を始めていた。

　これらは世界的に機を一にした照明の大変化であり、シミズのトラス・サイズはアメリカの照明プランナーも知っていて、共立のケン・ラマーズさんから「日の字」「目の字」のバリエーションの連絡が事前に入るようになっていた。

　大阪城ホール、神戸ワールドホール、横浜アリーナなど1万人規模の会場が全国で続々と整備されたこと、そしてチケットぴあ、チケットセゾンなどの電話予約チケット・システムが完成してチケット販売が大量化、大衆化していったことで、日本武道館などの大型会場を前提としたコンサート・ツアーの全盛時代を迎えた。大阪城ホールや横浜アリーナなどの新しい建物ができると、シミズ舞台工芸のあにいや能見は必ず、その吊物をどうするか、いろいろな立場の人から相談を受けた。今は固定設備の照明器具がついている劇場にすらトラスユニットを持ちこむ例がいくらでもある。また新築の建物に吊り設備として最初からルーフトラスがある例もいくらでもある。

　トラスの大成功でシミズ舞台工芸は軌道に乗ってきたが、そのきっかけを作ってくれたダラスの青木さんには、感謝の気持ちを込め、連絡を絶やさないようにしていた。

　一方、ハートマンはトラス製造のノウハウをテキサス州ミッドランドのトムキャット社に与え、同社の高品質な製品は、「トラスはショーに欠かせないもの」ということをアメリカでも中南米でも証明していた。

　シミズ舞台工芸は日本におけるトラス普及の元祖を自負しているが、そのことを思うにつけ、一本のトラスを紹介してくれた青木さんとTTRトラスを発明したリチャード・ハートマンの存在は大きかった。

　青木さんとの交友は、断続的だが続いていた。アメリカで何かあると必ず連絡していた。マウンテン、ユナイテッド両社との接触後に青木氏のことを思い出したのには、そんな経緯があったのである。

ハートマンの獲得

　外国のステージを導入しようという社内コンセンサスはもはや絶対的なものだったが、銀行と弁護士が最初から出てくるような取引にはすぐには乗れなかった。

　そこで、青木さんにコーディネートをお願いすることに衆議一決したのである。また部材購入だけでなく、技術面の指導や外国プロダクションとの連携もお願いすることになった。

　我々が知っているアメリカのエンジニアといえばリチャード・ハートマン氏しかおらず、それを青木さんに依頼すると、「ハートマンはそれまで経営していたサミエルソングループのコンサートプロダクションという会社をニューヨークのVANCO社に売却する商談中であり、その後はフリーになるのでシミズがハートマンを雇うチャンスである」との情報を得た。

　さっそく当方から手紙を送った。

「親愛なるリチャード・ハートマン様

　私どもは日本内外の著名なミュージシャンのコンサート・ステージに携わっております。マイケル・ジャクソン、マドンナのステージも私どもの手で建ち上げました。

　しかし最近、我々を取り巻く周囲の状況は激変しました。

（1）東京ドームという巨大空間が出現し、そこが頻繁に使用され舞台が大型化する傾向にある

（2）舞台装置は外国からの持ち込みとなり、このままでは日本の舞台会社は、労働者の高賃金と人手不足の中、外国法人の舞台会社から人の供給だけを頼まれるだけになってしまう

（3）日本におけるワールドツアーに関して、欧米人は自分たちのやり方で押し通そうとする一方、日本人は自国の法的制約を盾に自分たちのやり方がよいと思っている

（4）そこで私は、欧米からセットデザインを送ってもらい、それを国際的に承認された規格、材質、強度、寸法で受注できるようにしたい。日本で作れることの有用性は明らかである

　もし日本と欧米諸国とのツアーに関して、貴殿が我々の立場に立ち、コーディネーションに乗り出していただけるならば、業界全体、裨益するところ大であります。

以上の趣旨によりぜひお会いして御願い致したく、吉報をおまちしております」

ハートマンから即座に返事が届いた。

「親愛なる清水卓治様

国際的ツアーイベントに関する貴方の考え、そして貴方からのプロポーザルに、強い関心をもちました。

技術的規格、品質、強度の仕様書通りに日本の部材や職人を役立たせるためのコーディネーターを持つことはあなたにとって大いに得策であると、私は考えます。

この15年、私はロンドンでアメリカ人のヨーロッパツアーの世話をしてきました。よりよいコミュニケーションの必要性、そしてアーティストを抱えるコストをセーブするため、その土地の部材を使用すること――サミエルソングループがこの3年間にやってきたことがそれです。

私はあなたの考えに全面的に賛成いたします。

私の会社はまもなく閉鎖されます。私がフリーとなる前に、契約上なにをして回らねばならぬかが、まもなくハッキリします。9月にダラスで詳しくお話ししましょう」

またとない絶好の人材がシミズの前に現れたのだ。チャンスであった。それまで聞いていたハートマン評は、舞台装置のエンジニアで大学教授みたいな人ということだった。バリライトアジアの秋本社長によれば、「ピンク・フロイドのツアーにも従事した大ベテランだが、ニューヨーク大学卒業のインテリで、シミズさんが獲得するのにこれ以上の人はいない」と太鼓判であった。

私からのプロポーザルに対し3日と経たずに返事が来て、応援してもらえそうなニュアンスである。何とスピーディなビジネスマインドであろうか。

9月9日、私は青木邸を訪れて夕食をご馳走になった。そこで改めてリチャード・ハートマン氏を紹介され、話がはずんだ。

(1) 東京ドームがストーンズ来日公演を買った話は全米でも大評判になり、メジャーなホールがアーティストと直契約する話がでている

(2) ワールドツアーにおけるビック・アーティストの道具持ちこみは今後も続くので、日米同業者間で世界共通仕様の等質なことをやれる体制が急務

(3) 等質なものがシミズにあることが中小アーティストに安心感を与え、ジャパンツアーを行いやすくする

(4) 国際化に対応したテクニカル・コネクションの確立により、全米マーケットはもちろん全欧州、アジア全域への展望を持つ

(5) 以上4点を解決するため、シミズインターナショナルを設立するので、青木氏、ハートマン両氏の参加を求める

などの話が一気に進んだのである。

また、ルーフメーカーとしてハートマンが指導コンサルタントをしているトムキャット社への訪問を強く勧められ、翌日ミッドランドへ行く。アルミ地金の産地で航空機産業のメッカとなり、アルミ溶接の専修大学もある由。そこで見たトムキャットのアルミトラス製作所は、スペースは日本の工場と変わりはないもの、機能本位で、ホコリ、くず、不要物は一切なく、精度の高い仕上げのため、いろいろな治具が随所にみられ、工作のレベルは非常に優秀と見えた。そして同

1997年4月15日、レイヤー社訪問時に社屋の前にて記念撮影。左より、一級建築士の中村秀人、国際部（当時）のサニー・ヤン、レイヤー社のエヴァ、タイチャン・ステージ陳社長夫妻、総務（当時）の石毛進吾、プラザの持原社長（当時）、国際部（当時）の十河真澄、アクティオの小沼社長、国際部（当時）の内田康博、清水卓治社長（当時）夫妻、レイヤー社のノブロック、シーガー、ピーター、SHIPSの青木陽一（故人）

年10月、日本のライティングフェア出展のためミッチー・クラーク社長が来日するとのことであった。

　このようなタイミングで、シミズインターナショナルは設立に向け一気に走りだした。まずハートマンと契約し、そのマネージメントを青木さんにやってもらう。それを核として、情報収集や舞台装置の買いつけ、技術の導入を行うのである。

　この年、1990年（平成2年）11月5日、シミズインターナショナル・プロダクションサービスが、テキサス州ダラスに誕生した。海洋国日本をイメージして略称〈SHIPS〉、資本金1万ドル、CHAIRMAN&CEO＝清水卓治、PRESIDENT＝青木陽一、EXECTIVE CONSULTANT＝リチャード・ハートマンとし、

エリック・クラプトンのツアー・マネージャーとして来日したときにシミズと接触を持ち、その後ダラスSHIPSで副社長として活躍したラリー・マクネニー氏。現在は独立し、イベント・プロデューサーとして活動している

・シミズ舞台工芸のアメリカ支店として、日本公演を計画するワールドツアーのプロダクション関係者に接触して舞台作りを受注する（シミズがやがて購入するルーフ、ステージの部材の積極的活用も含む）ため、

・シミズの国際化のアメリカ拠点

・トムキャット社のトラス他販売代理店の獲得

・シミズ社員の教育と育成（舞台作りの実地勉強訓練）

　を事業目的とした。

　そしてハートマンには当面の仕事として、

・マウンテンとユナイテッドの両社は激しいライバル関係にあり、全米でのっぴきならぬ競争を展開しており、どちらの会社に打ち合わせに行っても、こちらが聞きたい部材スペックの話はそっちのけで、他方の欠点をまくし立てる状態になっていた。どちらにも敵対視されたくないシミズはどうしたらよいのか、ぜひ判断を仰ぎたい。

・2社とも専門メーカーではないので、規格、材質、品質保証の面がクリアされてない。世界を見渡し、日本の規制、短時間作業というシミズのニーズにより相応しいメーカーがないか、あわせて検討願う

　の2つを要望した。

ハートマンの方針

　ハートマンはさっそく、エネルギッシュに活動に入ってくれた。

（1）スティールはドイツ・レイヤー社製品を採用し、同社より直接購入する。NISSOという日本代理店がある。マウンテン社から新品を購入するのは不可能である。また、ユナイテッド社のGKN鉄骨（イギリスの足場会社）は価格は安いが、レイヤー製品に比して強度的に劣るので不採用とする。

（2）ルーフ（ステージの屋根）に関しては、東京ドームがテント構造のため吊り物ができないため、シミズとしては舞台上のぶどう棚に代る強力なものを必要とする。このため、日本の規格要件を満たすものを新しく作る方針で臨む。

（3）シミズは日本と西洋諸国との交流を計る架け橋を目指し、マウンテン社、ユナイテッド社両社に対しても今後のご交誼を願っている。どちらと組むという形でなく、メーカーとの直取引をご了承願う。

　右記の方針が決定したため、青木社長とともに、両社をご紹介いただいた東京ドーム・ニューヨークの北谷社長を訪ね、取引不成立のお詫びと、シミズインターナショナル設立によるステージ・システムの開発を説明し、ご了解をいただいた。

　以上を基本にして、その他世界最新テクノロジーのすべてを盛り込んだ画期的舞台装置システムがシミズに誕生したのである。

初期SSRメンバーたち。左より河村、丸田、吉植、岩井、原島、端山

アンディ・ラウ

Andy Lau

劉徳華WONDERFUL WORLD巡回演唱会 24都市、25公演を担当

許斐 翔

※２００９年７月発行「イベントマガジンBANZAI」より

アンディ・ラウさんの仕事にかかわり始めたのは２００３年の秋ごろ、先輩社員から、「香港のアンディ・ラウというアーティストのマネージャーから連絡があって、通訳として一緒に話を聞いてくれないか」との依頼からでした。ユーミンのシャングリラの香港公演を見て、そのすばらしいセットと高度の技術に魅了され、シミズオクトに打診してきたのです。アンディ・ラウさんは２００４年に香港でコンサートを行う予定をしていて、ステージの製作に協力してほしいとのことで、日本を訪れて来ました。香港側が日本の優れた舞台技術、設備や違う文化背景による新しいデザイン発想などを取り入れたい気持ちと、シミズとしては会社の70年余りの歴史の中、コンサートのデザイン、施工などを数多くやってきましたが、外国人アーティストのコンサートをコンセプトからデザイン、それに施工まで関わるのは初めての試みであり、ぜひこの新しい分野に挑戦してみたいところ。双方が合意して２００４年のアンディさんの香港公演の仕事を請けることになりました。

しかし実務作業がスタートしてからいきなり難航したのです。通常日本の場合、アーティストや制作、舞台監督がやりたいことを示してから、シミズのような施工業者がそれを実現させるために既存ものや新しい機材、設備を開発することを含むいろいろなプランを組み、ステージを作り上げて行くのですが、アンディさんの場合それとまるきり別で、コンセプト、デザインの提案からしてほしいと言ってきました。また、外国のアーティストのため、その国の文化、習慣、考え方、それにアーティストの風格など未知な部分が多々あり、コミュニケーションをとるのにたいへん苦労しました。お互いの意思疎通が取れるまで打合せを重ね、アンディさんも時には打合せに参加して意見やアイディアを出し、それを図面とパースにしてさらに何度も何度も繰り返し修正を加え、ようやくステージデザインが決まり、製作に移れたのです。また、公演のスケジュールを聞いたところ、一瞬聞き間違いなのではと耳を疑うこともありました。なぜなら、会場の香港ホンハム体育館というキャパが約１万２０００人のところに、連続16日間で16公演を休むことなく行うことになっているからです。日本ではまず考えられないことですし、香港の６００万の人口から考えてもありえないこと、正直まずそういうふうに思いました。しかし実際本番になって、毎日超満員の会場を見てアンディさんのすごさを感じ、改めてスーパースターの人気ぶりに感心しました。

香港公演で使ったステージ機材コンテナ21本分はすべて日本から持ち込み、スタッフも日本から大道具、鳶だけで30名も連れて行き、大成功に収めることができました。

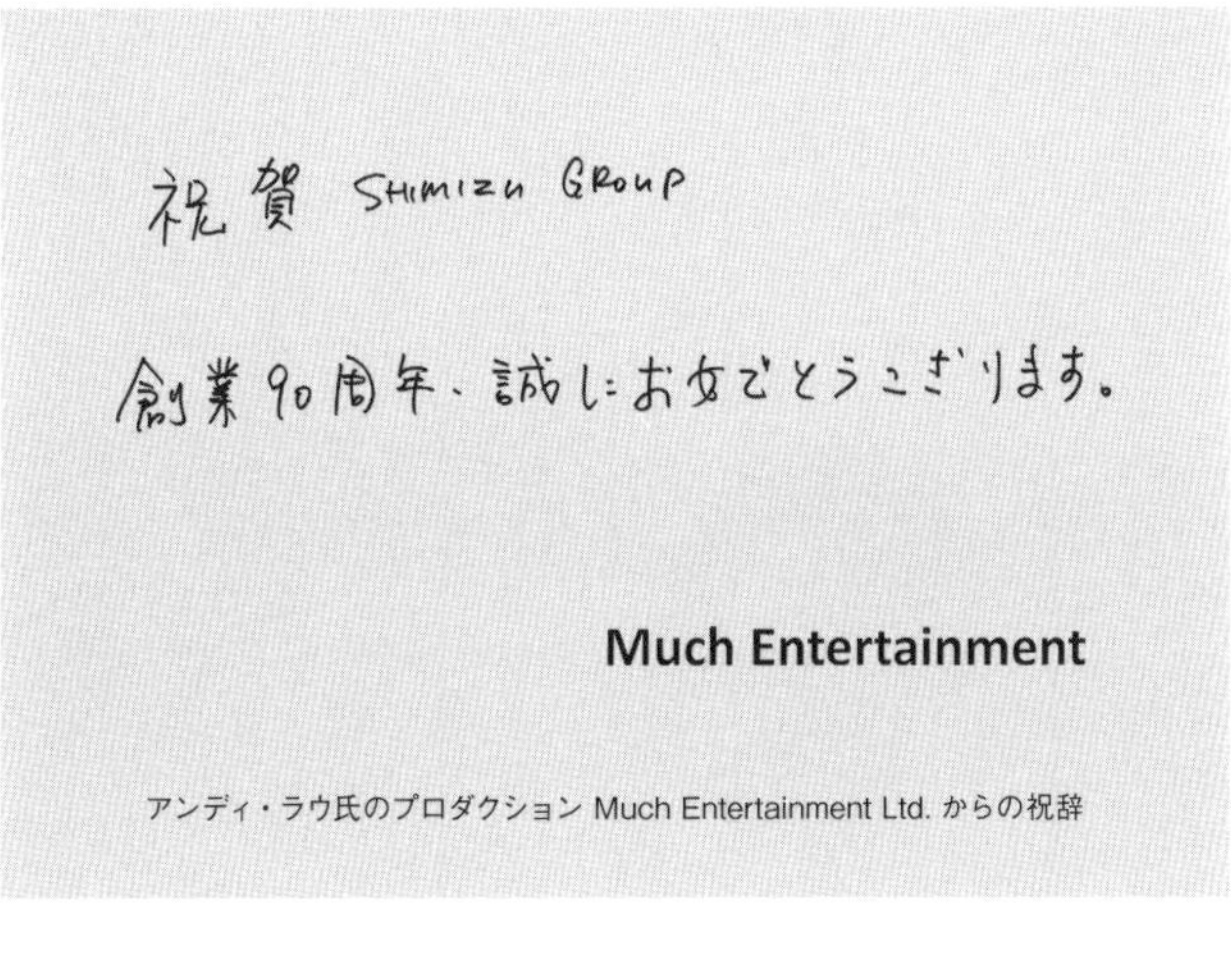
祝賀 SHIMIZU GROUP
創業90周年、誠におめでとうございます。
Much Entertainment
アンディ・ラウ氏のプロダクション Much Entertainment Ltd. からの祝辞

許斐 翔

1996年４月入社、千葉スタジオ、国際部、イベントスペース開発部を経て現在舞台メディア営業部で活躍

道具チーフの中国ツアーレポート

右ノ子大輔

※2009年7月発行「イベントマガジンBANZAI」より

2009年の3月中旬から4月の終わりまでの約1ヵ月半、アンディ・ラウのスタジアムTOURで中国に滞在しました。私達は今回、トラッキングというシステムを持ちまわりました。トラッキングとはステージ上のトラスにLEDを吊り、そのLEDを開閉させるシステムの事です。日本ではこのようなシステムはアリーナクラスでは頻繁に使われており、ステージ転換などでは毎回動かすといったシステムではありません。ところが中国ではトラッキングがメインといっていいほどです。仕込みの手順は、まず現地のモーターによって吊られた60mのトラスの下場に60m分のH鋼を吊り、そこにLEDが付くための走行フレームを付け、走行フレームを動かすためのモーター・シングルケーブルなどを付け、そのケーブルを舞台基礎下のインバーター・操作盤まで這わすことでした。アリーナなどの室内では、雨が降ったときの養生やケーブルにたまる湿気など気にする必要はありませんが、スタジアムは雨を常に気にしなければならず、大変な思いをしました。また中国のバイトさんは日本のバイトさんのように一生懸命働いてくれません。さらに言葉が全く通じないことに、ストレスや苛立ちを感じ、「どうしたらうまく動いてくれるのか?」と、色々考えることがありましたが、やはりコミュニケーションが取れないことが1番の原因と考え、通訳さんから簡単で仕事に使える言葉を、少しずつ教えてもらうようになりました。教えてもらった言葉をバイトなどに言うと、やはり発音などがうまくないために通じません。けれども相手にとって自分達は「下手な言葉を話す日本人」などと思われたのか、全く言葉を発することのない時と比べ、働いてくれるようになりました。コミュニケーションの重要性を改めて感じさせられました。生活面では1人で買い物に行く時はやはり言葉に不便がありますし、物価の安さや、同じ料理でも各地方により味が違う、辛さが違うなど驚くことがたくさんありました。今回中国に来て、現地の人たちや文化に少なからずふれてとても興味がわく国だと感じました。

祝賀 Shimizu Group 成立90週年
感謝對舞台創作貢獻,
繼續為創新技術導航。
劉德華 2022

シミズオクトグループ創立90周年、誠におめでとうございます。
御社の舞台美術制作においての貢献に誠に感謝をいたします。
新しい技術の創造をリードする存在で有り続けてください。
アンディ・ラウ　直筆　2022

シミズオクト90周年を祝して頂いたアンディ・ラウ氏の直筆メッセージ

右ノ子大輔

2003年入社、美術制作部課長

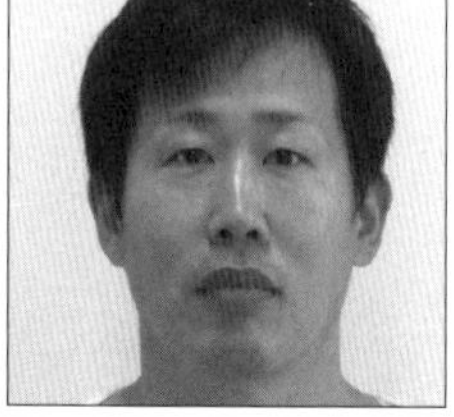

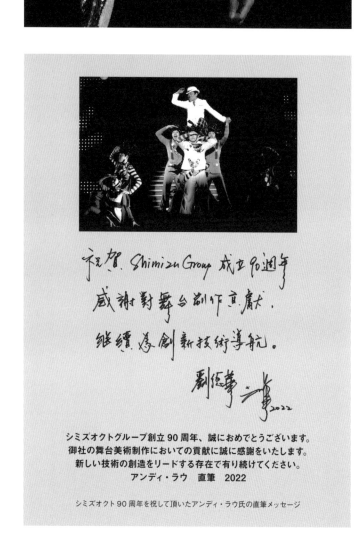

新米社員の海外ツアー奮闘記

杉浦佑太

※2009年7月発行「イベントマガジンBANZAI」より

今回私は、美術制作部から一道具手として参加しました。メンバーは他に鳶さん1名を加えて4人の構成でした。私は今回が初のツアー参加でしたので、国内とは勝手が違うところが数多くありました。他のスタッフは一昨年に同じツアーを行っていたので、まず、自分としては作業工程を覚えることから始めました。とはいえトラッキングという機構の仕込み自体経験したこともなかったので、基本的なところから、それがどういうもので、どのようなことができるのか、1から覚えました。中国の公演場所はA、Bチーム合わせて10箇所のうち半分の5箇所を周り、合肥、佛山、長沙、煙台、重慶とやりました。基本的なスケジュールは、1日目荷降ろし、2日目仕込み、3日目動作確認、4日目本番～夜から次の日まで撤去という流れでした。多少現場によって変更はありましたが、ほぼこの流れでした。最初の合肥では、初めてということもあり、仕込みは他のメンバーの作業について作業内容を把握していきました。初日の仕込みなので時間はかかりましたが、特にトラブルもなかったので、いい感じでスタートが切れたと思います。次の場所では、撤去も含めて段々と自分の役割を把握できてきたと思いました。そのため自信が多少つきました。ツアーという感覚が身についた瞬間です。最後の現場では動き1つ、アルバイトの人の使い方でも効率があがってると感じました。少ない人数でのツアーですが、1人1人の作業の重要性など色々と得るものがたくさんありました。スタジアムツアーでしたが、日本でやるものより若干小さく思っていたところ、意外と規模が大きく中国も日本とあまり変わらないなと感じました。しかし、細かい所をみていくと、日本では考えられないことが多々あります。すごく気を使うところがバラバラだったり、危険な状態のままになっているところなど、大雑把なところが目に入りました。皆「こうすればいいのに」など、よく口にしていました。反面、日本とも引けをとらないようなすごいと感じるところもありました。私は海外に行くのも初めてだったので、仕事面以外でも驚きはたくさんありました。会場、そこに隣接する町一つとっても、場所一つ変わるだけで、ガラッと色を変えるので、予想外な事は尽きませんでした。会場に入るセキュリティが全くあってないようなところもあれば、まるで軍隊のような警備で、会場に入るのに、スタッフパスが写真付きで尚且つ、2枚も3枚も必要な所もありました。場所が変わるだけで、まるで違う国に来たような感じは1番の衝撃でした。ツアーを終えられたことは良かったと思います。何から何まで初めてのことばかりでしたが、その分得られたものも多くこれからの現場のためにもいい経験だったと今は感じています。

杉浦佑太

2008年入社、美術制作部で活躍

ローリング・ストーンズ初来日

東京ドーム10回興行のインパクト

2013年発刊「ハロー！ バックステージⅡ」より。一部改稿。

米ワシントン州立大学レスター・スミス栄誉教授、同大学財団理事
金沢工業大学虎ノ門大学院教授、
同大学コンテンツ＆テクノロジー融合研究所所長

北谷賢司

1985年、アメリカ中西部のインディアナ大学で放送通信の経営、法務を教えていた私の研究室に、突然、後楽園スタジアムからスカウトマンが来訪した。後の東京ドーム専務取締役で、後に日本競輪場協会会長や日本ボクシングコミッション理事長を歴任された秋山弘志氏である。「89年に完成予定の東京ドームでは野球以外のエンタメ・イベントを数多く開催しなければ経営が危機に陥ります。自社で世界の一流アーティストやスポーツイベントを招聘しなければならないので、欧米のエンタメやスポーツ業界に詳しい数少ない日本人である貴方に力を貸して欲しい」との申し入れだった。確かに映画、放送、音楽産業は研究領域でスポーツ・マーケティングも教えていたが、学者からビジネスマンへの転身に躊躇はあった。しかし、当時の保坂誠社長（故人）、林有厚副社長（後に社長、会長を歴任、故人）からも追ってお誘いをいただき、日本初のドームの成功の為にとの心意気から受諾、ニューヨークに転居、秋山氏に教えを乞いながら米国駐在の役員として私の興行師キャリアはスタートした。

当初から秋山氏が目標として掲げていたのは、メンバーたちの薬物逮捕歴もあって、誰も来日興行は実現できないとされていたローリング・ストーンズ、未だ来日公演を行っておらず抜群の話題性と人気があったデヴィッド・ボウイ、史上最強のヘビー級ボクサーとして注目されていたマイク・タイソンの世界戦、そしてジョー・モンタナの活躍がテレビ放映され人気が上昇していたNFL公式戦の招聘だった。私は業界インサイダーを目指して人脈を拡げ、秋山リストの全ての招聘実現に向け、欧米を隈なく飛び回った。

そして辿り着いたのが、「トロントの若手プロモーター、マイケル・コールがストーンズの北米ツアー権を入手したらしい」との情報だった。当時、ストーンズはミック・ジャガーとキース・リチャーズの仲違いから、カリブ海の島国、バルバドスで行われていた新譜の録音も頻繁に途絶える状況で、解散は間近、ツアーに出ることなどあり得ないとされていた。ところが、無精ひげを伸ばしてボサボサの髪、洗いざらしのジーンズにTシャツ姿のヒッピーにしか見えないが、頭は剃刀のように切れるコールが、カナダ有数のビール会社、ラバットから資金を引出し、50億円以上の頭金を預託口座に積んで、北米ツアーにストーンズを誘い出すことに成功したのである。それまで著名大物アーティストの興行は、エージェントによって各都市のプロモーターに興行権が切り売りされており、不入りになればいつツアーが中断するかも判らなかった。従って、ツアー全行程の冠スポンサーを獲得することも、ツアー会場共通のグッズを企画販売することは難しかった。しかし、全行程を1社が保証して仕切ることで、チケット以外の副次権収入が大きくなり、ストーンズもコールも収益性が大幅に改善した。これは、興行史上、画期的なことで、それまで巨額の舞台装置と人件費のリスクを自ら背負ってツアーを組み、不評の場合は中止による負債を背負う恐怖に苛まれていたアーティストにとって、スタート時から、出演さえこなせば、ステージングコスト回収はもとよりギャラも完全に保証される安定したビジネスモデルが供与されたのである。メジャーになればなるほど、アーティストはプライドを賭けてステージを豪華かつ複雑にし、クルーの数も百人を超えるので、ツアーのハイリスク化が深刻化していた。マスター・プロモーターが保証したツアー期間中のギャラは、金融機関が管理する預託口座で運用され、ステージをこなせば確実に翌朝、アーティストの口座に振り込まれるので、これ程、安定した仕組みは無かった。コールが起草、具現化したこのツアー方式は、マスター・プロモーター制と称され、以後、S級アーティストの興行では、恒常化して行ったのである。

さて、我々のストーンズ興行は、北米ツアーの終了後、90年2月、秋山氏の興行師としての勘を頼りに前代未聞のドーム10回興行をコールに保証、デトロイトやダラスなど北米ツアー会場のバックステージでの幾度もの交渉を経て、巨額の預託金をロサンゼルスの銀行に送金して契約を終えた。

しかし、本当の苦難はそこからだった。やはり、メンバーたちの薬物使用の逮捕歴が、興行査証発行申請の際、入国管理局から問題視され、通常の申請では査証申請は却下され、法務大臣の特別上陸許可を得なければならなくなった。そして、その際には、何と各メンバーが過去10年間遡り薬物使用を含む犯罪で逮捕されていないことを証明する公式文書を、彼らが居住した全ての地元警察機関から入手、申請書に添付することを義務付けられたのである。何しろロックの世界の頂点に居る富豪たちである。彼らの自宅は出身国のイギリスのみならず、アメリカ、カリブ海のオランダ領、スペインのイビザ

島まで、広域に渡っていた。スコットランドヤード、米国連邦保安局（USマーシャルズ・サービス）、植民地の保安局、地元警察署まで、ありとあらゆる証明書を掻き集めて法務省に提出することが必要だった。

次に問題となったのは、電話帳ほどの厚さがあるアーティスト・ライダーと呼ばれるストーンズ・メンバーとその取り巻き、バックミュージシャン、ダンサーたちへの対応が事細かく指示された文書が、契約締結とともにドンと届けられたことである。舞台設営については、それまで日本のどのスタジアムでも組まれたことの無い大きさで、かつ、照明、花火、大型の風船、音響が複雑なセットを北米で既に見ていたので、シミズ舞台工芸の専門家たちの協力のもと、それなりの準備と予算の計上は出来ており、所轄の警察や消防に何を事前に届け出て置かねばならないかも把握できていた。しかし、アーティスト対応がそこまで詳細に要求されようとは、誰も予想していなかった。北米と同様の大きさのビリヤード台、ロブスターやステーキなど高級食材を必要とするメニューが気が遠くなるほど続くケータリング指示書、上質ビロードの紫色のカーテンを張り巡らし、暗めの間接照明でアクセントをつけ、消防法に抵触する可能性のあるお香が焚けるようにしたミックのドレッシングルーム、パーソナル・シェフが使う台所や、パーソナル・トレーナーと使うジム機材を準備しなければならないホテルの巨大なスイート等々、足し算をする卒倒しそうになる要求が突如として現れたのである。シャンパンや炭酸水のブランドが違うだけで契約違反と騒がれる可能性があることから、ドーム興行企画部の社員たちは専門業者と二人三脚で駆け回って指示されている物資を調達、何とか契約違反と叫ばれずに、乗り切った。

ところが、こうした経費を積み上げて行くと、仮に40万枚を超える高額チケットが完売しても儲けが出るのか否か、怪しくなってしまった。危惧したドーム興行企画部を救ったのは、何と、記者発表当日になって共催を下りるといってきた放送局の存在だった。リスクが高すぎるので、共同出資額は削減、プロモーションの宣伝広告費まで出稿して欲しいとの無謀な要求を事業局次長が独断で行ってきたのだ。この放送局が認識していなかったのは、別にもう一社、ストーンズ共催を強く希望する局が存在し、そこは先行していた局の倍の資金を提供すると申し出ていた。明治生まれで義理堅い保坂社長は、仮に条件が良くても、一度は共催を約束した相手を外すことは出来ないとの意向だった。しかし、さすがに記者発表当日の反故は無いだろうと呆れ、秋山氏に直ぐに待機していた競合局の社長に電話を掛けるよう指示、迅速に現れた社長は、約束通り額に係わらず他局の二倍出すので仲間に入れてくれと申し入れ、巨額のスポンサーを付けてくれたのである。このスポンサー料と、予想をはるかに上回るツアー・マーチャンダイジングの売り上げのお蔭で、ストーンズ10回興行は黒字、そしてドームには別途、使用料やドームシティー全体の飲食の売上が収入として計上されたのである。

ストーンズ興行開催中に行われたマイク・タイソンの世界戦は、予想を完全に裏切ってタイソンが無名の挑戦者、ジェームス・バスター・ダグラスに敗退、それが世界に生放送されていたこともあり、ストーンズ……タイソン……東京ドームが組み合わさる形で、世界のマスコミを介して、一挙にドームの知名度が高まった。その後、東京ドームでは洋楽に限らず、邦楽、韓流アーティストのコンサートが継続しているが、いまだに単独のアーティストが一度に10回の公演を行い完売した記録は更新されていない。そして、世界のどのようなスタジアムでも、この記録は未だ打ち破られていない。もし、ロンドンでマイケル・ジャクソンが51回のTHIS IS IT興行を実現していれば、延べ動員数と興行回数でストーンズの記録は塗り替えられていたかもしれないが、それも今となっては叶わない。

何故、若手のスーパー・スターが生まれなくなったのか、その理由はデジタル化の進展によりアルバムが売れなくなり、音楽ファンはトラック毎に楽曲をダウンロードして楽しむようになったこと、YouTubeやSNS、サブスク・サービスの驚異的な普及で、音楽をより幅広く選択して楽しむ時代になったからだと業界アナリストたちは言う。そして、大型の世界ツアーに出るアーティストはレガシー・アクトと呼ばれる往年のスターが大半になってしまった。コロナ禍で、多くのツアーがキャンセルされた2021年でさえ、ローリング・ストーンズが世界ツアー売り上げ1位を堅持、イーグルスやガンズ＆ローゼズが上位10組に名を連ねていた。秋山氏と私は延べ12年間、タッグを組んで、後の興行企画担当常務の故本田顕治氏、前札幌ドーム代表取締役専務の島津貴昭氏の支援を受けながら、ストーンズの記録を塗り替えるべく自主興行を続けたが、遂に初仕事の記録を更新することはできなかった。「世界の東京ドーム」の今後も、記録もどうなるのか、もはや知るは神のみである。

米ワシントン州立大学レスター・スミス栄誉教授、同大学財団理事、金沢工業大学虎ノ門大学院教授、同大学コンテンツ＆テクノロジー融合研究所所長。ワシントン州立大学卒、ウイスコンシン大学院にて通信法、メディア経営を専攻し、1981 年に博士号を取得。インディアナ大学他での教務を経て、1990 年代に東京ドーム取締役、同米国法人社長として NFL、NBA、ローリング・ストーンズの興行を日本初開催、U2、マドンナ、マイケル・ジャクソンほか多数のアーティストを招聘した。博士号を持つ伝説のプロモーター「ドクター K」として世界的に著名。ソニー本社執行役員、同米国法人 EVP を経て、エイベックス国際ホールデングスク社長を歴任。2018 ～ 2019 年にセリーヌ・ディオン、エド・シーランの来日ドーム公演も、米大手エンタメ企業、AEG のアジア担当 EVP 兼日本代表として手掛け、同社の名古屋、大阪のアリーナ建設権取得にも寄与した。現在、インター FM897 取締役、ブロードメディア監査役、FM 東京、三菱商事都市開発、NTT ドコモの顧問も務める。

青木陽一氏

シミズオクトの道を開いた
青木陽一氏の想い出

株式会社シミズオクト 代表取締役会長
清水卓治

東京ドームが出来て、舞台装置の仕組みをグローバル化しなければならない時に青木氏に出会い、共鳴いただき、シミズ・インターナショナル・プロダクション・サービス（SHIPS）を設立した。

日本の景気が良く、会場が沢山増えて、外国のオペラ、ミュージカル、サーカスなどなど、激増した時代である。日本の伝統的大道具では対応しきれない限界があった。対ドル85円の時代である。

青木さん経由で1本のトラスを購入したご縁で、リチャード・ハートマン氏の知遇を得た。ワールドツアーに熟達したハートマンの活躍により、千葉スタジオの技術指導をいただき、アメリカ、カナダ製ばかりでなく、ドイツ、ベルギーなどの国々から、SHIPSは日本に無いいろいろな道具やシステムを思い切りよく導入した。

世界の優れたシステムを使いこなすことにより、シミズオクトは発展し、和・洋を通じて日本のイベントの水準アップに些かなり貢献したと思えるのも、青木さんのお陰と感謝の気持ちは、後輩諸氏にもあまねく伝え続けたいと思う。

1 青木陽一氏と知り合ったきっかけ
ホテルニューオータニ　芙蓉の間
香港ファッションショー

青木陽一氏と知り合ったきっかけは、'87年頃、小林与三次氏が日本テレビ会長として、ゴルフ練習場になっていた新宿の土地に本社を移転し、テレビ塔と劇場ホールを備えたピラミッドの形をした壮大なビルを建設したいとの遠大な構想があり、制作局を中心に「劇場研究会」の名前で、集められたメンバーのひとりだった。

青木氏は東京・足立区の生まれで、父親は建築家だったそうだが、アメリカに飛び出し、テキサス州に渡り、サンアントニオ芸術大学を苦学卒業、地元の劇団に入り、舞台装置を担当。演劇、映画の実地にくわしく、美術デザイナーとしてテキサス州ダラス市に「エリアル社」を経営していた。

「エリアル社」はダラス市内の有力企業であるSHOWCOの構内の一角にあり、ニューヨークのステージユニオンには加入しないいろいろな職種の人があつまり、テキサス流の自由なマーケットを形成していた。リチャード・ハートマンのサムエルソン社もテキサス、舞台美術デザイナーのピーター・ウルフ氏の工房もあった。

SHOWCOがつくる大型スピーカーはアリーナや、スタジアムなどの大会場には、必ず求められるものであり、自然とロック系の人々が集まる場所でもあった。青木さんの話ではSHOWCO社の最大のスポンサーは、音と光の演出を追求してやまない「ジェネシス」のフィル・コリンズ氏であった。

ところで、日本テレビの夏の重要イベントの一つは、「アメリカ横断ウルトラクイズ」であった。難問、奇問に正解を続ければ、アメリカの有名観光地を次々に制覇し続ける、一方、クイズに正解できない人は、福留アナウンサーの冷酷な宣言で置き去りにされる。「アメリカに行ける」と応募した人を後楽園球場に集めて、全員輪になって「じゃんけん大会」、負けた方はそのまま失格、勝った人はアメリカへ行く支度を整え、成田空港で別なクイズで半分落とされる。ゲートでまた半分落とされる、と削って行く。

そこまでは知っていたが、それは、連続クイズ番組のほんの始まりであった。アメリカに行った先で、半分ずつ冷酷に振り落としていく番組を見て、いったいどうしてテレビ番組では、こういう乱暴なことが出来るのか不思議でならなかった。

青木陽一氏は、こういった日本のテレビ局や映画撮影の海外取材、収録、演劇関係者や古典芸能の海外紹介公演等に願ってもない強力な助っ人として、高い評価をうけており、「劇場研究会」は、単なるコンサートホールでなく、総合的かつ国際的利用価値あるものを作ってほしいとの日本テレビ制作局の願望からのご指名だった。

さてシミズも、後楽園スタヂアムで毎年恒例になっていた「ウルトラクイズ」は良く知っていた。青木さんに「劇場研究会」で初めて会ってクイズの企画やその他いろいろな質問をした。

当時は、日本からアメリカへ取材したり、出演の打診をしたりは夢のような世界だったが、非常に興味があったし、また逆に日本への海外からの招聘イベントがコンサートばかりでなく、オペラやミュージカル、モトクロスに至るまで、頻繁にあった時代なので、今後のご厚誼を願うよう約束した。

そこで、早速引き合いあったのは、ホテルニューオータニでの「香港ファッションショー」のお話であった。

香港ファッションは、TOKYO、NEWYORK、PARISと比べ、日本でそれほど注目された存在ではなく、「香港シャツ」が有名な位だった。

どういういきさつか、そのイベントはダラスにあるSHOWCOという、大型音響拡声装置専門のメーカーが開発した新製品「バリライト」という新型照明器具のお披露目の会でもあった。

それまでの舞台装置上の照明器具は、緑、赤、黄などのカラーゼラチンペーパーをスポットライトにかぶせるモノで、方向も単一にクランプ止めで固定されていた。モデルや俳優はその明かりの当たる場所で演技することが当然で、あとはフォローピンスポットで追うしかない。

「バリライト」はコンピューター制御により1台の器具がRGB各色を変幻自在に変色し、かつ方向を制御し、画角もコントロールできるまさに、照明器具界の革命的、画期的新製品であった。

しかし、それなりに重量もあり、取り付けにはバトンにクランプで固定という従来のやり方では間に合わない。

ファッションショーは、本舞台から長い花道をモデルさんがしゃなりしゃなり進んで来る。この花道上を「バリライト」のあかりで、モデルをフォロー、自在に制御して洋服のカラーやファッションのディテールをピンポイントでより美しくカラフルに見せたいのだ。その為には、花道上にまたがる「長いトラス」が必要だった。

シミズの舞台装置の担当は羽根信男、菅原アニーのチームだ。ホテルニューオータニの仕事はいつもやっているが、そのネックはこの長い花道のうえに必要な長いトラスを吊るせるかどうかだった。

今まで、ニューオータニでは、天井に吊り点の穴をあけるような仕事をしたことがない。いろいろすったもんだしたが、結局、菅原アニーの東北弁丸出しの口説きは世界共通で、支配人の承認を貰って、数か所の吊り点を作ってしまった。

ショーは大成功だった。

当時は、コム・デ・ギャルソンを筆頭にTOKYOファッションが画期的に春秋行われていたが、照明はまだこのようなやり方にはなっていなかった。

カラフルにシンクロする照明は、モデルを活気づけ、衣装を引き立てた。招待されたバイヤーたちも、初めてのこの場面にいたことを口々に大喜びしてくれた。

かくして、バリライトのお披露目は大成功におわり、青木さんは、SHOWCOからアジア地区の販売を任され、東京舞台照明と組んで「バリライトアジア」を設立し産みの親として取締役となった。来日の機会が急に多くなった。秋本敬三氏が初代・代表取締役となった。

「バリライトアジア」は日本では、たちまちあらゆるプロダクション、テレビ局から一躍注目され、ひっぱりだことなる。日本武道館で行われていたテレビ各局の音楽祭では、なくてはならぬ機材となった。

コンサートの照明は、「バリライト」以前はトラスに「パーカン」と呼ばれる軽量照明器具を無数に取り付け、点滅をしながらトラスの上下動を組み込んだムービング・ショーが主体であったが、次第に切り替わることになる。東京ディズニーランドのオープンセレモニーにも「バリライト」が使われた。

2　リチャード・ハートマン

この時をきっかけにシミズは1本のトラスを購入した。それは「TTRトラス」とよばれ、極めて有用なものであった。

このトラスを開発したリチャード・ハートマンは、ニューヨーク大学電気工学の出身で、ショー・ビジネスに関わるようになり、ロンドンに招かれ、ピンク・フロイドのツアーに参加、全米ツアーのために、サミュエルソン社を作った。のち自分のフリーなビジネスチャンスを生かすために、この自分の会社を売りに出したところであった。

サミュエルソンは、主として、イギリス発のロックバンドの全米ツアーを担っていたので、そこで、ピンク・フロイドやローリング・ストーンズのステージデザイナーのマーク・フィッシャーから、ワールドツアーのエンジニアとして声掛けあったらしい。

それで、青木さんとのやり取りは、トラス1本だけでなく、サミュエルソンの機材リストを丸ごと買わないかという話に変わって来た。

当然、のどから手が出るほど必要なものもあるけれど、東京ドーム用に使うには、基礎的な資材として違っていた。当時のシミズには、それを使いこなすだけの人材が揃っていなかったし、資力的にも高嶺の花だった。

サミュエルソンは「ストーンズ」クラスの全米ツアーを手掛けている会社だから、全部買えば、そのままアメリカで商売出来るわけだが、青木さんにも、私にも、そのような知力も地力も闘志も足りなかった。

何より、「東京ドーム」のコンサート・ラッシュへの対応が先だった。東京ドーム興行部の秋山弘志部長からは、ワールドツアーのレベルのステージシステムを持たないシミズとは、取引にならないとハッキリ言われていた。それは、今までの興行会社との付き合い方、考え方をガラリと変える方針であった。

つまり、極東の島国で公演するリスクを最小限に抑えるために、出演者はなるべく身軽に来てもらい、必要な機材はなるべく日本側で用意するのが、内野さんや有働さんのポイントであった。キョードー東京もウドー音楽事務所も、それで音響会社、照明会社を育成し、そのなかで、出演者の要望を出来るだけ叶えるようにするのが基本だった。

左より、トムキャット社長ミッチー・クラーク氏、
清水卓治、リチャード・ハートマン氏

しかし、東京ドームがローリング・ストーンズを10日間ステージセット丸ごと買い取ったことは、日本の興行界の常識を打ち破っただけでなく、「ワールドツアー」の展望を世界中に認識せしめたのである。

「ヨーロッパツアー」、「北米ツアー」では、公演日程に間に合わせるために、2つセットをつくり、交互に動かしてきたが、そこに「パンパシフィックツアー」が成り立つことによって、はじめて本当の「ワールドツアー」になり、もう1セットのワールドレベルのステージセットが必要になることが導かれるのである。（この時のステージは、エドウィン・シャーリー社が元請けで、アメリカのユナイテッドプロダクションサービスが躯体を提供した。のちのマーク・フィッシャーの講演録によれば、日本用に特別大きくしたものをオーダーしたと言っている）

当時の日本には、そのような堅牢なシステムは皆無であった。いわゆる大道具は木材や紙、ベニヤを基本としている。建築資材としてビティ足場があったが、高さ25メートルにおよぶローリング・ストーンズの「スチール・ホイール」を組み上げるには、弱くて立ち上げられなかった。

さらに、東京ドームの屋根は幕体であるから、照明のトラスとそれを吊り上げるルーフと呼ばれる屋根を掛けなければならない。

シミズとしては、全員そんな絶体絶命の心境であった。

秋山さんの口添えを頂き、北谷賢司さんのニューヨーク事務所を訪ねた。それで、カナダのブロッカム社をご紹介いただき、舞台会社を紹介頂いた。同行の能見正明君の出張報告をここに添付する。

アメリカ出張報告書

平成2年7月26日

舞台TV事業部3課
能見正明

7月18日　東京ドーム・インターナショナルのニューヨークオフィスを訪問。

7月19日　カナダのトロントへ移動して北米最大のプロモーター、ブロッカム・インターナショナル・CPI社を訪問。ジョン・メグレン氏と会談。

日本におけるシミズ舞台の技術や経験をアメリカ内の各プロダクションに紹介、凱旋して今後のショー・コンサートにおける相互の経費削減を計っていこうと了解を得た。

今年オープンした天井開閉式のドーム球場「スカイ・ドーム」を見学。

球場に入らなくても食事等をしながら、野球が観戦できるようになっていた。「ドームは野球だけではない」という自由な発想が出来る、国民性の違いを感じた。

ニューヨークへ戻りブロードウェイにてアンドリュー・ロイド・ウェバーの新作ミュージカル「アスペクツ・オブ・ラブ」を鑑賞、古典的な物語と印象に残る音楽、巧みなバトン捌きを堪能した。

7月20日　ラスベガスへ移動してユナイテッド社が設営したボクシング場の客席スタンドを見学、その後、オンタリオに移動し、社長であるマイク・ブラウン氏の案内でオフィスや工場、倉庫を見学。広い敷地の中にゆったりとしたオフィスや工場があり鉄骨類だけではなくシート加工も自社で行っていた。

年間降雨量が少ない為、機材保管も空き地に雑然と積み上げて屋根は勿論、シートさえ掛けていなかった。期待した程の機材は無かったが、メーカーの紹介や今後の情報交換が期待されると思う。

7月21日　ジークフリード&ロイ（ミラージュホテル）のショーを鑑賞。

オープニングからエンディング迄、息もつかせぬ程の大スペクタクルで大変感動させられた。又、J・ネピアがデザインを担当という事でスターライト・エクスプレスと共通する部分も有り楽しめた。

これ程の舞台セットを製作する予算があるという事は、それをペイするだけの動員可能な一般客が存在するのだろうし、ミュージカルと同様にショーを本当に楽しむ土壌があるからこそ、このようなショー・ビジネスが成功するのではないかと羨ましく思った。

今回の「スチール・ホイール」ツアーの舞台会社はロサンゼルスのユナイテッド社で、楔式の足場材を使い、舞台のデザイン上ルーフは作っていない。大変な歓待をうけたが、結論は出せなかった。

それで、2度目の訪米となった。マドンナ公演のルーフを担当したマウンテン会社の紹介があり、久保、国場と再度のニューヨーク訪問することになったのである。そのあとダラスで青木さんに面会し、どのようにすべきか相談する事を予定した。

マウンテン社は、我々が行くのを待ち構えていた。社長が地元の銀行家で、弁護士が隣に座り、基本ステージとルーフの見積もり詳細が書類になっていて、数百万ドルの値段がついていた。そして、この取引は、東京ドームを窓口として行うというのである。

当時はやっていた「ニュー・キッズ・オン・ザ・ブロック」公演の仕込みを丁度やっていたので案内された。翌日会場を見せて貰ったが、なかなかよく出来ているとは思ったが、この会社と取引しても、物は買えても、必要な技術とは別のことだという思いがしてならなかった。

そして、次に青木社長のいるダラスへ向かったのである。

ダラスではSHOWCOの会社の一部始終を案内して貰った。大型スピーカーの制作過程をつぶさに見せてくれ、バリライト開発担当の副社長にお会いした。

バリライトを実演するスタジオがあって、音と光のショーを見せてくれた。建設中のシミズの千葉スタジオにも、このようなスタジオがあってもいいなと思った。

その夜、青木社長邸へ招かれ、奥様の手料理、パエリア風の料理など沢山ご馳走になった。

そして、その夜、青木邸でリチャード・ハートマンと初めてお会いしたのである。当然、トラスとルーフの相談になった。シミズとしてはトラスのニーズが高いので、継続的な取引が必要であり、マウンテン社のような商売人から買うのでなく、トラスのメーカーを紹介してほしいと要望した。こうして翌日、ハートマンの案内で、テキサス州ミッドランド市のＴＯＭＣＡＴ社を訪問することになった。

テキサス州は広い大平原である。雨もほとんど降らず、飛行機を使うにはベストな場所だ。世界中の軍用機を集めた航空博物館もある。年に1度、日本の零式艦上戦闘機も航空ショーに飛ばしているそうだ。

だから飛行機を作るに便利な場所でもある。飛行機の機体の主要部分はアルミで出来ている。アルミ溶接の熟練工がいくらでも雇える場所なのだ。

トムキャット社の社長ミッチー・クラークが待っていてくれた。35才の若い社長だ。ハートマンが教えて会社を興したそうだ。

工場はさして巨大という規模ではないが、トラスを部品のサイズ毎にジグによって仕上げていく、手作業の会社だ。だが、金属を切削したくず金属などの工場の清潔整頓は素晴らしい。大型のトラスに金滑車をつけて動かしやすくしたものや、パー缶と呼ばれる照明器具を内蔵できるようにしたトラスとか、軌道にのっている様子であった。

天井に梁のない幕でできた東京ドームには、舞台用具を吊るすための梁トラスが必ず必要である。そしてその梁を持ち上げ吊るすことの出来るタワーシステムが必須であり、我々はそれを備え付けしたいと力説した。

そして青木氏とは、シミズ・インターナショナル・プロダクション・サービス（ＳＨＩＰＳ）設立に向けて骨折り願うことと、リチャード・ハートマンをエンジニアリングとして、契約し、ワールドツアー用のステージシステムを考えて貰うことをお願いした。

マウンテン社と、ユナイテッドプロダクションには申し訳なかったが一番よい方法を選択できたのである。

ハートマンは彼の会社サミュエルソンをＶＡＮＣＯに売却、パシフィック・リム用の世界水準の舞台組織をシミズの為に考えてくれることになった。

その結論は

ルーフ：トムキャット＆ＣＭチェーンモーター（ＵＳＡ）
ステージ：レイヤー＆シーコデッキ（ドイツ）
タワー：ステージコー（ベルギー）

これは、世界最新の設備であり、これをＳ．Ｓ．Ｒ．システムと名付けた。シミズ本社側では、本格的に稼働を専門に担当するセクションとして千葉スタジオにＳ．Ｓ．Ｒ．部をつくり、社内各所から能見正明君を筆頭に14名の人間が発令された。

素晴らしいシステムではあるが、欧州から買い付けはおよそ欧州航路の船便で、60日かかる。かつ、インド洋、東シナ海は天候不順で、最初に使用予定の浜田省吾さん案件分は、香港で卸して、飛行機に積み替えるなどの荒業を必要としたほどである。

しかし、リチャード・ハートマンは、お弟子のタム・ベイリーーを連れて、千葉スタジオへ入り、勿論、青木さんも一緒だ。そしてＳ．Ｓ．Ｒ．システムの研修会。

青木さんの逐一通訳の講義であるが、ハートマンの重点は、力学と電気工学とであった。日本では１００Ｖが普通使われているが、これを工業的に使うのは危険であるというのだ。２００Ｖ電気の扱い方を厳しく教えられたのである。

トムキャットトラスの導入後、ＤＲＥＡＭＳ ＣＯＭＥ ＴＲＵＥのワンダーランドツアーがあり、キノコ型ステージセットを組んだが、ハートマンが中心的な役割で、テキサス州の仮組みを行い、現地新聞に大きく扱われた。

3　ユニバーサル・スタジオ見学

さて、青木邸に戻るが、アメリカ便というのは、行きは直行便があるが、帰りは西海岸の何処かを経由しないといけないので、ハリウッド見学を申し込んであった。

青木さんの大学の同級生のよしみで、ハリウッドのヒッチコック劇場においてジャパン・ウィークで篠田正浩監督の「少年時代」を上映することが決まり、監督夫妻、藤子不二雄Ⓐ氏も出席してオープンセレモニーに出ましょうという話になったのである。われわれはお相伴に過ぎないが、場所はハリウッドである。ハリウッド商工会議所会頭以下、オシャレに着飾ってドンペリ、シャンパンで談笑、アメリカ映画社会の豪華さを実感したのであった。監督夫人の岩下志麻さんは着物姿で、超絶人気であった。

「少年時代」は戦中の集団疎開や、ガキ大将でいじめっ子が登場する物語であるが、「主題歌が合わないのではないか」と私に質問された方がいた。その後、この曲は井上陽水さんの最大ヒット曲となった。

4　さまざまな技術革新とシミズオクトの進歩

１９９０年頃は千葉スタジオの美工室は筆で文字を書く「書き屋」さんの天下だった。都体の駅前アーチ横長１８メートルは6万円で受注、うち書き屋さんに場所提供して書き手間は3万円という時代であった。

青木さんに案内されてＥｘｈｉｂｉｔ Ｇｒｏｕｐという最大の展示会社の見学をすると、社員のデスクには、テレビ大のコンピューターがずらりと並んでいて、看板はプリンターで出力していた。

千葉スタジオでは、簡単に導入出来なかった。しかし、この時をきっかけに、大型出力機の導入は業界で最も早く始めた。このほか、ＬＥＤ映像の導入、ミュージカル「アニー」、マーク・フィッシャー氏をデザイナー起用し、多数の日本人ツアー用大道具製作等を青木さんが先鞭を付けたことで、シミズオクトは長足の進歩を遂げたのである。

～SHIPS～ 青木陽一ストーリー

青木さんの人生

エリアル　Aerial U.S., Inc.　President

高橋尚志

東京都出身。日本で映像・音声制作に携わった後、1991年渡米。以来、プロジェクト・コーディネイターとして主にエンターテインメントおよび教育の分野で数多くのプロジェクトを手がけている。

世界基準のステージが組める部材や機材を日本国内に保有したい。シミズ舞台工芸・清水卓治社長（現・シミズオクト会長）の強い思いで設立されたのがシミズ・インターナショナル・プロダクション・サービス、通称ＳＨＩＰＳです。場所はアメリカ、テキサス州ダラス。１９９０年11月のことです。

ＳＨＩＰＳの社長を務めたのは、ダラス在住の青木陽一（２０１８年没）です。青木は、セットデザイナーとしてダラスの劇団に所属していたこともあり、当時、日米両国で数多くの芸術的プロジェクトを手掛ける他、日本のテレビ番組の企画やコーディネートなど、幅広い分野で精力的に活動していました。

こうしたなか、ミーティングのために訪れていた東京で清水卓治氏と初めて会うことになります。そして、この数年後にＳＨＩＰＳが誕生するのです。

ＳＨＩＰＳが設立されてから最初の５年間は部材や機材の買い付けが主な業務となりました。アルミトラス、チェーンモーター、モーターコントロール、スキャフォルディングなどですが、これらを選択する上で大きな助けとなったのがリチャード・ハートマン氏です。ハートマン氏はＵ２をはじめとする大物アーティストの大規模ツアーにテクニカル関係の責任者として参加した経験をもち、世界基準の部材の選択を任せるには、まさにうってつけの人物でした。ハートマン氏はその後もコンサルタントとしてＳＨＩＰＳにとって、かけがえのない存在となります。

ＳＨＩＰＳの歴史を語る上で欠かせない人物がもう一人います。

日本人アーティストのステージデザインを世界的なデザイナーに手掛けてもらいたい。そう考えていた青木はハートマン氏に聞きました。「世界一のデザイナーは？」この問いにハートマン氏は即答しました。

「マーク・フィッシャーだよ」

フィッシャー氏は、Ｕ２、ローリング・ストーンズ、ピンク・フロイドの巨大ステージ、北京オリンピック開会式、シルク・ドゥ・ソレイユの『ＫＡ』等々のデザインで知られる世界的なステージ・デザイナー／建築家です。

１９９６年、フィッシャー氏との初めてのプロジェクトが始動します。アーティストはＭｒ．Ｃｈｉｌｄｒｅｎです。

ニューヨークのとあるホテルの一室でＭｒ．Ｃｈｉｌｄｒｅｎのメンバー、プロデューサーの小林武史さんとの第１回目のミーティングが行われました。ミーティングが始まるとフィッシャー氏はスケッチブック、万年筆、インク瓶をバッグから取り出し、考えていることを文章ではなく単語で表現して欲しいと言いました。メンバーやプロデューサーの言葉を聞きながらフィッシャー氏はサラサラとペンを走らせます。そして一通りアイデアが出終わると、「今までお聞きしたアイデアだとこうなります」と言ってスケッチブックを見せてくれました。そこに描かれていたステージデザインを見て、メンバーらは全員息を飲みました。

マーク・フィッシャー氏は、その後も松任谷由実、氷室京介、B'zなどの日本人アーティストのステージをデザインしています。

日本人デザイナーがデザインしたステージをアメリカでカスタムメイドで製作したことも何度かありました。そのなかで最も大規模なものはドリカムワンダーランド（１９９５年）のステージです。仮組みはトラスを製造したＴＯＭＣＡＴ ＵＳＡの本社と工場がある（当時）テキサス州西部のミッドランドで行われました。季節は夏。場所は工場に隣接する空き地。日本からも10人ほどのクルーが参加しましたが、炎天下での連日の作業はかなり過酷なものとなりました。

また、普段は何もない空き地に日に日に大きくなっていくキノコのような形をした謎の建造物の姿は近くを走るハイウェイからも見ることができました。これがちょっとした話題になり、地元のテレビ局が取材に訪れたほどです。

ミュージカル『アニー』のドロップとセットの製作も記憶に残るプロジェクトです。デザインは、ブロードウェイで数々の名作ミュージカルのシーニックデザインを手掛けたデザイナー、ピーター・ウルフ氏です。

シミズ本社からは庄司賢哉さん、佐熊俊さんもダラスを訪れ製作に参加しました。言葉の壁もあり、日米両国のクルーが時には身振り手振りでコミュニケーションを取りながらの作業となりましたが、本場ブロードウェイを感じられる素晴らしいセットが完成しました。これらのセットは修理をしながら10年間使われたと聞いています。

もちろん全てのプロジェクトが順調に進んだ訳ではありません。仮組みのため

晩年に孫に習字を教えている青木陽一氏。ご息女ケイティさん提供

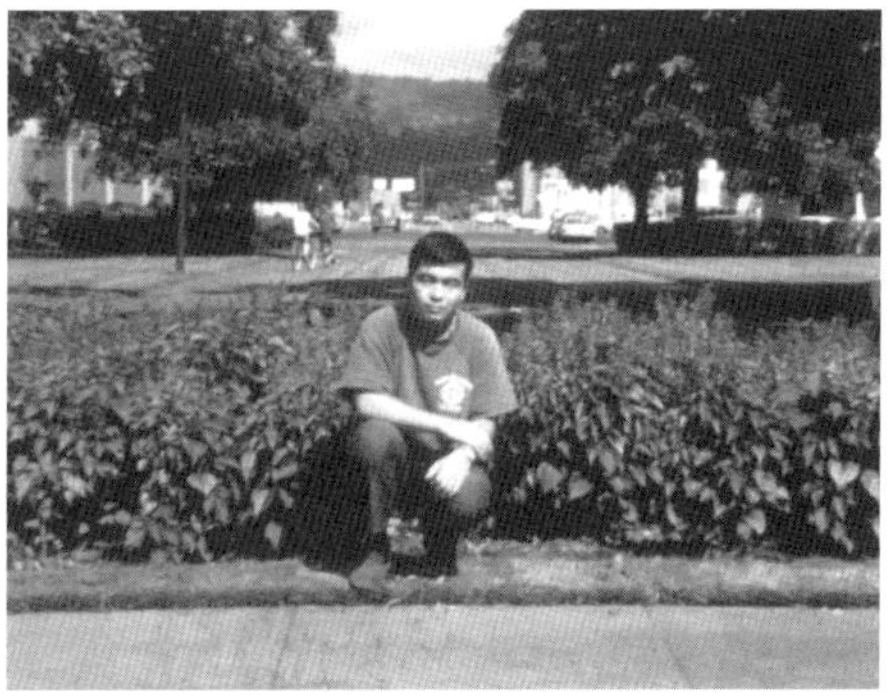

の日本人クルーが来ているのに肝心の部材の製作が終わっていないため1週間何もできなかったこともありました。

こうした時ほど日本と欧米の時間に対する感覚の隔たりを感じたことはありません。ギリギリのスケジュールで作業することが多い日本に対して、欧米は何事も時間的な余裕をもってスケジュールを組むことが多いのは事実です。こうした状況でプロジェクトを円滑に進めることがＳＨＩＰＳの重要な役割であると同時に一番苦労することでもありました。

ＳＨＩＰＳでは、ソフトとハードの両面で世界のトップレベルのものを日本に導入する一方、機会がある度に本社の人材に日本国外での経験を積んでもらうよう努めました。

既に優秀なエンジニアであった能見正明さんは、イギリスのステージデザイン／製作会社であるブリリアント・ステージでさらに高度な技術を学びました。経験豊富なクルー、鈴木義昭さんは、アメリカで行われたピンク・フロイドの『ディヴィジョン・ベル』ツアーに仮組みから初日まで帯同し、当時その規模が大きな話題となったツアーを体験しました。

２００５年、オフィスのニューヨーク移転にともない、ＳＨＩＰＳダラスは閉鎖されることになります。

設立から15年間、様々なプロジェクトを通じて多くの素晴らしい人々に会うことができました。

そして、ＳＨＩＰＳを支えてくれたアメリカ人スタッフの存在も忘れることはできません。

ＳＨＩＰＳ設立前から長年にわたり青木をアシストしたメリー・マカラ。ユニークなアイデアでビジネスの拡大に努めたラリー・マクネニー。ロジスティック関係を担当したシンディー・ホーソン。そしてＳＨＩＰＳの社員ではなかったものの、テクニカル関係でサポートしてくれたタム・ベイリー。

とても良いチームでした。そして、そのチームの一員であったことを今でも誇りに感じています。

最後に、リーダーとしてＳＨＩＰＳを牽引した青木陽一とはどんな人物だったのか？

私は青木の下で30年以上仕事をしましたが、まず驚かされたのは人的ネットワークの広さです。ＳＨＩＰＳの創成期にもキーパーソンとの出会いがありました。人を引き寄せる力、人と繋がる力、そういった強い力を天性のものとして青木は持っていたのだと思います。そしてもう1つはチャレンジ精神です。「やっちゃえばいいんですよ」これは青木がよく口にした言葉です。青木をよくご存知の方は何度か耳にしたことがあるかと思います。もちろん青木も全てのチャレンジに成功した訳ではありませんでしたが、新しいものにチャレンジする姿勢は見習うものがありました。

確か１９８０年代初頭だったと思います。森本毅郎氏がダラスの青木の自宅を訪れ、インタビューするという番組が日本でオンエアされました。１９６４年、20歳でアメリカに渡り、芸術、演劇を学び、アメリカ人女性と結婚し、日本人の少ないテキサス州で活躍する日本人を紹介するという内容でした。その番組のタイトルは『テキサスのルネッサンスマン』。青木陽一はまさしくルネッサンスマンだったのではないでしょうか。

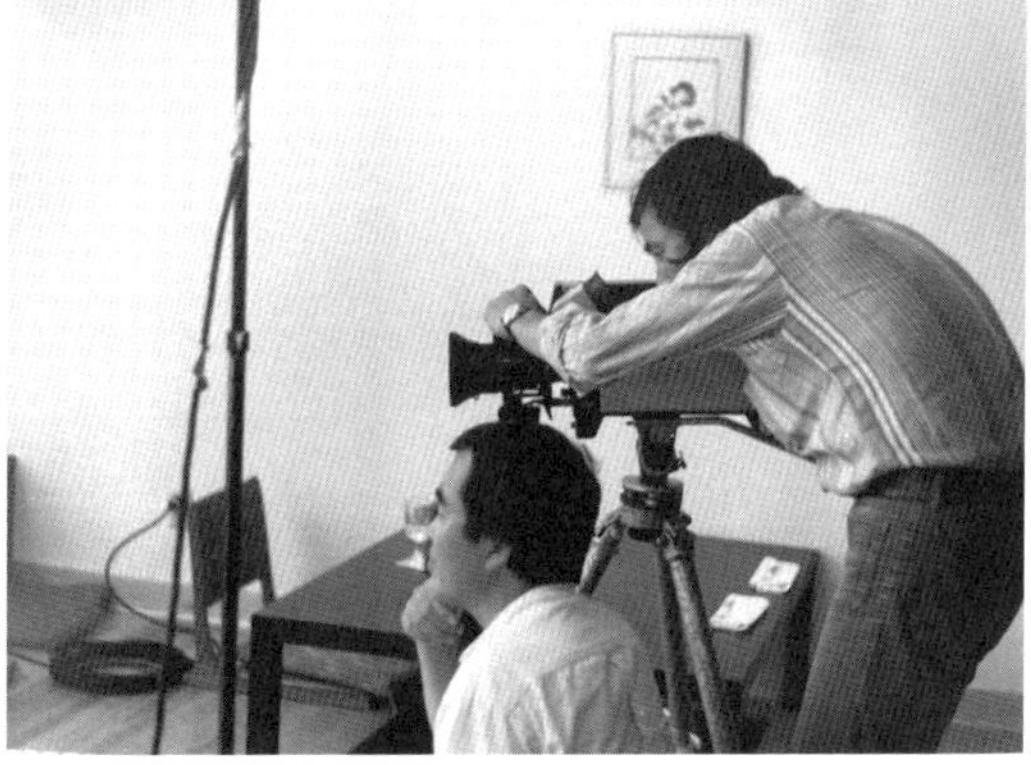

マーク・フィッシャーの世界

シミズオクトの国際化を支えた巨匠

※2013年8月1日発行「ハロー！バックステージⅡ」より転載

ピンク・フロイド、ローリング・ストーンズ、U2、ジャネット・ジャクソン…… 枚挙に遑がないほどのビッグ・アーティストに信頼され、愛され、才能を崇拝された舞台デザイナーのマーク・フィッシャー。10年先までの仕事の依頼があったという彼なのに、残念ながら2013年6月25日にお亡くなりになった。様々な仕事を一緒にする中でマークに与えられたハードルの高さがシミズオクトの技術者を育てた。感謝の気持ちを込めて、日本での盟友、故・青木陽一さんが綴ったマーク・フィッシャーの人生を掲載したい。

元ダラスSHIPS代表取締役社長、故人　**青木陽一**

マークとの出会い

もともと私の仕事は演劇の舞台装置のデザイナーなんです。若い頃アメリカへ留学して大学に入り、はじめは絵描きになろうと思っていたんですけれど、舞台美術のスケールの大きさというのが非常に面白くなって、大学院を出た後、ダラスにある地方劇団に招かれて専属の舞台美術デザイナーとして1981年までやっていました。その後、劇団が分裂しまして、そのまま独立し、いろんなテレビの仕事などをやっているうちに、バリライトがダラスで発明され、たまたまそれを発明した人たちをよく知っていたものですから、日本でもこういうものをやらないかという話を持ちかけられたのです。それでバリライトアジアを日本に作ったのが、私がコンサートの仕事に入るきっかけになったわけです。

バリライトアジアを設立してもう10年以上になりますが、シミズ舞台工芸の清水社長から、シミズも国際的な仕事をしなくてはいけないので、ダラスにシミズインターナショナル・プロダクション・サービス、略してSHIPSという会社を1990年に作りまして、そこで本格的にコンサートのステージ関係の仕事をやるようになったわけです。

はじめの頃は、国際的なアーティストやプロダクションの人たちが使う部材の購入から入っていきました。当時、ワールドツアーの一環として日本によく来ていた人たちが持ち込んできたトラスやイントレ、またそれを動かすモーター関係、そういった部材を本格的に集めてシミズに納める。そういうことを5、6年続けていたんですが、ストックも増え、外タレが来ても今までのように持ち込む必要がなくなって、シミズを使ってステージも組めるというシステムがようやく確立されてきました。

その頃になってふと考えたのは、それを使うデザイナーやプロダクション関係の人たち、世界中で活躍する人たちを日本に紹介したら、ハードとソフトの組み合わせと言いますか、日本のコンサート技術やデザインも向上するんじゃないかと思ったわけです。

1996年のことだったと思いますが、小林武史さんから連絡がありました。ミスチル（Mr.Children）が〈深海〉というツアーをやることになり、それでどうしてもマーク・フィッシャーを使いたい、彼だったら面白いステージをデザインしてくれるだろうというのです。これはいいチャンスだとマークに連絡したら、「自分の作品はツアーで何度も日本に言っているけれど、日本人アーティストとの仕事は今までやったことがない。一度やってみたい」とのこと。それがきっかけとなり、ユーミン（松任谷由実）も何度もマーク・フィッシャーのデザインでツアーをやっていますし、氷室京介のツアーも2回手がけています。

マーク・フィッシャーとはどういう人間であり、彼の仕事のやり方、それからステージ、特にツアーステージに対するコンセプトとはどういうものかを、これから書いてみたいと思います。

マークの作品歴

日本関係のアーティストがらみでいえば、2000年末に沖縄へ行き、TK（小室哲哉）とジャン・ミッシェル・ジャールを沖縄でやってそのまま東京に戻って来た、「2001年宇宙でのランデブー」という、テレビ朝日で1月1日にオンエアした番組がありました。この年の1月といえば、NFLのスーパーボール〉という大きな仕事もやっています。

アメフトの〈スーパーボール〉といえば、毎年アメリカ中が大騒ぎをするスポーツの大イベントですが、これには必ずハーフタイムショーがあります。10分ぐらいでスタジアムの中に巨大なステージを組んで、そこで有名アーティストのコンサートをするというすごいショーです。この年の〈スーパーボール〉で、マーク・フィッシャーがハーフタイムショーのデザインを頼まれたのです。

前述したジャン・ミッシェル・ジャールが1999年12月31日にエジプトのピラミッド前で大コンサートをやったんですが、これもマークがデザインしています。ジャン・ミシェルといえばシンセサイザーの教祖みたいな存在ですが、彼に関してはデビュー時からすべて、マークが構成・デザイン・演出を手がけています。もちろん、さきほど触れた沖縄もマークの構成です。81年、88年、95年と、中国で開かれたジャン・ミシェル関係の大きなイベントもすべてマークがやっています。

それから、これはコンサートではないんですけれど、イギリスのグリニッジに建てられたミレニアムドームで1年間、ショーをやりました。12月31日のカウントダウンでこのショーはすべて終わったのですが、マークはイギリス政府及びエリザベス女王から指名され、ミレニアムショーをやりました。これもデザインのみならず、構成から演出まですべて彼がやっています。

その他のアーティストでは、まずティナ・ターナー。いちばん最近のが２０００年の〈トゥエンティフォーセブン〉という、彼女の最後のツアー。彼女はこれで引退したんですが、マークとは3回以上やっています。96、97年の〈ワイルデスト・ドリーム〉、それから〈フォーリン・アフェア〉、90年のもそうです。それからＡＣ／ＤＣ。これも2回か3回やっています。いちばん新しいのは２０００年から２００１年にかけてのワールドツアー。またエルトン・ジョンも、１９９９年から２０００年にかけてのツアーを手がけています。

ユーミンはシャングリラをはじめたくさんのツアーを一緒にやっています。シンプリー・レッドは１９９２年から２０００年にかけて、計4回のツアーのデザインをやっています。

もちろんローリング・ストーンズもあります。89年、90年のツアー〈スティール・ホイールズ〉がはじめて手がけたデザインです。その後の〈ブードゥーラウンジ〉、〈ブリッジズ・トゥー・バビロン〉そして〈ノー・セキュリティ〉という、ちょっと小型のツアーがアメリカであったんですが、こういった80年代から90年代にかけてのストーンズのデザインはすべてマーク・フィッシャーです。その後もストーンズはずっとマークを使い続けています。

それからジャネット・ジャクソン。ジャネットのデザインは98年の〈ベルベット・ロープ〉、90年〈リズムネイション１８１４〉などです。

Ｕ２では92年の〈ズーＴＶ〉が日本にも来ています。それから93年の〈ズーロッパ〉、97年の〈ポップマート〉。Ｕ２はまたツアーをやるそうです。

フィル・コリンズは、もう何回もやっていますね。他にもジェネシスなど、数え上げればきりがありません……。

そして忘れてはいけないのはピンク・フロイドですね。ロジャー・ウォーターズの90年の〈ザ・ウォール〉。これはベルリンでやったロックオペラです。コンサートのステージとしては世界最大級の大変な作品です。それから94年の〈ディビジョン・ベル〉もありました。

こういったコンサートのほかにも、彼はイベント関係もずいぶん手がけています。リスボンのエキスポで毎晩やっていたショーがあるんですが、その構成・デザインも彼です。それにディズニーワールド。96年の25周年記念イベントはマークの構成・デザインです。

コンサートの世界へ

このような世界的アーティストであり、日本も含めて世界中で大活躍している人間なんですが。彼のバックグラウンドを紹介すると、生まれたのはイギリスで、高校を出て建築家になろうとしました。65年にイギリスの有名な建築の大学に入り、71年に卒業します。イギリスでは3回の試験を通って初めてイギリスの王室建築家協会という組織のメンバーになれるんですが、彼はもともと建築家なのです。

彼が大学に入学した１９６５年はビートルズが大活躍していた時代です。'47年生まれということは戦後ベビーブームの走り。日本でもそうですが、戦後のポップカルチャー世代です。そういう中に生まれ育った人間なんです。彼の建築家としての勉強もそうなんですけれど、考えの中にポップカルチャーやビートルズなど、非常に大きな要素がどんどん芽生えていくわけです。

同時に、１９５０年代の終わりぐらいにイギリスで、〈アーキグラム〉という非

初代ＳＨＩＰＳオフィスを前に、左より北迫、小島、青木、清水、日本テレビの中西氏、松原

マーク・フィッシャーが手がけた主なアーティストとイベント

ピンク・フロイド
スティービー・ワンダー
ジャン・ミッシェル・ジャール
ウルトラボックス
マレイ・ヘッド
ワム！
ロジャー・ウォーターズ
ジョージ・マイケル
『ネルソン・マンデラ・トリビュート』
ローリング・ストーンズ
ジャネット・ジャクソン
ティナ・ターナー
ホイットニー・ヒューストン
ブライアン・アダムス
シンプリー・レッド
U２
『グレート・ミュージック・エクスペリエンス』（東大寺）
REM
AC／DC
ケネス・フェルド『オズの魔法使い』
ザ・キュア
スマッシング・パンプキンズ
スターライト・エクスプレス・オン・アイス
フィル・コリンズ
リスボン万博『ナイト・スペキュタキュラー』
Mr.Children
松任谷由実
氷室京介

常に前衛的な建築学が生まれました。大学にいた頃、彼はこのアーキグラムに非常に感化を受けるわけです。アーキグラムが何なのかを簡単にいえば、それは〈仮設の都市構造〉です。すべては仮設でいいだろうと。作っては壊し、また作っては壊す――そういう非常に大胆で抽象的な建築学でした。

そして彼の頭の中に浮かんだのは、「ツアーのステージというのは仮設の建築じゃないか」ということです。ステージを組んでは壊し、世界中をぐるぐる廻るわけですから。これこそアーキグラムが望んでいた建築であると、彼は考えはじめるわけです。

彼が考えたのはバボット、風船です。風船を建築に使えないかと。ビルも風船で作ってしまう。家から公園から、あらゆる建築はすべて風船でできるだろうと考えたのです。風船をたたんでしまって、隣の町に行って膨らませれば、また建築物になる。そういう研究を始めたわけです。一級建築士になるための試験の準備期間に、彼はいろんな個展を開いたり、風船を使った研究発表をやったりしていたわけです。

それが1970年代に入って、当時はまだピンク・フロイドのメンバーだったロジャー・ウォーターズの目にとまり、「これからツアーに出るんだけれど、お前、その風船を使ってなんかステージを組めないか」と言われる――これが、マーク・フィッシャーがコンサートの世界に入ったきっかけです。マークは、それは面白い、自分で研究・開発した風船の技術を使って何かやってみようと考えました。そして出来上がったのが、いまやピンク・フロイドのマスコットみたいになっている、ブタでした。あのブタをまず作ってみたのです。後にはモーターを入れて風で膨らませるといった技術をどんどん取り入れるんですが、そのときはまだそこまで行ってなくて、あのブタをクレーンで上げていたわけです。そうしたことがきっかけとなり、マーク・フィッシャーはコンサートの世界に入っていったのです。

仕事の進め方

その後、デザインを依頼してきたのは、やはりピンク・フロイドでした。そうこうするうちに、彼はデスクに座ってステージのデザインを考えるのもいいけれど、やはりツアーで一緒に廻ってみたいと考えるようになりました。机上で考えたデザインがツアーに出たときにどのように処理されているのかを一度体験したいということです。そして70年代の終わりごろにピンク・フロイドと一緒に全米を廻りました。半年ぐらいかけて、実際に組み立て、バラシの体験を積んでいったわけです。その中で彼が学んだのは――またアーキグラムの話に戻りますが――その組み立て、バラシの順序。これは振り付けと同じだというわけです。そういう振り分けでうまく舞台が作られ、壊されるということを考えなきゃいけない。同時に、彼は建築家ですから、構造上の計算もできます。ツアーで廻ってみて初めて、設営、バラシで得た具体的なアイディアをステージのデザインに組み込んで行ったわけなんです。

今でも彼にデザインを頼むと、さすが建築家になるぐらいで、非常に上手なスケッチを描きます。愛用のペリカンの万年筆を持っていて、黒いスケッチブック1冊と黒のインク壺をいつも鞄の中に入れているんです。ミスチルがいい例だったんですが、まず、何でもいいから話せと小林武史さんに言うんです。ミスチルがどういうイメージでアルバムを作ったのか、具体的な物語じゃなくていい、単語でいいって言うんです。きれいだとか汚いだとか、イメージ的には、枯れ葉がぱらぱら落ちるとか、そう言った表現を小林さんにどんどん出させるんです。マーク・フィッシャーはわりあい無口な人ですから、質問も非常に単純なんです。そうすると、小林さんもそれに単純に答えるわけですね。マークは、それをただ聞いているだけです。それからスケッチブックを開いて、聞きながら手を動かしている。2時間半ほど、小林さんがいろんな質問に答えたり、考えていることを話したりといったやり取りがあって、それが終わった後にマークがスケッチブックをパッと逆にして小林さんの前に差し出して、「あなたが今まで言ったことはこういうことでしょう」と。その絵が、スケールもぴったりの見事なデザインなんです。確かに、何かいろいろ描いているなと思ってもいても、それを実際に見せられた小林さんはびっくりしますよ。私もそのとき、彼の自筆スケッチを初めて見たんですけれど。まあ、すごいスケッチです。ストーンズやフィル・コリンズやU2でも、いつもこういうやり方でやっているのかと彼に聞いたんです。そうしたら、同じようにやっていると。自分のイメージが涌くような単語をいくつか言ってもらって、聞いた曲のイメージと演出する人たちの言葉を聞いていれば、だいたいのデザインの基礎は2〜3時間で全部出来上がると。

その絵のすばらしさにみんなびっくりするんですが、彼の作業工程はまずスケッチです。アーティストによっては、1枚じゃ足りないからもう2〜3枚違う考えで描いてくれないかという要望もありますから、そういった時間を取って、手描きのスケッチをクライアントに見せます。そして、これで行きましょうというOKが出ると、今度はロンドンにある自分のスタジオに行くのです。

スタジオと言っても、古い3階建てのビルをスタジオ代わりにしているんですが、1階と2階が自分のプライベートスペースで、3階がスタジオになっています。その片隅に小さなデスクが1個置いてある。あと、壁は全部、本なんです。彼の蔵書が何千冊あるのかは分かりませんが、階段の壁からスタジオの壁から、すべてが本ですね。特に資料関係で使えるような写真集や、いろんな有名なアーティストの画集、そういうものがいっぱい詰まっています。壁のスペースをちょっと離れると、後は全部コンピューターです。最新のコンピューターを集めていて、コンピューターのアシスタントがひとりいるんです。そのアシスタントが、マークから与えられたスケッチを元にして、どんどんインプットしていくわけです。例えば、ストーンズのこの前のツアーみたいに大変なものになれば、コンピューターでの作業時間も1ヵ月以上はかかりますが、平均すると3週間から4週間ですべて処理してしまいます。彼は自分でもそのためにソフトを開発しているので、非常に短い時間でコンピューターグラフィックスを作ってしまいます。

それが全部仕上がった時点でビデオを起こして、そのビデオテープとスケッチ、それにコンピューターで描いた線画を一組にして、最初のプレゼンをやるわけです。プレゼンの日に、マークが何組かのビデオテープとスケッチをきちっとまとめたものを持ってきて、じゃあまずビデオを見ましょうと。これを見たらもう、文句の言いようがないんですよ、あまりにもよく出来ていて。

　彼は照明家との仕事を非常に重要視します。照明の効果がよくわかっているんですよね。やはり、照明がよくなければ自分のステージも生かされないということです。ですから、最終のプレゼン用ビデオを見ると、もう照明効果まですべて入っているんです。色の使い方、それからムービングライトの動き、そういったディテールが全部組み込まれているんですよね。それくらい素晴らしい才能を持った人間です。

　その照明家に関して付け加えると、彼がデザインを頼まれたときは、一緒に仕事をする照明デザイナーを彼が選ぶ、というのが彼のやり方なんです。もしくは照明デザイナーがどうしてもマーク・フィッシャーとやりたいという、このふたつのパターンで成り立っています。

　彼と一緒に仕事をしている照明家のリストを私ももらったことがあるんですが、パトリック・ウッドロフ、ウィリー・ウィリアムズ、氷室京介も手がけたアビー・ホルムズ、そして今はもうあまり照明はやっていませんがマーク・ブリックマンといった名前が並んでいました。彼らが、マークとよく一緒に仕事をやっている照明家たちです。

額縁に入らない

　1980年ぐらいから彼の頭には、いわゆるコンサートのステージの形をすべて変えてみたいという考えがあります。

　だいたいコンサートといえばイントレで組み、あるいはグランドサポートという形でルーフを使いますね。ルーフは、野外の場合は天候のいろいろな条件もカバーできるということがあるんですが、屋内の場合でも、ルーフを吊ることによってその下に照明のトラスも吊れるようにするということで使いますが、マークの場合、なぜルーフが必要なんだと考えるわけです。あれがあるおかげで、演劇でいういわゆる額縁プロセニアムという、昔ながらの形態の劇場イメージにしかならないじゃないかと。

　演劇界では、特にアメリカで1950年代の終わりぐらいからようやく、あの額縁から出たステージというのを考えはじめます。スラストステージだとか、さらにはアリーナ。演劇でも、芝居をやる空間というのはどんどん変わってきているわけです。

　ところがマークがずっと言っていたのは、コンサートをやると必ずルーフがついている。それを支えるためのタワーがあり、またイントレがある。そうすると、いくらデザインをやっても、その額縁の中に収まっているデザインしかできないと。やはり、音楽もこれだけ変わってきたのですから、そういった邪魔物を全部取り除いたらどうだというわけです。でもそれを取り除いたら、今度は照明のほうが、「じゃあどこへ照明を置けばいいんだ」と困る。それで彼は、自分で選んだ照明デザイナーとの共同作業に入っていったわけなんです。ですから、最近彼の作品は、ストーンズにしろU2にしろ、ほんとにルーフがないんです。彼がデザイナーとして、あるいは建築家的に考えるのは、「それなら照明のためにこういうものを作ろう、ああいうものを作ろう」ということです。それを非常にうまく配置しているんです。それによって、あの額縁が一切なくなっているわけなんです。

　しかし日本の場合、マークが「ルーフなしでステージを組んでやろう」と言っても、なかなか押し切れない。というのは、やはり照明家と、それからPAですね。このガードが強すぎるんです。それに、外国人が日本に土足で乗り込んでいって「ああしろこうしろ」というようなこともやりたくない。それで、いまだにルーフがあり、タワーがあり、イントレがあるという形態の中で、彼はデザインをしているわけなんです。

　これにはふたつの考え方があると思うんですけれど、日本人の考え方というのは、決められたスペースの中で究極まで追い込んでいく。額縁だっていいじゃないか、額縁の中でどこまでできるかと、どんどん追い込むわけですね。そういう民族だと思うんです。ところが西洋人の考え方には、既成のものを壊して何か新しい空間を作っていこうという動きがあるわけです。そこに考え方の違いというか、文明の違いというか、あるいは生活様式の違いなのか、非常に面白い相違があるということが、こういう仕事をやっているとよく見えてくるんです。どっちか正しいともいえないし、両者の真中にいるというのが私の役回りですから、いいところを取り入れ、うまくドッキングさせながら、いいステージを作っていくことが自分の仕事だと思ってやっています。

左より青木陽一、マーク・フィッシャー、清水卓治、リチャード・ハートマン

※2013年6月25日、マーク・フィッシャー氏はご逝去されました。
ここに謹んでご冥福をお祈り申し上げます。

海外からのお祝いコメント

シミズオクトはアメリカにSHIPSを開設し、「欧米の有名アーティストが使っている一流のステージ部材を日本に持ち世界と同等のステージ会社になる」と決心した。その時からシミズオクト会長・清水卓治は目を皿にして世界中のエンターテインメントを見聞きし、テクノロジーを導入し、世界中に友人たちを作ってきた。今では世界一(?)の千葉スタジオに世界中の部材、また、それらを日本らしく進化させたものが所狭しと並んでいるが、その成長の過程で出会い、友情を育んだ世界の一流のエンターテインメント業界の友人やパートナーたちがシミズオクト90周年に対してお祝いのコメントを寄せてくれた。両手で抱えきれないくらいの感謝を込めて紹介したい。

左より、マーク・フィッシャー、リチャード・ハートマン。ツアー『YUMING SPECTACLE SHANGRILA 1999』準備の頃。

RHA Ltd.
Production Co-Ordinator
（プロダクション・コーディネーター）

リチャード・ハートマン
Richard Hartman

90年代、SSRという日本の新しいプロジェクトと一緒に仕事をし、そこで技術を教えてくれないかと頼まれたことは私にとって光栄なことでした。このSSRとはシミズ・ステージング・アンド・リギングのことで、シミズという歴史のある企業の新しい方向性を示すものでした。シミズとの仕事は、ユーミンやその他のアーティストの舞台美術を手掛けたイギリスのデザイナー、マーク・フィッシャーの仕事の補佐へと発展しました。

SSRはシミズを世界の様々なエンターテインメント企業と同水準に押し上げ、全世界規模のワールド・ツアーがより実現可能なものになりました。

シミズの努力は、世界の協力・絆を少し深めることに貢献したのです。

Columbus McKinnon Corporation
President - Industrial Products Group
（工業製品グループ代表）

カート・F・ウォンニャック
Kurt F. Wozniak

親愛なるシミズオクトの皆さま

創業90周年おめでとうございます。長年にわたり、日本市場におけるCM LODESTARのプロモーションへ多大なる貢献をしていただき誠にありがとうございます。これからも私たちのビジネス・パートナーシップが実りあるものであることを願うとともに、貴社の益々の発展をお祈りしています。

ありがとう。

ESTA
Retired Executive Director
（元理事）

ローリー・ルビンスタイン
Lori Rubinstein

ESTA
Technical Standards Manager
（舞台技術標準化マネージャー）

カール・ルーリング
Karl G. Ruling

シミズオクトの皆さま、創業90周年おめでとうございます！シミズオクトの偉大なビジネスの成功に拍手を送るとともに、エンターテインメント業界における安全性の向上と教育への支援に感謝いたします。シミズオクトはJASST（日本舞台技術安全協会）の強力な支援者であり、World Entertainment Technology Federationのミーティングへ代表派遣も行ってきました。LoriとKarlはよく、イギリスやドイツ、アメリカなどの展示会でシミズオクトの代表とよく交流していました。

また、Karlには光栄にも、2005年東京のシミズオクトのオフィスへ訪問し、標準化規格について短い講演をする機会がありました。講演のあと、シミズオクトのスタッフがKarlと夫人のMartiを明治神宮へと案内してくれ、Martiの誕生日を祝って祈願祭に参加しました。さあ、今度はシミズオクトの90歳の誕生日を祝う番。

Happy Birthday、誕生日おめでとう！！

国際舞台美術デザイナー

シェリル・リュー

Sheryl Liu

李玉金は、2017 年以来６つの舞台で私と一緒に仕事をしてくれました。彼は非常に責任感が強く、徹底しているテクニカル・マネージャーです。彼やシミズオクトと共に働くことが出来て、嬉しく思います。

シミズオクトの 90 周年、おめでとうございます。

Wilhelm Layher GmbH & Co KG.
Managing Partners

キャロリン・ランガー、ジョージ・レイヤー

Carolin Langer and Georg Layher

シミズオクトの創業 90 周年を心からお祝いいたします。これは、清水ファミリーの先見性と起業家精神にあふれる一貫したアプローチがあったからこそ成し遂げられたことです。私たち Layher 社が、実績のあるステージ&スタンド・システムをもって、イベント・テクノロジーの分野でシミズオクトのパートナーでいられることは、私たちにとって大きな誇りの源です。シミズとLayherの長年の協業は、信頼と密なコミュニケーションに特徴づけられます。シミズオクトの皆さんが 2011 年と 2017 年にドイツの Layher 主要工場を訪れた際のことを懐かしく思い出します。また、キャロリン・ランガーとジョージ・レイヤーが 2018 年に日本を訪問した際に受けた素晴らしいおもてなしとあたたかい歓迎は、特に大切な思い出です。私たちのパートナーシップが今後も継続していくことを楽しみにしているとともに、清水ファミリーとそのチームのさらなる成功をお祈りいたします。

Stageline
President and Managing Director

アイバン・ミロン

YVAN MIRON

清水太郎社長並びに従業員の皆様、この度の節目のご達成おめでとうございます。栄えある東京オリンピックの聖火リレーの為に、2018 年に御社の方々をお招きして共に仕事が出来たことは、光栄なことでした。今後も御社との素晴らしい関係を、ビジネス上の関係性だけでなく人と人の関係性も、続けていきたく思っております。

ATOMIC
Chairman & CCO
（会長兼 CCO）

トム・マクフィリップス

Tom McPhillips

シミズオクトと私の出会いは 1989 年のことでした、といっても私はそのときまだこの出会いに気づいていなかったのですが…

マイケル・ジャクソンの「Bad」ツアーが日本で始まったとき、私がデザインしたセットを支えるステージを日本の各会場で組み上げたのがシミズだったのです。10 年後、宇多田ヒカルの MTV Unplugged のセットをデザインしていた際にやっと、私はシミズオクトという会社を知ることになります。その数年後、私は日本初の（MTV）Video Music Awards のデザインをしていました――これがまさしく、私がきちんとシミズを知ることになった瞬間であり、今日まで続く有意義で楽しい関係性の始まりでした。

私のキャリアにおいて最も刺激的で大好きなプロジェクトの数々が私のもとにやってきたのは、まさにシミズのおかげです。MISIA、GLAY、ケツメイシ、EXILE ATSUSHI などのアーティストを紹介してくださったことをとても感謝しています。彼らとの仕事は素晴らしかったし、シミズは彼らのセットを見事につくり上げました。この 10 年では、東京へ赴いてシミズの才能豊かなクルーと一緒に SUMMER SONIC の仕事をするという、素晴らしい経験もできました。

シミズの皆さんに私の感謝の気持ちを捧げます。特に佳代子さんは、私個人と ATOMIC の非常に優れたビジネスパートナーで、長い付き合いになりますが一緒に働いていてとても楽しい方です！世界で最も大きい舞台会社の一つであるシミズは、私自身と私たち ATOMIC 社にとって大きなインスピレーションの源です。

シミズオクトの 90 周年を心の底からお祝いいたします。あなたたちがすることすべてが最高であり、皆さんと一緒に仕事をできたことは信じられないほど素晴らしい誇りです。私のことをよく知っている多くの人がわかるように、私はずっと日本と日本的なものすべてが大好きなのですが、わたしが日本を愛し続けている大きな要因がシミズであることは間違いありません。ありがとう。これから何十年先も、シミズが成長、繁栄していきますように！

TOMCAT USA Inc.
COO

ウィル・トッド

Will Todd

シミズとの思い出の現場

Hello! Backstage
90th Anniversary for Shimizu Octo

90年代初頭からTOMCATとシミズが共に、TOMCATにとって最も象徴的となるプロジェクトの数々を行ってきたことを大変名誉に思います。TOMCAT最大のルーフ・システムKT-11からパフォーマー・フライング・システムの提供まで、TOMCATはいつもシミズのそばにあり、そしてこれからもシミズの力になり続けます。創業90周年おめでとうございます。さらなる発展を楽しみにしています。

CenterStaging LL
President（代表）

ミッチ・クラーク

Mitch Clark

私の清水氏との一番の思い出は、テキサス州・ミッドランドでの現場で、彼が1日中クルーのために焼肉を用意してくださったことです。

清水氏はどういうわけか親切にも私の面倒を見てくださって、長年私の成長を助けてくださいました。

彼は一度私に「トム・キティとしてスタートしたあなただけれど、事業を立派なトム・キャットに成長させたね」と言ってくれた、それは私にとってかけがえのない言葉でした。

彼と築き上げた関係性を、今日もとても大切に思います。

もし（シミズオクトの周年を）記念する大きな会があるのであれば、可能であればぜひお伺いしたいと思います。佳代子さんにもよろしくお伝えください！

シミズとTOMCATは共に力を合わせて、日本中をまわり巡る巨大なエンターテインメント用舞台機構をつくりあげました。

私たちはその進化の一部を担えたことを、とても誇りに思います。

STUFISH
CEO-Design Director
（CEO－デザイン・ディレクター）

レイ・ウィンクラー

Ray Winkler

シミズとの思い出の現場

シミズとStufishの歴史は何年も前に遡り、私たちは最も記憶に残るイベントや素晴らしいステージデザインの数々を共につくってきました。松任谷由美のSHANGRILAのような心を揺さぶるプロジェクトに携わったり、Dragon Quest Liveで新境地を開いたり、Stufishにはいつもシミズの強く信頼できるパートナーがいて、この関係性を未来までずっと続けていくことを願っています。

シミズオクト、90周年おめでとう！ Stufishの皆より。

シミズとの思い出の現場

Skjonberg Controls
President（社長）

ニュート・ショーンバーグ

Knut Skjonberg

シミズオクトの創業90周年を祝って

カリフォルニア・ベンチュラにあるSkjonberg Controlsは、1980年代後半からシミズオクトとの友情を育んできました。シミズが追求するイノベーションは、日本の舞台機構、リギング分野において、創造的で新しいアプローチを生み出すコラボレーションにつながりました。

松任谷由実やMr.Childrenのツアーでの仕事は、特に印象に残っている特別な思い出です。やりがいのある難しい現場でしたが、シミズの人々は最も親切な方々で、大変な仕事を喜びに変えていきました。

私たち2つの会社の友情は今日まで続き、時間と共に進化してきました。何人かの古い友人は去ってしまいましたが、新しい友情もまた生まれました。

90周年おめでとう、そして、これから先も末永く発展していくことを願っています！

Neptunus Structures

トム・アンバウム Tom Ambaum（写真右 Global Sales Director）

ハンス・エイリアーズ Hans Eilers（写真左 President）

Neptunus は、シミズオクトの様な家族経営の会社と共に仕事が出来ていることに、誇りと光栄とを感じています。シミズオクトという家族経営の会社が今後も長きに渡り続いていくことを願っています。

御社が当社においていただいている信頼と、従業員の皆様が行っている努力が、シミズオクトという家族経営の会社を特徴づけており、御社としては間違いなくこれを誇りとすることが出来ます。

制限はあったものの東京オリンピックはもちろん御社のハイライトでありました。しかし、御社のビジョンはそのさらに先を見据えていることを、当社では確信しております。

Neptunus ファミリーとしまして、シミズオクト ファミリーとの現在の協力関係に感謝の念を感じております。我々の次の世代たちもまた、同様の信頼と誇りをもって、協力し合いながら仕事をして行けることを願っています。

Teen Cancer America
Creative Conceptual Designer /
Writer for Live shows, TV, Film and Stage
（クリエイティブ・コンセプチュアル・デザイナー / ショー・TV・映画・舞台脚本家）

ラリー・マクネニー
Larry R. McNeny

シミズと SHIPS で過ごした時間

シミズのために様々な役割で働けた私は、とても幸運な西洋人だと感じています。清水会長、清水太郎氏、そして何よりも清水佳代子氏を含め、一人ひとり名前をあげるには多すぎるほどのたくさんの良き友人ができました。シミズと SHIPS は仕事をするのに素晴らしい会社であり、国際的に、あらゆる場所にいるプロダクション・マネージャー、デザイナー、エンターテイナーたちに尊敬されてきました。

私は今、The Who の Charity Teen Cancer America のクリエイティブ・コンセプチュアル・デザイナーをしていて、このポジションにいることをとても幸運だと思っていますが、クラプトン、The Bee Gees、Ozzy Osbourne との仕事を含めても、直接シミズとした仕事が私にとって最も懐かしい思い出です。シミズでの仕事と、そこで出会った親切で礼儀正しく、親しい友人たちのことを、私はいつも、これからも恋しく思うことでしょう！

皆さまが元気でこのパンデミックを何とか乗り越えてきたこと、そしてシミズが世界一の舞台製作会社である評判をこれからも継続していくことを祈っています！シミズで過ごした一瞬一瞬が大好きでした。もし私を必要としてくれることがあるのなら、いつでも戻りたいと思っています！　敬具

▲ 左から、シミズオクト国際部の板垣智也、ロン・ローズ氏、清水佳代子

◀ 左から、1980 年代初頭に見学に訪れた清水卓治会長、マウンテンプロダクションズ社長兼会長ロナルド・シムズ氏でロン・ローズ氏の祖父

Mountain Productions inc.
Global Managing Director, Mountain Productions inc.
グローバル・マネージング・ディレクター（グローバル担当責任者）

ロン・ローズ
Ron Rose

シミズオクトグループとマウンテンプロダクションズの協力関係は、30 年以上前、清水卓治氏とロナルド・シムズのマウンテンアメリカ本社での出会いに端を発します。以来、私たち 2 社は互いを尊敬しあいながら、世代を超えたパートナーシップで協働してきました。2017 年、私は清水佳代子氏に親切に迎えられ、彼女の父と私の祖父がかつてそうしたように、今度は東京で、業界の未来について語り合いました。シミズの成功が続いていくことを願うとともに、私たちの協業の新しい章を楽しみにしています。マウンテンプロダクションズ全体を代表して、シミズオクトグループの 90 年間の素晴らしい功績をお祝い申しあげます。

テクニカル・コンサルタント

タム・ベイリー
Tam Bailey

「自分の携わっているプロジェクトが世界を変えられるかもしれない」と感じる日というのは、シミズオクトでは日常のことです。いまだかつて最も優秀で才能あふれる人々の集まりでした。

ディズニーランドへ行ってこいと言われたと思ったら、その足で清水氏とのディナーへ赴く、（スケジュールはクレイジーだが）最高の日々でした。お金で買えない、貴重な経験です。シミズでの日々を考えはじめると、思い出が鮮やかによみがえります。すべての思い出が大切で、今日まで私がしてきたことを形成する助けとなりました。シミズの皆さま、過去から未来までのすべてに、感謝しています。

ダラスでの「アニー」仮組後の記念写真

2022年は国際ビジネス元年

株式会社シミズオクト 取締役副社長

清水佳代子

コロナ禍の国際ビジネス

コロナ禍のため２０２０年と２０２１年は国際ビジネスにとって大変厳しい年になりました。スポーツ、エンターテインメントなどのイベントが全くできなかったというだけでなく、人流の抑制が各国で推奨されたため、日本人の海外への渡航と海外からの日本への来日が厳しく制限されたためです。渡航許可が下りたとしても隔離期間は現地で２週間、日本に帰国して２週間。例えば３日間の出張で済むような時も、「隔離期間合計１ヶ月間を仕事もできずに過ごすなら出張はやめよう」という気持ちになるのは無理がないと言えるでしょう。

国際ビジネスが花開いたバブル時代

国際事業の担当役員をしている私は、北米、欧州、アジアを合わせると年に平均10回以上は海外に行っていました。国際ビジネスとともにシミズオクトの発展があったと自負している私たちは、海外にスタッフを研修も含め送ることに熱心でした。ミュージカル「アニー」の道具のデザインと製作を、洋風ではなく本物のブロードウェイ・ミュージカルのオリジナル・デザイナーであったピーター・ウルフに頼み、ダラスの彼の工房で製作していたときには、当時事業部の社員であった庄司さんと佐熊（俊）さんが数ヶ月ダラスで暮らしながら、アメリカ人のカーペンターたちと一緒に作っていました。同時期にはＤｒｅａｍｓ Ｃｏｍｅ Ｔｒｕｅがかつてないほどの巨大なキノコ型のステージを使うことになり、そのセットをテキサス州のミッドランドにあったパートナー企業のＴＯＭＣＡＴの駐車場で仮組みをした時にもたくさんのスタッフが渡米しました。また、その頃から舞台美術に映像が使われるようになり、その先駆けであるＭｒ．ＣｈｉｌｄｒｅｎのＲｅｇｒｅｓｓ ｏｒ Ｐｒｏｇｒｅｓｓツアーと浜田省吾のＯｎ ｔｈｅ ＲｏａｄツアーでＢｏｓｔｏｎ Ｌｉｇｈｔ ａｎｄ Ｓｏｕｎｄのプロジェクターを使うことになり、映像のスタッフがボストンまで出張し、オペレーションについての研修に参加しました。

いわゆるＳＳＲ（シミズ・ステージ・アンド・リギング）の部材は前出のシミズ・インターナショナル・プロダクション・サービスの青木社長とコンサルタントのリチャード・ハートマンさんのセレクションで輸入をしていました。ＴＯＭＣＡＴ、Ｌａｙｈｅｒ Ｓｃｈａｆｆｏｌｄｉｎｇ Ｓｙｓｔｅｍｓ、Ｃｏｌｏｕｍｂｕｓ ＭａｃＫｉｎｎｏｎ Ｃｈａｉｎ Ｍｏｔｏｒｓ、Ｓｈｏｇｎｂｅｒｇなどのセットですが、これらの部材は清水卓治会長が青木社長から直接連絡を取り合い、吟味し、初期の頃は必ず検品にも行っていました。会長ほど海外とのネットワーク作りに熱心な人はいませんでした。

子供が３人居る私ですが、母の協力のおかげで海外出張にはよく行っていました。初めて自分が担当した大きな仕事は、ロンドンに日本のメタルのバンドを連れていって、高名なプロデューサー、アンディ・ギルさんにプロデュースをしてもらってレコーディングをすることでした。その後も私は国際ビジネスひとすじでした。ＭＩＳＩＡさんのデビュー10周年に女性ソロシンガー初の５大ドームツアーでは美術デザイナーにＡｔｏｍｉｃ Ｄｅｓｉｇｎ社のトム・マクフィリップスさんが起用されたのに併せて、アメリカ・ペンシルベニア州やニュージャージー州との行き来もしました。その後ＧＬＡＹの11万人コンサートでもトムさんのデザインが起用され、Ａｔｏｍｉｃ Ｄｅｓｉｇｎ社は私が最も数多く訪問した会社となりました。ディズニーランド脇にシルク・ドゥ・ソレイユがＺＥＤ劇場を作った際には、盟友でもあるＴＯＭＣＡＴのミッチ・クラークさん、テクニカル・コンサルタントのリチャード・ハートマンさんとの頻繁なやり取りが再開した他、カナダ・モントリオールのシルク・ドゥ・ソレイユの本社にもニューヨークから１人で、車で訪問しました。

ニューヨークのマンハッタンに会社を構えている時は、イースト・ヴィレッジに日本のアートを売る店をオフィスにしてたくさんのニューヨーカーと親交しました。筒井康隆さん原作の「陰悩録」というお芝居をブロードウェイでプロデュースしたこともありました。

国際部時代、１番多い仕事は外国からのお客様を成田に迎えにいくことでした。成田で初めてお会いし、車の中でひたすらしゃべり、千葉スタジオを案内して夜は飲みに行きます。１度くらいは両親の家に招待して母の手作り料理を食べたり私の子供たちと遊んだりもしました。

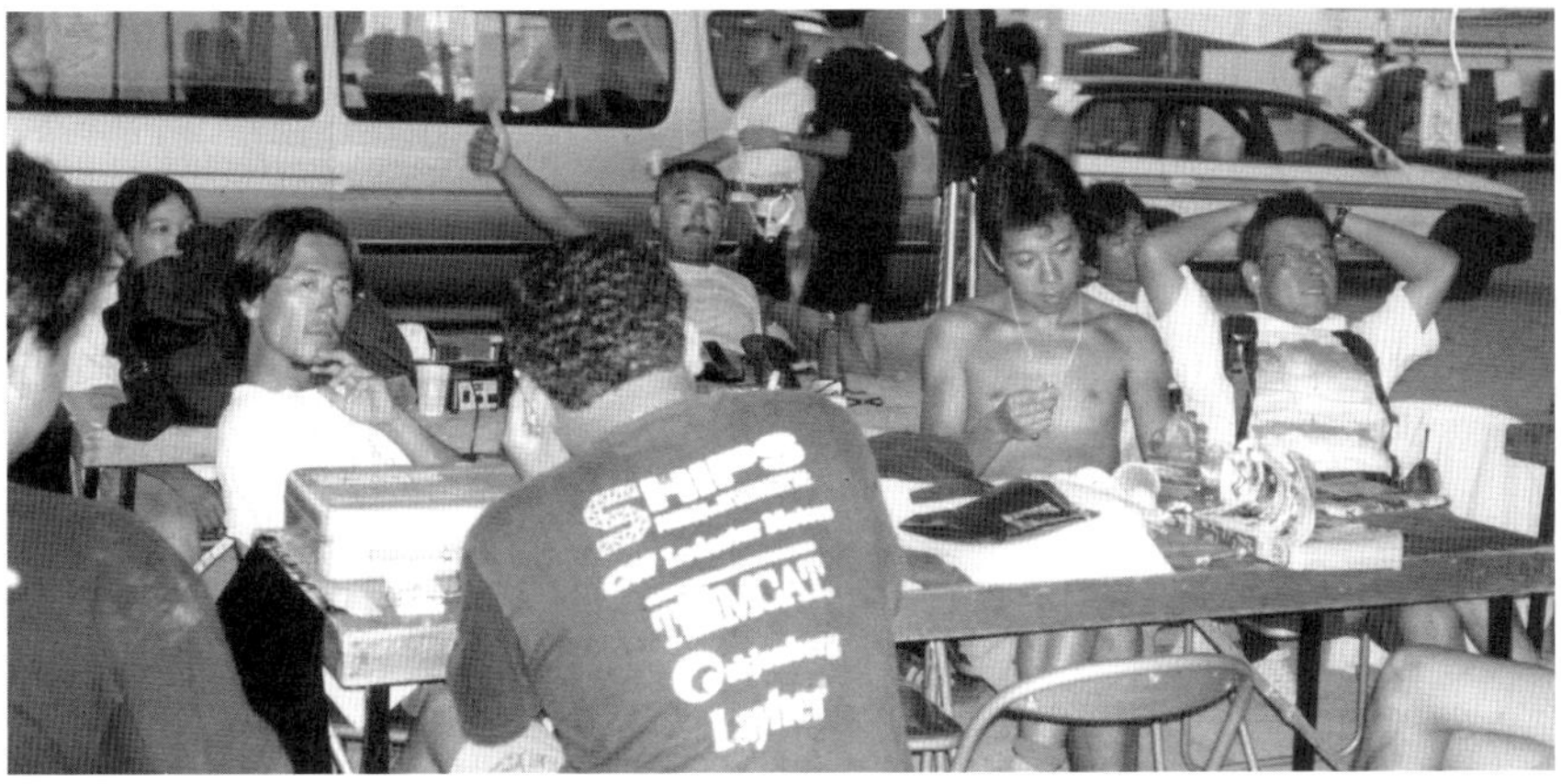

初期 SSR メンバーたち。ドリカム・ワンダーランド現場にて

ピンク・フロイドのツアー・クルーを務めた
鈴木義明（元・取締役。故人）

１つの時代を作った マーク・フィッシャーさんと 青木陽一さん

マーク・フィッシャーさんの作品は唯一無二のものでした。ローリング・ストーンズだろうとＵ２だろうとラスベガスのシルク・ドゥ・ソレイユ「ＫＡ」だろうと、どんなに遠くてもツアーの最初の方に必ず行きました。マークさんがご病気でお亡くなりになり、更にシミズオクトの国際ビジネスの最初の一歩を助けてくださっていた青木陽一さんも亡くなり、１つの時代が終わったという気がしました。

軸足をアジアに移す

その後の国際ビジネスはアジアへの展開に軸足を置きました。北京でのＳＭＡＰ鳥の巣コンサート、ホンダＡＣＵＲＡ社のモーターショーブースデザインと設営。アジアのスーパースター、アンディ・ラウさんのツアーのデザインと道具の製作、現地のミュージカルの道具製作など、面白い仕事をたくさんやらせて頂きました。

東京２０２０オリンピック・パラリンピック競技大会の開催が決定してからは、多くの海外のイベント事業者たちが日本に興味を示すようになりました。その中で私が一番印象深いのはアーバンスポーツです。ＢＭＸ、スケボー、パルクールなどＤＪがいてＨＩＰ ＨＯＰ音楽をＢＧＭに行うようなスポーツのことです。アーバンスポーツの主催者は日本に興味津々で、大型の世界大会を受注させて頂きました。日本で海外の事業者がイベントの主催をするようになったのです。また、ｅスポーツについても同様に海外の事業者からの受注が頻発しました。

そんな頃、北京の語学学校にも行かせ、中国語が堪能になっていた社員、水原紀之さんが中国内での不慮の事故でお亡くなりになりました。本当に悲しい出来事です。そして、命日から1年後、水原さんが私の誕生日にあれこれ迷った上で買って準備してくれていたというプレゼントが、水原さんのアパートを片付けてくれた佐熊部長の手によって運ばれて来ました。そのプレゼントは赤のライダース・ジャケットを模した形のハンドバッグでした。実は水原さんの生前、私は自分が還暦になったらという話をしたことがあったのです。マドンナが赤のライダース・ジャケットを着ていてかっこよかったから、私は還暦の時には子供たちに赤のライダース・ジャケットを買ってもらうつもりだと。水原さんはきっとその会話を覚えていてくれたのです。私は毎年誕生日になるとそのハンドバッグを見て「みず、早すぎるよ。私まだ還暦じゃないよ」と話しかけています。

コロナ禍で分断されてしまった世界ですが、私は２０２２年が新しい国際ビジネスの元年になるのではないかと思っています。かつて私が行っていたオールドファッションなスタイルの国際ビジネスではなく、ネットや映像を活用した、新しい国際ビジネスを期待しています。コロナ禍のせいで一旦盛り下がった国際ビジネス。しかし、今が最悪だとしたら後は昇っていくだけ。今年が元年だと思っています。

水原則之さん（故人）

上海のモーターショーでは、
LEXUS をはじめ
4つの巨大ブースの
設営を行った年もありました

シミズオクトの海外展開

株式会社シミズオクト 取締役副社長
清水佳代子

シミズオクトが初めて海外に支店を出したのは米国テキサス州ダラスであった。名前はシミズ・インターナショナル・プロダクション・サービスとなり略してSHIPS。社内外からシップスという愛称で親しまれてきた。テキサス州には多くの舞台関連部材製造会社が点在していた。ダラスのシップスの主な業務は「バイイングエージェント」、つまりそれらの買い付けであった。

当時はインターネットもなく、現地に住んでいなければ海外の情報を得る事は困難であった。また、アメリカとの時差は朝夕が逆転であり、たとえ英語ができたとしても、国際電話で買い付けに関する折衝を行う事は困難であった。よって、ダラスにいた青木（元）社長がアメリカの情報を集め、ファックスもしくは国際宅急便などで本社に情報を送り、本社の方で興味があればより詳細な情報や見積もりを取る。審議の上、購買することが決定したらダラスに対してパーチェス・オーダーを送る。それをダラスが英訳して現地の製造業者に送る。製品が出来上がったら本社から技術スタッフが検品に行き、その際には通訳を務め、オーケーが出たら出荷。出荷の際には輸送手続きを行う。これらが一連の主な業務内容であった。約30年から20年前のことなのだが今考えると悠長なことをしていたものだ。

しかしこのダラスSHIPSは、シミズオクトの業界内優位性に対して大変な貢献をした。それまでコンサートのステージは簡単な鉄骨や木で出来ていたのだ。それがダラスシップスのおかげで欧米のアーティストが使っているものと全く同じ部材を買い揃えることが出来たのだから、業界にとっては黒船が来たのと同じ位のインパクトがあった。シミズオクトはSHIPSジャパンという別会社を立ち上げ、同業他社にも同じ部材を輸入して売り始め、日本中にレイヤーやトムキャットトラス、CMモーターが広がっていき、それらが日本の標準となっていった。それは圧倒的な数の同システムを持ち、メンテナンスもできて独占的に輸入権を持ったシミズオクトが業界内で優位になっていたということである。

このビジネスに陰りが見え始めたのは25年ほど前であった。インターネットの登場である。インターネットがあれば、日本にいながらにして海外の様々な情報がどんどん得られる。大都会東京にプラスしてインターネットさえあれば、広いだけのアメリカの田舎街であるダラスより情報が早く得られるようになってしまった。国際電話をかける必要もない。英語さえできれば、メールであれこれ業者に頼んでおけば次の朝には返事が来ている。それまで不利だった朝夕逆転の時差が今度はうまい具合にはまった。つまりインターネットの出現と英語を話せる若者の急増により、ダラスSHIPSはバイイングエージェントとしての役割を終えたのだ。

しかし、青木（元）社長以下ダラスシップスには5人程度の社員スタッフがいた。会社を存続するためには買い付け業務以外の何か新しい事業を開拓してもらわなければならない。ところがそれまで部材製造会社が多く点在していた有利性は、アメリカのエンターテインメント情報の収集を行うには不利であった。本社シミズオクトは、アメリカでエンターテインメントに関わる何らかのビジネスを行うならば、その場所はニューヨークが良いと言う結論を出し、ダラスSHIPSを清算し、ニューヨークに新たに会社を作ると言う決心をした。ダラスに常駐していた日本人スタッフに対してはニューヨークでの採用のオファーを出した。しかしそれに応じるスタッフはいなかった。ダラスという場所は、古き良きアメリカであり、一度住んだらニューヨークのような都会には住みたくないとのことであった。優秀なスタッフであったが、結局は袂を分かつこととなった。

以上がシミズオクトの国際ビジネスの生い立ちであるが、その後、ニューヨーク、パリ、上海、北京と会社を立ち上げた。

シミズオクトは毎年日本のプロ野球関係者とともに大リーグ視察ツアーを行っており、アメリカの3、4球団のGMと意見交換をし日本での運営に生かしている。写真はニューヨーク・ヤンキースのいつも大変有意義な意見をくださるブライアン・キャッシュマンGM。

中国展開

株式会社シミズオクト 国際部 部長

佐熊 俊

1986年入社。美術制作部を経て生産管理部、2007年から清水北京、一旦日本帰任後2018年から清億舞台技術（上海）有限公司総経理と海外事業部（国際部）部長を兼務。

1、北京

　僕が初めて中国を訪れたのは、２００７年の上海モーターショーの時でした。博報堂様より仕事を頂き、日本からの精鋭チームでの施工でした。清水（北京）舞台設計有限公司のスタッフと一緒に大変な現場でしたが、やり遂げる事ができました。おかげで博報堂様には弊社を気に入って頂き、その年の広州モーターショーでも仕事を頂き、無事施工を行う事が出来ました。

　翌年からは年間を通しての施工を請け負って欲しいとの依頼があり、翌年から営業・デザイナーと北京に滞在しました。モーターショーと言っても1年ごと交代で開催する北京・上海、それと広州以外は、ディーラーの合同展示即売会という物でした。様々な地方へ赴きました。食堂に入ると「日本人を初めて見た」と言われる事もしばしばありました。

　当時の中国は、日本より30年くらい遅れているように感じられました。特に地方へ行くと、自分の幼少時代と重なる景色を見る事が出来ました。当時の工場の環境は劣悪なものであり、人間や国同士の関係も一概に友好的なものばかりではなく、尖閣の問題等の頃でもあり、地方ではいろいろ大変な目にも遭いました。当然それは13億人の一部の人間であり、多くの協力会社の方たちには大変良くされ、また双方の技術の交換も行う事も出来ました。仕事を通じての国民性の違いも良い意味でも悪い意味でも痛感しました。２０１１年いっぱいまで北京を拠点に仕事をし、若手に後を譲り、12年に日本へ戻ってきました。中国のまさにイケイケの時代を過ごし、激動的なとてもスリリングな5年間でした。

　清水（北京）舞台設計有限公司は２００７年に開所し、２０２１年を以って閉所となりました。

　改めて、ヤン・須永・高橋各総経理、本当にお疲れ様でした。

2、上海

　清億舞台技術（上海）有限公司（以下上海清水）は、２０１３年に開所し、上海市松江区に事務所と工場を併設した、とても立派な工場です。

　日本に戻りしばらく経った２０１７年、「上海清水が窮地に陥っている、シミズオクトをあげて盛り上げていこう」という事で何度か上海を訪れました。千葉スタジオの妹分という事でした。当時、遠藤総経理・水原社員・李社員を筆頭に現地採用のスタッフが10名程度で稼働していました。一緒に訪れた、当時は機構課の松井社員と視察し、日本と同程度の技術を有している、遊ばせておくのはもったいないという事で、千葉スタジオ資材からの発注をこなしていきました。北京を離れて数年ぶりの中国でしたが、その変わりようにとても驚きました。当時は自分の昔のころと重ね合わせていましたが、技術の発達・人間の熟成のようなものを感じました。

　翌年から、総経理に任命され、松井テクニカルアドバイザー（以降、ＴＡ）に技術指導をしてもらいながら、シミズオクトの受注をこなし、また李社員の営業による中国国内のエンタメ案件をこなしてきました。順調に売り上げをあげ、数々の借金返済もして好調に稼働していた所で、コロナの洗礼を受けました。先ずは中国のエンタメがストップし、次にシミズオクトからの受注がストップしました。中国側のエンタメはいくらか早く復活したのですが、それでも件数はごくわずかで、それでも李が何件か拾ってきてどうにか持続していましたが、工場と従業員の維持は難しく、２０２０年半ばに工場を引渡し、従業員の大幅削減を行いました。「国際的スポーツ競技イベント東京大会に何か携われると嬉しいね」とスタッフと話していた矢先の決断で、とても辛いものでした。

　佐熊・李と現地スタッフ3名にて新しい船出となりましたが、とても楽な航海では有りませんでした。李の中国エンタメ案件、千葉スタジオ・松井ＴＡからの若干の発注でどうにか食いつないできました。国際的スポーツ競技イベント東京大会では殆どお手伝いできる事は有りませんでした。

　そんな時、メディア部・石原部長から声をかけて貰いました。「国際的スポーツ競技イベント北京大会の放送ブース製作を手伝って欲しい」と。北京当時もお手伝いをさせてもらいました。大変にありがたく、李社員と直接やり取りを始めて貰いました。話が進んでいくうちに「コロナ禍で日本のテレビ局各社の美術スタッフが中国現地に行く事が難しい」という話が持ち上がり、結局、民放5局の建て込みを上海清水でやって欲しいという方向になり、1局をシミズオクト製作、1局を上海清水製作、他3局製作の道具の現地建て込みを請け負いました。石原部長も5局全部を請け負うのは初めてで緊張を隠せないようでした。これを書いている現時点、北京にいて設営が始まっています。石原部長をはじめオクトスタッフ3名と上海清水スタッフ4名にて。まさに昨日から上海清水製作のブースの建て込みをしています。董事長も今回の清水上海の受注について大変喜んでいるようでした。石原部長にも感謝の気持ちで一杯です。完全に国を跨いだ、リモートでの打合せ、仮組状況の報告等も厳しい進め方ではありましたが、どうにか形になってくれと願うばかりです。

　最後に２０１９年秋に広州市にて事故で亡くなった水原社員への追悼を捧げます。彼は元々、石原部長の部下で、今いれば嬉々として飛び跳ねている様子が思い浮かばれます。

Richard Hartman
（リチャード・ハートマン）

RHA Ltd. プロダクション・コーディネーター。U2、Pink Floyd、AC/DC、Stones 等のツアーや、トリノ冬季オリンピック、アテネオリンピック他に携わる。

リチャード・ハートマン インタビュー

U2 360° Tour ビデオスクリーン テクニカルマネジメント

シミズオクトのテクニカルコンサルタントとして活躍したリチャード・ハートマン氏。シミズオクトの技術の進化に大きな影響を与えました。そのハートマン氏が手がけた代表的な仕事を紹介。

※イベントマガジン BANZAI 2009 年 10 月号より

interview：モロイカズヲ　translator：青木 陽一

バルセロナを皮切りにスタートしたU2 360°Tour。何と言っても目玉となっているのが巨大なステージで、数多くのファンを魅了している。

なかでも話題になっている、全方向どこからでも見え、特徴的な動きをするスクリーンを中心にR・ハートマン氏に語ってもらった。

■今回のU2ステージの概要を教えてください。

私のU2のステージに関しての役割は、スクリーンのエンジニア、デザイナー、製作者間のコーディネートを務めることです。ステージデザインを手掛けたのはMark Fisherです。そしてこのステージの1つのキーポイントとなっているのが、動きを持ったスクリーンです。スクリーンは動きのある構造物であり、オリジナルデザインはNYのHobermanによるもので、これらを開発したのはベルギーのInnovative Designです。スクリーン上部の構造はStageCo、スクリーンの担当はInnovative Design、トラス機構とスクリーンのサポートはWi Creation、そしてオートメーションはKinesysが担当しています。色々なベンダーが関与していますね。

■今回のステージで採用した最新技術や演出効果について教えて頂けませんか？

今回スクリーンを担当したInnovative Design社がメインとなって開発しました。このスクリーンの特徴は何かというと、スクリーンそのものでなく、LEDのピクセルと呼ばれる球をスクリーン状にした動くフレームにくっつけることによって、非常に変わった動きのあるスクリーンができ、それが面白い効果を生みました。今までの映像はスクリーンを置いて「はい、映像が出ました」、一方、真ん中ではバンドがいて、後ろにスクリーンがあったということはもう既に行われていました。今回はそうではなく、セットの一部としてスクリーンを入れ込んでしまうことが元々のコンセプトなのです。

また、これは動くスクリーンですから、動きはどうやるか？それを開発したのがＫｉｎｅｓｙｓで、動きを専門とするプロダクションです。スクリーンがどのくらいのスピードで上がったり下がったりするものなのかを、自分がアイディアを持っていて、そのコントロールのシステムを開発してほしいと頼みに行きました。そしてシステムが全部そろったところで、全体的な動きをまとめたわけです。

■最初のコンセプトから映像だったり照明などの装置を一体化するというコンセプトの基に、今回のステージが誕生するきっかけがあったということですよね？

そうですね。そういうことをやってみようという裏には、やっぱり長いコンサートの歴史があるわけです。そしてこの10年間でコンサートのステージというものがどの様に変わってきたのか、変革してきたのかということなのです。

例えばロックのコンサートでは、初めはものすごい大量の照明器具を使ってバンバン明るくしていくだけでした。その照明もバリライトの様な物が出来上がって、照明の器具自体が多くいるようになりました。そして、今度はLEDというものが発明されて、それによって映像と照明器具が入っているような新しい物が導入されました。また、LEDを使うことでスクリーンはどんどん大きくなり、そうなってくると、LEDというのは明るさがありますから、照明がいらなくなってくるといったことも考えられるのです。

そして、オートメーションというのもここ10年、20年位で色々使われて、物を動かす、ステージを動かすということも、ずいぶんと行われてきました。初めの頃はチェーンモーターを使って照明器具を吊ったり、トラスを上にあげたり下げたりということをやっていました。ところが、チェーンモーターではなくてケーブルを使ったような良いモーターが開発されてくると、今度はセットが動かせるようになってきました。そうすると、今度はスクリーンも動かしてしまおうということで、新しいウインチやケーブルモーターを使いながら、非常に面白い動きもできるようになりました。

そうやって10年、20年と長い時間を掛けて、だんだんとステージの技術的な物が開発されてきて、ようやくそれをもうワンステップ上げてやってみたらどうなるだろうというのが、今回の作品だと思います。

■ＮＹのＨｏｂｅｒｍａｎというところが色々と提供してくれたという話ですが、具体的にどういったことですか？

Ｈｏｂｅｒｍａｎは元々、おもちゃを作っている会社で、色々な方向に動くおもちゃのシステムを開発して作っていました。

■ということは、おもちゃが動きのヒントになったのですか？

様々な動く物を使って彫刻まで作っていました。それが、今度はさらに大きくなり、建築的な動きのある物を開発していった会社なんです。

それから、Ｈｏｂｅｒｍａｎの大きな仕事の一つなのですが、ユタでやった冬季オリンピックがあります。ステージが開くのですが、その仕組みを考えたのがＨｏｂｅｒｍａｎでした。

Ｈｏｂｅｒｍａｎのおもちゃを見るととても面白いんですよ。小さなボールが段々大きくなっていくもので、これが、全部計算された仕組みになっているのです。

ＩｎｎｏｖａｔｉｖｅＤｅｓｉｇｎの社長はＦｒｅｄｅｒｉｃという人なのですが、彼のところにＭａｒｋＦｉｓｈｅｒから話が来て、こういう仕組みが出来ないかと言われた時に、Ｆｒｅｄｅｒｉｃが一生懸命考えて、Ｈｏｂｅｒｍａｎという会社がこういうことをやっていたなと思い当りました。Ｍａｒｋが考えた目玉は、凄いドラマチックで大きいものであり、同時にスクリーンにもしてしまいたいという発想がありました。

■それはとても面白い発想ですね。

演劇や劇場だとかコンサートなどの歴史をずっとよく見てみると、新しい物、例えばバリライトというものがでてきて、今まで動かない照明機材が動くようになりました。物があって、それをどのように動かしたり使っていこうという考え方はいつも並行していて、そうやって技術というものは進化していくのです。そうやっていくうちに、「あっ、こういうものが出来たんだ」とか、「こういうのがあったんだ」というのが出てきて、「じゃあ、こうやってみよう」という風に、合体していく訳ですよね。だから才能のあるデザイナーというのは、デザイン的なことをどんどん考えていく訳ですが、それと同時に、このデザインをやるんだったら今こっちではどういうことがされているのだろうと、しょっちゅう調べながら世の中を見ているわけなんですよね。こんなものがあるなら、今自分が考えていることと合うじゃないか、ということで結ばれて行くんですよ。その良い例というのが、ラスベガスのＢｅｌｌａｇｉｏの噴水のショーがありますよね。あれはたまたま水を使ったのですが、考えたデザイナーはＢｅｌｌａｇｉｏから頼まれたのか、ホテルの前の皆が見られるものということで、デザインを考えているうちに、水だとか噴水の色々な使い方だというのがわかって、そこでいろいろ組み合わせてああいうショーが出来上がっていく。だからデザインっていうのは考えるだけではなくて、いつも周りにあるものを拾ってくる。拾ってくるというか探しながら、これでやればこういうことができるんだっていう風にやっていくんじゃないでしょうか。

綿密に計算されたステージ

■今あるものとそれぞれを組み合わせて新しいものを作っていくんですね。

コンサートやエンターテインメント業界の変革に伴う技術の変革というのは、今回のU2のライブに関して言えば、動きのあるスクリーンと、そこに映される映像との絡み、そういったものは技術的な物として、今大変な変革になっているのではないだろうかと思います。

そしてもう一つは、センターステージです。普通だったら、他のアーティストもそうだし、今までのU2も皆、普通のステージでやっていたのですが、今回は３６０°お客さんが入るようになっています。そして、センターステージだったら観客と非常に近くなれる。エンドステージで端っこにドーンと立ててやるよりも観客が入るわけですよ。客席が増えれば増えるほどプロダクションとしては利益が上がるわけです。それからサイトライン（見切れ）のことなのですが、これだけ大型になって、柱がステージから遠いところまで離れてしまえば、見切れはないんですよ。

■足があの位置にあるのは見切れも計算してあるんですか?

以前、あるアーティストのツアーを回ったのですが、それはいわゆる伝統的なセンターステージのやり方で、センターステージと周りに4本柱があって、それらがステージの近いところにあるんです。そうするとどうしても見切れてしまう観客がいっぱい出てきてしまうんですよ。そしてこれはU2の特性でもあるんですけれども、メンバーはとにかく客席に近づきたいと言うんです。どの方向にでもU2のメンバーが観客と対話が出来るというか、コンサートを近いところでやりたいっていうことで、我々はその動きを色々使って考えたんです。そしてショーの間、必ずメンバーが３６０°の観客から見られるようにと綿密に計算されてステージが作られているのです。それともう一つ、今回の真ん中にあるのがメインステージ、外にリング型ステージがあると考えた場合、メインとリング型ステージを行き来するにはどうしたらいいかと考えて、橋を作ったんですね。これは全部レールになっていて、橋全体が動くようになっているわけです。そしてこの橋の下は、観客の特別席なのですが、やっぱり皆ショーの間は立ちあがっちゃうわけですよ。それをクリアするために橋がアーチ形になって渡されているわけです。

■メインとリング型ステージの間に観客が入っているんですか?

これはU2の意向だったんです。とにかく観客に近いデザインを考えてくれと。

■それでは、そのプランはただ単にデザイン側のプランじゃなく、全て必要な環境に求められたデザインになっているということですか?

その通りですね。今回のスクリーンが上下するというのは、ステージのメインになっているんですけど、そこに映る映像素材に対して、U2はものすごく気を付けているわけですよ。ライブで映すものもあるし、グラフィックで作ったものもあるし、メッセージもあるし、ショーの間中にあらゆる色々なものがあのスクリーンに映されているわけですね。

■でも結局、こういう物を発見しても、これの何百倍も大きいのを創造しなければいけないわけですよね?

そうですね。デザインも完成しました、制作に入りました、作りました。ところが、これはワールドツアーですから、世界中を周るにはどうやったらいいんだと。それを担当したのがＪａｋｅ Ｂｅｒｒｙという、大変有名なプロダクション・ディレクターがいるんですけれども、俺がやるよということで、移動するのにコンテナが何台いるんだ、トラックが何台いるんだ、現地に行ったら何人くらいのスタッフがいなければできないとか、そういう分野も並行して動いていました。

今回のものを重量的に言ったら、ステージから、スクリーンから、柱から全部入れたら１００～２５０トンの間だから、すごく重量のあるステージなんですよ。それから、アメリカの大きいサイズのトラックが１００台以上ないと運べないんです。そして、基礎のステージや柱、メインのステージだとか、そういった物を3セット分作りました。基礎ステージだけで１００台のトラック。さらに照明器やスピーカー、スクリーンで50台以上のトラックがあって、合計150台ほどのトラックで移動するわけなんですよ。

それと同時にデザイナーの仕事の一つなのですが、ツアースケジュールが出ますよね。これだけの大型のステージを作った時に、スケジュール通りにこれが仕込めるのか、撤去が本当にその時間内で出来るのかっていうことまで考えなければいけないわけです。基礎ステージは3セット作ってあるので、1つのところに1組送ったら、後は作っておいてもらえばよいわけですが、スピーカーや照明器、スクリーンなどは、スケジュール通りに動かないと次のショーが間に合わなくなってしまう。皆、素晴らしい作業をしてくれて、今回はスケジュール通りに作業が進んでいます。本当にこれは写真でも見てわかるように、かなり大きいんですけど、実物を見たらもっとビックリするような大きさなんですよ。

■今回の件で一番苦労なさったことなどあれば教えてください。

やはり、限られた6ヶ月間という時間のなかでこれだけの大きさと重量のある物を造らなければならないということが特に苦労しましたね。

■あと、テクニック的には何かありましたか？

例えば、このスクリーンを組み分けた時に、組み上げるための今までの機械、道具じゃ組みあがらない。ですので、道具や機械をそのために開発したり、ある物を改良したりしなければいけなかったのです。あのスクリーンは96枚のパネルで構成されているのですが、それで1枚のパネルの重さっていうのは350〜410キロの重さがあるわけです。それだけの重さになると、スタッフが「よいしょ」って持ち上げるにしたって、上げるのは大変ですよ。あのスクリーンっていうのは、写真で見ると円形に見えるのですが、実際は楕円なんです。なので、ただまっすぐ下がっているっていうだけではないんです。微妙な寸法とサイズで組みあがってるので、大変難しい問題なんですよね。

現代に合った コミュニケーションの重要性

■今回の舞台の感動を与える部分はどういうところでしょうか？

一番感動を与える舞台というのは、やっぱり観客、デザイナー、演奏する人、それからこれに関係しているスタッフ全員、こういった人たちが感動を得られるようなステージが一番本物の素晴らしいものだと思います。

そして欧米の場合、非常にうまいなと思う例があるのですが、日本でも各地でツアーをやる時に、その場所のいろんな要素を取り入れながら変えていくじゃないですか。U2に限らず、これはワールドツアーですから、いろんな国に行く訳ですよね。ポーランドでやったり、アイルランドでやったり、行った国々によって映像を変えているんです。だからポーランドに行けば、赤と白のスクリーンでバーンと出ると。これはもう、ポーランドの国旗がそうですから。そうするとやっぱり、ポーランドの観客は感激しちゃうわけですよ。そういった演出面もずいぶん考えられているんですよね。感動っていえば、話の続きになりますが、ポーランドでやったらスクリーンに赤と白の国旗が映る。そしてアリーナにいる観客は真っ赤なTシャツを着て、スタンドにいる観客は真っ白。これはね、バンドが観客に無料であげるんですよね。するとポーランドに行った時の観客席は9万人ですから、9万枚のTシャツを無料であげちゃおうと。そういう演出面というか、感動をいかに起こさせるかっていう、小さなトリックだけど、そういうことがまぁうまいんですよね。

■観客と舞台の上に立っている人、それとスタッフも含めて、一体感を作っていくということなんでしょうね。

それはもう、ギリシャ劇が初めて作られた時から、今までその辺はやっぱり一体感ということは変わらないはずなんです。昔はギリシャ劇で大きいマスクを被れば、遠くの観客から見やすくなる。あれと同じ考えなんですよ。だから9万人、10万人が入るスタジアムでやっているのですが、ステージから遠い、特に安いチケットだとすごく遠いわけです。だからそういった遠いところにいる観客も、U2というバンドとどうやって一体化できるかっていうところの研究ですよね。それを一番早く出来るのはスクリーンだろうと。

■今後、イベント業界はどのように変化していくか、またはどのように変化していかなければならないと思いますか？

世の中はどんどん変革されていきますから。やっぱりコミュニケーションはものすごく大切なんですよ。それこそコンサートやイベントとかそれぞれのコミュニケーションは、大きい意味でのエンターテインメントビジネスの一環ですから。だから世界の中での業界としてのコミュニケーション、それからコンサートを見に来る人たちとのコミュニケーション、まぁ色々あると思います。

コミュニケーションというか情報や文化ってことで言うと、バルセロナで初日、第1回目が開けてから、30分後にはもうインターネットであらゆる写真からコメントからみんな流れちゃうわけです。これがいわゆるコミュニケーションという情報で、そういったものの凄さが現実的にあるわけですよね。ネットやビデオで見るとぽつぽつ観客席で光っているのですが、あれは皆写真撮ったり、写真やビデオを回しているわけですよね。携帯で撮ったり、カメラで撮ったり。それで動画サイトなどにアップされて世界中を走りまわっちゃう。だから今の最新技術の伝達力の凄さっていうのはね、やっぱりよく考えないと。それが重要になってくるわけですよ。そういったことをベースにしながら業界というものも変化していかなければいけないんじゃないかって思います。

■ありがとうございました。

シャングリラ／松任谷由実
SHANGRILA/YUMING

能見正明
広島県出身。アルバイトからシミズに関わるようになり、昭和56年に社員となる。営業部時代はウドー担当だったことから数々の海外アーティストを手がけ、舞台技術を学ぶ。現在は常務取締役 第三事業本部 事業本部長として活躍中。

日米英露4カ国のスタッフが結集

※2001年発行「ハロー！バックステージ」より

能見正明

はじまり

関西テレビが1994年に行なったイベント『シレラ』のツアーで組み立て式のプールを製作し、保有していたので、そのプールとロシアのサーカスを盛り込んだイベントをユーミン側に持ちかけ、実現したイベントのようです。当初、松任谷氏は乗り気ではなかったようですが、以前から考えていたプランである陸・海・空の3つの空間を自由に演出できることで、最終的にOKして始まったようです。

演出に関する打ち合わせは1997年のカウガール・ツアーを行なっている時にすでに始まっており、大阪城で公演している時には、サーカス・チームの代表セルゲイ・リシコフ氏が来日して打ち合わせを行っています。つまり構想は3年近く練られていることになります。

スタッフ・通訳

デザインはマーク・フィッシャー氏が担当し、このツアーでは演出を含めた構成も担当しておりました。ロシア側からはリシコフ氏の他、シンクロ・ディレクターのイリーナさん、振り付けのエリーナさん、空中ブランコのロブゼフさんというスタッフが参加しました。それに加え、照明デザイナーは日本の林光正さん、テクニカルな部分を受け持つリチャード・ハートマンと、日英米露4ヵ国のスタッフが集まりました。

これだけ国際色豊かなスタッフが集まる中、これまでにない雰囲気で打ち合わせは進行しました。特に言葉の問題があり、英語は吉田玲子さん、ロシア語は高橋純平さんの通訳で行なっていましたが、打ち合わせが佳境に入ると、どちらの言葉で喋っているのか分からなくなっていました。また、理詰めで質問や方法論を話すハートマンと、経験が頼りのロブゼフさんとのやり取りがあり、言葉で言い負かされたロブゼフさんが最後に「ロシアは負けない！」という言葉を発したのは驚きです。まだ冷戦の影響が残っているというのではなく、頑固者が集まったことが実証されたことへの驚きでした。

基本構想

当初は、プールの他に天然アイスをステージや周りに張って、アイスでの演技を多く取り入れたいというロシア側の要

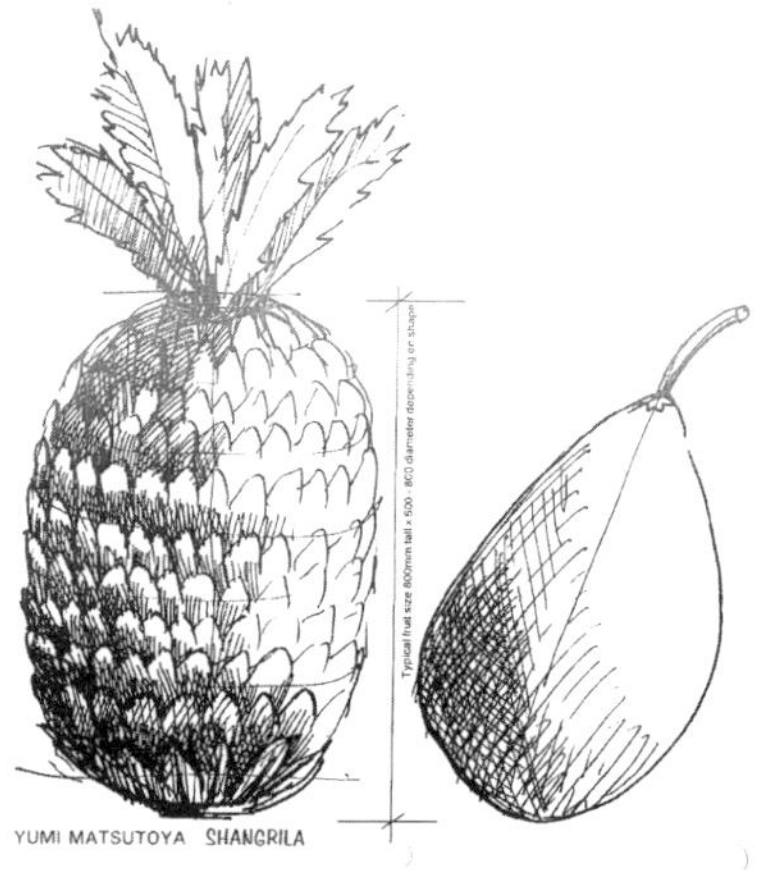

フルーツ（左）とフルーツ・ワゴンのスケッチ

求がありましたが、天然アイスでは、ユーミンをはじめダンサー達の演技が出来ないということで、人工アイスに変わりました。その上、アイスは色が白で平面でなければならないということでデザイナーのマークが反対し、最低限の広さに人工アイスを張るに留まりました。

この結果、通常は天然アイスでアイスショーを行なっているリシコフのチーム（ロシアン・パール）はいつもより狭いエリアと人工アイスの上で、初めて使用するインライン・スケートでの演技を行なうことになり、練習やリハーサルが大変だったのは言うまでもありません。その練習場所として大阪の倉庫を借りて、プールなどのセットを組み、約1ヵ月間リハーサルを行なうことになりました。

この他の演出要素としては、バンクがあってショーの最後に岩と共に全て無くなるとか、ＬＥＤのムービングとか、ロケットがプールに落ちてきて中からクラウンが出てくるなどのプランがありましたが、打ち合わせが進行する中でそれらの企画は消えていきました。

ステージの床面

インライン・スケートを使ってステージ上を走行するため、ステージの上の段差や隙間にはかなり注意が必要でした。それには、以前『スターライト・エキスプレス』を行なった時のノウハウが使えましたが、プールからスイマーが出てきたり、クラウンがステージ上で水を使用したりするので、床の素材が問題でした。幕張のリハーサル中に色々な素材を試行錯誤して、やっと砂入りの屋外用ペイントに決まりました。

巨大模型

マーク・フィッシャーが作ってきたステージの模型が平面で1.2メートル×1.8メートルくらいあり、その巨大さは今でも覚えています。移動する時に、組み立て・撤去しなければドアから出ないサイズだったからです。その模型が入っていた木箱は今でも雲母社の玄関にデンと居座っております。

場面構成

最初は貯蔵庫のシーンです。ここではロンドンで作った間口40メートルもある中割を吊って、緞帳替わりにしていました。ドロップの前には本物のダンボールが積み重ねてあり、ベルリンで行なわれた『ザ・ウォール』の壁崩しをやるつもりでしたが、結局は由実さんたちが崩して登場という演出に変わりました。

中割幕が開くと洞窟のセットがあります。岩の袖幕はロンドンで作りましたが、壁面の岩はスチロールを使って千葉スタジオで製作しました。この岩の製作については造形に所属していた高橋君が苦労したようです。

基本セットになっている素材は、ルーフトラスにKT-7、ステージはレイヤーのステージでプランしましたが、プールに変形部分が多く、ＳＳＲの松井さん達に変形部分の製作で骨を折ってもらいました。

次のシーンでは、中近東のバザール風景への転換があります。シミズのスタッフもハーレム風の衣装を着けて転換を行なうため、幕張でサイズを測って衣装を作ってもらいました。

このセットの中にワゴンに乗った果物があり、当時シミズの担当デザイナーだった堀江さんがそれをデザインし、千葉スタジオの井上さんに作ってもらいました。バザールのテントを支えるポールはアルミでしたが、木製に見えるようにしたいというマークの要請で、中割幕をはじめペイント担当で来日していたマシュー氏が瞬く間に木製のペイントをしたのには驚きました。ただの銀色のポールがどこから見ても木にしか見えないようにペイントできる技術は欧米のミュージカルで培われたものですが、今後、こういった技術はシミズの製作としてもっと伸ばさなければならないものだと痛感しました。

3つ目のシーンは、血の沼です。岩のドロップが襤褸切れで作ったそれに変わり、プールが血のように赤く染められます。人間が入った「ムカデ」が登場するのがこのシーンでした。

ロシア流

演技の中に空中ブランコがあります。これについては、モスクワのサーカス学校で練習していた時に打ち合わせに行きましたが、トラスを使ったセットでの転換をどうするか、理解してもらうのにかなり時間がかかりました。結局は大阪でのリハーサルにおいて、やっと、自分達がどうしなければならないかが理解できたようです。

リハーサルでは、ネットにテンションをかけるためにワイヤーでウェイトに固定しますが、人間一人が10メートルの高さから落下すると、ウェイトがずれるほどの衝撃になります。当初は４５０キロ

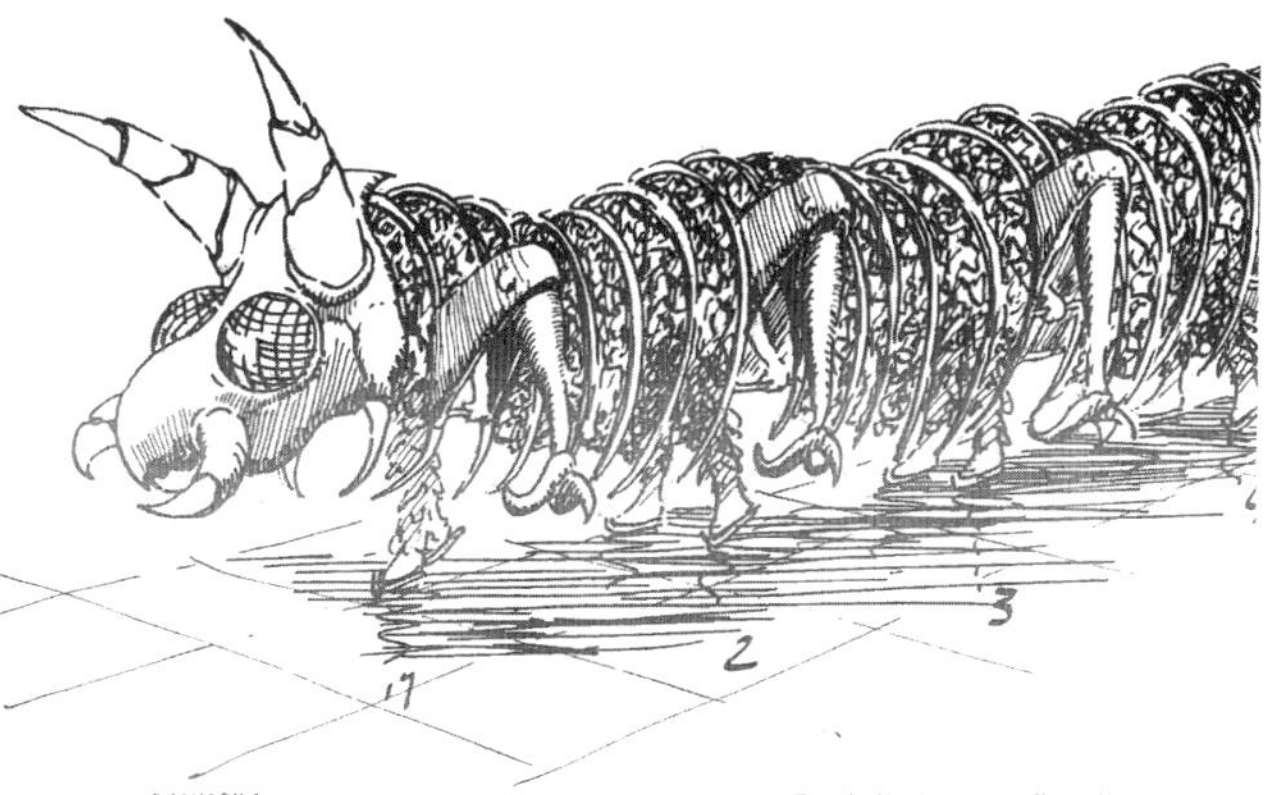

マーク・フィッシャーのスケッチ（右）と、FRPで実際に作られたムカデ（左）

ドロップ・アーティストのマシュー

位あれば十分とロシア側が言っていましたが、幕張のペイントし直したばかりのツルツルの床の上では、いくらウェイトを積んでも積んでも動いてしまい、最後には2トン近い重量を置いてやっと動かなくなりました。普通のサーカスではアンカーを打って留めるのですが、体育館の床にアンカーは打てないので重さで留めるしかありませんでした。

本番で空中ブランコの演技を見た時は感動しました。演技といっても練習を重ねてやっとできるものであり、失敗もあるという緊張感が観る者を高揚させるのだと思います。こんなに緊張感を持ってショーを見ることができたのは、ここ数年なかったことです。

空中ブランコの演技では、ステージからトラスへ人間を発射してブランコへスタンバイさせるというので、どのようにするのかと仕掛けを見てみると、裏にバンジーでテンションをかけておき、バンジーのストッパーを外すと人間が飛んでいくという、いたって原始的な機構でした。

リハーサルでは、ブランコへ届かないのでもっときつくバンジーを引いておけと指示されて、今度はバンジーを引き過ぎて人がトラスに激突寸前になるということもあり、ロシアの演技は命がけだとつくづく感心しました。

ロシアの使っている器具を見て驚いたのは、すべてお手製だということです。専門のメーカーがないので、自分達が必要とするものは独自で作るという方針らしく、シャックルさえもお手製でした。打ち合わせで許容荷重について質問しても回答が返ってこないわけだと、変に納得したことを覚えています。

バリライト・ホース

脚の部分にバリライトが4台ついた空中移動用の馬のことですが、由実さんをステージで乗せて、空中に上がり、プールを飛び越え、舞台の前に着地するという演出です。

以前のシステムでコンピューターを使ったため制御が大変だったことと、由実さん本人を乗せてトラブルが発生したら大変だということで、マニュアルの制御にしました。これのオペレートでは毎回、舞台監督が床面を走ってキューを出していました。操作する人間もモニターだけでは不安だということで、千葉スタジオの大田君に頼み、通過する位置をランプで示すセンサーを作ってもらってやっと落ち着きました。

60メートル以上も移動することで、バリライト用のケーブルも、トムキャット社は滑車を使ったシステムを作ってきましたが、ケーブルがよれたり、テンションが強すぎて切れそうになったため、水車と見間違えるような大型の滑車を千葉で作り、バリライト・アジアのスタッフが毎回ケーブル介錯についていました。つまり、いつも最先端の機構を使っているユーミンのセットにしては珍しく、「超マニュアル」な機構だったわけです。

このバリライト・ホースが舞台奥から舞台最前に移動するので、中割レールの作りには苦労しました。ホースの通過する所に操作用のロープやレールを設置できないからです。テルミックに依頼して作りましたが、セットするスタッフには不評でした。

アイランド・リフター

プールの中に設置し、通常はシンクロのスイマーの邪魔にならない高さに沈んでいて、使用する時になると水面や空中3メートルまで上昇するというものです。リフターだけなら大した問題はなかったのですが、ターンテーブルの機能も必要という要請と、噴水のホースを付けたり、衣装を風で揺らすための送風ホースの取り付けもあって、製作したアイテック伊藤さんは設計にかなり悩んだようです。

実際のオペレートはアイテックの小林君がツアーに同行して行ないましたが、当初の設計以上の動きが出来たのは、操作の裏技を使って日々変わる演出に対応していたからです。

プール

この設営については、『シレラ』の時に実際担当していた大阪のつむら工芸さんへ依頼しました。今考えると、プールの設営までシミズで受けていたら仕込みが間に合わなかったと思います。というのも、仕込み開始からはKT-7とプールの上のトラスを組み立てるのですが、1日のほとんどを使って設営し、プールのセットに渡した時間が唯一休める時間だったからです。プールのセットが出来て水を入れる準備ができた段階でステージ部分の設営が始まり、そこから装飾を含むすべてのセットを一気に完了しなければ、照明のシュートなどに渡すことができませんでした。

プールを使うことで、重量の問題、水漏れの問題など、いつもとは違う問題が発生するということが勉強になりました。

マーク・フィッシャーによるドロップのスケッチ

シャングリラのロゴ入りウェアハウスのドロップ

コミュニケーション

今回ロシア側からは、出演者45名（サーカス32、空中ブランコ５、シンクロ８）、クリエイト・スタッフ16名、合計61名が参加しました。この他に日本側から数十名のスタッフが付いたのですから、主催者の大変さは想像できます。

ロシア人スタッフとは、ボリショイ・サーカス以外にはあまり付き合いがないので、最初はかなり戸惑いました。設営では通訳を介してこちらの要望を伝えるのですが、日本とロシアの仕事のやり方に大きな違いがあり、なかなか理解してもらえませんでした。

いつになったらお互いに理解したり、要望を聞いてもらうことができるのか心配でしたが、代々木の撤去が終わり、次の名古屋の仕込が終わったときに自然と打ち解けることができました。というのは、レインボー・ホール近くの健康ランド的なホテルが宿泊場所だったのですが、そこの風呂やサウナで一緒になり、風呂から出て酒を飲み出したら、はじめのうちは日本とロシアお互い別々だったものの、いつの間にか一緒に酒を酌み交わすようになったからです。裸の付き合いと酒の付き合いは万国共通だということが実感できた瞬間です。設営の辛さの反面、各地の打ち上げなどを通じて、日本とロシアのロマンスも生まれたようです。

メールの活用

このイベントの打ち合わせで活躍したものにメーリング・リストがあります。

４ヵ国にまたがる関係者に打ち合わせ内容や質問を送り、その回答によって次の段階へ移行していくためには、情報の伝達にかかる時間が問題です。そこでメールの機能を使い、伝達事項を全スタッフに配信します。中間に通訳を配置して海外のスタッフにも伝わり、瞬時にその回答が返ってきます。打ち合わせが最高潮の時には、朝、20件近いメールが届いており、それらを処理するのにウンザリした時期もありました。

昔は海外とのやり取りには時差の問題があり、ある意味では時間に余裕があったのですが、今は距離も時間も関係なしで、大変な時代になったものだと感じています。

最後に

サーカス、シンクロ、空中ブランコなど盛りだくさんの演技を取り入れ、鍛え上げられた肉体のパフォーマーの中にあっても、ユーミンは独自のオーラを発しており、その存在感がひとつも薄れないのは流石だと感じました。

このようなデザインをするということは、マークもユーミンのカリスマ的な部分をかなり認めている証拠です。

このツアーに参加して見識を深められたことは、自分にとっては大きな収穫でした。

ターンテーブル付き水中リフター（左）。
右は水中リフターを調整しているところ

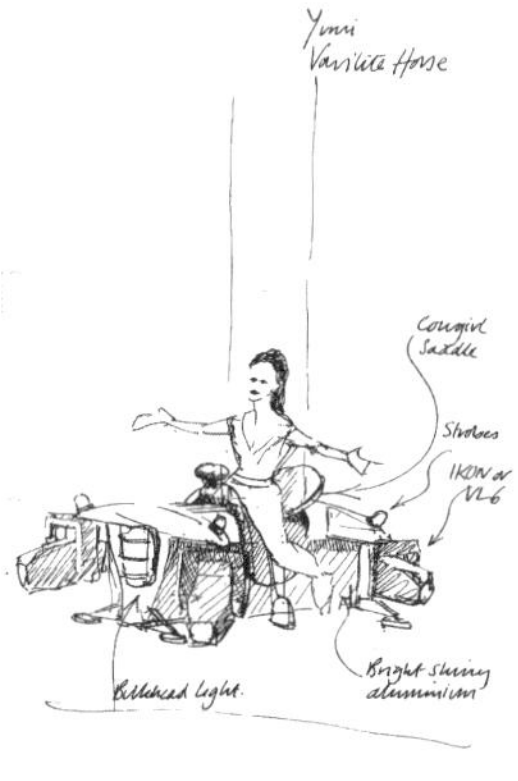

パンフのメイン写真ともなったバリライト・ホース（左）。
右側はマーク・フィッシャーのイメージ図

シャングリラⅡ、Ⅲ／松任谷由実

SHANGRILA Ⅱ, Ⅲ（2003. 2007）／YUMING

吉植一史
1963年、東京都生まれ。20歳の頃アルバイトから業界入りし、B'z、安室奈美恵など大物アーティストのステージを数多く手掛ける。38歳の時に結婚した妻もかつて松任谷由実さんのコンサートの電源担当スタッフだった。現在は（株）シミズオクト執行役員、経営資源管理本部長。

マークのアイディアと松任谷正隆さんの決断に身震いした日々

※2013年発行「ハロー！バックステージⅡ」より

吉植一史

2001年に、雲母社さんと当時のシミズオクトの営業役員が話し合い、松任谷由実さんの担当に抜擢されました。最初に担当したのが2001年acaciaTourでした。マークのデザイン・プレゼンのCGを初めて見た時の驚きは今でも覚えています。センター・ステージで頭上には中心に直径2.5mの小さいトラスから順に最大直径21.6m（円周は約68m）まで6本も吊られており、由実さんの頭の上でこれらがジャイロムービングするのです。「重さ数百キロ以上するものを、一瞬のムービングではなく1曲通しで動かす？危険すぎる！」と思いました。ところが松任谷さんはこのアイデアを気に入ってしまったのです。考え出すマークも驚きですが由実さんを危険にさらすような演出でも、面白いと感じたら採用してしまう松任谷さんからも鬼気迫るものを感じました。ジャイロムービングのトラスの下に初めて由実さんを入れてリハーサルする時、由実さんから「信用してるから！」と言われた時には命を預けられたような責任の重さを感じると同時に、由実さんの命がけでショーに望む姿勢を目の当たりし、身震いがしたのを忘れられません。

このacaciaTourのおかげで次のSHANGRILAⅡの時には何を依頼されても驚かないでいられるように努める事が出来ました。

氷の惑星にコオリついた日々

SHANGRILAⅡ氷の惑星は、アイス・サーカスと由実さんのコラボです。デザインは難破船をメインにアクティング・エリアのほぼ8割がアイスリンク。

これを元に松任谷さんがアイデアを膨らませて行きます。変化していくアイデアや演出に幾多のデザイン変更や修正をマークに依頼するのですが、彼は見事に松任谷さんの要望に応えていきます。更に、ロシアのサーカスが演技のプレゼンをし、由実さんの曲に載せられるものを松任谷さんが選び、演技する為の機構を私たちが考え、その機構を舞台に入れ込む為にまたマークに修正を依頼するという気が遠くなる作業が続きます。サーカスへの松任谷さんの要望も圧巻でした。サーカスの為の演技ではなく、コンサートの演出としての演技なので、曲にあわせる練習をするのですが、1年以上前の冬にロシアで演技の決定をし、前年の春と秋に福井のアイスリンクを借りきり各1ヶ月、本番前の4月にまた福井で1ヶ月、直前に幕張でまた1ヶ月近く練習をしました。

この間ほとんど、松任谷さんは付きっ切りで演技指導をし、高度な技を求めていきました。サーカスも自分のタイミングやリズムでの演技ではなく曲にあわせた演技なので、最初のうちは失敗も多く、毎晩夜遅くまで練習していました。サーカス側も良い演技をする為にいつも同じ環境で演技できるよう私たちに求めてきます。しかし、移動式のセットで照明や音響の言い分も聞き、更にマークのデザインを壊さずに松任谷さんの思う演出を実現し、サーカスの機構、例えば空中ブランコや綱渡りなどはワイヤーがぶれないよう2～3tもの力で固定するのですが、それは至難の業でした。仮設のアイスリンクも氷の下に由実さんが隠れたり移動できる空間を設けたり、リフトを埋め込んだりと本物の氷にそんな仕掛けは出来るのか？と思われる注文ばかりでしたが、本番まで1年時間があったため、どうにかクリアする事が出来ました。

ところが難題がまたふりかかります。このコンサートを香港で行うことになったのです。香港の会場を下見に行った時は唖然としました。会場の真ん中に8tを超える映像機がぶら下がり、舞台を組むスペースが足りなかったのです。そこで、映像機器を取り外して舞台裏に収納する為ツアーを抜けて何回も香港に行きました。ちょうどSARSが流行し、飛行機の中に旅客よりCAのほうが多いような時で日本に戻ると皆に「SARSを広めるな」と言われました。会場やSARS問題で不可能かと思われた時、松任谷さんに「日本人の演出、イギリス人のデザイン、アメリカ人の衣装でロシア人と由実さんが繰り広げるショーをアジアでやるなんて夢のよう。だから是非実現させたい」という言葉を受け、必死に交渉しました。40フィートのコンテナで55本という外国人アーティストのワールド・ツアーでもあり得ない物量の海外公演が実現した時は安堵で燃え尽き症候群になるほどでした。

松任谷さんの演出のハードルが上がった ＳＨＡＮＧＲＩ－ＬＡ Ⅲ ～ドルフィンの夢～

松任谷さんの演出は更にハードルが上がっていきました。初回と同様、プールを使う演出でしたが、今回は客席の中心にプールを置きセンターステージで使う。スイマーだけではなくアクティングエリアにも使いたい、その為にプールを一瞬で床に変えたい。客席内の舞台なので出演者は空中か水中で出入りを考えて欲しい！との事でした。この要求に対し、マークは海底をイメージし、巨大な岩の舞台と古代の化石のオブジェを提案しました。客席内の化石は会場の雰囲気作りに貢献し、空中に伸びる螺旋階段はとても神秘的で、訪れたお客様を常設のアミューズメント・パークに入った気分にさせてくれました。

「プールを一瞬で床に変える機構が完成しないとイベントを行なう決定は出せない」と言われた私。３５０トンの水を入れたプールが一瞬で床になる、更にそれで日本中をツアーできる仮設セットを作るのは至難の業でした。スイマーに影響してはいけないので電気は使えないし、油圧もオイルが漏れたら水質が悪化する。そこで白紙の状態から考えた人体に影響の無い水溶性のオイルで動くリフトを開発したのです。そしてとうとう、床が昇降する時にも波が立たず、水もこぼさず迅速に動くシステムが完成し、松任谷さんからＯＫをもらえた時は嬉しさより、これでＳＨＡＮＧＲＩＬＡ Ⅲが実現する……とほっとしました。

次の課題は、マークのデザインを壊さずに、すべての機構やサーカスの器具を舞台に埋め込み、出演者が最高のパフォーマンスができるようにすることでした。照明を埋め込む予定の場所に出演者を運ぶ為のエレベーターを設置したり、演技用のワイヤーを張る時だけ照明が外れる機構をつけたりという物理的な苦労はこのショーでは当たり前でしたが、「由実さんを空中に持ち上げ８メートルくらいの高さに着いたら床を逃がし、ワイヤーだけで更に吊り上げて行き、足場もない高さ16メートルの空中でスタッフが救出する」という演出プランを告げられた時は「命知らず」と言うほかありませんでした。

最初に私が自分で実験のために体験した時は、かなりの危険を感じてさすがに松任谷さんもこの演出は取りやめる事になると思いました。しかし、実験を見た松任谷さんは平然と由実さんに試すよう指示を出し、試してみた由実さんも「案外平気かもしれない」と答えたのです。こうして採用された演出を遂行するため、スタッフは「素振り」と称して安全に由実さんを救出できるよう反復練習を繰り返したのは言うまでもありません。

2年以上前からリハーサルは始まっていましたが、実は1年前の千葉スタジオでのリハーサルで、空中演技をするパフォーマーが5メートルくらいの空中から落下して骨折する怪我があったのです。サーカスは通常、手引きのワイヤーで演技しますが今回は操作が見えてしまうと演出効果が下がるのでモーターを使い、隠れて操作します。扱うロシア人が機械に不慣れなために起きた事故でした。我々はその恐怖を思い出し、間違っても由実さんに万一のことがない様、吊り上げのタイミングと救出の手順を体に叩き込みました。

また、サーカスのパフォーマーは小さい時から担当演技のみを専門に練習していて、他の演技はできないのが普通です。しかも、内陸育ちで1度も泳いだ事の無い人に松任谷さんは演技をしながら水中に消えていく演出を考えたのです。息を止めて水中に沈んでいくカナヅチのパフォーマーをスタッフが酸素ボンベを持って救出し、プールの外へ逃がすのですが、当初は水中に息を止めて沈んでいくだけで大変な恐怖らしく、その練習も見ていても可哀相なほどでした。しかし、パフォーマーたちの根性も素晴しく必死の練習で克服し最後にはやり遂げたのです。この演技をした3人の中の1人は1年前腕を骨折した人なのですが、このプロ根性には脱帽させられました。各地のツアーの会場は、床が木製だったり床下に電気設備が埋まっていたりで水漏れには神経を尖らせました。もし漏れだしたら完全に水を抜かないと修復できない上に当然公演は中止になります。

３５０トンの水を出し入れするのに3日以上かかるからです。しかし松任谷さんはセットのすべてにおいてスタッフを信用し、任せてくれたのです。この「任せる、任される」ということの重みをＳＨＡＮＧＲＩＬＡを通じて松任谷さんに教えていただいたのだと思います。

我々は、常に安心して任される裏方の集団でありたいと思います。

最新機材のトレンド

SUPER ROOF と SPOT & DELAY TOWER　福山雅治　日産スタジアム　2015

株式会社シミズオクト
経営資源管理本部 次長

松延弘記

1988 年、桑沢デザイン研究所卒。その後シミズ舞台工芸でアルバイト。1992 年より社員として約 15 年間、ツアー周りの仕事から野外ステージのチーフとして現場従事。2003 年より、大型プロジェクト専任業務及び資機材仕入れと開発を担当。2018 年、設計管理部署の管理職。2022 年より現職。学生時代の舞台制作関係アルバイトにて、プロ歌手の凄さを知り、その縁で今日に至る。

2001年、国際的サッカーイベントの会場として札幌ドームが開場し、5大ドーム成立と同時に大会場でのコンサート需要が増え、音楽業界がライブ収益へ方向転換する中で、シミズオクトは新たな機材導入へ向かいます。

映像装置のLEDは単純な画面から舞台装飾となり、舞台美術は映像を含めたデザインをなし、演出を支える舞台機構は高度な技術を求められます。いくつかの視点からシミズオクトの機材とコンサート業界との関わりの記録です。

SUPER ROOF（Stage co）大型ルーフシステム

2010年以降のドームを中心とする大型コンサートが増加傾向の中、シミズオクトはStage co社（ベルギー）の〝SUPER ROOF〟1セットでは対応が難しい状況が続いていました。

1999年に導入された〝SUPER ROOF〟は世界規模のツアーを展開するStage co社のフラッグシップモデルで、躯体規模と対応する許容荷重、安全性能は群を抜いている存在です。

※SUPER ROOFは1997年の〝Celine Dion〟のワールドツアーで初めて日本に持ち込まれています。

2003年の〝TOUR OF MISIA MARS & ROSES〟で初めて5大ドームを持ち回り、それ以降のドームツアー計画の基となりました。よって、アーティストがドームツアーで使用する期間、単発コンサートの東京ドームのルーフはアリーナ仕様のKT-7などを代用することもあり機材能力では厳しい状況が続いていました。

当時の所属部署で追加購入を担当することになり、2012年に1セット、2014年に2セット、2015年に1セットと僅か4年で4セットを追加し、計5セットになり、増加する大型コンサートの主力機材となります。

1年後の週末には5か所のドームの内3か所同時に〝SUPER ROOF〟が設置され、残り2セットは幕張の仮組使用が1セット、ツアースケジュール対応で運搬中が1セット、フル稼働となる時期が訪れます。

Stage co社機材で、〝Spot & Delay tower〟も、大型コンサートで必要不可欠な存在となりました。

それまで、フォロースポットとディレイスピーカーは場内にレイヤーを建て込み、アリーナの専有面積を多く使います。キャパシティの多くを失い、舞台正面に立てられるレイヤータワーは正面の客席を潰す見切れの構造物でした。〝Spot & Delay tower〟の導入により客席の見切れが減少し、アーティストの正面も聴衆で埋め尽くされる環境を提供できるようになりました。

現在、〝SUPER ROOF〟5セット、〝Spot & Delay tower 750〟36セット、〝Spot & Delay tower1034〟18セットを、札幌スタジオ、千葉スタジオ、大阪スタジオ、福岡スタジオに配置し、全国ツアーの運搬コストを抑えることにも役立っています。

そして、Stage co社が展開するワールドツアーにおいては、日本で使用する機材としても、〝EDC〟、〝Taylor Swift〟等でシミズオクトに機材リクエストがあり、ベルギーのStage coクルーと共同作業になる現場も大きな収穫と言えます。

AUTOMATION（V-Motion）機構開発

照明、映像が舞台演出のなかで大きな進歩を続けています。80年代の動く照明トラス〝Moving Truss〟から始まり、LED画面の昇降と開閉が主流になり、更に照明、映像自体が空間で自由な動きが求められる。かつ、正確な制御が求められています。

制御に関しては、正確な位置と速度が映像や音楽に同期する性能と、同時に何台もの装置が異なる速度と方向、目標位置設定に自動で制御する必要があります。

長年の課題であった、リフター制御は〝Zip Lifter〟の導入で、要求される機能は備わりましたが、一方、ホイスト制御に関しては、1991年〝浜田省吾 ON THE ROAD '91〟に導入した、Skjonberg社（米国）の〝Motion Control〟以降、自社機材の見直しは進んでいませんでした。

2000年以降、海外のサプライヤーから、自動制御のホイストシステムがいくつか見受けられるようになり、2005年にChain Master社（ドイツ）の〝Vario Lift〟を〝Mr. Children DOME TOUR 2005 I love U〟で使用します。

〝Vario Lift〟の機能は、自動制御で想定していた以上の能力を持ち合わせており、ツアープロダクションの要求は満たしていました。ただし、その後の運用が進むことはありませんでした。今になって思えば、我々の想定する以上の運用体制が必要になる事に対応ができなかったと反省が残ります。ヨーロッパ仕様のシステムは、日本の電源環境に合わせるのは当時としては難しく、今日の施設や舞台環境であれば、上手く運用できていたと思います。

〝Skjonberg〟システムは、演出機能の不足だけではなく、機材メンテナンス等の部品供給問題も抱えており、25年余りの運用の終わりを考えなければならない状況になります。

〝Zip Lifter〟導入の翌年、2014年ホイスト自動制御計画が進みだします。海外仕様機材の取扱いの難しさと、〝Zip Lifter〟の協力会社との開発経緯などの経験から社内で独自開発する方向になり、各部署にヒヤリングを行い必要な機能を整理し決定しました。いくつかの海外サプライヤー製品と同等の機能を持ち合わせ、重要事項としてトラブルシューティングの対応がポイントになりました。

〝Skjonberg〟、〝Vario Lift〟も、海外製品のトラブルシューティングに苦しみましたし、国内生産の〝Zip Lifter〟も同様の面もありましたが、自社設計は問題解決が明確でした。

計画にあたり、千葉スタジオの菱沼と今関、私の3名で進めました。

V-Motion開発の流れ

ホイスト・チェーンモーターの選定

ホイスト・チェーンモーターの選定に関しては、国内外問わず、いくつかの製品の比較検討を行い、シミズオクトが運用するCM社（米国）の〝Lodestar〟が実績もあり、必要な能力を兼ね備えており候補になりましたが、いくつかの付属を交渉しなければなりませんでした。機能と安全性の面で必要な物であり、CMアジア担当セールスマネージャーの藤巻氏を通して交渉しました。我々の要求に対して、なかなか良い返事はなく、交渉は不調に終わり代替えホイストへの変更も考える必要もあり、ヨーロッパのホイストメイカーの検討も考えていました。

翌2015年、重要な人物が現れます。CM社のベンジャミン・ヤン氏（アジア太平洋担当役員）、ジェフ・アームフィールド氏（グローバル戦略開発担当役員）のお二方です。この時期、CM社の役員が世界各国の代理店訪問をしており、シミズオクトに訪れた際に、我々の計画を説明し、必要なサポートをお願いしました。ベンジャミン・ヤン氏は話を通してくれジェフ・アームフィールド氏は更に必要な機能を追加してくれました。特にジェフ・アームフィールド氏は、工業スタイル中心のCM社をエンターテインメント事業化に改革する最高責任者であり、CM社でのオートメイション（自動制御）やロードセンシング（重量監視）の構想を説明してくれました。その後の来日時もシミズオクトの開発進捗を興味深く観察していました。

制御の選定

制御の速度変化として加速と減速は必須であり、〝Zip Lifter〟同様、協力会社のメイク電機の泉氏に制御システムをお願いすることになります。立川スタジオ時代から、チルクライマーやCMの操作盤をお願いしている信頼の厚い方が3人目の重要人物です。

速度制御はM社のインバーターを選択、在庫の汎用型〝Lodestar〟で制御確認を始めます。千葉スタジオのCMメンテナンスでは作業効率のためにインバーター機能をつかっており、アメリカから専用の〝Lodestar〟が届く前から試験を始めていましたが、アメリカから届いた専用の〝Lodestar〟で作動がうまくいきません。しばらく試行錯誤しましたが、M社のエンジニアと泉氏から、制御の提案があり問題は解決します。

我々が考えていた周波数可変方法は扇風機を回す程度で、今回は発電所を制御する考え方が必要となります。

V／f（ヴィバイエフ）制御ではなく、Vector（ベクトル）制御となりました。

Vector（ベクトル）制御は、より高度な制御で電流出力を含めての制御になり、今までの自社機構の制御問題も思い当たることがあり大きな収穫でした。このころから、開発関係者のメールの表題が〝V計画〟となり、仮呼称として、〝V-Motion〟が使われます。

システムと電源の選定

システム構成の検討は現場施工の作業軽減とトラブル回避を考え、簡素化がポイントになります。電源ユニットからドライブユニットを切り離し、ドライブユニットはチェーンモーター付近のトラスにマウントすることで、ケーブル量を削減できました。

システムを何度も見返し、配線はデイ

2PM 東京ドーム 2016
V-Motion　V型のLEDトラス4列の可変システム。

SUPER ROOF と SPOT & DELAY TOWER　Taylor Swift 東京ドーム　2015
S&D TOWER が上下に配置され正面が全て客席になることが一般化しています。

ジーチェイン（数珠繋ぎ連結）を採用し、コネクタは振動に強い〝Harting ハーティング〟を採用し、高調波（ノイズ）対策の複合ケーブルを注文しました。

今まで現場で悩まされていた障害を無くすことがシステムの重要事項です。

試作機で試験を開始しますが、1台当たりの電流出力が大きな課題として出てきました。回生抵抗の許容に対して必要な出力が上回ります。これを解決しなければ前述のシステムが成立しません。

回生抵抗の問題は泉氏の提案で解決し、電流出力の問題は電圧を400Vにすることでシステム構成を変えることはなくなりました。400Vは変圧器が必須のため、施設直電より電源管理の手間がありますが、逆に電圧降下の防止機能が働きます。

操作卓とプログラム

M社のインバーターを選択したことで、操作プログラムはPLC（Programmable Logic Controller）プログラマブルロジックコントロールとなり、操作はタッチ画面式になります。メイク電機のプログラマーと舞台で必要となる項目を繰り返し検討し舞台技術者向きの操作卓なりました。要望として操作画面の他に動作確認画面を追加し正面と手元の2画面にしてもらいました。正面の画面で動作確認をすることで、オペレーターの顔を上げる、ヘッドアップが目的でした。

手元画面で動作の確認に集中することは、どうしても動いている装置から目が離れてしまいます。画面と動いている装置が同時に視認できる環境をつくる必要がありました。

2016年3月、プロトタイプのドライブユニットにより試験が始まり、5月に積載と速度能力の目標値を達成、8月には現在の仕様が完成し、機材に対する耐久試験を繰り返す工程を3カ月間定期的に行い、仮設施工へ耐えうる実績能力を確認し、第一期製造は16台制御1式となります。

残るは、プログラムの仕上げとなりますが、3名のテストオペレーターによるオペレーションにより、プログラムのバグ発見と修正は終わりのない作業となります。コンサートの本番に提供する機材としては、これを完全に近い形にすることが必要でした。3名のオペレーターを使用することも、バグ発見には有効でした。

原因不明な症状の解決に多くの時間を要する場合もありましたが、目標とする能力値が形として見えていたので、関係者は努力を惜しまず作業に取りかかれたと思います。

2016年9月 福山雅治　幕張メッセ

V-Motionの進捗状況は、社内ミーティングで共有しており、耐久試験中に、舞台営業部やデザイン部の実機確認もあり、舞台部茂野課長より、福山雅治の東京ドームの話が来ます。単純なLED画面の上下操作ですが、最初の実戦投入には不安のない環境です。

幕張メッセの仮組でセッティングを行い作動確認しましたが、演出自体がなくなりましたが、本設の状況で電源環境と作動の確認ができたことは収穫でした。

2016年10月 2PM　東京ドーム

デザイナーの小宮氏（デザイン部）が、K-POPの2PMでV型トラス4列の動きの演出を、V-Motionで提案しました。

幕張メッセの仮組で作動確認し、位置設定の正確性と加速と減速を含む速度変化の高い能力を証明することができ、クライアントの演出部からも高評価を得られました。

東京ドーム公演では、センター花道端部に〝Zip Lifter〟16面制御（32台構成）と、エンドステージ背面にV型LEDトラス4列制御（16台構成）、全ての舞台機構がシミズオクト自社開発の自動制御で行われました。

2017年〝V-Motion〟の制御能力を証明する演出依頼が来ます。K-POPのSHINee、背面LED大画面が中間で割れて、上半分が上昇し再び戻る。基本は1画面がデフォルトなので、上下の隙間は0ミリの設定です。

開発時の考えとして、〝Zip Lifter〟はステージ床面とのレベルは必須で正確な位置移動が求められますが、吊りで空中の位置移動の〝V-Motion〟は多少の誤差は問題にならないという考え方がありました。

本設営では隙間は2ミリ設定、誤差の不安はありましたが、〝V-Motion〟は完璧に再現をしました。あらためて、優れた機材を開発できたと実感しました。

これにより、2013年〝Zip Lifter〟、2016年〝V-Motion〟、3年の期間で、床からの制御と天井からの制御を自社で開発し、エンターテインメント化が進むコンサートに対応できる環境が整いました。

CM社の関係者と制御を請負ってくれたメイク電機・泉氏に感謝します。

Archi Truss（アーキトラス）建築確認申請機材

機材のトレンドの中で、大型ルーフシステムや舞台機構のように派手な印象はありませんが、アルミトラスの機材開発も行われました。

80年代からコンサートの照明トラスとして使われているアルミトラスは、現在でも仕様が変わらず使われています。より強度のあるものとして、〝TOMCAT〟（米国）のトラスを導入し用途に合わせて運用していますが、トラス自体が照明を吊る照明機材から、ステージセット美術の役割を持つようになってきています。

また一方で、大型のエキシビションではトラスを構造の躯体として、柱、床、梁、壁、屋根として建築材料としての要素も求められています。

近年では、イベントでの仮設許可申請と建築確認申請も必要となる傾向も増えており、それらに対応する機材としの役割が必要になってきました。建築業界でもアルミニウム合金材の品質規定の改定などもあり、シミズオクトのアルミトラスの見直しが始まります。国際的スポーツ競技イベント東京大会での、オーバーレイ工事の受注に向けてもの時期とも重なり、重要なプロジェクトになりました。

シミズオクトの技術部には確認申請対

応の専門部署として建築課があります。彼らが確認申請に値する必要事項を取りまとめ、コンサート等の設計監理を行う技術課がトラスに必要な能力を取りまとめます。

１９９９年に発足した技術部が大きな役割を果たすことになります。

２０１８年、私が技術部配属と同時に始まり、アルミトラスの建築確認申請対応から、アーキテクト＝建築、〝Ａｒｃｈｉ Ｔｒｕｓｓ（アーキトラス）〟としました。

建築構造物の条件を満たすだけでは、シミズオクトの機材としては不足です。国際的スポーツ競技イベント東京大会後の運用を考えると、エンターテインメントも含む運用が必要になります。コンサートの照明機材としての機能も加える必要があります。試作品のトラスを社内展示し、各々の意見を集めました。デザイン部からは姿形と特にラチスデザイン、舞台営業部と美術制作部からは接合部や他機材との相性、千葉スタジオからは在庫管理の簡略化など、多くのアイデアが集まりました。

デザイン部と技術部、営業部と現場施工、資材管理など、業務上、普段は相反する考えを持つ部署の考えが一つの方向にむいており、社員の新しいトラスに対する期待が強く感じられます。まぁ、80年代から使用するトラスの仕様にも限界があり、必然でありました。

V-Motion 操作卓

V-Motion ドライブユニットと CM Lodestar

仕様の特徴

設計チームからは、５００ミリ角の正方形が提案されましたが、コンサートで照明機材として考えると現状のトラス断面Ｈ６００ミリＷ５５０ミリの５５０ミリを優先し５５０ミリ角の正方形としました。正方形は意見の相違はありませんでしたが、照明技術者の作業を考えると、Ｗ５００ミリのサイズは不足でした。

各種長さ寸法とラチスデザインの同一性を考え、端部のハの字型ラチスを無くしました。美術的にも違和感のないラチスデザインになり、ラダー（梯子材）は主材と同様48.6にし、クランプ等との作業性を考慮しました。

そして、トラス端部は６ミリのフランジ材ですが、パイプ材で構成し、他機材との相性を向上し、接合はボルト８カ所とし作業の負担を軽減し、並行して製造した３００ミリ角は接合ボルト４か所とし、同じ径のボルトにすることで、資材管理の手間を減らすことで、トラスに関する各業務の要望に結果を出したように思えます。

更に、正方形の断面サイズは、柱と梁で構成する櫓組の設計・デザインと施工の面で、単純な仕様となり、作業のミスが無くなります。

海外のトラスメイカーの照明トラスの機能を表現し、建築確認申請をクリアできる仕様となりました。

３００ミリ角のトラスも加えて、国際的スポーツ競技イベント東京大会、オーバーレイ工事において、新国立競技場、有明アリーナ、有明体操競技場、日本武道館、武蔵野の森、東京体育館で施工されました。

今後のシミズオクトの標準トラスとして運用されると同時に、施設インストールも視野に入れており、２０２１年開業した沖縄アリーナや映像スタジオの設備として導入されています。

コンサート事業の運用より、設備としての販売が先行することは予想にしていませんでしたが、製品としての完成度が高い証明と言えます。コンサートの機材としても良い結果を残すことでしょう。

開発にあたって技術部の他に、大阪支店の制作部デザイン技術にも構造計算などの協力をしてもらいました。

国際的スポーツ競技イベント東京大会後は、イベントの建築確認申請を必要とすることが増えることが予想されます。〝ＡｒｃｈｉＴｒｕｓｓ（アーキトラス）〟をベースに対応できる資機材の整備と開発、そして、エンターテインメントはコンサート舞台機構の自動制御化として〝オートメイション〟があります。最新機材のトレンドの移り変わりは続きます。特に新型コロナウイルスの影響でエンターテインメントは大きく変わる可能性もあります。今後も、必要とされる機材の変化に対応する必要があります。

Archi Truss550　2021 SONY 映像スタジオ

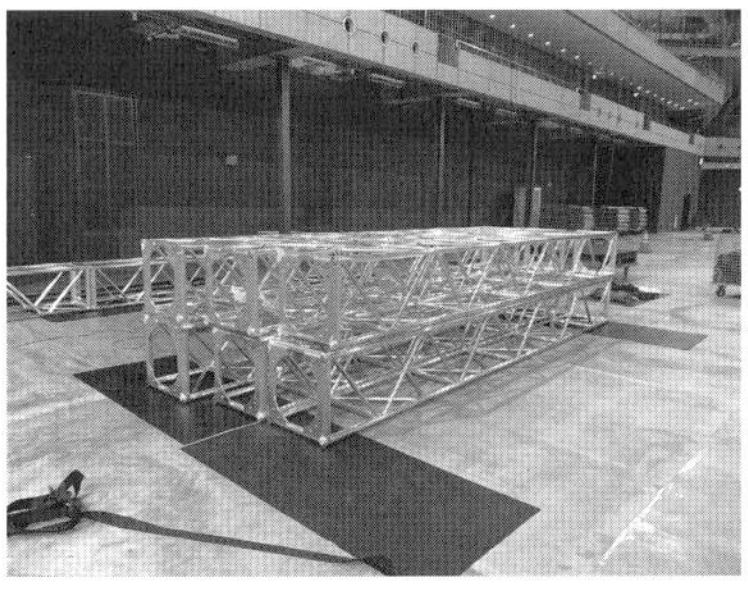
Archi Truss550　2021 有明アリーナ OVL 工事

Electrox　幕張メッセ 2017
V-Motion 立体のキューブ型 LED の可変システム。

PICK UP STAGE!!

～ 上海スタジオのお仕事編 ～

上海スタジオが携わったミュージカル「深夜食堂」

中国のイオンモールの業務

上海スタジオが携わったミュージカルの舞台

上海スタジオ前

ミュージカル・深夜食堂

日本で渋い人気を誇るＴＶ番組「深夜食堂」。このコンテンツがミュージカル化され、韓国や中国で大人気。原作通りの設定・ストーリーで中国人キャストが日本人役を演じ、「めしや」の看板、「赤いタコさんウインナー」「卵焼きのせ焼きそば」など日本ならではの文化やメニューも登場するあたりが、まさに「コンテンツに国境なし！」。

ミュージカル・KING'S CLUB

中国はミュージカルが花盛り。「サウンドオブミュージック」「シカゴ」など、欧米人のチームと中国人のチームが混在し、1万人規模の会場で中国全土80箇所程度を数年かけて回る演目もある。電動のせりやターンテーブルなどの技術も日本以上に発達しており、iPhone 1つで音響・照明・舞台を動かすシステムも使われている。

イオンモール FANPEKKA

イオンモールは中国及び東南アジアにたくさんあるが、その中の子供の遊び場がFANPEKKA。上海スタジオは丸山総経理（当時）の元、緻密な木工仕事を行い好評を得た。

上海スタジオの皆さん

上海スタジオでたくさんのモノ作りをして来た。中国や東南アジア向けもあったが、元々「千葉スタジオの妹工場」というコンセプトであったことから千葉スタジオで溢れる仕事の補助もしてきた。しかし、コロナ禍の影響で状態は一変。現在は工場は閉鎖されている。しかし、その頃に培った人脈・パートナーシップを生かし、現地・日本向けの業務はコロナ禍が完全収束していない2022年現在も脈々と受け継がれている。

第5章　新しい時代のエンターテインメント

映像が変えた
エンターテインメントビジネス

株式会社シミズオクト 代表取締役社長

清水太郎

私は1995年に大学を卒業し、当時のシミズ舞台工芸株式会社に入社いたしました。配属先はビジュアル部。入社当時は編集スタジオの担当で、TV番組やCMの映像を編集したり、映像に音をつけたりする仕事をしていました。当時の映像の編集というのは、デジタルベータカムのテープを使ったABロール編集で、何かと時間がかかり、半ばスタジオに住み込んでいるような状況でしたが、仕事は楽しく、将来は編集マンとして一人前になるつもりでした。

ところが、入社の翌年、ビジュアル部で大型映像のビジネスを始めることになり、その担当を仰せつかったことから、状況が一変しました。

まず担当したのは、Mr.Childrenの「深海」というアルバムのアリーナツアー。マーク・フィッシャーの手がけた、おそらく初めての日本人アーティストのツアーだと思います。「深海」というアルバムは、それまでのミスチルの青春ポップスとは一線を画する、内省的な心象風景や、社会的なメッセージが込められており、音楽的にもプログレっぽい雰囲気を取り入れた壮大なもので、ファンの間でも賛否両論の問題作でした。

マーク・フィッシャーの最大のコンセプトは、アルバム一枚を通しで丸々演奏し、それぞれの曲に合わせた映像を、ステージをスクリーンに見立て、ステージ間口いっぱいに投影するというものでした。それだけの大きさの映像を、明るく鮮明に投影するためには、当時のビデオプロジェクターや、通常映画で使用する35㎜のフィルムでは不十分なので、70㎜のフィルムプロジェクターを使いたい、というのがマークのこだわりだったのです。

70㎜フィルムは、その高画質ゆえに、かつては、「2001年宇宙の旅」「ウエスト・サイド・ストーリー」「マイ・フェア・レディ」「アラビアのロレンス」などといった数々の名作映画が、70㎜フィルムを使用して撮影されたのですが、現像時に有害物質が発生することや、70㎜の映写機を備えている映画館が少ないなどの理由で、徐々に廃れてゆき、1996年当時は、世界中でもほんの数社しか扱っておらず、オペレーションのできる人間も数えるほどしかいない、という絶滅寸前の機材でした。

そのうちの1社である、アメリカのボストンにある「ボストン・ライト・アンド・サウンド」という会社の映写機を使用することになり、シミズから3名の社員が研修に行くことになりました。

映写機の構造自体は、モーターと歯車からできているアナログで機械式なものなので、操作はそれほど難しくないものの、最大の難関は、生身のバンドの演奏と、アナログな機械をどうやって同期するか、ということでした。結局、映写機のモーターの軸にセンサーを取り付け、そこから発生するパルスを変換して、MIDIなどの音楽機材を同期させせよう、ということになりました。つまり、映写機がマスターになり、音楽機材がスレーブになるという、今思い出してもプレッシャーのあまり胃が痛くなるような、責任重大な任務です。

テクニカルな部分では大変苦労しましたが、その甲斐あってツアーは大成功、Mr.Childrenもこのツアーをきっかけに、国民的な人気バンドへと成長する姿を目の当たりにし、感無量でした。

そうこうしているうちに、旧知のアメリカの同業者、タム・ベイリー氏から、最近、LEDスクリーンというものが、エンタメ業界で注目を浴びているので、シミズでも取り入れてみないか、という紹介がありました。LED自体は1960年代から存在しており、電子機器のインジケーターや、文字情報の表示スクリーンなどといった分野で活用されていたものの、1990年代半ばに、日亜化学工業の中村博士が青色LEDの量産技術を発明したことによって、光の三原色であるRGBの三色を用いたフルカラーLEDスクリーンが、ようやく実用化されるに至ったのです。

それまでのCRT式の大型映像機器であるオーロラビジョンに比べると、LEDスクリーンは、高輝度・長寿命・節電・軽量という優れた長所を持ち、また、台湾や韓国、中国本土といった、その当時は人件費が安かった国が、LEDの生産に力を注いでいたという事情もあって、安価な仮設用LEDスクリーンが、徐々に市場に出回るようになってきたのです。

ただし、軽量とはいっても、それはあくまでオーロラビジョンと比べての話で、実際には、LEDスクリーンの一つのモジュールは、１００㎝×50㎝、重さ30ｋｇ近くもあるもので、手で運ぶのは二人掛かりでも至難の技、という代物でした。タム・ベイリーの送ってくれた紹介ビデオでは、一人で軽々とモジュールを抱え、積み上げる姿が映っていたので、何者なのかと、アメリカ人の怪力ぶりには改めて驚かされました。

それに加えて、初期型のモジュールは、やはり内部の構造が常設を前提として設計されていたので、配線やコネクターの耐久性に欠けており、徹夜作業で、クレーンを使ってスクリーンを設置した後に、ようやく通電しても、一発で映像が出ることはほとんどなく、スクリーンの裏側に回り、ケーブルやコネクターの交換などの調整作業に丸一日を要していました。現場に入ると、ほぼ不休で2日間完徹になるといったような状況だったのを、昨日のことのように思い出します。

それでも、大型映像に対して大きな可能性を感じたシミズグループは、台湾のオプトテック社と、イベント業界における代理店契約を結び、より仮設に適した商品開発に取り組んでゆくことになります。当初はオプトテック社も、1日で設営・本番・撤去を行うという日本のコンサート業界の現場のスピード感を理解できず、意見が食い違うこともありましたが、徐々にこちらの望む、軽量・耐久性・屋外使用OKと高画質をあわせ持った製品が実現化するにいたりました。

その結果、このLEDスクリーンはコンサートのオーディエンスからは熱狂的な支持を受け、コンサート業界に革命を起こすことになります。LEDスクリーンが出る前の大型コンサートといえば、アーティストの姿が確認できるのは、ステージ前のほんの一部の座席だけで、あとはアーティストの姿は、豆粒のようにしか見えず、興奮した観客がステージ前に殺到して、怪我や乱闘騒ぎといったトラブルに発展することもありました。しかし、明るく鮮明なLEDスクリーンを使って、アーティストの姿を大きく映し出すことができるようになると、広い会場内のどこにいても、おおむね均質な感動を共有することができるようになり、コンサートの満足度が著しく向上したのです。

また舞台美術の面においても、大掛かりなステージ装飾を組まなくても、映像があれば、背景を海にしたり、星空にしたり、花畑にしたり、宮殿にしたり、あるいは、CGでサイケデリックな模様を出したり、自由自在にイメージをコントロールすることができるようになり、ステージ演出の幅が大きく広がりました。

その結果、コンサートはどんどん巨大化し、ライブ・エンターテインメントの市場は右肩上がりに拡大してまいりました。当時はバブル崩壊後の喪失感の中で、人々が音楽に癒しを求めていたという状況の後押しもあり、ドームやアリーナ、スタジアムといったコンサートはもはや当たり前のものになり、当時の人気アーティストは、こぞってLEDスクリーンを携えて、大型会場のツアーに繰り出しました。その一つの頂点が、１９９９年に幕張メッセ駐車場の仮設ステージで行われた、GLAYの「GLAY EXPO '99 SURVIVAL」という、通称「20万人コンサート」です。

ステージ中央に７００インチのスクリーン、上下にはそれぞれ４００インチのスクリーンが設置され、客席エリア内にも、サービス映像のLEDスクリーンが、なんと11面も設置されました。単独アーティストのライブとしては日本音楽史上、最大動員記録を誇っており、20万人の観客が、一糸乱れずノリノリでGLAYの音楽を楽しんでいる様子は、今見ても鳥肌が立ちます。

その後も、映像を使った演出の進化はとどまるところを知らず、スクリーンの軽量化、システムの簡易化に伴い、新しい使われ方が次々と生み出されています。LEDスクリーンが、左右に割れたり、上下に動いたり、円柱状に使われたり、メッシュの形状を生かし映像と現実を交錯させたり、階段のケコミやクレーンのアームに仕込まれたりと、自由自在にステージを彩っています。また、観客めいめいが持っているリストバンドやペンライトなどに仕込まれたLEDを使用して、客席全体を使って簡単な映像を映し出すシステムも一般化しており、あたかも会場全体がステージの一部であるような一体感を演出しています。

現在では、LEDスクリーン以外でも、プロジェクション・マッピングと呼ばれる、立体物に映像を投影する技術や、AR／VRといった立体映像の技術、またはスマートフォンやタブレットを使ったセカンドスクリーンなど、さまざまな新技術がイベント業界に導入され、日進月歩の進化を遂げています。

２０２０年初頭からのコロナ禍によって、アーティストたちはリアルライブを行うことができない代わりに、オンラインライブを行って、ファンとの新しい繋がり方を模索してきました。オンラインライブはリアルライブの１００％代替えにはならず、やはり生でライブを楽しみたい、というのは音楽ファンの普遍的な欲求ではありますが、その反面、オンラインライブが新たな音楽の楽しみ方のひとつとして、今後も定着してゆくことでしょう。そして、クリエイティブなアーティストは、オンラインライブは単なるライブの中継というだけでなく、オンラインならではのメタバース的な仮想現実と結びつけ、SNSやゲーム、アプリと結びついた独自の世界が生まれてゆくであろうことが予想されます。

歌は世につれ世は歌につれ、とはいいますが、エンターテインメントの形は時代に寄り添って変わってゆくものです。これから先のエンタメの未来がどう変わってゆくのか、予測するのは非常に難しいものがありますが、未来を読み解く鍵のひとつが映像であることは間違いないでしょう。

業界の映像の立場を試行錯誤

株式会社シミズオクト
プロデュース部 テクニカル・ディレクター
辻 健男

元はテレビ番組の音声／MAミキサー。1996年にビジュアル部に入社し、LED開発に携わる。GLAY、ゆず、氷室京介、ケツメイシ、BUCK−TICKなどを担当。

私のこと
～違う未来を夢見て入社～

私がシミズの『ビジュアル部』に入社したのは1996年。映像部門ができて2年がたった頃で、私が32歳の時でした。

当時のビジュアル部には、私が以前所属していた会社の先輩が既に働いていました。

主な業務はTV番組収録、つまりENG（ロケ）とその編集。編集室は既にありましたが、MA室は無く、これから作ろう……という時期でした。そんなある日、TV番組のMAオペレーター（ミキサー）だった私に、その先輩がラブコールをくれたのです。

高校時代からオーディオが好きで、出来るだけ早く音関係の仕事に就きたかった私は、大学ではなく音響系の専門学校を選択。そうして最短ルートでオーディオ・エンジニアになった私にとって、新しく作る「シミズのMA室」は大変魅力的で、即入社の意思を伝えました。

自分としては思い切った決断でしたが、ビジュアル部長との面接（?）はなんとゴルフ場！　シミズって豪快な会社だなあ……と、妙に感心したのを憶えています。

先輩が事前に推薦してくれていたおかげもあり、その場で採用決定です。……と言う訳で、私は熱望されて入社したのでした。……そのはずでした。多分その時はMAミキサーとして……。

入社してすぐ方向転換

TV業界歴12年でシミズに入社した私は、しばらくは外ロケの［音声］として、MA室の着工を待つ日々でしたが、ある日、例の豪快な部長から「これからはLED画面を買って、コンサートをやる！」と宣言されます。

〝テレビ畑〟の私にとっては、まさに青天の霹靂です。私だけではありません。当時の部員は全員〝テレビ畑〟ですから。

ビジュアル部員のうち、元々いたカメラマンはそのまま〝ライブカメラマン〟としての道を歩んでいきます。ですが、〝LEDチーム〟は完全な寄せ集めです。LED機材の導入後に、求人誌で急遽募集したアルバイトがほとんどでした。

そして私はと言うと、映像業務全般の〝技術・営業〟となり、何も分からぬままコンサートの制作会社や他セクションとやり取りする事になっていきます。

LED初現場

かくして私は、舞台関係の部材や用語をほとんど知らないまま、コンサート現場へ行く事になりました。

そしていきなりの「渡辺美里」@西武球場です。買ったばかりの〝常設用LED〟220inch×2面で、片側の作業時間なんと5時間以上。運搬も納品時の段ボールのまま……という惨憺たるデビューでした。

そのすぐ後に「THE　YELLOW　MONKEY」の野外です。部長も無茶します。作業は少し早くなったものの、またもや大顰蹙。入社の翌年、1997年の夏の事でした。

こうして〝いい年をして無知〟な私は、20代前半の美術製作部員に怒られ教わりながら、形振り構わずの日々を過ごしました。もう〝プライド〟などズタズタです。今思うと、32歳での方向転換は本当にギリギリでした。

コンサート業界の映像の立場
～試行錯誤～

当時のコンサート業界は、舞台・音響・照明・楽器が〝神〟で、「他のセクションは居なくても、ライブはできる」とまで言われていました。その中でも映像なんぞは下の下。我々は完全にお邪魔虫。人数だけ多い目障りな集団でした。

［何にも知らない素人LEDチーム］と、［いつも固まって行動するカメラチーム］で、我がビジュアル部はコンサート業界へ参入していく事になったのですが、2つのツアーをきっかけに徐々に変化していきます。

1つは、1998年の「氷室京介」アリーナツアーです。

センターLED350inchとカメラ送出を一括受注。さらにツアーファイナルは、横浜スタジアムで両サイドのLED2面追加（急遽購入！）でした。この現場には、当時はビジュアル部員だった清水社長もLEDスタッフとして参加されていました。

そしてもう1つ、全くの同時期に「GLAY」スタジアムツアーを受注。センターLED400inch、機材も人もモロ被りです！

部員は全員「2つは無理」と言ったのですが、部長は強気です。そしてLEDとカメラを追加発注です。今思えばこの機動力（強引さ？）が強みだったのですが、この時のお金はどうしたのでしょうか。

当時の私は知る由もありません。急転直下で仕事が増え、考える間も無く鍛えられて行きました。

この時点で、LEDは22㎜350inch×1面、18㎜400inch×3面、ライブカメラは10台越えとなりました。入社してから僅か2年の出来事です。

因みに、私はこの時「氷室ツアー」を回ったのですが、最初の仮組みで舞台監督から「映像チームって、トランポ物量どれくらい？」と聞かれ、「積んでみなければ分かりませんねぇ」と平然と答えてしまい、呆れられる有様でした。今思い返しても恥ずかしい限りです。

ツアーも後半になり、最低限の知識を身につけ、なんとか形にはなってきましたが、他のセクションのスタッフと仲良くなるには、かなりの時間を要しました。

映像チームの良くないイメージ

考えてみれば……。映写機やプロジェクターを使ったステージ演出以外で、コンサートに映像が（特にカメラが）入る事が少なかった時代です。ツアーのファイナルで、両サイドに画面を追加してカメラ映像を出す場合は、概ねそのカメラはレコード会社発注の収録チームがやっていました。

当時の収録チームの評判は、ツアースタッフからすると良くなかったと思います。「ステージが出来上がった後に現場に入ってきて、あれこれと注文する」……といったイメージです。

ツアー制作ではなく、レコード会社（事務所）から直接発注された映像の精鋭部隊からすれば、より良い「売りビデオ」の為の当然の意見ですし、現場に入るタイミングも出来上がってから入るのは仕方がない話なのですが、3～4ヶ月間かけて全国を回ってきたツアースタッフからすれば、ツアーの最後に突然現れた無礼な人達なのです。

ツアーに映像（カメラ）が帯同する事が珍しかった当時、私たちツアー映像チームは、こういった映像に対する悪いイメージを払拭するところからのスタートでした。ひたすら気を使った記憶があります。映像チームとして「話」を聞いてもらうには、やはり人間関係が大切だ……という事でした。

その甲斐あってか、徐々にいろいろなツアーに呼ばれる様になっていきました。

先々の仕事の予定が見えてくれば、設備投資にあまり悩む事なく、更に新しいLEDの開発もできます。そうやって、機種・物量を増やしていく事ができました。

大規模現場の経験

初ツアーを無事（？）終えた翌年、1999年5月「LUNA SEA@有明10万人コンサート」のステージ倒壊を経験します。

この時のLED400inch×2面は、後ろに傾き危険な状況だった為、アルバイトを使わず社員だけで作業し、なんとか救出。伝説になった「廃墟ライブ」でしたが、私にとってもまさにその通り、伝説です。

そして直後の1999年7月31日、GLAY20万人コンサート「GLAY EXPO 1999 SURVIVAL LIVE in幕張」。

この時のLEDは、18㎜700inch＋400inch×2面（400inch×5面分）、22㎜350inch×1面。つまり所有LED全部です。LUNA SEA現場からLEDを救出できていなければ本当にヤバかったです。

更に同業他社の協力で、当時日本にあった仮設用のアウトドアLEDが、ほぼ全て幕張に集結です。

シミズは、この全てのLEDにカメラ映像を送出しました。

この時の送出SW-erシステムは、スタジオクラスの物が3セット、カメラ台数は約30台、映像テントの広さw3k×d8k。映像送出で、この規模を超える現場は未だにありません。

オリジナルLEDの開発
～シースルーLED時代～

幕張の翌年、2000年 GLAYアリーナツアー「HEAVY GAUGE TOUR」で、シミズ完全オリジナルLED「Dome Vision」を製作します。1ツアーだけで償却する「このツアーの為だけに作ったフルオーダーLED」でした。

2m×1mのスノコ状の大型LEDパ

ネルで、ステージの額縁とバック全面を、形の違うLEDパネルで埋め尽くす「ステージセットとしてのLED」でした。自ら設計に参加した初めてのチャレンジだったので、忘れられないLEDです（ピッチ62・5㎜でした）。

開発の参考となったのは、やはりU2の「ポップマート　ツアー」でした。

以降、LED業界全体で［画質の改善］と［軽量化］が進み、シミズのLED導入も16㎜→12・5㎜→10㎜と進んでいきます。

2004年頃から、ステージ演出家や映像関係者の目標となったのは、ラスベガス シーザース・パレスのセリーヌ・ディオン「A NEW DAY」だったと思います。

専用劇場という環境とは言え、背景全面のLEDでシーン展開していく手法を、なんとか真似できないかと、日本中が試行錯誤した様に記憶しています。

2006～7年頃、マドンナの25㎜［ステルス］等が注目を浴び、各社［シースルーLED］開発時代に突入します。

私たちも、画面の高精細化と並行して［Dome Vision］の後継機種を模索し、28・5㎜［THETA（シータ）］を製作。2008年の「ケツメイシ　アリーナツアー」に投入しました。この［THETA］は大変好評で、「ゆず」「氷室京介」「安室奈美恵」などの国内アーティストの他、「KARA」や「SHINee」「SMTOWN」などの韓流現場からも多くの依頼を頂きました。ビジュアル部のベストセラーLEDです。

当時、LEDは国内大手メーカーも製作していましたが、なかでも東芝はシースルーLEDの製作にも着手し［25㎜i-MAX］を生み出しました。［THETA］や［i-MAX］は、BARCOやELEMENTLABS、BASICHTECHといった欧米や韓国のメーカーと互角以上に戦えていたと思います。

高精細
～中国製LED時代～

2013～4年頃からは、コンサート予算は据置きでありながら〝高精細〟を求められる様になってきました。

［中国製LED］が急成長を遂げたのはこの頃からだったと思います。個人的にはこの成長ぶりは、あっという間の出来事……といった印象です。私たちも、2015年「UVERworld」、2016年［松任谷由実］と、中国製を導入しました。それぞれ、1～2ツアーで償却するLEDとして見合う金額でした。

以前は〝中国製〟と聞くとあまり良い印象が無かったかも知れませんが、今では中国深セン製LEDは多くの現場で導入されており、安定的な実績を納めています。シミズでも2018年に1000inch（4K相当）の高精細LEDを導入し、現在運用中です。

映像の役割
～配信ビジネス、今後～

2020年コロナ禍……。多くのイベントが延期・中止されました。シミズオクトグループも大きな痛手を被りました。

ステージ製作を生業としている部門は直撃でしたが、シミズには多岐にわたる職種（部門）があります。その一つである我々プロデュース部の映像セクションには、〝商売の選択肢〟がありました。

コンサート・イベント等の［サービス映像］の出番は激減しましたが、配信ライブの［背景LED］や［プロジェクター演出］は増えました。予算をかけず、ステージセットを映像に置き換えるという〝苦肉の策〟ですが、我々にとっては〝不幸中の幸い〟でした。そうです、我々には［配信ライブ］に打って付けの撮影チームがいます。

国際的スポーツ競技イベント東京大会を睨んで2019年に導入した［4Kカメラ］の出番が増加しました。

［配信ビジネス］はコロナ禍で急成長を遂げ、今では定着した……と言っても過言ではありません。世の中が落ち着き、イベント業界が平常時に戻っても「配信」は無くならないでしょう。

これまでは各社躍起になって設備投資を競ってきた映像業界も、転機が訪れています。各社ともやはりこの2年間の損害は非常に大きく、早期に収益を取り戻していく必要があります。機材導入はより慎重になると思われ、ハードメーカー側もこれまでの様に「作ったら売れる」とは考えていません。

［8K］［16K］への移行は少し遅れますが、見方を変えれば、［導入］と［償却］の鼬ごっこから暫くは解放される……と言えるのかも知れません。

ですがその分、ノウハウを活かした〝発想〟や〝工夫〟する知恵は必要となります。

事業やスキルを維持・向上させる上で、新しい機材はもちろん必要ですが、同業者が互いに不足機材を補い合う〝事業協力と技術協力〟を真剣に意識する時代になってきていると思います。

その為には、自社にない機材の知識や、その機材を実際に扱えるスキルを身につける必要があります。そして、技術に裏付けされた［プランニング］や［コーディネート］が出来る人材の育成が、何より必要なのだと、今再認識している次第です。

シミズの映像機材年表

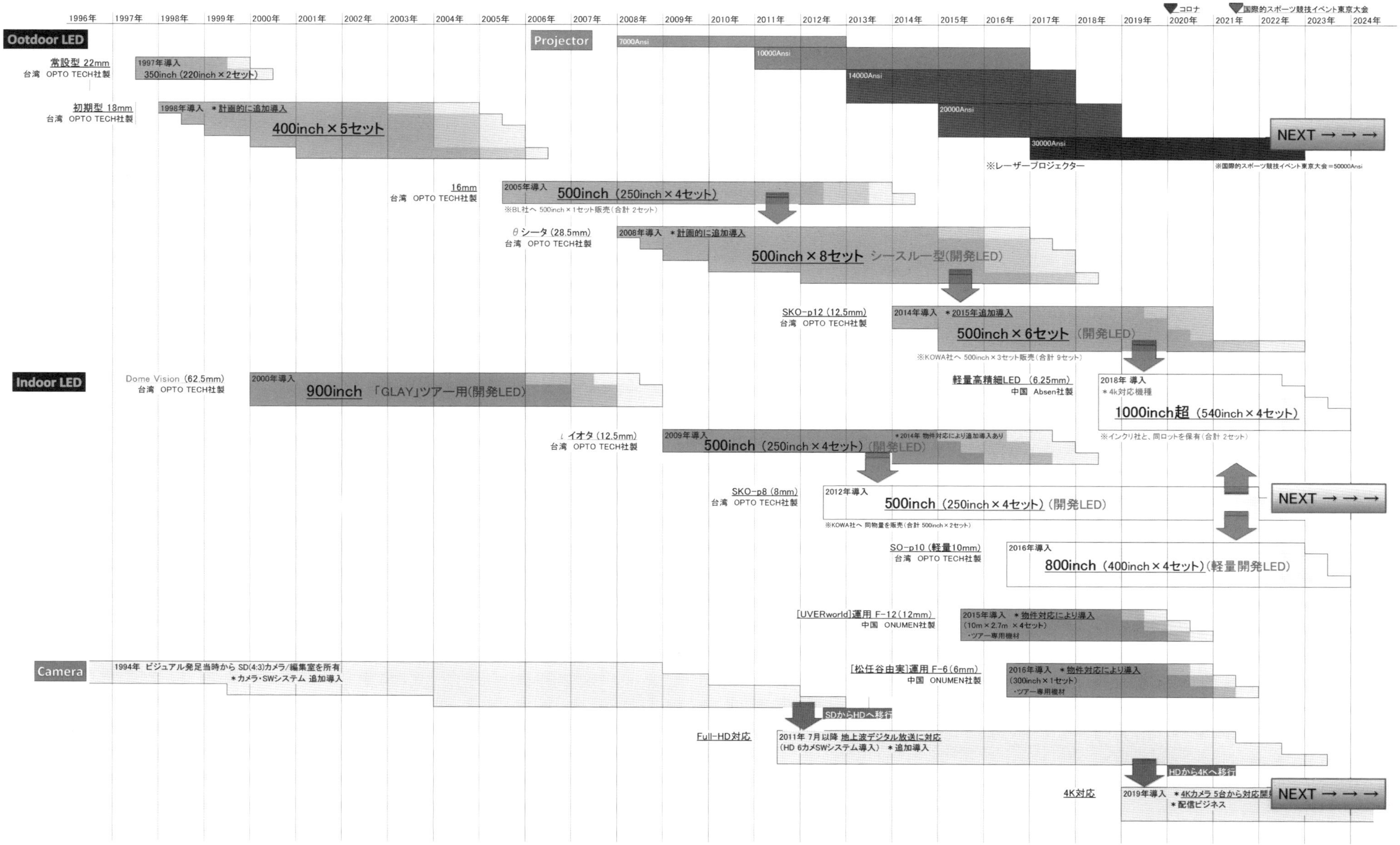
1996年 1997年 1998年 1999年 2000年 2001年 2002年 2003年 2004年 2005年 2006年 2007年 2008年 2009年 2010年 2011年 2012年 2013年 2014年 2015年 2016年 2017年 2018年 2019年 2020年 2021年 2022年 2023年 2024年
コロナ
国際的スポーツ競技イベント東京大会
Ootdoor LED
常設型 22mm
台湾 OPTO TECH社製
1997年導入
350inch（220inch×2セット）
初期型 18mm
台湾 OPTO TECH社製
1998年導入 ＊計画的に追加導入
400inch×5セット
16mm
台湾 OPTO TECH社製
2005年導入
500inch（250inch×4セット）
※BL社へ 500inch×1セット販売（合計 2セット）
θシータ（28.5mm）
台湾 OPTO TECH社製
2008年導入 ＊計画的に追加導入
500inch×8セット シースルー型(開発LED)
SKO-p12（12.5mm）
台湾 OPTO TECH社製
2014年導入 ＊2015年追加導入
500inch×6セット（開発LED）
※KOWA社へ 500inch×3セット販売（合計 9セット）
Projector
7000Ansi
10000Ansi
14000Ansi
20000Ansi
30000Ansi
NEXT →→→
※レーザープロジェクター
※国際的スポーツ競技イベント東京大会＝50000Ansi
Indoor LED
Dome Vision（62.5mm）
台湾 OPTO TECH社製
2000年導入
900inch 「GLAY」ツアー用(開発LED)
ιイオタ（12.5mm）
台湾 OPTO TECH社製
2009年導入
500inch（250inch×4セット）(開発LED)
＊2014年 物件対応により追加導入あり
軽量高精細LED （6.25mm）
中国 Absen社製
2018年 導入
＊4k対応機種
1000inch超（540inch×4セット）
※インクリ社と、同ロットを保有（合計 2セット）
SKO-p8（8mm）
台湾 OPTO TECH社製
2012年導入
500inch（250inch×4セット）（開発LED）
※KOWA社へ 同物量を販売（合計 500inch×2セット）
NEXT →→→
SO-p10（軽量10mm）
台湾 OPTO TECH社製
2016年導入
800inch（400inch×4セット）(軽量開発LED)
[UVERworld]運用 F-12（12mm）
中国 ONUMEN社製
2015年導入 ＊物件対応により導入
（10m×2.7m ×4セット）
・ツアー専用機材
[松任谷由実]運用 F-6（6mm）
中国 ONUMEN社製
2016年導入 ＊物件対応により導入
（300inch×1セット）
・ツアー専用機材
Camera
1994年 ビジュアル発足当時から SD(4:3)カメラ/編集室を所有
＊カメラ・SWシステム 追加導入
SDからHDへ移行
Full-HD対応
2011年 7月以降 地上波デジタル放送に対応
（HD 6カメSWシステム導入） ＊追加導入
HDから4Kへ移行
4K対応
2019年導入 ＊4Kカメラ 5台から対応開
＊配信ビジネス
NEXT →→→

配信ビジネスの成り立ちとこれから

株式会社シミズオクト
プロデュース部 映像
成沢繁幸

千代田工科専門学校放送技術科卒業。TV技術プロダクション入社、土曜スペシャル「比叡山紀行・道はるかなり 阿闍梨二千日を歩く」で第25回ギャラクシー賞受賞。シミズオクト入社後はRIP SLYME、吉井和哉、UVERworld、SHINee、松任谷由実などの現場で活躍中。

最初の配信先は映画館

２０１３年、ワーナー・マイカルから配信をやりたいという問い合わせがあり、映画館に対してのライブを生中継するという業務を始めました。同年５月30日に平井堅さんの日本武道館配信をやったのが初めてとなります。全国の35館の映画館で配信を行いました。今だと１００館くらいでやりますので少ないですね。ネットではなく衛星中継でした。

コマーシャル、インフォメーション、その他飾り物などの編集を行い、本番に中継映像に切り替えます。ロゴをつけたり音声のレベルを調整したり、リップシンクに音声が合うように気をつけて流しつつ、本編終了後もインフォメーションなどをつけて行いました。

映画館なりの音の品質、５．１チャンネルなどの映画館のインフラを生かした品質で行えることは、品質的には良いことですが作業は大変です。音声のチームを大々的に入れることができれば良いのですが、配信場所の映画館にコンサート並みの音のスタッフを入れることは困難ですので、ＡＶスイッチャーを３台、音声６チャンネルはミキサー３台を同期させて元に戻し、バラバラにしないで映像に乗っている３つのものをまとめて、５．１チャンネルに作り、映画館に配信しました。

２０１５年からはイオンエンターテイメント株式会社様、株式会社ライブ・ビューイング・ジャパン様の業務で、コンテンツとしては、サザンオールスターズ、福山雅治、星野源、三代目ＪＳＯＵＬＢＲＯＴＨＥＲＳほか、宝塚や２．５次元ミュージカルなどが人気を博し、ビジネスは大きくなっていきました。

１００館の映画館に流すというと事故が起こりそうな感じを受けるかもしれませんが、映画館自体の機材の調子が悪いなどの理由の他には殆どトラブルはありませんでした。

インフラにはお金がかかる

私たちの仕事は配信をする技術を提供するということであって、そのインフラはシミズではありません。それを確立するのには大変なお金と手間がかかると思います。映画館に衛星チューナー、最近はネットワークで回線を繋ぎ自分たちの機材を映画館１館１館に置かなければなりません。配信を初めてやった時はその１館１館に人を派遣して行っていました。最初の投資は大変なものがあったと思います。

コロナ禍で無観客ライブの端末への配信が主流に

ライブ配信草創期の映画館への配信は、売れているアーティストを目玉に「チケットが買えなかった人」「地方の人」「何らかの理由でライブ会場に来られない人」が最寄りの映画館に集まり、ライブ会場さながらの迫力の画面を見ながら、周り

の人と共に声出しなどの一体感を持って、「少しお安く」アーティストのライブを楽しむことができるというコンセプトでした。しかし、コロナの蔓延によりそれは一変してしまいます。リアルのコンサートは中止、映画館は休館に追い込まれました。しかし、人間困ると何かアイディアを出すもので、アーティストは「無観客ライブ」を行い、それを「配信」という形でファンに届けていくということを始めました。

今度は映画館ではなくお客様の携帯やパソコンに送出するという、お客様の視聴形態は違いますが、私たちの業務が似たようなネットワークであり、「送出すること」のプロセス自体は、映画館への送出とあまり変わりませんでした。私たちの業務は配信会社に映像を送り届けることなので、そこからは配信会社が振り分けます。

しかし、需要が増えたため、新規参入の配信会社が増えたので、配信会社は大変だと思います。人気のコンテンツであればあるほど配信会社は増え、多いときには5、6社います。配信会社さんたちは自分たちのコンテンツを多くの人に見てもらうために、ライブの前後にくるアーティストのコメントとか煽り映像などで差をつけようとしますので、配信会社様の数が多ければ多いほど、私たちの作業量は多くなります。

ハイブリッドで収益機会を増やす

コロナ禍の影響によって確立された配信ビジネスは、売れているアーティストにとっては圧倒的に有利だと思います。例えばリアルだけだと1万人しか入れない会場でのライブでも、配信とハイブリッドでやれば、配信チケットの方が安いとしても、例えばですが1万人の小屋で5万や10万の方に見てもらえる可能性があります。ただ、新人とか、リアルで小屋をソールドアウトできないアーティストにはきついと思います。ハイブリッド・ライブを成功させるためには、自分たちの集客力にあったキャパの小屋選びと、それによる配信へのお金のかけ方の微調整が鍵になると思います。

最初はリアルだけ。次にリアルと映画館。そして、ポストコロナは「リアル」「映画館」「配信」の3つを全部やるという時代になると思います。まず、リアルでコンサートを楽しむ（チケットを買えなかった人は映画館でライブビューイングを楽しむ）、映画館は生中継の映像を何回か上映し、生で見られなかった人とライブで見た人にも見てもらう。そして配信はたいていアーカイブがあるので、既に見た人も楽しむ。様々なメディアで同じコンサートを楽しむことができる仕組みを作り、ユーザーの選択肢を増やしてあげると良いと思います。

配信ビジネスにおいてのシミズオクトの強みは「安全」と思います。事故を起こさない。起こしそうになっても組織力でカバーできる。是非、安心してお仕事を依頼していただきたいと思います（笑）。

バックステージ座談会③

新しいエンターテインメントの夜明け

2019 年、ライブ・エンターテインメントを含むイベントは、数・総売上共に最高を記録した。2020 年に予定されていた東京オリンピックが実現すれば最高益を記録すると日本中の人々は思っていたに違いない。そんな中、2019 年の晩秋に発生したと言われている COVID-19 の蔓延の長期化により、最高益どころか倒産や賃金カットやリストラ他、危機に見舞われるなど我慢の2年間を過ごしたライブ・エンターテインメント業界。本誌制作中の 2022 年 2 月現在、ライブは戻りつつあるものの、人数制限、オールスタンディングの制限、フェスなどでもアルコール飲料禁止、声出し禁止など多くの制限があり、元に戻ったとは言えない状況である。反対に様々なイノベーションが起こり楽しみ方の多様化が進んでいるのも事実であるが、そんな現在から未来について業界のイノベーターたちに語っていただいた。

清水太郎

山下雅也

長井延裕

北谷賢司

登壇者プロフィール

北谷賢司（以下、北谷）：私は、現在はアメリカのワシントン州立大学、東京では金沢工業大学虎ノ門大学院の教授を致しております。教育だけではなくエンターテインメント事業にも複数関わっており、現在はＦＭ東京それからＩｎｔｅｒＦＭの経営、マルチメディア企業であるブロードメディアの監査役等も務めております。また、複数のエンタメ企業ともビジネス関係を維持していますが、おそらくこの業界の中では皆様が最も覚えてくださっているのは、昔、東京ドームの取締役を13年間務めまして、興行に深く関わっておりましたし、その後はソニーの執行役員で、アメリカのナンバー2をしておりましたので、その当時、映画それから音楽にかなり幅広く関与しておりました。

長井延裕（以下、長井）：私は、一般社団法人コンサートプロモーターズ協会にて常務理事をしております。学生時代にはコンサート制作系のアルバイトをしていて、現場では当時のシミズ舞台工芸の皆様に大変お世話になりました。大学卒業後銀行員を5年やり、その後フジテレビに転職しました。それから約20年事業局事業部でシミズ舞台の皆様とはああだこうだして、そのころはテレビ局がアーティストのツアー興行をやっていた時代で、全国津々浦々で本番終わりにはシミズの皆様とは実に楽しく、豪快に飲んだり食ったりさせていただいたような思い出がございます。

山下雅也（以下、山下）：美術大道具連絡会やスタッフ連合会を通じて清水社長とご一緒にこの業界の働き方改革の問題やコロナの問題を解決していこうと云うことで動いている最中です。これからの我々の業界の未来をどう作っていこうかという話も出来ればと思っております。私個人的には日本ステージ株式会社の代表取締役社長をやっております。入社は１９８８年で、エンターテインメントが大規模化、仕掛けも大がかり化していく中の入社で、この発展の過程も含めてどういう過程があって今に至ったのか、また、これから先、延長線上に何があるのか等もご一緒に考えていければと思っております。

清水太郎（以下、太郎）：私は株式会社シミズオクトの代表取締役社長を務めております。入社は１９９５年。大学時代は多重録音芸術研究会という、シンセサイザーで作曲をするサークルに入っていました。大学卒業後は音楽の道は競争が激しいので迷っていたところ、シミズ舞台工芸の中にビジュアル部という映像部門を立ち上げることになり、これは面白いじゃないかということで入社しました。1年程度ビデオの編集を経験後、大型ＬＥＤスクリーンの業務が始まりコンサートが大型化していきました。そういう流れを目の当たりにして、イベントの業務に魅力を感じ熱中して過ごして今に至ります。

ライブ・エンターテインメントは何故ここまで大きな産業になったのか

北谷：ここ30〜40年の間にライブ・エンターテインメント・ビジネスがグローバルで大きな規模になり、また社会的信用性もある存在になったことが大きいと思います。その理由の1つはやはり、体育館であった従来型の会場だけでなく、多目的スタジアム、多目的アリーナが増え、その居住性の良さというのが観衆に供与されるようになったということ。国立競技場をはじめ大きな会場は基本的に野球場、サッカー場であって、そこに対して来たお客さんに対するアメニティもなければ飲食・物販も非常に限られたものでしかなかった。これが海外、特に欧米では、同じように旧世代の建物が、多目的な建物に変わった。これが一番大きいと思いますね。

それからもう1つは、昔は個人商店の集まりだった興行ビジネスですが80年以降資本の統合が行われ、現在ライブ・ネイションとAEGという規模的に同等の巨大企業が存在し、双方とも社会的責任を負った形で企業活動をしているということ。M&Aによって大きな躍進を遂げ今は世間一般も、それからウォールストリートも東証も認める、巨大企業として社会的責任を持って稼動させているということが大きな要因だと私は思っています。

それに加えてやはり昔は存在していなかったプロの経営者が、このライブ・エンターテインメント産業にかなり数多く入ってきたということでしょうね。昔、興行師というと、おそらく学校もドロップアウトして、現場からたたき上げで自分の小屋を持って興行を打つというのが定石だったんですけど、80年代を境に、欧米でも経済学部、商学部、法学部など専門知識を大学教育で得た人たちが積極的にライブ・エンターテインメント産業に入ってくるようになり、それでシステムそのものが非常に近代化されて整備されわかり易くなった。世界中で共通言語でフォーマットが同じ契約書で事業ができるようになったっていうのは非常に大きかったと思いますね。

太郎：イベント会場は東京ドームの出現で365日イベントができる環境が整いましたが、その一方で例えば東京ですと代々木体育館や武道館など本来であれば体育施設なのでコンサートをやろうとしたときに、使い勝手の悪い部分があるし、まだまだ数も足りないじゃないですか。例えば海外の事例で言うと、やっぱり大型のコンサートというと、要人へのホスピタリティが用意されていたりなどあると思いますが、何かその辺りが日本は国土が狭いので、なかなか思うようにいかないですよね。

北谷：欧米の場合なぜVIP施設やボックスシートが従来から売れていたのかというと、シーズンチケット制が、大半のスタジアム・アリーナで導入されていたことが大きいと思います。ホームチームが存在するアリーナであれば、アイスホッケーであったり、プロバスケットボールであったりするわけですけど、このホームチームのシーズンチケットとセットになった形でVIPシートなどが販売されていて、そこでは企業の接待が行われますから、それに必要な高品位な飲食サービスも当然ながら付く。それに対して日本の場合は、相撲の桟敷席が少しそれに近いのかもしれませんが、そういった極一部の施設を除いて歴史的な背景がなかったですよね。

だから日本はそのニーズをあまり理解していなかったと思いますし、仮に作ったとしても、コンテンツがなかったので、ホスピタリティの品位の高いものを作っても閑古鳥が鳴いてしまう、プラス、第3セクターや、行政のお金で建物が建てられることが多く、「不公平さ」ということが受け入れられなかったということもあると思うんですね。

ただ、最近は民間資本で新しいアリーナも作られるようになりましたし、今度の横浜のKアリーナなんかまさにそうですけれども、純粋な民間の資本でですね、そういう建物が建てられると、当然ながら法人を対象として場内のあらゆるスペースのネーミング権を売らなければいけませんから居住性の良さもサービスも向上するということで、ようやく日本は海外に今追い付き始めてるんだというように私は感じてます。

映像がイベントの未来への鍵となる

長井：昨日サカナクションの武道館ライブに行き、新しいエンターテインメントのあり方かな、と思いました。今までのフォーマットと違って、まずライブ配信、そしてリアルライブをやって、次にニューアルバムを出すっていう、今までのフォーマットをわざと変えて。コンサートのタイトルも『アダプト』。この状況にアダプトしていく、でもより積極的にこの状況を取り組んでいこうということが感じられるライブでした。セットデザイン、その中の映像の処理、もちろんサウンド・照明やレーザー等の視覚効果も含めかなり前進的な

印象を受けました。コロナ禍の中でライブのオンライン配信はある種、代替物としてスタートしたと思うのですが、やっぱりその代替物じゃなくて、やっぱりライブから派生する新たなコンテンツという形で捉え直さないと、やっぱりそれ自体が長続きしていかないかなと。

太郎：オンラインライブが今後どの程度浸透していくのか非常に興味のあるところです。去年までの２年間はライブに行けず、その中継のライブをたくさん見てたんですけど、やっぱり単なる中継だとそこで失われてしまう臨場感とか一体感があるので、いずれそのコロナの状況が良くなれば中継見るよりライブ観た方がいいみたいな方が多くなると思うんですけど、その一方で、サカナクションとかＰｅｒｆｕｍｅのようにオンラインライブならではの面白さやクリエイティビティを追求する人っていうのも当然出てくると思うので、だからそのあたりがどの程度盛り上がり、どの程度リスナーに希求力があるのかは非常に気になるところです。

山下：私達ライブイベントを作っている側の立場としては、これまで『三重苦』があったんですよね。まず、そこに出向かないといけない。何時に来いと云う時間的制約がある。しかもお金がかかると。お客様にはこの三つを乗り越えてライブにきていただいているのが基本なんですね。その点、お金はかかるけれど、そこの場所に何時に来い、そして交通費も無いと云うオンラインイベントならではの意義と強みはあると思います。リアルイベントは今後どうなって行くべきなのか？リアルイベントでなければならない理由を作っていかなければならないと思います。ベタな表現ですけど『一見の価値』があってこそリアルイベントは成立すると思うんですね。

　リアルイベントをもっと盛り上げるためにはここに来たお客さんに『お土産』、この場合は物ではなくて「こと・体験」を意味しますが、どんな『お土産』を提供するのかが大切です。わざわざここにきて、時間も割いて、お金も払って、と云うところで、何をお客さんが得て帰らせるのかを私たちは考えなければいけない。そのためにはやはり、何かここに来ないと見られないものを作らなければならないと云う価値を追求したときに、色々と研究もしなければいけないし、新たな分野の機材も投入しなければいけないかもしれない。

長井：この30年の間でも急激にメディア環境が変化しているわけですけど、それは受け手側からするとコンテンツの受容環境が変化してるということにもなるので、当たり前ですけど作品の魅力っていうのは「そこでしか」「この手段でしか」味わえないっていうことと、「そこでも」味わえるっていうことの両立というところはずっとありました。かつて私もフジテレビに居た時、コンサートの収録でいつも悩んでたことですが、会場の雰囲気をそのまま、伝統的なＮＨＫの舞台中継みたいに撮って。でも「それじゃないよね」っていう、要するに、現場は現場で味わえることであり、中継はそれはそれで味わえることであって現場の雰囲気をそのままにっていうのはあり得ない。逆にその発想になったことでいろんな意味で気が楽になったところがあります。

太郎：そうなると、これからのクリエイターというのは現場で見て面白いものと、オンラインで見て面白いものという２本立ての考え方、発想をしていかないといけないってことですね。

ライブの収益機会の多様化とチケットプライス

太郎：メジャーリーグであればチケットは10ドルから何千ドルまでバリエーションがあって、そこで収益アップしてますよね。企業が収益を上げてその分サービスで還元するのは正しいことと思います。よくチケットの価格問題が議論されますが我々業者も今働き方改革の問題で人件費がどんどん高騰しているので、我々の人件費を上げていただくためには、まず興行会社にたくさん儲けていただきたいという順序があるので、その辺りが山下社長とやっているスタッフ連合のところでもよく議題に上ります。

北谷：私がローリング・ストーンズを一番最初に招へいした１９９０年、アメリカでのチケットプライスは80ドルぐらいでした。最近はローリング・ストーンズのスタジアムでのチケットは平均で４５０ドルぐらい。でも完売するんですよ。コンテンツさえリッチで、ファンの人たちが認めてくれるものであれば消費者はお金を払うんですよね。

　だから、日本のように例えば味の素スタジアムでステージ横でも９千円、バルコニーの一番上の端っこでも9千円、そういったビジネスってあり得ないです。なぜか日本はガラパゴスです。そんなものは海外では通用しない。だからある程度の経済規模のあるイベントであれば、そこに従属する専門業者も同様に高額の費用を取ることが当たり前で、それが違うということ自体おかしいんですね。これからはダイナミックプライシングもどんどん日本でも導入されてると思いますし、それに伴ってステージングコストも変動していくと思います。安いものは当然あるかもしれないけど、メジャーアーティストのステージセットはもっと複雑かつ、高額なものになっていくので、そこに対してチケットプライスを上げて、それが買えない人たちが不公平だというのはこれも自由経済の中で生きてるんですから仕方がないと思うんですよね。

長井：我々お客様と接する立場でいうと、お客様の生活環境、生活動態、経済環境はよくよく見ないと。アーティストが多分一番気にするのはそこですよね。いきなりこの何十年やってきて、いきなりそのダイナミックプライシングに移行しますというときに、やっぱりきっと今まで支えてきてくれたファンのことを考えると思います。

北谷：テクニックがあって、海外の場合は一番ステージから遠い席は、学生や余裕のないファンにもアクセスをオファーするために意図的に安いプライシングでやっているわけです。

長井：クラシックとかオペラは既に元々そうですからね。

太郎：例えばローリング・ストーンズとかはもう50代と60代のファンの方が多いので、5百ドルのチケットでも出すかもしれないけど、ローティーンのファンの方が多いアーティストだとあまりチケット代を高くしたくないみたいな話があるにはありますよね。

北谷：やっぱりビジネスモデルを変えていかないと、特に下請けのビジネスっていうのが成長が止まっちゃってるわけですよね。アーティスト側はマーチャンダイジングで利益が上がります。しかしその売り上げに対して、例えば舞台製作会社は何のアクセスもないわけですよ。だから、そのビジネスストラクチャーを改善していかなければ、下請けは下請けで全くアップサイドがない。アーティストマネジメント会社だけが、もしくはプロモーターだけが特にマーチャンの権利を持って儲かるっていうそういう形に変わっていくんですね。そうするとものすごい格差が生じてきていて、それはアンフェアだと。だから、逆にチケットのプライスをもう少しアジャストしてもらって、マーチャンで儲けるのはもちろん構いませんけど、チケットプライスを意図的に低く抑えるというそういう産業制度そのものは考えるべきではないかと私は思います。

長井：選択肢としてね、それぞれの中でまさにそれこそマーケットにアダプトしていくときに、いろんなやり方があるでしょうねということですよ。チケット料金を安く設定した上で、マーチャンダイジングで稼ぐっていうのもあるでしょうけど、それはそれでただ全体収支で考えたときに、それぞれの製作費をどうリクープするかっていうことだから。「だってコンサートでこれしか稼いでないんだからしょうがないだろ」ってそれはおかしいと思うんですよもちろん。だから総合採算的にっていうことをやらないと次がないぞというところがいよいよ来たかなという気がするんですよね。

北谷：先ほど山下社長もおっしゃってた『お土産』という言葉ですが、その会場に来てそれなりの対価を払って良い席で見てる人に対しては何らかの『お土産』を渡すべきですよね。それが例えば限定のマーチャンであったりとか、抽選でアーティストとのフォト・オポチュニティが当たるとか、それから会場前に別の部屋が用意されていてそこでカクテルが飲めるとか、そういうことですよね。そんな原価が高いものを供与する必要はないんだけど、何らかの満足感を売るものを新しいビジネスとして創出して、そういったことを製作会社側が要するにバックヤードをみんな持っているわけですから、コントロールもできる立場に居るわけですから、こういうことできますよというふうに提案して、そこから歩合も取れればいいと思うんですよ。それこそ新しいビジネスモデルの創出じゃないですか、誰もやってないんだったら、製作会社がそういうことを提案してプロモーターもアーティストももっと儲けていいですよねと、何も悪いことはないと思います。

長井：全然否定しないですけど、それをやるやらないっていうのはアーティストの個性であったり戦略に則るでしょうね。

北谷：なぜそうかというと日本はガラパゴスで、日本だけである程度ヒットして著名なアーティストになると、十分お金が稼げてしまうわけですよ。韓国がなんであんな成功してるかっていうと、韓国マーケットは小さいからグローバルマーケットを見て、どういうふうにしたらＢＴＳが世界で売れるかを考えて音楽を作ってるんですよね。日本は国内のマーケットがある程度大きいのでヒットさえして何年か続くとそれでもうファンベースができてそれで食べられちゃう。カラオケ印税からでも食べられると思うし、アーティストが自分で曲を作ってるわけですからね。だからそういった中で安住している。でも、今まではそれで回っていましたが今後は若年層の人口が減っていくわけで、新しいビジネスモデルを組成しなかったら新しい収入源はどんどん途絶えていくわけです。

そこで製作会社として何を考えるべきかと言えば、私は今までみたいに下請けの孤島という位置じゃなくて、新しいビジネスモデルを提案してアーティストを儲けさせ、ファンの満足感を更に高めるようなことを進言していくのもこのビジネスのあり方だと思います。

今後のＳＮＳと イベントの関わり方

北谷：イベント業界でもソーシャルメディアの存在はすごく大きくなると思います。昔は例えば会場の中で写真やビデオ撮影はご法度でしたよね。しかし今、テイラー・スウィフトの来日公演でもそうでしたけど、ライブの最中にどんどん撮ってくだ

さいと、どんどん発信してくださいっていう。許可することによってアーティストもレコード会社もみんなそれに釣られてまた楽曲がプレイバックされて、そこからロイヤルティ収入が入ってくるっていう新しいエコシステムも生まれてるわけですよね。

ですので、今後やっぱり舞台の製作会社も考えなきゃいけないのは、一つのグループはおそらく従来のステージをやるけれども、もう一つのグループは、インターネットやデジタルメディアや双方通行性ということを熟知して、こういった形で並行してのライブ配信もできるし、ポストのライブ配信もできるけど、どうやってお手伝いしましょうかっていうプロポジションを興行主に持ちかけるぐらいのそういうスタイルに企業のあり方を変えていかないと、どんどん逆に新興のサービス会社にそこのところ取られちゃいますよね。ですから、SNSをいかに利用してライブイベントのときに新しいビジネスを想像していくか、それを作り上げるときに自分たちの今までのノウハウをデジタル化して、それでいかにまた彼らの収益に貢献できるかってそこがポイントだと思うんですね。

やっぱり今アーティストやアーティストマネジメント会社が悩んでるのがSNSにどうやってアダプトしていっているのかとか、それから今話題のメタバースの世界だとか、どうやって自分たちの今までのビジネスをアダプトしていったらさらに成長戦略ととれるのかなということで悩んでると思うんですね。

そんな中で一番必要になってくるのは、まずは清水社長がお得意のそのビデオ技術ですよね。それから最近欧米の新しい会場のコンセプトとしては、内と外を入れ替えるっていうコンセプトがあるんですね。つまり今まで会場というのは、会場の内側にいるお客さんとアーティストを対象にして全てが考えられてきましたけど、そうじゃなくて、従来は存在していなかった巨大なLEDスクリーンっていうのは今、外付けでも作れますよね。実際にそういうふうになっている施設もあります。つまり、チケットは完売していて、お客さんたちは場内でショーを楽しんでる。外の人たちはその会場の中のシーンをLEDで断片的に見られることによってモバイルアプリを有料で買って、それを使いながら、外側の投影されている音声であったりとか、画像であったりとかとクロスユースして楽しむ。だから、その内と外両方を繋ぐ、技術であるとか、コンセプト、それからアイディア、そういったものを製作技術会社が提案しても何もおかしくないので、そこに私は新しいビジネスの大きなチャンスがあると思っています。

長井：いわゆるAR、VR、XRそれぞれ違いますけど、今やもう、その通信技術と圧縮技術との進歩によって、例えばバスケットの5対5の試合でも全員の動きをモーションキャプチャー取って、それをリアルタイムで動かして、アバターでもいいし別のところで見せることができる。ということは、もう選手の目線で試合観戦できるということになってるわけですよね。

太郎：それぞれの時代でアーティストが目標にしている数値があると思いますが、例えば90年代はミリオンヒット、2000年代は5大ドームツアーが目標だったと思うんですけど、今って動画の再生回数が1億回というのが一つの目標になってるじゃないですか。やっぱり若い、例えばボカロPみたいな出身のアーティストの方っていうのはもう前に出て露出するっていうよりも、やっぱりどういうふうに再生回数を上げるようなインパクトのある映像が作れるかみたいなことが一つの自分の目標であったりとかしますよね。だからそういう意味で言うと、それって日本のガラパゴスな状況なのかもしれないけど、でもそれを突き詰めていくと、なんかこう、未来の世界に繋がっていくみたいな、そういう状況になってくるんじゃないのかなって思います。

北谷：一方的に誰かがスイッチングしたものをコンサートと同時進行で見るっていうのにはもう誰も満足しないと思うんですよ。今、なぜそういったものをみんな購入するかっていうと、それを見ながらSNSで繋がってる仲間たちと一緒に盛り上がることを楽しみにしてるわけです。そこに今度は会場の中にいる人も入ってきてもっと盛り上がるっていう、そこが今の新しいエンターテインメントの楽しみ方になってきているので、そういったことに対してどういうサービスを構築することができるかですから。今までの皆さんの例えばデザイナーの方たちっていうのはおそらくステージの上物を中心に考えてた。でも今後はそれをビデオで撮ったときに、「どういう形で表現できるのかな」とか、「カメラ位置どこに置いたらいいのかなこのセットは」とか、そういうことも考えなきゃいけなくなってくると思う。ですからクリエイターの方たち、舞台ステージングのクリエイターの人たちも今までみたいにただ箱の中にいるお客さん相手の考え方じゃなくて、外にいる人たちにこれがビデオで同時進行したらどういう形で設定しておくのが一番効果があるか考えられるような、そういう人材を育成する必要があると思います。

長井：二本立てで考えなきゃいけない。最近配信でもね、タイムシフトっていうかリアルタイムじゃなく撮って出したやつなんだけども、リアルライブ感があるようなそういう演出もできてやってるわけですよね。それはその時にまたSNSはSNSで繋がったりしているんでしょうけど、なんかねリアルでやっていることと、ライブ感っていうのは必ずしも昔はその場でしかないから一緒なんですけど、演出とか表現方法によっていくつか選択肢が出てきてるという気はしますね。

製作会社からクライアントにビジネスを提案

北谷：マルチカメラがいとも簡単に設営できる、従ってそういった画像のフィードを受け手の人たちが自分で選択して好きなものを見られるという、そのオプションが今できたんですよね。なぜ可能かっていうとやっぱりそのリモートプロダクションという新しい技術が誕生したからであって、会場の中に5G、6Gが通ってれば、従来であればカメラから回線を通して、どこかに繋がないと画像は外に出せなかったわけですけど、今カメラに付いているワイヤレスモバイルのデバイスで直接クラウドに上げられ、何万人の人たちもアクセス可能になる。だからこれからは今までみたいにケーブルの付いたカメラでライブイベントを撮影するのではなくて、ワイヤレスのカメラをいかに複数うまく使って、それを新たな今までになかった商品として、プロダクトとして、お客さんに提供してそこにバリューを感じてもらってお金払ってもらうという、そういうことだと思います。それもやっぱり製作会社が提案できる立場にいる方が強いわけであって、それを製作会社自らやらなかったらまた誰かが入ってきてそこの領域を取っちゃうんです。

長井：逆に1台のカメラでどれだけ一つのライブというものを究極的に表現できるかなとか、トライアルも散々してきました。とあるライブでカメラマン5、6人に自分でカメラを持たせて、ぐしゃぐしゃになろうが上に行こうがもう好き勝手に撮ってというライブ収録をやりました。当然それはリアルでリニアで繋がってないから、後収録、後編集でしたが、それをライブでもできると、ライブを中継するっていうのはライブまさにライブ、リアルに繋がってるっていうワクワク感と、見た人にとっては追体験的なワクワク感と、かなり選択肢はいろいろ増えてきて面白いと思いますね。また、ステージセットや機構ものと合わせた形で組み込むと結構まだワクワクする体験の伝え方って出てくるなと思いますよ。

北谷：同じ回の公演でどういった新しい商品を作り出して、それがどのぐらいの稼ぎになるかっていうことをみんな見てるわけで、そんなときにさっきも言いましたけど、従来のステージング会社は何も手を打たなければあくまでも舞台製作だけです。それに対する新しいニュービジネスに関してはこれは別の通信系の新しい業者が入ってきてやります。ということにならないように防御する、今までのノウハウを新しいそういったサービスに対して供与するっていうその考え方が私は重要だと思うんですよね。そうでないと、シンクしなくなっちゃいますから。双方がバラバラだとおそらくうまくいかないんですよ。そこを新しい指針として、業界で表に出していくということはすごく重要だなと思うんですね。シミズさんの企業理念というのは裏方に徹するということですが、これは今までリアルな空間だったからそうだったわけですね。でもこれからはリアルとバーチャルがミックスしていく、そういう中でエンターテインメント産業というのは成長しているわけですから、そうなるとリアルな部分では裏方に徹するけど、バーチャルの部分では別に裏方に徹しなくても、そこに必要とされてる技術やサービスを供与すれば、そちらも大きな柱になっていくと思うんですよね。

太郎：我々も、よく自分が社員研修などで言いますが、裏方の仕事の内容っていうのもその時代時代によって変わってくるので、これから先エンターテインメントの形が変化していく以上は、それに合わせて僕らも変わっていくのが逆に僕らの使命であると思っています。

今だからこそ描ける夢

太郎：『今だから描ける夢』というテーマで皆さんに最後にコメントを頂きたいと思います。エンタメの未来は非常に難しいところもありますが、でも、今後こんなふうにエンタメの世界が変わっていってくれたらいいなとか、あるいはその中で自分がどのようなことをやっていきたいかみたいなことをお聞きしたいと思います。

北谷：私はやっぱりエンターテインメントを提供している小屋のスタンダード化というものを進めることが一番将来の産業の交流に繋がると思います。私自身も今関与している愛知国際アリーナ、大阪の万博公園アリーナなど新世代の2万人規模のアリーナがこれから誕生していきますよね。横浜ではKアリーナ、さらに福岡でもマリンメッセで大きなアリーナの計画があります。そうすると東京では

改修後の有明や、秩父宮アリーナも提案されていますけれど新しいものが提案もされてますけど、こういう日本の5大都市において新しい2万人スケールの新世代のアリーナが誕生したときにその機能が、映像も、それから通信も含めてですね、総合的な新世代のエンターテインメントを供与してそれも配信できるというふうな新しい形になっていくと思っています。

長井：ご一緒にいろいろなものを作らせていただきましたが、基本的にはメディアという立ち位置が長かったので、送り手と受け手を繋いできました。その中でやっぱり体験的にしたのは、先ほど言った「ここでしか」とか「ここでも」っていうのもありますが、コンテンツはメディアを選び、逆に言うとメディアも自分が背負ったお客さんに対してコンテンツを選ぶと双方のやりとりがありますが、それを踏まえた上で、結局最終的には知らぬ同士が小皿たたいてチャンチキおけさみたいなあの衝動みたいなものをどう伝えていけるかなというものが、非常に広い言い方ですとそこにやっぱり関心はあります。結局ハードセットもツールも、その衝動によって選ばれていくものだと思う。それによってお客様が喜ぶ、また次に行こうねというのを、後進の方々がまずその喜びに則ってやっていってくれれば良いと思います。自分自身は失敗もしつついろいろなことをいろいろな形で十分楽しませていただいたので、今後は若い方の踏み台になればいいなんて思います。

山下：『今だからこそ描ける夢』というのは非常に難しいんですけど、私たちは、80年代の終わりから規模が大きくなり、体育館だけだった会場がアリーナに変わっていき、出来ることの可能性が増え、機材も大型化する中で、正直なところ、ただ闇雲に走って来た気がするんです。全く一睡もせずに4徹と云うのが自分では一番長いんですけど、目の前のことを何とかしなきゃって云う使命感だけで突っ走って来たようなところがありました。時代は変わり、こう云うのは良い話ではなくなり、効率と時間の使い方の改善を求めた働き方改革の問題や少子高齢化と業界の人手不足も直面する問題として私たちは考えていかねばなりません。ただ逆に、これまでのやり方では通用しないことが、もう一回考え直す良いチャンスかもしれないとも思います。これまでがガラパゴスだっただけで、これから新たに進化する動機が出来たと思えば良いわけです。そして更にどう云う付加価値を作って行くのか。今まであまり付加価値を考えず、アーティストパワー、イベントパワー、ネーミングでやってきた部分が、否、そうじゃなくて新しいビジネスのあり方と云うのは色々な切り口から付加価値を作っていくことなんだ、と云う転換期にしてゆきたい。

それと効率化。若い人たちに過酷で魅力のない業界ではなくて、付加価値を生みながら、そしてコンサートやイベントの中身だけが面白いだけじゃなくて、ビジネスとして面白いと云うことを考えるチャンスではないか！と今日はそんな思いでお話を伺っておりました。これからの我々のエンターテインメント・ビジネスには発展と進化の余地がまだまだあることを改めて認識させていただきました。

太郎：私はよく、『せいさく』には、衣偏のつく『製作』と衣偏のつかない『制作』があるというように言っていて、よく『もの』作り『こと』作りという言い方をしますけど、衣偏のつかない制作というのは『こと』作りで、衣偏のつく製作というのは『もの』作りの仕事だと思うんですね。我々シミズオクトは、もの作りの仕事っていうのを今までずっとやってきたんですけど、やっぱりこれから先は、こと作りの領域にまで一歩踏み込んでいく。この混沌とした時代を生き抜いていくためには、こと作りの能力というのが、必要になってくるんじゃないのかなと思っていて、そのこと作りの一つの、この時代を生き抜くための鍵になるのが、映像との親和性であったりとか、あるいはコンテンツ作り、あるいはソーシャルメディアとの双方向性との親和性みたいなことだったりするんじゃないかと思うんですよね。混沌とした時代というのは永遠には続かないので、いつかその時代が収束してきたときに、さらにそのエンターテインメントっていうものが、より大きく魅力的な産業になってくれていればいいなと思っています。

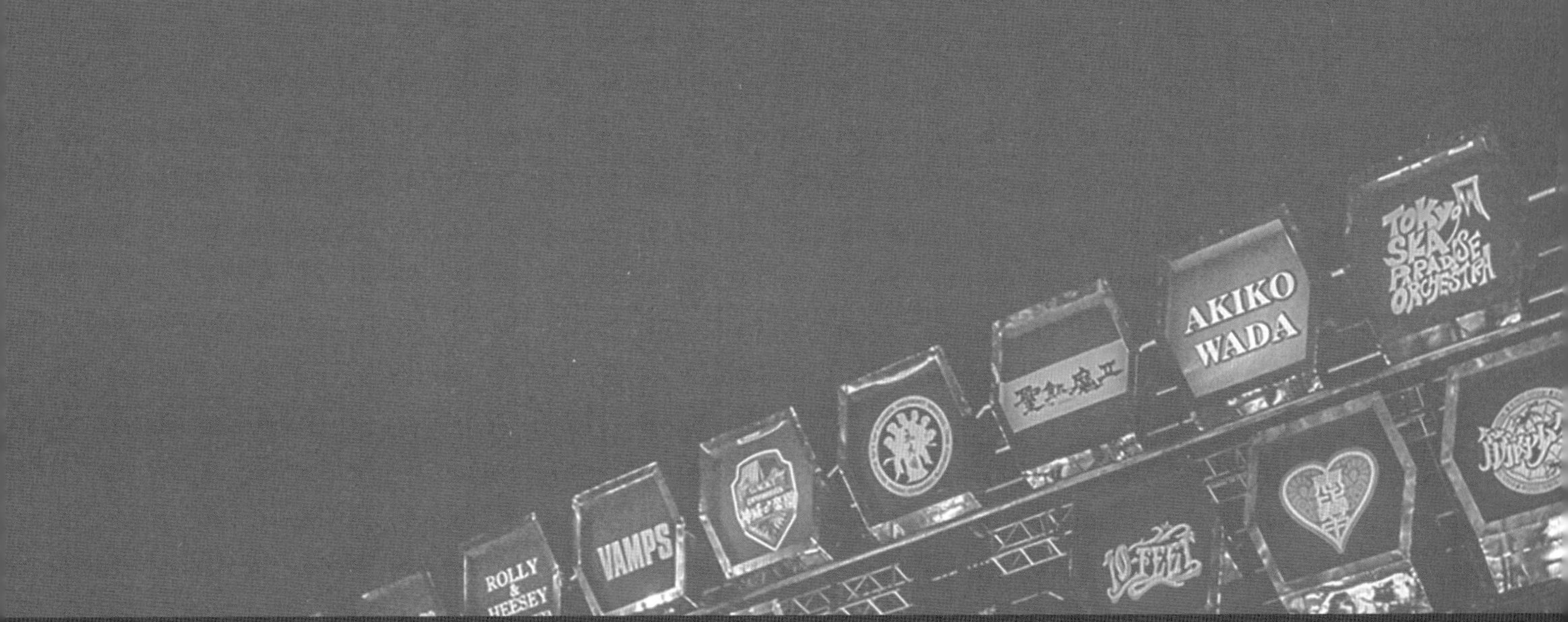

第6章　シミズが担当させていただいたイベントの舞台

サザンオールスターズ

特別ライブ 2020
「Keep Smilin' 〜皆さん、ありがとうございます!!〜」
2020年6月25日(木) 横浜アリーナ 制作秘話

株式会社シミズオクト 舞台・メディア営業部 部長

北迫謙二

まずは、シミズオクト創業90周年にあたり改めて先人が築いて頂いた歴史や誇りといった強い思いを体全体に感じて、今後100周年に向けて何事にも努力して行きたいと考えます。

さて、今回は2020年6月25日に横浜アリーナにて行われたサザンオールスターズ無観客ライブの事についてお伝えしたいと思います。

ご承知の通り、2020年は初頭から新型コロナウイルスの影響で全くライブが止まってしまいました。そんな中、このライブを開催して頂いたサザンオールスターズの皆さんをはじめ、アミューズ様やキョードー横浜様には心から感謝いたします。

緊急事態宣言等で行動が制限される中で、打合せはリモートで参加する方もいましたが、アミューズ中西正樹社長を中心に何とか本番まで辿りつく事が出来ました。

横浜アリーナの会場入りの際に、普段では見られない、作業用のヘルメットを外して一礼をして入る方も見受けられまして、心が熱くなった記憶が蘇ります。

設営に入ると、大道具さんも鳶さんもアルバイトの方々も妙に嬉しそうで、久しぶりの現場の雰囲気を楽しみながら働いている感じが伝わってきて、本当に幸せな気持ちになった事は忘れられません。

設営自体はタイトなスケジュールではありませんでしたが、夜遅くまでの作業と朝も早い時間から動いていましたので、眠さは多少感じておりました。そんな中、千葉スタジオの機構課の方が「眠い！でもこの感じが良いんだよな〜、懐かしいな〜」と言うと、周りにいた人の爆笑を誘っておりました。

その気持ちはすごく分かります。ほんの数ヶ月前まで普通にライブに携わっていた我々が、ピタッと何もかもがなくなってしまい、自宅待機や在宅勤務が続く生活にウンザリしている中でのライブだったので、皆さんの思いや感情がヒシヒシと感じられる設営になりました。

リハーサルから前日の6月24日のゲネプロも終了し、眠たさを体に感じる中。さあ！本番です、1日限りの本番が始まります。

その本番が始まる前の、撤去の段取り打合せの時に舞台監督の南谷成功さんがこんな事を我々スタッフに言ってくださいました。

「現状全く仕事がない中、舞台監督の仲間から電話やメールを頂き、『お前、仕事があって良いなあ〜』と、言われました。何が言いたいかと言うと、いいですか皆さん、我々はこのライブに参加できて幸せ者なんですよ！なので、スタッフ全員でこの恩を本番でサザンオールスターズのメンバーの方々に返しましょうよ。全力で感謝を伝えましょうよ」と言われた後、南谷さんに対しての拍手がしばらく鳴りやみませんでした。本当に、本物の舞台監督さんです。

ショーの1曲目が「YOU」でして、大変恥ずかしい事なのですが、周りの人に悟られないようにしましたが、とめどなく涙が流れて来てしまい、ほぼ1曲分泣いてしまいました。理由は察して頂けると思います。ショーの中盤でも、誰もいない客席を見るたびにウルっと来ていたのでショーの後半は客席を見るのを止めました。

ショーが終わって撤去作業に入る前にあるスタッフが「やあ！北迫さん、本番、泣けましたね」と言うのですが、思うに「泣けましたね」ではなく確実にその方も泣いていたと推測します。

さあ、今度は撤去です。これもまた、みんな楽しそうでしたね、仕事が出来る喜びと翌日からの現実を忘れようと、今迄見た事がないぐらい楽しそうな撤去になりました。

最後になりますが、これも舞台監督の南谷成功さんの発想で、こんな言葉を作って頂き、主要スタッフが集まり、桑田佳祐さんに直接お伝えさせて頂きました。

「私達はサザンオールスターズのスタッフになれて世界一の幸せ者です。これからも一生懸命サポートする事を誓います。桑田さん、ありがとうございます」

北迫謙二（きたさこ・けんじ）

昭和60年（1985年）入社。サザンオールスターズ、Mr.Children、DREAMS COME TRUEなどのライブの舞台セットに携わる。

NPO法人 日本舞台技術安全協会（JASST）

シミズオクト経営資源管理本部 安全指導室 部長
NPO法人 日本舞台技術安全協会 事務局長

柿嵜伸一

建築業界の仕事に携わり、デザイン・意匠設計・現場監督等の経験を経て2009年２月にシミズオクトに入社。一級建築士・１級建築施工管理技士・労働安全コンサルタント等の資格を保有しエンタメ業界全体の安全に携わる。

２０００年４月に「舞台技術安全協議会」を準備し、２００２年４月１日を第一期としてスタートした「日本舞台技術安全協会」も今年で第20期目になり、発足から20周年を迎えることとなりました。

現在の会員は、正会員１３８社、特別会員13社、賛助会員10社、国際会員２団体という業界でも大きな安全活動を担う団体となりました。また現在の運営状況は、理事長１名、副理事長２名、理事11名、監事１名、議長を含め担当幹事19名、事務局長１名の構成となっております。

我々の業界に関連する法律も変わりました。20年間という長い年月の中で法改正が幾度となく施行され、実施している教育活動の科目も増えていきました。当時より実施されてきた教育として「リギング技能教育」、「職長安全衛生責任者教育」、「低電圧教育」があり、新たな法改正による教育活動として、「足場の特別教育」、「フルハーネス特別教育」が追加されました。また、業界の未来のための育成として「電気の基礎教育」、「新人安全セミナー」を追加しました。中でも、「新人安全セミナー」は、業界の新人を育む取り組みとして、異なるセクションの作業を体験してもらい相互間での仲間意識を高める教育としました。作業終了後には、「同じ釜の飯を食う」と題し、会場にて親睦会を実施し、同業種間での苦楽を分かち合った親しい仲間となれるように取り組みました。

さらに今年度より「安全衛生教育」という科目の実施に向け教科書資料作成に取り掛かっております。このような多岐にわたる教育を実施できるのは、この協会が横断的な組織で業界の多岐に渡るセクションで運営されている事が理由に挙げられます。

法改正の中には「働き方改革」と言われる労働時間に関する法律も施行されました。我々の業界では、非常に困難を強いられる状況となり、現場作業の段取りに大きな影響を与えました。日本舞台技術安全協会としてコンサートプロモーターズ協会を主体とする「働き方改革に対する取り組み」に関しての合同部会に参加し、様々な意見交換が行われました。

その矢先、２０２０年から世界中で猛威を振るった新型感染症（ＣＯＶＩＤ－19）まん延により自粛を余儀なくされました。政府からも緊急事態宣言が発出され、エンタメ業界に大きな打撃を与えました。実質、教育事業の再開の目途がたたず、約１年程度の活動自粛となりました。その間に働き方改革に関する対応や自粛イベントに関するスタッフ側の支援を政府に働きかける一般社団法人 日本舞台技術スタッフ団体連合会（略称：スタッフ連合会）が組織されましたが、当協会もオブザーバーとして参画いたしました。ＪＡＳＳＴは安全の枠に留まらず活躍の場を広げてまいりました。

年が明け世界中でワクチン接種が行われ、少しではありますが感染対策を施しながら小規模なイベントが開催されるようになり、エンタメ業界に小さな明かりが灯されたような流れが起こり始めてきました。当協会としても研修室の感染防止対策として、天井には遠紫外線C波による滅菌装置を取付け、受講者デスクには飛沫防止パネルを設置しました。

また、抗原検査キットを購入し、受講者への講義を実施する前に検査を行い、陰性者のみの受講というシステムに切り替えました。

この未曽有の事態の中でも業界内で事故は発生しております。そのために日本舞台技術安全協会としての安全教育を継続していくことが団体としての意義と考えております。

コンサート業界の行く末を案じながら、災害を「起こさない」「起こさせない」を念頭に業界の安全意識向上の役目を日本舞台技術安全協会は、担っていく事を責務と考えております。

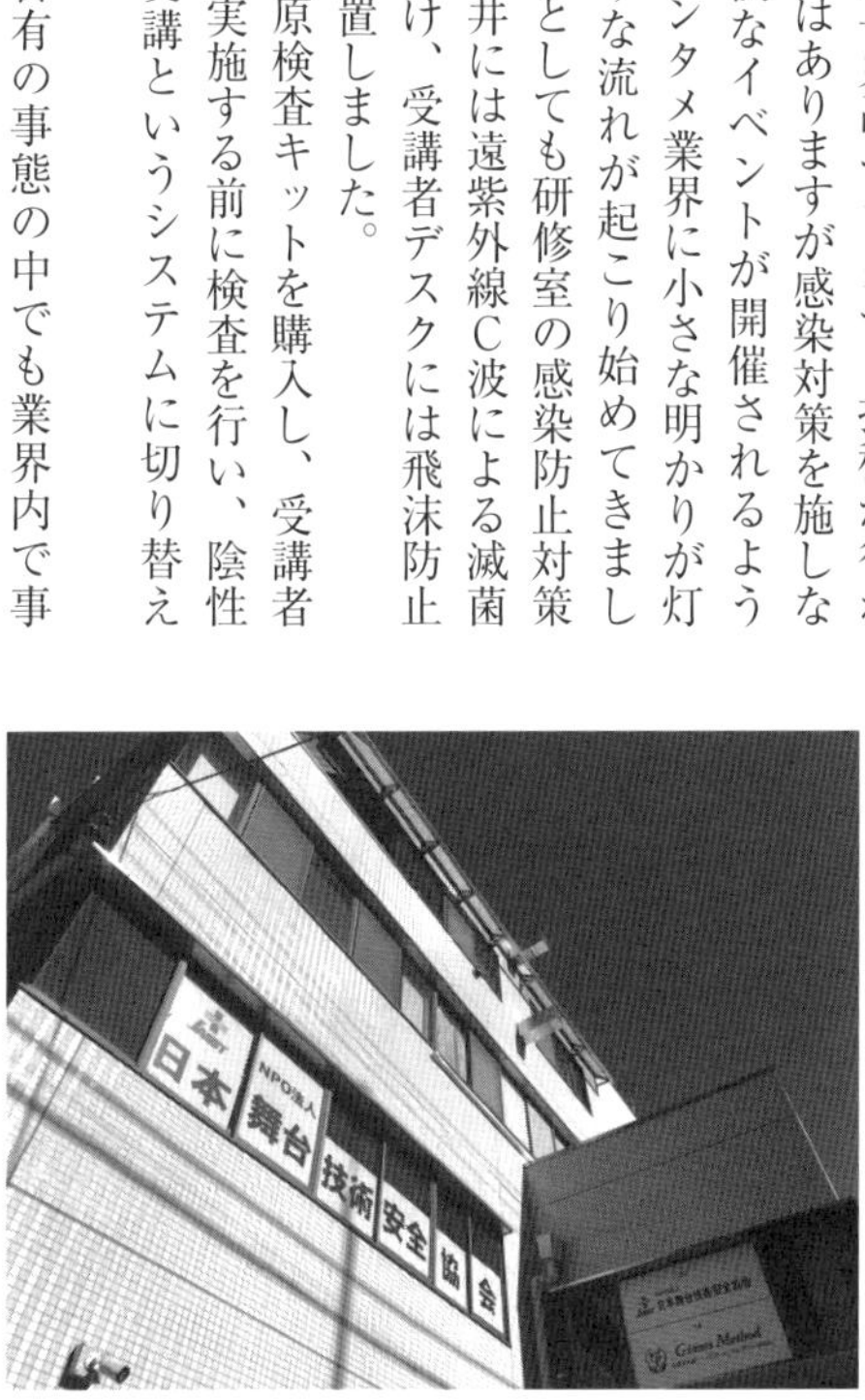

日本舞台技術安全協会の外観

新人安全セミナー

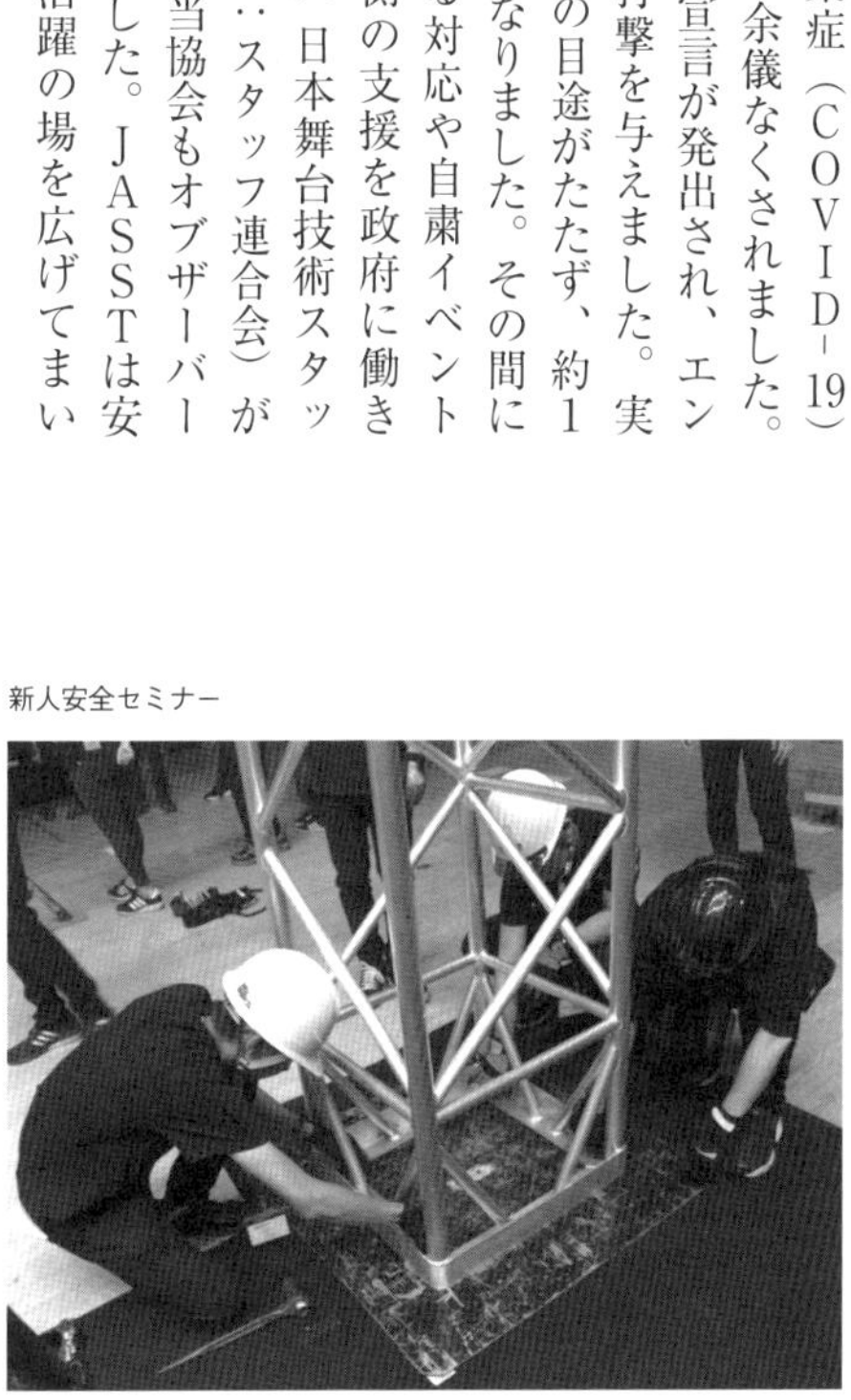

天皇陛下御即位をお祝いする国民祭典

忘れられない4日間。
先輩から引き継いだ仕事を10年後の若手に

株式会社シミズオクト
スポーツ・コンベンション営業部 営業（リーダー）
山内 快

2011年入社。前職ではテーマパークの制作・TV、映画美術セット・コンサート美術などの制作・設営業務を行う。入社後は展覧会・展示会・企業販売促進・CM撮影・株主総会等のコンベンション業務に従事。

私がシミズオクトに入社したのは２０１１年５月、入社し２ヶ月が経った頃、先輩社員の鈴木英友さんから「山内！10年後は任せたから」とＣＤ－Ｒを渡されたのが始まりでした。

入社から半年が経った頃、当時の上司・鈴木康之部長から「山内、日本会議様へ年末の挨拶へ行くよ！」と誘われ、行く道中に前回実施の話や、今後年末年始、毎年欠かさず得意先へのご挨拶へ行く事は、後任者の責務だと話を伺いました。

なんだか８年間って長い話だな～とも思い、皇居前広場で、こんなに大きなイベントを自分が担当できるのか？と正直に思いました。

ここから、私と日本会議様との８年間の関係が始まりました。

２０１９年２月、半蔵門にある奉祝委員会様より入札のご案内を頂き、清水課長と入札に参加しました。程なく受託する事が叶い、ここから、天皇陛下即位をお祝いする国民祭典制作業務が始まりました。私にとって忘れられない２０１９年11月７～10日の始まりです。

入札。デキルデキナイを判断する日々

総合プロデューサー、企画・演出、音楽プロデューサー……。名だたるビッグネームの中で演出・監督がアサインされ、想像もつかない様な演出内容が日々変わる中で、施工の立場からデキルデキナイを判断する毎日でした。

金額との戦いもあり「何でも言われた事が出来る訳ではありません」と嫌われ役にもなり、課長と飲みに行き愚痴を聞いて頂いた事が何度も有りました。

６月になり今回の奉祝曲献歌は歌手も決まり、作曲も日本を代表する作曲家の方に決まりました。

現場実施に向けて、膨大に広がった皆さんの意向を、まとめ上げていかなくてはなりません！

最初に取り組んだのは施工工程表作成、次に皇居前広場の使用計画表の作成、まだまだやる事は尽きません！

宮内庁様との打合せ、警視庁との打合せ、皇居内のロケハン、日比谷公園管理事務所との打合せ。日中は外で打合せを行い、夜は会社に戻り制作業務、課題は山積し業務に追い回される毎日です。

日々のメールは２００件を超え、何度も重圧に押しつぶされそうになりましたが、仲間や上司に助けられながら、なんとか夏を乗り切る事が出来ました。

台風被害。日程が急遽決定

そんな中、２０１９年10月12日、大型で強い勢力を維持した台風が東北地方を抜けていきました。

夜が明けると、河川は氾濫し田畑は水につかり多くの人が亡くなり、東北地方は甚大な被害を受けました。

天皇陛下はその様子をご覧になり胸を痛められているとの事でした。

10月18日、国民祭典事務局長・大葉勢様から１本の電話が鳴りました。

「台風被害で延期になっていた【祝賀パレード】を11月10日に行うと閣議決定で決まりました。それによって内閣官房補佐官を含め、警視庁にて会議が行われるので出席し、施工に関して説明を行ってほしい」との事でした。

当日警視庁へ伺い、17階へ案内され、冒頭言われたのが「パレードは国家行事なので日程は変更できません。国民祭典は民間行事なので、11月10日22時までには全ての施工物を撤去し警視庁へ会場を引き渡してください」。

これは大変な事になってしまいました。国ｖｓ民間では太刀打ち出来るわけがありません。少しでも好条件でこの難局を乗り越えなくてはと思いました。

その時、同席していた奉祝委員会の皆さんが一斉に立ち上り右手を前に出し、顔は紅潮し見たことのない表情で、其々の意見を言い始めました。

その後、内閣官房補佐官が「共通理解の為にも一旦、どれぐらいの施工物があるのか説明願えますか？　シミズオクトさん」

私の番が回ってきました。48枚の図面と施工工程表を手にし、普段は御会いしない様な方々へ説明を行いました。使用予定のトラック数約78台・撤去予定人数２８０名・椅子の数３０００脚・テント２４０張り・簡易トイレ１０５台・その他……。

それら施工物を20時の終演後、３００００人の出口へのご案内を考慮しても22時まで掛かり、そこから撤去を行うので22時の会場引き渡しは不可能である事をお伝えしました。

会議室内は沈黙し、重たい空気が漂い……。

左から、本イベント統括の中西勇二 スポーツコンベンション営業部部長 執行役員、清水太郎社長、昌山朋広 イベント運営部部長 執行役員、松村謙 取締役副社長、今村真人 秘書

内閣補佐官からの「警視庁への会場引き渡し限界時間は何時ですか?」との問いかけに、

「遅くても、朝の5時には引き渡してもらわないと間に合いません」(警視庁)

「シミズオクトさんはどうですか」(内閣補佐官)

「朝の5時の時点で、資材は桔梗門に集め、積み込みはパレード終了後に行うのはどうでしょうか? それであれば時間に間に合わせます」(山内)

「それであれば、警視庁側はそれで進めます」(警視庁)

長い一日が終わりました。

不可能を工夫と協力で乗り越える

翌日、美術制作部チーフ・濱本啓嗣君へ事情を説明し、現場を終わらせる方法を話し合いました。次に事業課・三井所大作君の所へ行き、撤去の人数の増員をお願いしました。

その後、奉祝委員会へ伺い、当日会場にいらっしゃるボランティア200名の方のお手伝いをお願いしました。

音響・照明・映像の社内・協力会社に対しても撤去時間が大幅になくなった事を伝えました。

各社快諾し「やらなきゃいけないんでしょ! やるよ!」と心強いお言葉を頂きました。

もうこれで大丈夫、と胸を撫でおろしたのも、束の間、今度は運営備品の発注が始まりました。

雨合羽30000着の発注に始まり、傘・カイロ等様々な備品の依頼がありました。

またレンタル備品に関しては2日前まで奉祝委員会様、清水課長、レンタル営業部・成瀬智彦君と共に最終調整を行いました。

あとは制作物の確認です。新木場スタジオ制作物の確認チェック。

この時、シミズオクトは本当にすごい会社だと思いました。社内で出来ない事は何も無いと思います。シミズオクトチームの皆から勇気を頂き現場実施へのぞめました。

設営、本番。そして “撤去のシミズ”の本領発揮

2019年11月7日16時、設営が始まりました。

会場があまりにも大きいので、清水久彦課長、齊藤和美さん、大森章太郎さん、栗山美希さんに井戸田康宏くんたちが現場応援に駆けつけてくれました。

ステージの組み立て、レンタル品の設置・木工・出力制作物の施工、映像機材の設置・音響機材の設置・照明機材の設置、全てが皆さんの英知の結集で、滞りなく引き渡す事が出来ました。

当日は急遽、宮内庁様より照明タワー撤去依頼などがありましたが、濱本君の号令後15分程で撤去も終わりました。

そして、国民祭典は終了し、撤去が始まりました。

撤去のシミズと言われるだけあり、各セクション無駄な動き無く、黙々と作業に取り組み、深夜3時には粗方の撤去も終わり、皇居前広場内の掃き掃除のみとなりました。

早朝5時、50名の事業課のアルバイトさんたちが1列になり、土埃舞う中、朝日に照らされ皇居前広場の地面を掃く姿は、壮観でした。

事故も無く、予定していた工程を朝6時に(搬出作業以外は)完遂出来た事は、シミズオクトの組織力と個のパフォーマンスがなせる業だと感じました。

次のシミズを担う若手に引継ぎたい

今は令和10年に予定されている即位10年をお祝いする国民祭典に向け動き出しています。

次回は私でなく、次のシミズを担う若手に引継ぎたいと考えています。

今回ご協力いただきました関係各所・協力会社の皆様に対し、この場をお借りいたしまして、感謝申し上げます。

皆さんお疲れ様でした、どうもありがとうございます。

観客動員数(11月9日)合計70000人
・1部　奉祝祭り　30000人
・2部　国民祭典　30000人
・沿道・配信映像会場
(日比谷公園・行幸通り)　10000人
・報道関係　160社(500名)
・NHKライブ中継(18:05~18:50)
(参考図書)全国奉祝運動の記録より抜粋

天皇陛下御即位をお祝いする国民祭典

見積から本番まで。労いの御言葉に感無量

株式会社シミズオクト
イベント運営部 次長

木村恭孝

平成８年に入社後、神宮球場に配属されて経営企画部にて１年の勤務を経て、イベント営業部に配属となり、主にフィギュアスケートやテニス等の現場を担当して現在に至る。

はじめに

忘れもしない２０１９年５月18日（土）にスポーツコンベンション営業部清水課長から「天皇陛下御即位をお祝いする国民祭典」に関して奉祝委員会から受注の可否及び見積提出を求められているとの連絡をいただきました。

本番実施日は２０１９年11月９日（土）と聞き、２００９年の実績があるとは言え、意外と本番実施日まで時間がないと感じたことを覚えています。

２０１９年７月20日（土）に受注確定の連絡が部内で回り、社内体制を整え一丸となって進めるよう会長から指示があったと聞き、部内で徳田社員、松岡賢社員を担当者に決めて奉祝委員会との打合せに臨むことになりました。

打合せ～事前準備

２００９年の計画を基本として、徳田社員、松岡賢社員が日々奉祝委員会に赴き計画立案していき、警視庁、皇宮警察、要人警護担当、機動隊等とも打合せを重ねていきました。

社内ではエリア毎に各部署及びグループ会社を振分け、事前にオリエンテーションを実施し本番を迎えることになりました。

しかしオリエンテーション後にも情報が都度更新されたため、関係各所から資料を取り寄せ本番２日前に実施マニュアルが完成した覚えがあります。

本番

本番日は徳田社員、松岡社員は本部に常駐してもらい、私が各配置を回り状況確認を行いました。各配置では官民一体となり、招待者のご案内や規制を行っていて通常のイベントでは中々見ることが出来ない光景でした。

奉祝歌を披露するのが『嵐』ということもあり、戦々恐々としていましたが我々の予想より人出は少なく、安堵したと記憶しています。

天皇陛下御即位をお祝いする国民祭典ではシミズオクトグループ一丸となり臨み、事故なく終了することが出来ました。

同日に行われた祝賀レセプションで天皇皇后両陛下からの主催者や関係者への労いの御言葉を宮内庁長官が読み上げられたことを聞き、感無量になりました。

天皇陛下御即位をお祝いする国民祭典

情報を集め、計画を立て、提案し形に

株式会社シミズオクト
イベント運営部一課
松岡 賢

2004年、30歳で入社。イベント営業部に配属直後、フジテレビへ出向。シルク・ドゥ・ソレイユ日本公演に7年間参加。フィギュアスケート国際大会や、24時間テレビ、ニコニコ超会議などに関わる。いつも元気が信条。縁の下の力持ちに憧れ裏方ひとすじ、日々現場で汗をかく。

今回の国民祭典の警備部門の担当を私が受け持つことが分かった日の事を、昨日の事のように鮮明に覚えております。

天皇陛下御即位をお祝いし、内閣総理大臣をはじめ、多くの国会議員や著名人が参加する行事を本当に担当出来るのだろうかというプレッシャーが大きかったからです。

そのような状態からのスタートでしたが、イベント運営部では私と徳田社員の2名体制で臨める事となり、また前回の国民祭典の資料が残っており参考にすることが出来たため、プレッシャーは次第にやる気に代わり、成功に向けて努力を重ねていくことが出来ました。

しかしながら、天皇陛下や国会議員、著名人が大勢参加される中、御招待者を2万人以上も皇居外苑に迎え入れる計画は簡単に進むわけもなく、調整と打合せを繰り返し行う毎日となりました。

主催である奉祝委員会様と打ち合わせを行い、幾度となくロケハンを重ね、会場レイアウト案を作成し、警視庁での打ち合わせに臨むといったことを積み重ねていく日々となりました。

奉祝委員会様も担務ごとにご担当者様がいらっしゃるので皆様とお話出来るように、委員会事務所にほぼ毎日お伺いし、情報収集を行っていました。あまりにも毎日伺うため、事務所の皆様に顔を覚えていただいたり、自然と私の席が用意されていたりしたことが非常に印象に残っております。

また、足しげく警視庁に伺い、奉祝委員会様と立てた計画が実施可能であるか、打合せを重ねたことも大きな経験となりました。

警視庁での打ち合わせでは、皇宮警察の考え方、警視庁の要人警護担当、警備担当、機動隊各方面担当、所轄である丸の内警察の警備担当及び交通担当と、多くの立場からの意見を取りまとめ、奉祝委員会様と調整を進めていくプロセスは非常に大きなチャレンジでした。

打合せの度に変更・調整が必要となる個所が見つかり、一つ一つ解決案を考え提案して行くことは、ゴールが見えない迷路の中に迷い込んでいるようでしたが、徳田社員や上司・社内の方々に相談しながら、すべて解決に結びつけて行けたことは大きな経験となりました。

そして本番を迎え、シミズオクト及び、グループ各社、協力会社の皆様と協力することにより、素晴らしい国民祭典を安全に実施することが出来ました。

準備期間が短い中、このような国民的祭典を成功させることが出来るシミズグループの底力を改めて感じた瞬間でした。

天皇陛下御即位をお祝いする国民祭典

運営課題への対策と苦労

株式会社シミズオクト
事業企画推進本部 営業開発室
徳田賢治

1998 年、横浜シミズ入社。2000 年、北海道シミズ出向。2007 年、シミズオクト出向、東京ドーム営業部、イベント運営部。2020 年、国際的スポーツ競技イベント東京大会組織委員会に出向。2022 年、シミズオクト出向、事業企画推進本部　営業開発室など。札幌ドーム開業や国内外のスポーツイベントなどを担当。

運営計画の課題

課題：数千人の一般観覧当選者を自由席にスムーズにご案内する方法を考える

ご登壇者に国民的な有名人が多く、一般観覧の応募が多数あり、抽選となった。

↓

当日の座席は自由席の為、早朝（深夜）の来場者が予想され、早期来場者の対策を考えることになる。

↓

早期来場者には整理券（整理番号）を配布し、再度集合いただき、整理番号順に整列し、順番に入場いただく。

主催者様、警察と協議をした結果、整列待機場所は交通規制開始後の内堀通りに決定。

↓

右記対策を講じて当日を迎えたが、事前告知とご当選者の観覧マナーが良かったため、早期来場者はほとんどいなくて、スムーズに自由席にご案内することができた。

課題：一般観覧の当選漏れが数万人出たため、お祝いする会の当日に当選していない方が多数来場する事が予想され、その対応策を考える

行幸通り・鍛冶橋通り・日比谷野外音楽堂に映像車を配置し、抽選漏れ来場者を案内する。

↓

道路の植え込みの位置などの関係で、映像車の位置・作業工程・作業時間を決めるのに苦労した。

↓

当日は事前告知がいきわたり、ご来場の方が予想よりも少なかった為、用意していたキャパは超えずに運営することができた。

天皇陛下御即位をお祝いする国民祭典

10年間で自身の成長を感じ、2年目の社員も成長

株式会社シミズオクト
スペシャルセキュリティ部 課長
吉田孝之

2003年、入社。東京ドーム営業部　スペシャルセキュリティ隊、スペシャルセキュリティ部、経営企画部を経て、現職。警備業務では日韓交流おまつり、金属探知機業務では和歌山国体、全国育樹祭北海道などを担当。四谷営業所警備員指導教育責任者として警備員の指導教育に携わる。

警備朝礼

２００９年に行われた「御即位二十年奉祝国民祭典」において、多くの警備員が厳粛な空気に包まれ整然と整列している中、声を震わせ指揮者として朝礼を行ったことを思い出しました。

10年後に同じ場所で指揮者として朝礼を行えることに、感慨深くその時を迎えたことを覚えています。

２００９年から10年の時を経て、自身がどれくらいの成長を遂げることができたのか、緊張せずに行えるのか、前日から警備朝礼を想定し繰り返し頭の中で反芻していたことを思い出します。

緊張の中当日を迎え、再びあの場所へ立ち、警備朝礼の第一声を発したとき、何かが吹っ切れた気がしました。警備朝礼を終え、10年という歳月の中での自身の成長を感じながらも、まだまだこれからも精進が必要という気持ちになりました。

とはいえ、警備朝礼を終えたその瞬間は、緊張から解き放たれて安堵感がにじみ出ていたような気がします。

規制開始！

搬入中も、二重橋の前には多くの観光客、特にアジア圏の外国人が多かったのが印象的でした。

搬入作業も進み、いよいよ二重橋前の広場が規制となる際に直面した言葉の壁。期間中、多言語で質問を受け、そのたびに携帯電話の翻訳アプリでやり取りしたことを思い出しました。

いよいよ規制開始となり、携帯電話をトランジスタメガホンに当て、広報。その場にいた外国人観光客の方々にもうまく通じ、無事通行規制が完了しました。

ふと規制エリアを見渡し、なんて便利な世の中になったのだろうと思いながらも、眼前に広がる会場を見据え、いよいよ始まるという実感がわいてきました。

官民一体　桜田門

総理大臣の車列と嵐のメンバーを乗せた車両は厳戒態勢のなか桜田門からの入場。桜田門では緊張感の中、警察官並びに当社警備員が今か今かと待ち構えていました。

そのような中でも、エリア担当警備責任者は、警察官とコミュニケーションをとり、情報共有。

逐一、それらの情報は共有され、入出庫の際には官民一体となり、無事その責務を果たすことができました。

真っ白な黒革靴

当日の制服は、よりきれいなものを取り揃え、更に入念な服装点検を行い業務に臨みました。

黒革靴はピッカピカに黒光りし、準備万端。いよいよ配置へ向かうと……、そこは砂利。広場の砂利の影響であっという間に靴は真っ白に変身。真っ白というと大げさですが……。控室に戻るたびに、用意していた靴磨きセットでピッカピカの黒革靴へと復活。

とはいえ、その繰り返しは途中であきらめ、その白くなった靴は一所懸命に業務を行っている証として捉え、そのまま最後まで堂々と業務を行うこととしました。

そして、靴を真っ白に染めた砂埃は、最後までやり遂げた充実感とともに、自身の誇りの証となりました。

2年目社員の覚醒

普段はぼそぼそと小声で話す、当時2年目を迎えた女性社員。前日にその役割の重責から涙を流し、当日を迎えました。

大型バスが行き来する中、その責任と役割を果たすため大きな声で指示を出しました。何台も何台もバスが行き来します。

会場を行き来する歩行者の安全のために精一杯警備員に指示を出します。覚醒した瞬間です!!

あれから2年がたち、今ではアルバイトの採用に携わる立場となりました。満面の笑みで当時の思い出を楽しそうに話します。

そして、また来るべきその時に備え、優秀な警備員を採用しますと元気よく答えてくれました。

天皇皇后両陛下御即位パレード 祝賀御列の儀

心折れそうになるも、暖かいお言葉に感謝

株式会社シミズオクト
スポーツ・コンベンション営業部
小木曽 新

2007年4月に新卒入社。1年目より美術制作部を経験し、入社半年から多摩事業所のゴルフ案件をメインとした部署で営業職をスタート。2021年現在はスポーツ・コンベンション営業部にてゴルフ案件を中心とした営業が主な業務。ワールドレディスチャンピオンシップ サロンパスカップ、JLPGAツアーチャンピオンシップ リコーカップなどを手掛ける。

経験値を積むチャンス やるしかない！

この案件のスタートは当部門の伊勢本次長から「警視庁様から10月22日に開催される天皇御即位のパレードコースを作って欲しいという引き合いがあったから担当して！」の一言から始まりました。本番までまだ9ヶ月前の2019年2月のことでした。

「天皇陛下のパレードって国家行事じゃん！　経験値を積むチャンスだし、めったに関わることが出来るものじゃないんだし、やるしかないっしょ！」と思ったのが最初の感想でした。

警視庁様とやりとり

ここから警視庁のご担当者様とのやり取りが始まります。

コースは皇居から赤坂御所への約5キロ。この5キロの一般道両脇に前日深夜から当日朝6時までの間に鉄柵を使って観覧者スペースを作る業務でした。

始めの頃は「施工に何人必要でどのように行っていくのか」「資器材は何が必要で、トラックは何台必要なのか」などシミュレーションからでした。

連絡のやり取りは電話とＦＡＸ……。警視庁様のルールでメールでのやり取りは出来ないことになっており、日頃の業務では考えられないくらい進むのが遅かったのが印象的でした。月に1度は警視庁様に伺うこともありました。警視庁に入ることが出来たのも貴重な体験だったなと思います。

出来る限りの準備は 全てやり尽くす

ご担当者様とのやり取りも何とか順調に進み、5キロのコースを5チーム（1チーム約30名）に分けて作業をすることも決まり、作業では社内のレンタル部や事業課、協力会社ではコーユーレンティアさんやセットアップさん、運搬にはＪＮＷさん、作業警備には埼玉シミズさんに協力を依頼しました。

実際に作業を行う各社のリーダーに集まって頂き、必要以上にミーティングを行いました。また、警視庁様で準備する資器材を立川の警視庁多摩総合庁舎まで主要メンバー全員で出向いて、実物のチェックなども行いました。出来る限りの準備は無理をしてでも全てやった自負はありました。

突然の日程変更にも奇跡的に対応

事前の段取りも順調に進み、本番4日前の10月18日のことでした。政府より「台風19号で甚大な被害が発生したことを踏まえ、約3週間延期し、11月10日に実施する」という発表がされました。

この連絡を受けて、「えっ⁉　11月10日って天皇陛下御即位の国民祭典の翌日⁉　これから段取りしてパレードの作業人員って集まるの⁉」と焦りました。

すぐに主要メンバーに連絡し、各パートの手配段取りの組み直しを依頼しました。どの担当者もすぐに手配をし直し、何とか段取りをつけてくれました。

今思うと2019年はイベント業界にとっては例年以上に忙しい年だったにも関わらず、約200名の作業員や約40台のトラックなどの再手配が出来たのは奇跡だったのではないかと思います。

予定通りのはずが……

各セクションの協力もあり、何とか11月10日を迎えました。正直、ここからが私の記憶から消したい1日の始まりです。

予定通り作業員もトラックの準備が出来、深夜0時より一斉に作業が始まりました。主要メンバーとはＩＰ無線のトランシーバーで繋いで、作業状況を30分おきに私と連絡を取り合う約束をしていました。

序盤の1時間から各チームからの作業状況の連絡は「予定より遅れている」という連絡でした。「まだ始まったばかりだし、要領を得てくれれば挽回できるだろう」と思っていましたが、2時間後の連絡でも全く連絡内容が同じでした。

さすがに焦りが出てきていました。現場全体を見て回ってくれていた伊勢本次長も「さすがにこのペースだと朝6時までに終わらないぞ」との一言で頭が真っ白になったのを記憶しています。

6時間の作業の半分である朝3時の連絡で、早く進んでいるチームでも工程の2／5でした。朝8時には警視庁様によるリハーサルも予定されていました。

現場が間に合わない最悪の事態も考え、警視庁ご担当者様にも状況を伝えました。ご担当者様からは「細かい作業はリハーサル後にしてもいいので、とりあえずは鉄柵だけでも形にすることを優先にして下さい」と言われ、その通りに各チームへお願いしました。

設営が遅れるも パレードに間に合わせる

結局、作業終了予定の朝6時でも本部に戻ってくるチームは1チームもなく、最も早く戻ってきたチームでも朝10時でした。作業の途中では各配置に付いている警察官の方々にも作業を手伝って頂き、設営終了は予定より6時間遅れの昼12時でした。どのメンバーも疲れ切った顔をしておりました。

15時からのパレードは無事にスタートし、約11万9千人の観衆の中、多くの警察車両に守られた天皇皇后両陛下を乗せた車両が時速10キロのスピードで5キロのコースを30分掛けてお通りになりました。その頃には主要メンバーみんなで気持ちを切り替え、撤去まで事故怪我なく、とにかく終わらせようと声を掛け合っていました。

何でも乗り切れると思える体験に

撤去作業は予定通りに進み、警視庁様手配の資器材が集まる新木場基地での作業も24時前には終えることが出来ました。

作業終了後に警視庁ご担当者様には設営が時間通りに出来なかったことをお詫びしましたが、「シミズオクトさんでも出来ない作業は、誰も出来ないってことです。もし可能ならお互い10年後にリベンジしましょう」という暖かいお言葉も頂くことが出来ました。

当案件では「突然の延期」「作業の大幅な遅れ」など心が折れそうなことを経験しました。しかし、主要メンバーの協力にも恵まれ、日頃の案件の中でどれだけ信用し合えることが大事か学ぶことが出来ました。当時一緒に作業をしてくれたメンバーとは「今となれば思い出したくないけど、あれを経験したら何でも乗り切れるよね」などと笑い話になります。

無事にパレードが終わり、撤収に向かう様子

東京マラソン・設営
TOKYO MARATHON

鈴木康之（すずき・こうじ）
株式会社シミズオクト 社長室／入社以来、主に陸上やサッカーの国際的スポーツイベントの会場設営や運営に携わった。東京マラソンは2006年より事務局に出向し、企画段階から関わり、主に設営関係全般を担当した。

大型都市マラソンの幕開け

※2013年8月発行「ハロー！バックステージⅡ」より

鈴木康之

2007年2月18日、早朝9時10分、前夜からの冷たい小雨が降りつづくなか、第一回東京マラソンの号砲が鳴り響き、3万人ものランナーが都庁前をスタートしました。

それは、世界の「五大メジャーマラソン」と呼ばれる、ボストン、ロンドン、ベルリン、シカゴ、ニューヨークにおける数万人規模の市民マラソンに匹敵するような大会が実現した瞬間でした。それまで東京都では、東京国際マラソンというエリートランナーの競技会と、東京シティロードレースという市民ランナーの大会の2つが行われていました。「東京に大規模市民マラソンを！」という石原慎太郎元東京都知事の呼びかけのもと、今までのこの二大会を一つに集約し、銀座や浅草といった東京の観光名所を巡るコースで計画されたものが、東京マラソンでした。当時、その背景には、東京マラソンを成功させることによって、スポーツ都市東京を世界にアピールし、2016年にオリンピックを東京に招致したい！という都知事の強い願いが込められていたと聞いています。都庁→飯田橋→皇居前→日比谷→東京タワー→品川→銀座→日本橋→浅草雷門→築地→豊洲→東京ビッグサイトという東京名所を巡るコースは市民ランナーの話題の的になり、3万人の参加枠に9万人が応募するという高倍率になりました。5大メジャーマラソンのいずれも、最初は小規模の大会から始まり、徐々にその規模を拡大してきたことを考えると、最初から3万人規模の大会を実施するというのは前代未聞の快挙といえるでしょう。

都知事の想いに応える形で、東京マラソン組織委員会が結成され、財団法人日本陸上競技連盟や東京都のメンバーを中心に、都庁内に事務局が設置され、当社は、長年陸上関連の会場設営・警備を行っていた実績から、高橋正人、田中治、（警備および沿道対策）鈴木（設営関係全般）の3名を事務局に出向させていただきました。世界中が注目する第一回の大会であり、絶対に失敗は許されません。社内にも各部門のベテランスタッフにも協力いただきプロジェクトチームを立ち上げ、国内外のマラソン大会を視察・研究しました。2005年に清水会長を団長として、初めてのメジャーマラソンの視察としてTSCニューヨークシティ・マラソンを視察に行った時には、現地事務局の方の話を直接聞く機会にも恵まれ、EXPO、スタート地点のスタテン島、フィニッシュのセントラルパーク、沿道の設置物や運営ボランティアの姿などなど、何から何まで驚きの連続であり、このような大会を東京で開催できることに、本当に夢がふくらみ高揚感でいっぱいでした。

東京マラソンにおける設営業務は大きくわけて、交通規制に関する設置サイン、スタート地点やフィニッシュ地点における仮設設置物、沿道におけるサイン、トイレや屋外広告物の設置、EXPO会場の設営の4つに分類することが出来ます。

まず、交通規制に関する設置サインについてですが、千葉スタジオのスタッフの協力で交通規制の標識を替えるサインの試作を試行錯誤しながら何度も製作して、簡単に誰にでも設置でき、またすぐ撤去できるような盤面を作ることができました。シミズ警備・沿道対策チームと連携して、警備計画に従いその数量や形状など、綿密なサイン計画を練り上げました。都心の目抜き通りに7時間も交通規制をかけるというのは想像を絶することであり、不測の事態を想定するために毎日のように打ち合

シミズオクトが施工・設置したフィニッシュゲート

東京スカイツリーを眺めながら走る

わせを重ね、所轄の警察に申請を続ける日々が続きました。何しろ42・195kmのコース内に警察の所轄が16もあり、何か一つ変更点がある度に、それぞれの警察に変更届を出さなければならないのです。また、数千枚の交通規制や迂回標識の看板を、前夜一晩で都内の各ポイントに配置したうえ、交通規制に従い順次設置、規制解除に伴い撤去をしなければなりません。気の遠くなるような作業ではありましたが、シミズオクトの特長である設営・警備チームの連携プレーで完遂することができました。

　スタート地点やフィニッシュ地点における仮設設置物については、新規購入したレイヤースタンドを両地点に設置しましたが、スタート地点では前日、多くのランナーたちが見にこられて、搬入作業に手間取ってしまい、予定時間を大きくこえてしまいました。フィニッシュ地点のビッグサイトでは、前日まで展示会を開催しており、設営時間の短いなか、車輌の交錯など現場サイドで調整しながら、難なく完了することができました。

　沿道におけるサイン、トイレや屋外広告物の設置について、スポンサー名入りのサインが道路上に設置されるということで、宮崎、宮山両デザイナーにコンセプトや基本デザインを数点提案してもらい、東京都広告審議会の審査を受けて、東京らしくまたスポンサー各社が目立つ薄い桜色の無地という背景色に決定しました。その基本デザインをもとに、キロ表示サインや給水サイン等々に展開し、設置場所を地図上にプロットのうえ、新宿区から江東区まで6区に申請をして、ようやく承認を得ることが出来ました。また沿道における400基弱の仮設トイレの設置についても、その場所ごとに確認をとりながら、前日に設置させていただき、ランナー通過に従い順次撤去をするという人海戦術で対応いたしました。

　EXPOについては、第一回大会のみ東京ドームで開催され、鶴川課長をリーダーとして基礎ブースの設置から出展者対応まで、施工一連の業務を行いました。

　東京マラソンの業務は、今までにないボリュームである上に、作業時間の制約など難題が多々あり、作業についての不安などありましたが、社員・協力会社スタッフが一丸となって、夢中で準備を進めました。前夜から冷たい冬の雨が降り始め、設営のスタッフは大変な思いをしましたが、夜を徹して作業を行い、設営も無事終了しました。石原元都知事による号砲により、ランナーたちが無事にスタートした時は、関係したスタッフ誰もがホッと胸を撫で下ろしたものです。雨で人出が少なかったのも幸いしてか、大きな混乱もなく大会は終了し、多数の方々からお褒めの言葉を頂きました。

　マラソンというのは不思議なスポーツで、ギリシャのマラトンの戦いにおける勝利の伝令がその発祥であり、オリンピックの起源になっていることから、ある種、神聖なスポーツとして捕らえられています。必死に走るマラソンランナーは多くの人の感動を呼びますし、我々は惜しみない声援を送りたくなるのです。今大会でも、多くのボランティアの方々が参加しましたし、交通規制に対しても、ドライバーや沿道の方たちは驚くほど協力的です。この東京マラソンを通じて、日本の首都、東京の文化水準の高さを世界にアピールすることができ、2020年オリンピック招致の一翼を担ったのではないでしょうか。

　東京マラソンは、国際陸上競技連盟（現・世界陸連）が世界の主要ロードレースを格付けするラベリング制度において、2010年大会から、最高位の「ゴールドラベル」を取得しました。その後、2020大会でプラチナレベルを取得しています（最高位のプラチナレベルが2020年に誕生）。そして、第7回目を迎えた2013年大会からは、東京マラソンは目標としていた「アボット・ワールドマラソンメジャーズ（Abbott WMM）」に加入することにより、ボストン、ロンドン、ベルリン、シカゴ、ニューヨークと肩を並べる大会にまで発展し、より一層世界的な評価や注目度が高まり、名実ともに世界のトップレースの仲間入りをしました。

　このような有意義な大会が、今後も10年、20年と末永く実施され、シミズオクトも末永く大会運営に携わっていくことができることを心から願っています。

スタート風景

東京マラソン・警備

TOKYO MARATHON

田中 治（たなか・おさむ）
株式会社シミズオクト 事業企画推進本部 テクニカルマネージャー／1988年4月入社。出向経歴：さいたま博覧会、国際スポーツフェア事務局、TBS、さいたまスーパーアリーナ、愛・地球博、東京マラソン事務局（2006年3月～2012年3月）、国際的スポーツ競技イベント東京大会 札幌事務局（2020年2月～2021年9月）。

東京マラソン開催までの道のり

※2013年8月発行「ハロー！バックステージⅡ」より

田中 治

2005年11月、清水会長、鈴木部長、田中の3名はニューヨークにいました。3万人以上が走る世界レベルのシティマラソンを東京で開催するという一大プロジェクトを成功させるため準備作業や運営など見えていない部分を探るため、5大（当時）マラソンの一つであるTSCニューヨークシティマラソンを視察することになったのです。石原都知事（当時）や東京マラソン事務局の主だったメンバー、警視庁の交通部の方々など東京マラソンの実現に向けて準備してきた方々も渡米されていました。当時の東京マラソン事務局の方から伺った後日談ですが、このニューヨークへ視察に行ったことが都知事の意志を固め実施に向けて大きく前進する要因の一つでもあったそうです。

視察は、TSCニューヨークシティマラソンのホームページ資料と見比べながらEXPO会場での受付の様子、スタート会場での設営風景や警備状況、給水所や仮設トイレ、交通規制などの準備状況、参加者の手荷物の扱いや運搬方法、フィニッシュ会場での設営状況や警備方法など前日からコースを回り、当日もスタートからフィニッシュ、コース沿道の給水所や救護所などを見て回り、東京での計画立案に役立ちました。また、大会当日のあと会議をする場所がないということで、東京マラソンの事務方と警視庁の担当者との大会後の意見調整会議を清水会長の部屋で開催されるというハプニングもあり、それに同席させていただくという機会も得られました。一番大きな成果として参加人数3万5千人の規模を感じられたことです。今まで屋外コンサートや野球、サッカー、ラグビー等で3万人から6万人の観客というのは見てきました。しかし、マラソンの場合、出演者や選手が3万人以上となり、それとは別に沿道に数十万から百万人規模の観客がいるのです。受付、スタート会場、コース沿道、フィニッシュ会場のそれぞれで参加者と一般観覧者を区分けして警備計画を立て設営を行わなければならない事がいかに大変なことか実感できました。

2006年2月から都庁に開設された東京マラソン事務局へ出向を始めたとき、まだマラソンコースの後半部分が固まっていませんでした。連日、コース案で気になる箇所があるとその日に赴いて現地を見ながら修正を繰り返していました。電車との併用ながら一日に5キロから10キロくらいは歩いていたと思います。ある程度コース案が固まった後でも周辺の交通規制方法やランナーの誘導方法など細部を詰めるため、警視庁と調整を繰り返しました。4月にコース案が出来ると、そのコースを徒歩、自転車、車、電車＋徒歩などパターンを変えて何度も調査しました。交差点、側道、う回路、歩道橋、地下道、地下鉄の出入り口、コース沿いの植え込みやガードレールの切れ目まで調べてから警備計画を立案しました。最初の計画では、競技に必要な審判員以外の配置をシミズオクトの警備員と係員で配置案を考えましたが、その後、コース整理を中心とした業務をボランティアに任せることとなりました。ボランティア運営に関しては「笹川スポーツ財団」が出資とともに東京マラソン事務局の組織に加わり担当する事になりました。シミズオクト側でもボランティアで配置可能な箇所をリストアップする作業依頼を受け素案を作成しました。（ボランティアの配置箇所を6千人想定で計画）その後、「笹川スポーツ財団」と事務局で協議修正した所、初期の計画より膨れ上がり、約7千人の一般応募と2千人弱

警備中の様子

東京マラソンスタート前の荷物チェックの様子

浅草の街を走るランナーたち

の都立高校生で実施に至ることになりました。その他に3千5百人の東京陸上競技協会の競技役員が集められシミズオクトも約2千5百人の警備員と約１５００人の係員を動員する事になりました。（ただし、警備関係だけは1月まで細部が決まらなかった）警備関係の調整を都の職員と一緒に警察と行い、各所轄警察署にシミズオクトの社員を所轄担当者として送り、警備員、係員の人数、交通規制資機材や被覆看板の設置場所など調整に時間がかかりました。また、交通規制の実施、救護所の確保、給水所の設置、仮設トイレの設置、給水備品や給水物品の輸送トラック、関門備品、収容バスなどの確保や苦情対応として諸官庁や交通機関、主だった民間企業との調整に都の職員とシミズオクトがそれぞれペアを組み、沿道対策として交渉も都の職員と一緒に訪問しながら調整を行いました。社内調整も大変で、各部署への協力をマラソンプロジェクト室として調整を行い、集合場所や待機場所、資機材の調達方法など各種の運営計画を立案し、実行に移しました。東京マラソンの大会運営マニュアルや救護マニュアルもシミズオクトが請け負って東京マラソン事務局の各担当者から原稿を集め、不足部分は作成して編集しました。実は、ボランティアマニュアルに関しても初年度はシミズオクトが編集していました。その他、コース計測を日本陸連主導のもと、50メートルのワイヤーを使ってスタートからフィニッシュ地点までレコードラインに沿って道路上を3日間かけて計測するときに警備と輸送のお手伝いもしていました。

東京マラソンにおいての警備関係業務は、エリアを規制する出入管理、スタート会場や沿道及びフィニッシュ会場での雑踏警備や案内誘導業務、交通規制をかける上で配置される交通誘導の他に資機材の配備や設置と撤去作業など多岐に渡る業務がありました。配置の多くは、マラソンコースから離れた側道や周辺の道路、歩道上や会場周辺や境界線にあり、目立たない個所で裏方の業務をシミズオクトが担ってきました。その他の表舞台の配置は、競技運営の審判員を東京陸協が担い、競技運営の補佐役としてコースと歩道の境界を守るコース整理員、関門要員、事前受付係、手荷物預かりと返却対応、参加者の整列、フィニッシュ後のランナーサービスなどを学生審判員やボランティアが担当しました。初回の大会において計画通りに行かない部分もあったが重大な問題もなく、一般には無事に大成功に終了したと評価されています。その中には、シミズオクトの各社員が数万人規模の観客に慣れている事、警備と設営が同じ会社組織として連携が取れる事、長年お付き合いしてきた協力会社に恵まれていた事を条件として、会社の組織力と経験が生かされた結果が多少なりとも評価の一端を担っていたと自負しています。苦情や不具合、失敗もありましたが、それについて各部署からの報告をもとに問題点の改善に取り組み、年々修正してきた事が信用と評価につながっているのでしょう。

２０１３大会より、新たに「アボット・ワールドマラソンメジャーズ（ＡｂｂｏｔｔＷＭＭ）」へ加入した「東京マラソン」ですが、他の大会が大規模マラソンとなるまでに経てきた少人数から始めて歴史を重ねてきてから現在の大会に拡大してきたのに比べ、初年度から3万人規模の大会を開催して成功した例はありません。東京マラソン事務局も「東京マラソン２０１２」大会から「一般財団法人東京マラソン財団」として民間団体として組織体制を変えました。組織変更に伴い、大会運営における警備の重要性が高まってきています。警視庁が初年度に動員した警察官の数は、約8千人規模でしたが、年々規模を縮小しており6千人、5千人規模からさらに縮小すると通達されています。警視庁は財団に対して自主警備の割合を高くするように求めてきており、警察官が配置されていた箇所で、民間でも可能な業務を運営側で担うように指導がきています。大会への苦情は年々増加しており、ボランティアの態度、警備員の不案内、係員の不案内などへの苦情も増えてきています。今後、警察官との配置換えやボランティアではなく係員に変更するよう指導された箇所など配置が増える可能性があります。今まで以上に体制を整え真剣に取り組まなければならないと感じています。

音楽業界の業態転換の象徴となった
「安室奈美恵」引退コンサート

株式会社オン・ザ・ライン
ファウンダー 兼 会長
西 茂弘

1960年5月1日生まれ。新潟県出身。明治学院大学在学中に「プロデュース研究会」を設立し活躍。1983年、株式会社キョードー東京に入社。2000年5月、株式会社オン・ザ・ラインを創業し代表取締役に就任。安室奈美恵ほか数々のアーティストのコンサートを手掛ける。現・会長。

シミズオクトさんが創業90周年という事でおめでとうございます。

私共オン・ザ・ラインができて、２０２２年で22年目を迎えました。国内に限らず、海外公演含めると、うちの会社が日本の会社の中で一番海外公演を行ったと思われます。これも、日本から信頼できるスタッフが同行してもらえたからだと感謝しています。

オン・ザ・ラインを作った最大の目的は、22年前はコンサートといえば赤字の事業でお荷物的存在でした。しかし、このまではコンサートは音楽事業の柱とはいつまで経ってもならず、当時、今後の音楽業界を見据えるとコンサートを黒字化して将来の大事な事業に成長させる事が使命でした。

設立当時、うちの相談役でもあった内野二朗とシミズオクトの清水卓治社長（現・会長）の信頼関係もあり、この間、シミズオクトさんには大変お世話になりました。

今日、コンサートはアーティストにとって、とても大事な事業となりました。うちの会社は、多くの素晴らしいアーティスト、事務所の皆様の理解と優秀なコンサート制作スタッフのお陰もあり当初の設立目的は達成できたと思っています。

では今後はどの様な位置付けになるのでしょうか？　このコンサート事業の理解とこれからの音楽業界の業態転換として象徴されるのが、２０１８年に日本・アジアで引退公演を行った「安室奈美恵」のコンサートだと思います。彼女はコンサートを音楽活動の中心として、活動を日本に限らず海外に打って出て成功した数少ないアーティストと言えるでしょう。

実際、海外の会場は現地の人達で毎回ＳＯＬＤ ＯＵＴでした。例えば、台北アリーナでは、今でも最も多く台北アリーナでライブを行った日本人アーティストとしてその名は刻まれています。

ライブの制作では、日本公演だけで考えず、アジアに持っていくためにはどのような機構や仕組みを最初から制作するか、毎回思考錯誤の連続でしたが、回を重ねるごとに色んなアイディアが出てきたのも、スタッフのお陰です。

特に、ステージ周りは国のレギュレーションやトランポの関係からシミズオクトさんのサポートなしでは成功しなかったでしょう。

安室奈美恵の引退イヤーは、赤字だったコンサートが黒字化して、音楽の中心的事業となっただけでなく、コンサート事業を中心にコンサートのチケットをデジタル化してＥＣコマースを使い、グッズ、ＣＤやＤＶＤのマーケティングまで行い、アーティストの３６０度ビジネス化が大成功した第一号といってもいいでしょう。

ユニーク数で彼女のコンサートに申し込んだ人は５３０万人、うちコンサートのキャパシティは88万人、グッズ売上55億円、ＣＤ売り上げ２８０万枚（ベストアルバム『Ｆｉｎａｌｌｙ』）、ライブＤＶＤは日本記録の１８８万本（生産が１８８万本）完売、安室奈美恵展65万人動員といった記録は、アナログからデジタルにビジネスが転換するタイミングとして、また、音楽業界の業態転換として素晴らしい成功例として成績を納めることができました。

勿論、一番は25年間走り続けた安室奈美恵の努力なくしてはありえない記録ですが、アーティストとしての後半の彼女のブレイクがライブ中心にシフトを変え、見事成功したことは、携わって頂いたコンサートスタッフの信頼なくしては語れません。

今日、韓流のアーティストが日本市場を圧巻し、それだけに留まらず、世界を圧巻しつつあります。これはエンタメ業界として大きく考えると、アジア全体にとっては素晴らしい功績で、アジアのアーティストにとってチャンスを切り開いた素晴らしい出来事です。

インターネットが普及し、ＹｏｕＴｕｂｅのような世界に繋がるインフラができている今、これからの市場は海外も視野に入れたマーケティングが必要と思われます。勿論、いきなりアメリカの様な白人文化の世界でトライはハードルが高いかもしれませんが、アジアでのトライは出来るはずですし、ラッキーな事に世界的にもアジアが注目されています。

スポーツの世界では、テニスでいうと全日本大会とウィンブルドンではコーチが代わります。今後日本のエンタメも場面場面でコーチを変えて選んでいく時代に入る事がレベルアップにつながる事でしょう。

以前、うちでマドンナ公演をやった時に、マドンナ側から、いろんな国に行ってライブやったけど日本のスタッフは世界一で、このままアメリカに連れて帰りたい、という言葉をもらいました。

これは、シミズオクトさんをはじめ日本のスタッフへの最高の誉め言葉で、シミズオクトさんのような会社が設立以来、今日まで、たゆまぬ努力の積み重ねがあっての事と思います。

今後、シミズオクトさんも日本から世界の企業に飛躍される事を期待しています。日本のエンタメ業界も、色んな意味での第二幕の始まりです。

安室奈美恵さんのライブから教えていただいた

「どうすればできるか」を考える大切さ

株式会社 西日本シミズ
制作部
河野鉄兵

1974年3月19日生まれ。広島県出身。19歳で福岡の西日本シミズへ就職しシミズ一筋で現在に至る。2007年から長渕剛、2012年からはONE OK ROCKのツアーやLIVEのステージを担当。現在はMy Hair is Bad、あいみょん、ミオヤマザキ、Gacktなどの多くのアーティストのステージプランを担当。

私は、２０１７年９月16日・17日で開催されました、安室奈美恵さんの沖縄での野外ＬＩＶＥ「安室奈美恵 ｎａｍｉｅ ａｍｕｒｏ 25ｔｈ ＡＮＮＩＶＥＲＳＡＲＹ ＬＩＶＥ in ＯＫＩＮＡＷＡ」公演の、ステージプランとステージ設営を担当させていただきました。

その５年前、安室奈美恵さんの２０１２年９月17日のＬＩＶＥは台風の為に中止となっていました。

そのせいか、２０１７年の公演に対する安室奈美恵さんとオン・ザ・ライン様の気迫が凄かったです。

しかし、５年前と同様に今回２０１７年の９月も台風がやってきてしまいました。

ステージは９月７日から仕込みをスタートし５日間かけて９月11日には完成できたのですが、その後に台風が影響を及ぼしました。

厄介な事に直撃ではなく沖縄から少し離れた左側をゆっくり北上し、沖縄を抜け切った後で本州側へ右折する……というルートを９月12日～16日の５日間、長い時間をかけてゆっくりしたスピードで動いておりました。

９月12日以降は毎朝現場に到着するたび、どこかが壊れていました。とても普通にリハーサルをやれるような状況ではありませんでした。

それでも荒天の中、ご本人もバックダンサーも本気でゲネプロをされていたのです。もうずぶ濡れどころの姿ではなく、安室奈美恵さんというアーティストはどんな状況化でも一切手を抜かず妥協もしない凄まじい気概のある方なのだな、とその時は強く思っていました。

強風ではありましたが、台風直撃ではないから、どうにか工夫しまくればステージは持ち堪えられる……。どうにかＬＩＶＥはプロとして成立させたい！という思いで９月12日からの５日間は、道具チーム一丸となって台風と戦っていました！

が、台風の進路の影響で９月16日（※本番初日）の朝にかけて風向きが大きく変わってしまい（これまで正面～下手側から叩きつけていた暴風が、この日はステージ真後ろからの風となって吹き荒れており）、風向きが変わった事でステージの別の箇所が壊れ、午前中の強風はとてもＬＩＶＥできる状況では無いと感じておりました。

午前中は主に道具チームは高所の復旧作業をしておりましたが、僕はそんな状況の中でオン・ザ・ライン遠藤様へ状況の説明をさせていただきました。ステージのプロとして僕は大きな勇気を振り絞ってお伝えしました。

遠藤様はしっかりと僕の目を見て真剣に状況を聞いてくださっていました。こちらとして伝えたい事や考えられるリスクのすべてを伝え「最終判断はオン・ザ・ライン様です」と問いましたら、遠藤様は「どうすればできますか？」とだけ、まずは問われてきました。

そして「鉄兵さんの言われている事は全て理解できました。リスクも了解です。では、どうすれば！今日のＬＩＶＥをする事ができますか?!」と。再度、逆に問

われました。

明らかにベクトルというか、今までの遠藤様とは違う、「今日のＬＩＶＥはやるんだ！」という気迫と対峙しました。

その場での即答を避け、遠藤様に時間をいただき、超一流の道具チーム全員と協議しました。遠藤様の気迫もみんなに伝えました。

結果、詳しくはここには書けませんが「ステージのこの部分が風の影響でもしも少しでも動いたら中止にしてもらう」という結論となり、遠藤様に伝え、ご了承をいただきました。

そんなドラマもあったＬＩＶＥでしたが、安室奈美恵さんはとてつもなく輝いていらっしゃいました。

この沖縄公演２ＤＡＹＳを終えた翌日に引退を発表され「Ｆｉｎａｌｌｙ Ｔｏｕｒ」へバトンを繋ぐ事ができた事を、心から誇りに思っています。

また「できない事を示すばかりではなく、どうすればできるかを考える事」の大切さをオン・ザ・ライン様にはガツンと教えていただき、心から感謝しています。

そしてこのステージを守ってくれた道具チームのみんなに心から敬意を表します。みなさま、ありがとうございました!!

矢沢永吉さんの現場の素晴らしさ

株式会社シミズオクト
舞台・メディア営業部 課長

堀 尚人

多摩美術大学卒業後、1993年にシミズ舞台工芸株式会社に入社。美術制作部に配属され約12年間大道具として従事。2005年に舞台営業部に異動。矢沢永吉、Spitz、東方神起などを担当し現職。

矢沢さんの現場に最初に関わらせていただいたのは、小林武司部長のアシスタントで２００９年の東京ドーム公演でした。

営業になってからそんなに期間もたっていなく、大きな現場でしたので、かなりの緊張感だったのを記憶しています。さらに矢沢さんのコンサートスタッフはちょっと怖いイメージがありましたので尚更です。

実際、現場に入ってみて感じたのは、仕事に対しての厳しさはありますが、真剣に取り組んでいる人に対して理不尽に怒ったりしないし、意外とみなさん、初見の人間を受け入れてくれるチームで、すんなり入っていけました。僕が小林さんの部下だったり、舞台監督の長野さんと過去に同じツアーをまわっていたことも影響あるかもしれませんが……。

矢沢さんチームになって今年で13年目になりましたが、他のスタッフの皆さんは30年以上も矢沢チームにいる方が多いです。矢沢チームの凄いところは、とにかく柔軟性が高く、矢沢さんのアイディアに対して瞬時に対応できるところです。対応の早さは、他のアーティストの現場ではあまりみたことがないほどです。

僕が毎回一番楽しみにしているのが、ツアー最初の会場での矢沢さんの演出チェックの時間です。

ツアー前にオクトホールで舞台をセッティングして、照明のシーン作りを毎回行うのですが、時間をかけて一流スタッフがシーンを作っていて、完成度が高い状態で出来上がっている物を一曲ずつ矢沢さんがチェックしていくのですが、僕もかっこいいシーンだなと思っていたシーンが、矢沢さんの次々と繰り出されるアドバイスや提案で、さらにかっこよくなっていくのを毎回見ていて、凄いセンスのある方だと毎回感心してみています。

矢沢さんはシーンや演出を直したい場合でも、必ずスタッフを一旦賞賛します。それから「でも、ちょっとここを修正してみたら、どうなるんだろう？　見せてくれる？」とおっしゃるのが基本です。それに対して「一分だけ時間ください！」とかのレベルでプログラミングを修正して対応する矢沢スタッフもすごいのですが……。

コンサートツアーに関してですが、一般的なアーティストと全然違うのが、ツアーの行程です。昔から海外のバックメンバーとライブを行っているので、とにかく地方に出っ放しです。これは海外アーティストのギャランティーが週給で決められていて、ライブの本番回数でギャランティーを決めていないのが理由だと思います。

２０２１年は31公演のツアーでしたが、昔は街から街へ年間１００公演以上のツアーを行っていたそうです。

それと、ホールツアーの合間にアリーナ公演があったり、ドーム公演の前にライブハウスツアーとアリーナ公演を行ったり、会場の規模がコロコロ代わり仕込む物が違ったりで、最初は混乱しました。用意していた機構物も小さめのアリーナでは使わなかったり、曲や演出も毎回同じ事をしなかったり、複数パターンでみなさん準備したりしています。矢沢さんのスタッフは慣れっこで、余裕の対応だったりして、感心します。

EIKICHI YAZAWA　69TH ANNIVERSARY TOUR 2018　STAY ROCK

２０２１年の12月で矢沢さんは武道館公演通算１４６回を達成しました。これは前人未到の記録です。今年はキャロルでデビューしてから50周年とのことです。

ここまでキャリアを重ねてきて、今でも武道館を満員にできるということは、いろいろな素晴らしいアーティストがいますが、矢沢さんは一つの正解例を僕たちコンサートに関わる人間に示してくれているのだと感じています。

僕も矢沢さんのスタッフとして関わらせてもらい、勉強になることが多々ありましたし、現場で働いているシミズオクトのスタッフも、他の現場とは違う緊張感で関わってくれていますし、また矢沢さんのツアーを回りたい、そんな気持ちになれる現場だと思います。

矢沢さんのスタッフというだけで僕に対する態度が（リスペクトされる方向に）変わった人もたくさんいました。そういう現場であり、アーティストなんだなと思います。

今年50周年で矢沢さんも73歳になりますが、体格もがっちりしていて10年前と全然変わらないですし、本番を見ていると、僕が定年後もコンサートをやっているのでは？　と思わせてくれます。

まだまだ自分も頑張れるんだと、頑張らないとダメなんだと思わせてくれる方だと思います。

氣志團万博の思い出を振り返る

2016 メインステージ

株式会社シミズオクト
プロデュース部 課長
佐久間 修

氣志團万博2012開催以来、シミズオクト統括。現在はMISIA、他アーティストステージ担当。理容師免許保有。

今年２０２１年は、コロナ禍により前代未聞の１年延期で東京２０２０オリンピック・パラリンピック競技大会（オリパラ）の開催となった。しかも無観客開催だ。

これは、オリパラだけではなく、ライブエンターテインメント（ライブエンタメ）業界にとっても大きな影響を与えた事は言うまでもない。

氣志團万博２０２０に於いても、有観客での開催を断念する事態となった。しかも、延期ではなく、無観客オンライン配信という音楽フェスの概念からするとありえない形態での開催だ。

夏フェスは、仲間、恋人、家族またはＳＮＳで繋がった人たちが様々な思いで、会場に行くまでの道のりを共有したり、生ライブの迫力や大規模なステージに圧巻したりできる事が醍醐味だ。ジャンルの違う音楽を初めて聴くことで新たな発見もできる、知らない音楽を体感することによって起こる現象、会場での一体感を生み出すからである。

有観客ライブにかかわる者として、オンライン配信では少し物足りない感じがしたのは、私だけではないだろう。

改めて、氣志團万博の思い出を振り返る
最高のロケーション！

氣志團万博が現在のフェス形式で開催となったのは２０１２年の事だった。会場は、シミズオクトの工場や倉庫の本拠地となる千葉スタジオから徒歩数十分の近さにある袖ケ浦海浜公園。初めての試みだ。

日常、人の姿をほとんど見ない陸の孤島化した公園だが、東京湾アクアライン、東京タワーや東京スカイツリーも見える最高のロケーションなのである。

アクアライン越しの夕焼けに染まる富士山は忘れられない。恐らく千葉県、いや、関東圏でこのロケーションを味わえる場所はここしかないと思う。

シミズの新たな取り組み
シミズ初のネーミングライツフェス

長い間サマーソニックというフェスに関わっていた経験もあって、屋外での大規模なフェスを継続開催する事の難しさ、ましてやフェスを立ち上げるとなれば、動員も含めたインフラ整備に掛かる予算や、チケット収入によって左右される部分も大きく、採算が取れるのか分からない状況の中で、開催を決めなければいけない。主催者としては博打に近い。そういった主催者の苦悩を身近で感じてきた。

その中で、フェスは、地元の協力やスポンサーなしでは実現しないのが業界の常識だ。プロダクションからの要請もあって、シミズとしても千葉スタジオの地元袖ケ浦市を一緒に盛り上げたい、そして、袖ケ浦市への地域貢献の一環として、シミズが担いたい。

そういった思いを、清水会長、清水社長へ立案し快諾頂き、正式にメインスポンサーとして共同主催として参画することができた。改めて、会長、社長には心より感謝申し上げます。

シミズの新たな取り組み
オクトガーデン発足

フェスの一般的なスポンサーは、会場内のスペースに於いて、フェス来場者に対してのブランドプロモーションや販促活動のための宣伝の場として展開できる。シミズはそういった業態の会社とは違い、参加者に何ができるのかを考える事に非常に苦労をした。

そこで考えついたのが、参加者へのおもてなしをする事だと。それは、日頃からシミズの業務として来場者への案内や誘導をしている事、そして、お客様へのおもてなしの精神からヒントを受けて、飲食での展開に決めた。

飲食は、ドリンク販売、キッチンカーでのフード販売が普通である、しかしシミズの場合には強みがある。それは、舞台装置の使用だ。床が水平に回転するバーの展開を立案した。これは毎年大盛況で来場者も最初は何が起きたのか分からないので、はたから見ると非常に面白い。もうひとつ、やはりフェスと言えば観覧車のある光景で、他のフェスでも見かけるシチュエーションである。これもまた、舞台装置を使用して立案した。

何かこのエリアが一つのアミューズメントパークといった様相となり、来場者の心を和ませたことが凄く印象的だった。あと、通常は当日の飲食のお手伝いとしてアルバイトを雇うのが常だが、今回は社内で募集広告をだして協力を呼び掛けた。最終的に総勢２日で40名の社員が集まってくれた。飲食販売は表で感じている以上に、中はかなり過酷で重労働なので、本当に頭が下がる思いだった。

今まで参加してくれた社員の方々にも、この場を借りて、感謝申し上げます。

2019年 台風被害

2013年 台風被害

8年で3度の台風被害

例年7月と8月は全国的にも多くの夏フェスが開催されるが、アーティストのブッキング調整もあってか、9月開催になった。野外での9月開催は台風の多発するシーズンで、会場の条件により開催日の1週間～10日前から現場設営にあたることになる。

特に氣志團万博は、これまでのフェスとは大きく違い、豪華な出演アーティストが揃い、フェスではありえない大掛かりでかつ豪華なステージセットなので、毎回現場スタッフの頭を悩ませている。この時期は、まだ夏の熱さも残り陽が強く、ゲリラ雷雨も伴い、東京湾内とはいえ吹き抜ける風は強い。天候が安定していないので、屋内の設営に比べても数倍疲れるし、気を遣う。

そこに、また台風が来た時の精神的なショックは計り知れない。万博は8年で3度の台風に見舞われた。

２０１３年、２０１７年は本番持ちこたえ終演後に直撃、２０１９年は本番前の施工時に直撃した。メディアでは取り上げられていないが、いずれも、台風の影響によって、シミズは大きな被害を受けた。

中でも、２０１９年「令和元年房総半島台風」は別格だった。これは日本政府からも激甚災害として指定されている。開催前に台風が襲ったのは初めてで、今までにないステージの復旧作業という工程が発生した。詳細は省くが、本当に現場は大変だった。最終的には、何一つカットしないデザインプラン通りの仕上がりとなった。

いつも思うが、本当にこういう危機的な状況に強いのがシミズ、協力会社の力だと感じる。確信しているのは、ほぼ全員ドMである。もしかしたら、それは個々の熱意なのかもしれない。この災害後の開催には、千葉県民の気持ちも受けて賛否両論あったが、自分は氣志團万博を手掛けた一員として、開催されたことによる後悔はない。

未だ東北復興の兆しもたたない中、この開催をすることに大きな意義を感じ、使命感も湧いてきている。そして、氣志團はじめ実行委員会やスタッフ全員が開催に向け一丸となっている姿を見ると、開催は正解だったと思うのである。

ライブエンタメ業界は２０１１年の東日本大震災から始まり、自然災害、疫病の蔓延で翻弄されている。

特に現在のこのコロナ禍では、有観客開催は未だリスクもあり、厳しい状況が今後数年続くことが想像できる。しかしこれを機に時代が変わるとも言われている。マイナスばかりではないのだ。

考えてみれば東日本大震災当時も全てのライブイベントが世の中の自粛ムードによって今と同じようにストップしたがその後、数か月で活況を取り戻すことができた。「音楽の力」を再認識させられる瞬間だった。

今回もその力を信じつつ、前にも言ったが危機的状況に強いシミズがこの先十年でどの様な変貌を遂げていくのか楽しみにしている。もちろん自分の努力も忘れない。

そう考えれば、来年２０２２年の氣志團万博も、新たな時代の始まりかもしれない。

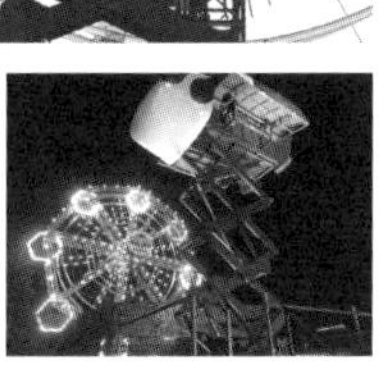

オクトガーデン

オクトホール

松任谷由実
TIME MACHINE TOUR　Traveling through 45years
こだわりを実現するために

株式会社シミズオクト 舞台・メディア営業部 課長
茂野 勇

1990年入社、シミズ舞台工芸　展装営業部に配属。1991年、同営業部で営業職に転向。1996年、臨海支店（TFTビル）。2002年、東京ドーム営業部。2007年、舞台営業部。2010年、清水（北京）舞台設計有限公司に駐在。2013年、舞台営業部。2022年より現職。

担当窓口としての思い

　最初にお話をいただいたのは、直属上司の吉植部長からでした。部長は由実さんのライブを長年担当し、その後は別の部門の担当者に移行していたのですが、ある日、アリーナクラスの内容は経験が乏しく、担当するのが困難との相談を受け、部長が私を指名した形になったわけです。ツアーがスタートする10ヶ月程前の２０１７年10月頃だったかと記憶しています。

　当時は社内的にも人員不足の真只中にあり、部長からは私にやってほしいとのことでした。私自身、レギュラーで担当している別件のアリーナ・ドームツアーを少し前の時期に控えていたこともあり、事前作業の部分で若干の不安もありましたが、このドーム公演が終了してから本格的に窓口として参加させていただくことになりました。

　松任谷由実さんについては、誰もが一度は耳にしたことがある曲が最低でも2、3曲はあるのはないでしょうか。日本のシンガーソングライターの最高峰、また私も若い頃からレコードやカセットテープの時代から耳にしていたアーティストでしたので、個人的にはポジティブに担当を受け入れることができました。

　いざ打合せから参加させていただくと、プロデューサーの松任谷さんは勿論のこと、周りのテクニカルスタッフも長年ユーミンの現場に携わってきたベテランばかり。ユーミンチームのやり方に少し戸惑う場面もありましたが、皆さんプロ意識が強く、熱いものを感じました。このチームの一員としてお手伝いさせていただき、新たな発見、勉強になることも多かったと思います。

こだわりの部分

　今回はセンターステージということで、３６０度の来場者への配慮が必要になります。特に円柱型の大小の緞帳幕の仕掛けについてはこだわりを持っていましたね。

　来場者目線では全く気が付かないところですが、幕をアップ、オープンした時の上空の幕溜まり（収納スペース）は内側も外側も限られたスペースしかありませんでしたので、ここへ何のトラブルもなく収納できる様、事前に何度も検証しました。

　何か他の機材に干渉した瞬間、ショーそのものに影響が出てしまいます。すごく地味なところなのですが、ここだけは我々しかできない対応ですので。

　実際、事前の仮組段階では幕が内側へ引っ張られてしまい照明機材に当たってしまうため、巻き上げモーターを数台追加したり、幕を加工したりもしました。この辺はホント、計算では出しきれないですよね……。

　緞帳に限らず吊り物でのトラブルは「致命傷」になりますので、現場チーフともかなり長い時間を掛けて調整を行いました。

製作裏話

　裏話……やはりセンター部分のリフター上に載せる円柱台ですかね。オープニングからM1の由実さんのキーボード弾き語りシーン、M2の〝象〟に乗って歌うシーンは割と早い段階で決まっていた演出なのですが、既に工場での製作作業が進行している中で、センター部分がもっと高く上がるシーンが欲しいというプロデューサーからの意向が浮上してきました。

　どうしても舞台下の〝象〟収納の高さの限界、リフター自体の下がりきり最低地上高の限界もあり、舞台監督共々、大変頭を悩ませました。

　そこで至った結論は、転換時にダウンさせたリフター上に、別の円柱台を新たに設置することでした。未だにアップダウンの度に舞台下でかさ上げ台を仕込んでいたことを知らない来場者の方も多いのではないでしょうか。

　実際には1公演の中で、設置を2回、解体を2回程行っていました。勿論、当日のリハーサルでも同じことを繰り返していましたので、延べで言ったら物凄い回数になります。舞台下の転換スタッフは常に20名以上に及んでいました。舞台下は狭く、暑く、戦場状態でしたね。

総括

　２０１８年８月下旬の仮組から２０１９年5月中旬の千秋楽まで、約9ヶ月に及ぶツアーでしたが、私自身きっとこの先も忘れる事のできないお仕事のひとつだと思います。

　一流のキャスト、最高のスタッフと共にできた時間は、それまでの何か淡々と仕事をこなしていた自分、何か流されながらやっていた自分を再生させるキッカケになったことだけは間違いないです。

　この場をお借りして関係各位皆様に改めて感謝申し上げます。ありがとうございました。

松任谷由実

TIME MACHINE TOUR　Traveling through 45years
架空の世界でのリアリティ

株式会社横浜シミズ 制作部 デザイン
渡部雪絵

武蔵野美術大学 空間演出デザイン学科卒業。入社後、THE ALFEE、葉加瀬太郎さんなどのコンサートのセットデザインを手がける。松任谷由実さんのプロジェクトには、2002 年の SURF & SNOW in Zushi Marina vol.16 から参加。

ツアーの最初のミーティングが行われたのは、コンサートの本番の一年以上前です。この時は、45周年のベストアルバムを軸としたアリーナツアーである、ということ以外は、ほぼ白紙の状態でした。

ステージセットを誰がデザインするのか？も決まっていなかったのですが、私は図面を書く手伝いでも良いので、ぜひこのツアーには関わりたいと思っていました。

Ｙｕｍｉｎｇのベストアルバムアリーナツアーなんて、聞いただけで物凄く魅力的で、絶対素敵なツアーになるだろうなと感じたからです。

もちろん、完成までは一筋縄でいかないであろう事もわかっていましたが。

話が立ち上がってからしばらくの間は、ステージのサイズを決めたり、天井に吊る物の重量検証をしたり、基盤となる部分の図面を作っていきました。センターステージの場合、飾りは限られますので、どのような機構物と演出を組み込んでいくかが重要になってきます。

そしてある時、〝ＴＩＭＥ ＭＡＣＨＩＮＥ〟というツアータイトルが決まり、明確なテーマが見えてくると、話は一気に進み始めました。

何度目かの打ち合わせで「何かステージプランを描いてみたら」というお話をいただいた時は、やったーと思いましたね。

私はそのものズバリ〝タイムマシーン・機械・時計〟をイメージした物と、〝タイムシップ・船・旅〟をイメージした2プランを作成しました。

結果〝タイムマシーン〟案が採用されたのですが、私の絵を見た松任谷プロデューサーの「なんだか発掘現場のようにも見えるね」の一言で、このセットは〝発掘されたタイムマシーン〟という物語を持つようになりました。

松任谷由実さんのコンサートは、演劇的なテーマや世界観を持っていることが多いように思います。このテーマもまさにそんな感じ。

どんなストーリーが繰り広げられるのでしょうか。ワクワクします。このテーマからブレないように、セットを作り上げていきます。

この世には無い、想像上の物を作っていくわけですが、同時に観客が視覚的にその世界に入っていけるような、リアリティを求められます。

この柱は何故錆びているのか？ この床はどういう状況下にある物なのか？ 等々、自分なりの明確な理由づけをしながら、デザインやエイジング加工を施していきます。

今回なかなかＯＫが出なかったのが、ステージ床面の絵。

時計の文字盤のようなデザインにしたのですが、「遺跡なのに、こんなに綺麗に形が残っているわけない」という、松任谷さんの見解により、全体に黒々とヒビを入れたり、かろうじて認識できるかなという程度まで、文字を徹底的に破壊したり。何度も何度も描き直しました。

結果的には、ショーの雰囲気にとても合った仕上がりに。

この床は行灯になっていて、ザラついた様な色をしたところに明かりが入ると、何とも言えない美しい床に変化しました。

演者の足元にあって、観客はあまり意識しないであろう部分ですが、ここで手を抜いたらきっと周りの世界観を壊してしまう。

松任谷さんの細部にわたるこだわりを、ヒシヒシと感じました。

Ｙｕｍｉｎｇの仕事に携わるようになって、かれこれ20年ぐらいになりますが、まだまだ思いもつかない事を要求される場面も多いです。

その度に必死に調べたり勉強したりして、この歳になっても知らない世界は山ほどあるのだなぁと、しみじみ思います。

おかげさまで、随分と色々な事を教えてもらいました。

このツアー用に、最後に依頼されて作った物があります。泥棒が発掘現場から盗み出す、水晶の様な形をした石。実はタイムマシーンの起動装置だという物体です。

私は、『よくわからない物体』にしたくて、オーパーツの写真なども色々調べ、客席からは絶対見えないのですが、表面に何かのメッセージのようなイメージで謎の文字を散りばめました。

この石は、コンサートのオープニングを飾るアイテムとして、活躍してくれました。後になって、石が大写しになった写真をＤＶＤのジャケットに使ってもらえたり、このツアーで一番、こだわって作って良かったなと思った物かもしれません。

非現実的な、どこかの未来の世界を描いているのに、リアルでノスタルジック。不思議なＹｕｍｉｎｇワールドに、この先も携わって行けたら良いなと思います。

SEKAI NO OWARI 炎と森のカーニバル

富士急ハイランド コニファーフォレスト

コンサート制作秘話

富士急行株式会社 宣伝部 次長
兼 株式会社エフ・ジェイ エンターテイメント事業部 チーフプロデューサー
稲光一哉

2000年、富士急行株式会社に入社。企画開発部や山梨での現場勤務を経て現在の部署に配属となり、以降コニファーフォレストでの音楽イベント事業に携わる。

会場の名称は富士急ハイランド・コニファーフォレスト。といっても遊園地の中にあるわけではなく、駐車場の一角にある場所。中央自動車道の河口湖I．C．を降りるとほんの1分ほどのところにあります。

この場所で音楽イベントを始めたのは今から34年前。１９８８年（昭和63年）までさかのぼります。

今でこそ富士急ハイランドは〝絶叫〟のイメージが強く、オンリーワンのライドパークとしての地位を築きましたが、当時といえば割とどこにでもある地方の遊園地のひとつでしかありませんでした。

その頃の富士急ハイランドといえばアイススケートリンクが有名で、来場者は冬季の方が多かったというから驚きです。

そんな中、夏場に集客をと隣接するコニファーフォレストで始めたのが音楽イベントでした。

以来、30年以上に渡ってステージを担ってきたのがシミズオクト（当時はシミズ舞台工芸）だったわけです。

90年代、２０００年代と毎年ライブイベントが開催されましたが、その多くはロックバンドの公演でした。転換期が訪れたのは２００９年。アニソン公演「ランティス祭り」、そしてＡＫＢ48の公演がありました。

そして今のコニファーフォレストの名を一躍広めたのが２０１３年のＳＥＫＡＩ ＮＯ ＯＷＡＲＩでした。

本番の1年前、２０１２年秋。ＳＥＫＡＩ ＮＯ ＯＷＡＲＩのメンバー4人が会場の下見でやってきました。会場内とその周辺、遊園地内、駐車場、遊園地からコニファーフォレストまでの導線、普段使用していない小道、会場の裏の空き地、閉ざされた古い門……。

突然立ち止まったかと思えば、座り込んで考え込むＦｕｋａｓｅくん。常に発言してアイデア出しする他の３人。メンバー自ら会場に下見に来るなんて初めての経験でした。

「1年後の10月13日にここでやりたいです」

コニファーフォレストは標高８００ｍに位置し、日没後の10月ともなれば気温は10度を下回る日もあります。その当時、10月に開催した実績はありませんでした。

もともと新しいことにチャレンジすることが好きな私にとって断る理由にはなりませんでした。この日から次から次へと襲ってくる無理難題と格闘する1年間が始まりました。

かの有名な巨大ツリー。たしか最初のプランでは15ｍくらいだったかと記憶しています。

ある日、帰宅途中に電話がかかってきました。時間は23時を過ぎた頃。こんな時間に只事ではないと思いかけなおすと、

「稲光さん、会場にあるあの水銀灯、何メートルですか？」

（いや知らんし）

「あの水銀灯よりツリーが大きくないと意味ないと言っているんですよ。至急調べてもらえませんか」

翌日、鳶さんと会場に向かいました。客電にも使っていた会場内に２本そびえ立つ水銀灯のタワー。古いもので図面もなく、鳶さんに登ってもらって測定してもらいました。

結果、28ｍ。練り直しです。ステージチーム全員が青ざめた瞬間でした。

会場で組み上がった30ｍの巨大ツリーはステージセットというよりか、もはや建造物。

あれから9年経った今でもよく話題になります。あれ、コニファーなんですよね？

あれ以来会場の使い方も多種多様になりました。ＳＥＫＡＩ ＮＯ ＯＷＡＲＩさんの無理難題に比べれば、たいていのことは実現できますよね。

巨大ツリー完成品サンプル

SEKAI NO OWARI 炎と森のカーニバル
案件を大切に「より良いものづくり」を行う
巨大ツリー製作秘話

上海スタッフ

株式会社シミズオクト 千葉スタジオ 執行役員（スタジオ長）

丸山逸朗

1988年、シミズ舞台工芸株式会社に入社。立川スタジオを経て、2007年、千葉スタジオ部長。2010年、下落合スタジオ 執行役員（スタジオ長）。2014年、清億舞台技術（上海）有限公司 総経理（執行役員待遇）。2017年、新木場スタジオ 部長（スタジオ長）。2020年、労務管理推進部 部長。2022年より現職。シミズオクト製作としてお客様に「より良い製品」を、社員へは「モノづくりの楽しさ」を伝え、多くの物件を担当。

それは、一本の電話から始まりました。

「今度ステージ上で大きな木を作るんだけど、それに対する枝の部分を上海で作ってもらえますか？　日本での造花は葉っぱの部分がただ刺しているだけで、野外などではすぐに抜け落ちてしまうから、しっかりしたものを用意してほしい」

早速、図面を受け取ったが、予想していたよりも、ずっと大きく上海の工場2階部分をすべて使わなくてはならない。だけれども、なんだか楽しそうだし、上海のスタッフ全員で行えば、どうにか間に合うかもしれない。

「是非やりましょう！」

「李さん、さっそく使えそうな造花の葉を探しに行くよ。近郊の業者をすべて当たって」

上海でのモノ作りは、まず信用できる業者を探すところが一番大変だということは、これまで何度も経験しているため、少ない時間内での製作では最も重要な部分でした。

それから数日、車で数か所を回り、ようやくしっかりした製品を販売している業者を見つけました。数量・納品日・金額をしっかり打ち合わせし、契約を結び、製造にかかってもらいました。

その際、日本への確認のための商品を数本サンプルとして頂き、日本に送りました。

中国の製造メーカーは「世界の工場」といわれるだけあり、規模もかなり大きく、いったん製造が始まると、またたく間に恐ろしい生産能力を発揮します。おかげで上海工場での製作の日数もどうにか確保できました。

ところで、葉っぱはこれでどうにかなりそうだが、取り付けるためのネットをどうするか。

以前も使ったことがある「カモフラージュネット」。これはよく軍隊などで使用する台付けネットのようなものに迷彩カラーの生地がついており、車両や武器を敵の目から隠す物です。

これであれば葉っぱから透けた部分も隠すことができ、ステージバックのスケをカバーできます。図面から数量を割り出し、製作で使用する備品などと共に発注しました。

すべての材料が工場に届き、まずは試作。ネットを床に広げ、小枝をインシュロックで取り付けてみました。ステージではこれらを上から吊るため、試作品を吊ってみました。

「あれれ？　これって木に見える？」

ネットに普通に平面的に取り付けたのではベタになり、木の生い茂った感じが全くでないのです。

しかも小枝についている葉っぱも、裏になっているものなどもあり、バラバラ。

「日本のものづくり」これらを上海スタッフに毎日のように伝え、ディスカッションしました。

本物の木のようにするには、どうすべきかをそれぞれ考え、小枝のもとを10cm程、後ろに折り曲げ、取り付ける際には建てた状態で取り付けて、インシュロックはなるべく隠れる場所で止める、葉っぱは正面に向けて垂れ下げ、きちんと広げる。木の上部は小枝を減らす、など決まり事を作っていきました。

そしてようやく1枚完成。早速、日本へ写真を送り確認してもらい、方向が決まりました。

ここまでできればあとは時間との勝負。工場いっぱいに完成品を広げながら、営業、経理のものまで手を貸してもらい、全員で製作を行いました。「SEKAI NO OWARI」は上海でもよく知られ、全員参加の製作時間は楽しい時間でもありました。

どうにか日本への送り出しの日を迎え、コンテナがやってきました。日本への送り出しには天候や通関業務の日数を見込み、最低10日を想定。秋とは言え、コンテナ内は温度もあがり、寝かした状態で積込みしては、せっかく立体的に製作したものが潰れてしまうことから、1枚1枚コンテナ内に吊った状態で積み込んでいきました。

後日、現場の写真を送ってもらい、現場での施工後の写真を上海スタッフと共に見ながら、苦労したけれど、ほんとうにきれいに施工されていて感動を共にしました。

一つの案件を大切にスタッフ全員が「より良いものづくり」を行う。基本の大切さを確認させられる本当に思い出に残る案件を頂き感謝いたします。

ベンジャミン小枝

プロデュース部
人と人が繋ぐ・創る＝シミズオクト1／9の歴史

株式会社シミズオクト
プロデュース部 次長／エグゼクティブ・プロデューサー
大和田 光人

SHIMIZU INTERNATIONAL PRODUCTION SERVICES, INC. に入社後、国際部、舞台テレビ営業部を経てプロデュース部に配属。約27年に渡りコンサート、ツアー、イベント、式典、博覧会、テレビ番組などを担当してきた。

今年90周年を迎えるシミズオクトの約1／9の約10年間の歴史を持つプロデュース部。

人と人の繋がりがなくては、これまでの様々なイベントを創れなかったと思う。

正式には２００９年に発足した部署。今までの様なクライアントからの分離発注ではなく、シミズオクトの多種多様な業種をワンストップで受注する事を目指し、第三のエンジンとして発足した。

第一のエンジンがスポーツ関連事業、第二のエンジンが舞台関連事業。第三のエンジンは第一と第二のエンジンの推進力に+企画・提案力を加えてブーストしていく、そんなイメージ。

業務を受注してから動くのではなく、新規顧客の開拓を行なったり、自主企画イベントの企画を立ち上げ実施したり、既存顧客の業務拡大を目指したりと、カタチの無いところから自ら『けもの道』をつくっていき、突き進んでいく！シミズオクトの総合力を売っていく事を責務としたチーム。

私も運良くスターティングメンバーとして部員となり、過去10年様々なプロジェクトに携わる事が出来た。

はじめに、レッドブル・ジャパンへのアプローチから直接受注へ繋がった案件で【Ｒｅｄ Ｂｕｌｌ Ｓｔｒｅｅｔ Ｓｔｙｌｅ Ｗｏｒｌｄ Ｆｉｎａｌ ２０１３】の世界選手権イベントがある。

開催前年の海外視察への同行からはじまり、帰国後は日本での開催に向けて会場探しから、会場プランの提案、デザイン、設営施工、映像、運営・警備計画の提案に加え、音響、照明や海外選手の入国ビザや選手・スタッフの宿泊予約などを行なった。一般にシミズオクトの業務以外は他社のへの協力を依頼し、シミズオクトのチームとしてすべての業務をワンストップで受注する事が出来た。

ここで得た人脈や経験から、同社より世界選手権クラスのイベントも続けて受注する事になった。

ストリートけん玉世界選手権 Catch and Flow のロゴ

また、上記イベントで出会ったメンバーと立ち上げた自主企画イベントとして、フリースタイルＫＥＮＤＡＭＡ世界選手権【Ｃａｔｃｈ＆Ｆｌｏｗ】がある。

ＤＪがプレーするＨＩＰ ＨＯＰ系の音楽に合わせて、１ｏｎ１（ワンオンワン）バトルスタイルでフリースタイルＫＥＮＤＡＭＡの技を競い世界チャンピオンを決定する。かなりマニアックではあるが２０１４年から開催し今年で9年目を迎える息の長い人気イベントである。

２０２０年、２０２１年は、新しい試みとしてヨーロッパ圏とアメリカ圏を繋いでのオンラインイベントとして開催した。今後はリアルイベント+配信イベントの二刀流イベントとして更に拡大していきたい。

アーバンスポーツ系のイベントでは、元広島市民球場にＢＭＸ、スケートボードなどの多くのアーバンスポーツを集結させ競技を行った【ＦＩＳＥ広島】を２０１８年と２０１９年にコーディネーター様からのご紹介により受注する事が出来た。

ここでは、運営業務、通訳業務から会場のレイアウトの提案、会場の設営施工、運営・警備業務などを行った。

また、ここで培った人脈により２０２１年に開催された世界的アーバンスポーツ案件の一部を受注する事が出来た。

音楽関係のイベントでは、２０１７年に開催された【シン・ゴジラ対エヴァンゲリオン交響楽】を有名作曲家である鷺巣詩郎氏と弊社清水佳代子副社長との人脈により、設営施工、映像、運営・警備業務以外にも制作会社の一部業務を受注した。

Ｂｕｎｋａｍｕｒａオーチャードホールのステージ上にはオーケストラと大型スクリーンがあり、映画「シン・ゴジラ」とアニメ「エヴァンゲリオン」の名シーンに合わせてオーケストラが生演奏を披露した。

エグゼクティブ・プロデューサーは、ご存じ映画監督の庵野秀明氏。音楽は作曲・編曲・総監督には鷺巣詩郎氏。本番当日も舞台上に両氏が登場した。今思い出してもなんとも贅沢なイベントであった。

シン・ゴジラ対エヴァンゲリオン交響楽　ロゴ

他にも、世界中で開催されているポップカルチャー祭典の最高峰ＣＯＭＩＣ ＣＯＮ（コミコン）の日本版である『東京コミコン』を２０１８年より株式会社東京コミコン様より直接受注させていただいている。

実行委員会打ち合わせへの参加、コンテンツの提案など。もちろん会場の設営施工（デザイン、映像、音響、照明を含む）、運営・警備業務も行っている。

イベント自体は、多くのハリウッドセレブや国内のビッグスター、コスプレイヤー達が登壇する大型ステージや、この日の為に各メーカーが用意した限定品などを取り揃えた物販エリア、飲食エリアなどがあり、それを求めて世界中から約６万人を超える集客がある巨大イベントである。

また、近年では映像セクションとの合併もあり、大型ＬＥＤ画面や映像技術（カメラ、システムエンジニアなど）の力も加わって、映像業務全般に加え、配信業務なども行っており、時代にあった業務の拡大を随時行っている。

東京コミコン

他にも、メディア・コンテンツの開発として、番組制作、ＰＶ制作、タレント育成なども行なっている。最近では新しいプロジェクトとして『昭和歌謡プロジェクト』も開始した。コンサート制作では、シミズオクト保有の舞台機構を駆使し、ロックバンド【ジュリアナの祟り】のコンサート制作を後楽園ホール、東京国際フォーラム、渋谷公会堂（ＬＩＮＥ ＣＵＢＥ ＳＨＩＢＵＹＡ）などで行った。

と、今まで多種多様で様々な業務を行ってくる事が出来た。

まだまだ書き足りないが、この続きは次の１００周年記念誌で書きたいと思う。

最後に、これまでイベントの機会を頂いたすべてのクライアントの皆様に感謝申し上げます。

また、イベントを成功に導いてくれたプロデュース部のスタッフ、プロジェクトに協力してくれたプロデュース部以外のシミズオクトのスタッフ、そして弊社だけでは絶対実現しなかった事を可能にしてくれた協力会社の皆様、この場をお借りして心より感謝申し上げます！

これからもパッションを忘れずに、記憶に残る素晴らしいイベントを皆様と創っていけたらと思います。

写真：佐藤哲郎　ジュリアナの祟り（a.k.a. エナツの祟り）渋谷公会堂公演

PICK UP STAGE!!

～ 国内アーティスト編 ～

嵐

This is 嵐 LIVE 2020.12.31

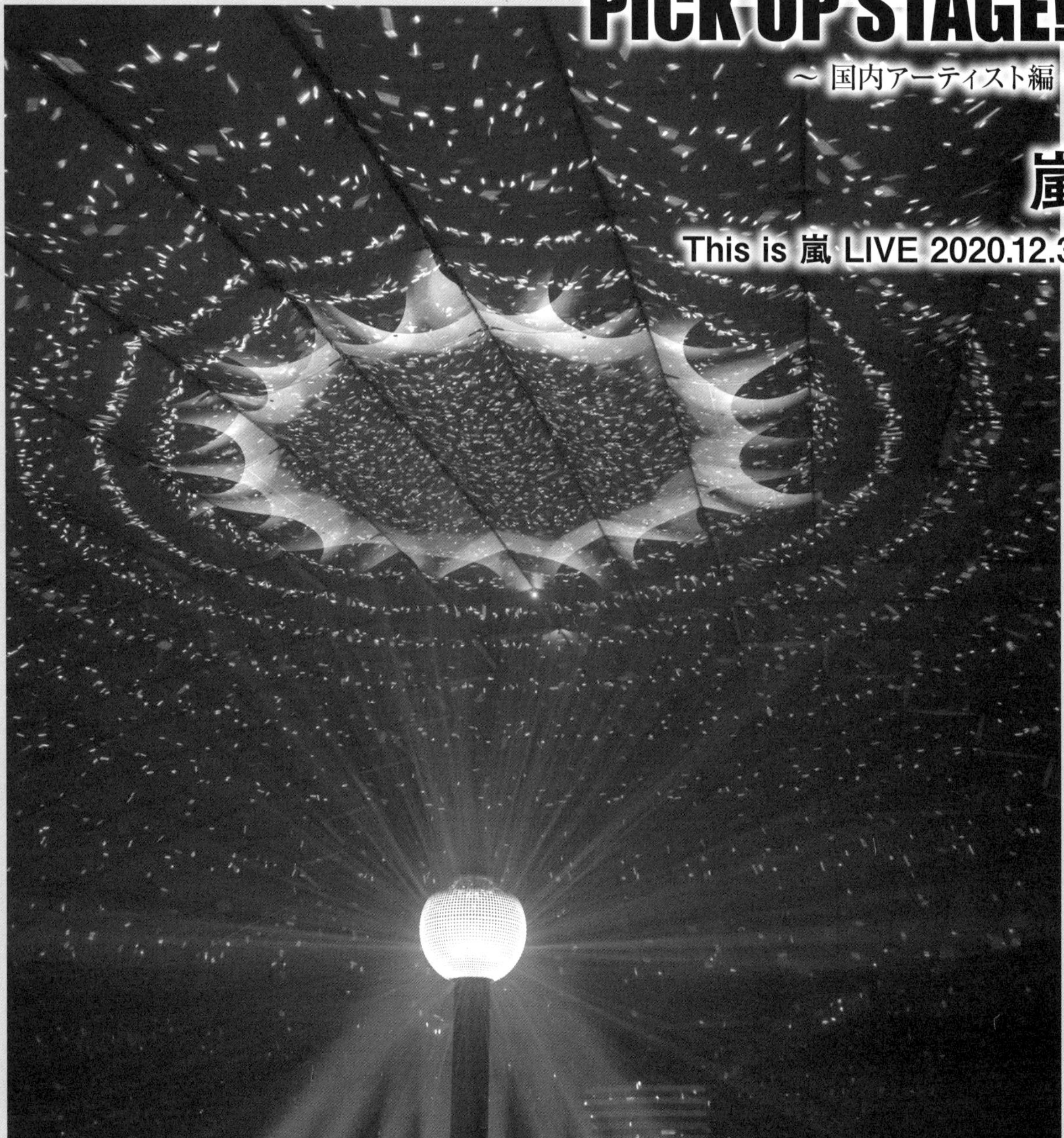

株式会社シミズオクト 東北支店

支店長

沼辺隆之

1972年、宮城県生まれ。東北福祉大学卒業後、2003年にシミズオクト契約社員として中途入社。2014年3月から支店の責任者として勤務。趣味はゴルフ。早く特技と言いたいが道のりは長い。

東北支店は、２０００年６月に宮城県仙台市に開設し、21年が経過しました。

開設当時はＪＲ仙台病院警備を軸に業務を行っており、２００２年には国際的サッカー競技イベント宮城ベニュー警備主幹事会社として開催会場の宮城スタジアムを事故なく運営いたしましたが、その後は思うように業績が伸びず雌伏の時期を過ごすこととなりました。

現在は、東北６県＋新潟県を主な営業エリアとして、スポーツ系並びに舞台系の業務を行なっており、東北支店の他にスポーツ系の拠点として山形県天童市に山形営業所、福島県福島市に福島営業所、岩手県盛岡市に盛岡営業所を開設するとともに、制作系の拠点として宮城県名取市に仙台スタジオを開設し、スポーツ系と舞台系とを合わせ５拠点を構えるまでに成長することができましたが、その転機となったのが２０１１年３月に発生した東日本大震災であることには複雑な思いがあります。未曾有の自然災害でもあった東日本大震災ではありましたが、その後の復興事業の影響は非常に大きく、それまでの東北支店は年間売上高２億円の規模でしたが、社内で東北復興支援プロジェクトが発足したのに合わせ仙台スタジオを開設し、制作業務を開始したこともあり、震災後10年を経過した現在では年間売上高10億円、社員数20名にまで拡大しております。

主な業務は、スポーツ系ではＪリーグ３チーム（ベガルタ仙台、モンテディオ山形、福島ユナイテッドＦＣ）の警備運営業務をはじめとして、大型コンサート、大規模イベント並びにスポーツ大会等の警備運営業務を行なっています。舞台系ではコンサートの現地大道具として業務を行なっておりますが、東北支店の大きな特徴の一つとしてスポーツ系・舞台系の垣根をなくしワンストップ営業を実施していると共に、支店社員全員が警備員登録をしてあり、又全員がレイヤーの施工ができるなど互いの業務をサポートできる体制が強みです。

２０２１年は国際的スポーツ競技イベント東京大会が復興五輪の理念の元に開催され、被災地である福島県、宮城県、岩手県の聖火リレー並びに宮城県の男女サッカー、福島県の野球・ソフトボール等の警備・運営・施工をシミズオクトグループの応援を頂きつつ無事に成功することができ、我々のレベルも一段上がったと感じております。

新型コロナウイルス感染拡大の最中ではありますが、シミズオクトの歴史と誇りを胸に、営業力を強化しつつ、東北楽天野球団との関係をさらに強化し、年間売上高15億円を目指しています。

これからもどんな時でも前向きにシミズオクトの一員として活躍していきますのでどうぞ宜しくお願い致します。

株式会社シミズオクト 名古屋支店

支店長
佐野昌弘

後楽園球場にてアルバイトから勤務開始。東京ドーム、イベント運営部他でプロ野球、コンサートイベントなどの運営に従事。国際的ラグビー競技イベントでは　豊田スタジアムを担当。2010年名古屋支店に配属。

1997年3月12日開業の「ナゴヤドーム」に対応すべく、東海圏に進出し支店を設立しました。ナゴヤドームは中日ドラゴンズの本拠地となり、プロ野球を中心としたコンサートなどの大型イベントが開催される会場での指定業者として受託する事となり、地元の企業としてスタートしました。ナゴヤドーム受託を起点とし、東海圏での様々な業務を受注。また、2005年日本国際博覧会「愛・地球博（愛知万博）」に携わるなど、徐々に実績を上げていき現在に至っております。

2015年には、大曽根の支店が耐震基準を満たしていない事で取り壊しとなり、新たに2015年9月に千種に移転する事となりました。業績も年々拡大し従業員も増えてきた状況の中で、手狭になっていたことも有り、警備教育を含む研修が出来る広さの支店に移転しました。また、同時期に更なる売上拡大を目指すため、制作部門を立ち上げ、スポーツ系以外の売上の柱となるべくスタートを切りました。しかしながら、なかなか体制が定まらない事も有り、思うように売上が伸びていない状況が続いている中で、コロナ禍の状況となってしまいました。今後は名古屋支店の柱となるべく、再度体制を立て直し、名古屋スタジオ立上げを目標とし、業務拡大に向け取り組みます。

大型イベントとしては、「国際的ラグビー競技イベント　豊田スタジアム」を受注しました。地元の協力会社4社とJVを組み代表企業として取りまとめ、事故等もなく無事終了する事が出来ました。名古屋支店は若手が多く、このような大型国際イベントが経験できた事は大変貴重な財産となったと思います。なお、国際的スポーツ競技イベント東京大会においては、東海圏での競技開催がないため、一部応援業務以外は、残念ながら社員に経験させる事が出来ませんでした。

その他スポーツイベントとしては、2012年より「名古屋ウィメンズマラソン」がナゴヤドームをスタート、ゴール地点として毎年開催されており、ナゴヤドームにおける運営を行っています。また、2016年より、ウィングアリーナ刈谷を本拠地とするBリーグ・シーホース三河の運営も行っています。

現在の名古屋支店は、昨年度から続くコロナ禍の状況も有り、プロ野球を含むイベントの制限入場や大型イベントの開催見送りなど続いており、厳しい状況となっています。しかしながら、コロナが落ち着いた状況が見えてきている事で、今後のイベント復活に向けて、従業員一同結束し、業績拡大に向け邁進してまいります。

株式会社シミズオクト 大阪支店

支店長
三橋輝彦

後楽園球場（東京ドーム）野球担当～ドーム元年イベント営業担当。以降NHKフィギュア・世界フィギュア等担当。11年大阪支店赴任。13年以降大阪支店スタジオ設立、支店南船場オフィス移転など制作部・業務部の拡大に勤めている。

大阪支店のスタート ～大阪ドームでの野球業務

1998年にオープンする大阪ドームの野球業務受注の為、1994年9月に会長の縁戚であられるジーベック㈱の事務所内に席をお借りし、スタート致しました。翌95年4月からは大阪ドーム近くの四ツ橋駅近くに事務所を構えての本格始動となりました。その後、ドーム近くの千代崎に事務所移転となりました。

制作部の拡大 ～サイン・木工スタジオ（現・玉造スタジオ）への移転

2004年5月制作部のサインを中心とした業務拡大に備える為、大阪城ホールに近い玉造に工場と事務所を併設したスタジオに業務部と制作部とも移転しました。

コンサート業務 ～機材スタジオ（大阪スタジオ）

2013年　営業　北迫部長を中心に美制・スタジオ管理職の1級建築士異動等を経て、前年までの制作・業務併せて16名程の大阪支店から大きく変わった。業務拡大を実現する為の部材倉庫探しが始まり、2013年現在の大阪スタジオ（弁天町）契約が決まり、14～15年スタジオ内のコンテナ等工事を行い完成した。同時に玉造スタジオを美制・出力・製作拠点とし、営業拠点を大阪の中心街の本町（現・南船場オフィス）に移転した。

コンサートツアー・現地業務の受注が可能となるよう、デザイン・1級建築士による大阪市建築申請・構造計算等、大阪独自で出来る体制となった。部材についても、大阪シティドーム・大阪城ホール等アリーナツアー2か所分がカバー出来る体制を構築した。

（南船場オフィス）
制作部・営業・デザイン・技術　／業務部
（大阪スタジオ）　部材・機材・資材
（玉造スタジオ）　美制・木工製作・出力

3拠点での連携活動を行っている。

業務部～体制強化と継続

2018年『国際的ラグビー競技イベント』（東大阪・神戸大会）の受注に備える為、警備員研修室・備品倉庫が必要となり南船場オフィスの同ビルの4階に移動した。事務所拡大とともに積極的な社員の登用をし、警備員登録者数は通年の約3倍となり業務も無事終了した。

2020年から21年コロナ禍でも業績改善に励み、長年の課題である原価削減は成果がみえている。

又、多岐にわたる営業展開により、野球、サッカー、ラグビーを軸としたスポーツ業務から美術展示会と地場での仕事の範囲と種類を広げている。今後は、エンタメ、施設警備業務へと踏込める体制までに成長しつつある。

2021年以降の大阪支店

コロナ禍でありますが、体制強化をしながら制作部の機構部門の立上げ。又働き方改革をしつつ、2025年の関西万博・大阪IR受注に向けて準備及び大阪支店の子会社化に向けて、大阪支店一同結束し業務の拡大に向けて邁進してまいります。

株式会社北海道シミズ

執行役員

齋藤朋弘

1967年、札幌市生まれ。シミズオクトの契約社員から2002年国際的サッカー競技イベントなど主に札幌ドームの会場設営／施工管理に携わる。北海道シミズ管理部門を経て2017年より現職。

株式会社北海道シミズは、１９９９年（平成11年）８月に設立致しました。

ひとつのイベントを舞台系部門とスポーツ系部門が施工・実施計画から横断的に関わりステージや会場設営、警備／運営へとワンパッケージで実践しております。

Ｊリーグ北海道コンサドーレ札幌公式戦や北海道日本ハムファイターズ主催パ・リーグ公式戦など、２００１年６月札幌ドームの開業時よりオペレーションに携わり、また幅広いイベント参画し発展してきました。

２０１５年に札幌スタジオを開設し資器材と人員の充実を図り大規模ステージ施工体制強化に努めノウハウを培って参りました。

近年では、冬季アジア札幌大会開会式（２０１７年２月）、北海道の命名から１５０年目を記念する式典（２０１８年８月）では、会場設営・運営の一式をはじめ、要人警護などの各部門が連帯し業務に従事いたしました。

同年に北海道胆振（いぶり）地方を震源とするマグニチュード６．７の地震が発生。北海道全域で電気供給が止まる「ブラックアウト」が起き道民生活に甚大な影響を与えました。震災直後はイベントのキャンセルが相次ぎましたが、北海道シミズは前年に社屋を新設し耐震補強工事も完了していたことから影響なく、その後の復興イベントに早期対応でき地域に貢献することが出来ました。

国際的スポーツ競技イベント東京大会という世界的な大会の開催にあたり、札幌ドームでは、サッカー会場運営計画コンサルタント業務から仮設ＯＶＬ警備業務／施工管理／会場設営などの事前作業などを進めて来ました。サッカー予選リーグ男女10試合の運営は、札幌ドームを本拠地にしているプロスポーツチームよりシーズンを通して業務受託している当社の力を十分に振るうことが出来ました。

札幌市中心部では、競歩女子男子各20㎞・男子50㎞、フルマラソン女子・男子が行われ、フルマラソン女子ではアスリートファースト理念のもと熱中症対策として、競技開始時間が１時間早まる事が前日に決定されましたが、北海道シミズスタッフのネットワークを駆使し迅速に対応、大会成功の一翼を担うことが出来ました。

北海道シミズはフロンティアスピリット溢れるスタッフの集団です。札幌市が招致を目指しております２０３０年国際的スポーツ競技イベントに向かって更なる成長に繋げて参ります。

株式会社横浜シミズ

取締役社長
内田康博

1979 年、シミズスポーツ装飾センターに入社。1980 年、シミズ舞台工芸に異動。主に国内外のアーティストツアー業務を営業として担当。1989 年、横浜支店に異動。1990 年、取締役就任。以後、西日本シミズ取締役、シミズオクト取締役を経て現職。

株式会社横浜シミズは、従来シミズスポーツ横浜支店・シミズ舞台工芸横浜支店として業務をしていたが、１９９５年8月に神奈川県の地域に密着した会社として生まれ変わった。当初は、横浜スタジアムでのプロ野球・アメフト・スポーツイベントや横浜アリーナでのコンサート等が主の業務であったが、１９９８年には、横浜国際総合競技場（日産スタジアム）がオープン。２００２年には、国際的サッカー競技イベントを含む4試合の業務を受注し、現在、横浜シミズが多くのサッカークラブチームとの受注に結び付いている。又、スタジアムコンサートも定着し、業務部・制作部の柱となっている。

２００８年には、大型施設がある新横浜エリアに土地を購入し「新横浜スタジオ」を開設しトラス・モーター等のステージ各種資材・装飾物製作や警備用制服の保管・管理、大型洗濯機を導入し社内での対応ができるようにした。

現在では資材関係も増え、２０１９年に第2スタジオを開設、2か所で稼働している。

横浜シミズは、神奈川県内での成人式や花火大会・初詣などの警備業務も受注しているが２０１５年にサッカーJリーグ「清水エスパルス」の業務受注をきっかけに静岡営業所を立ち上げ、サッカー以外に静岡地区で開催されるコンサートやイベントの業務も受注出来、幅を広げているところであり、２０１９年にエコパスタジアムで行われた「国際的ラグビー競技イベント静岡大会」という世界的な大会の受注に結び付けることが出来た。

これまで横浜シミズは大型施設での業務は勿論、横浜文化体育館や神奈川県民ホールなどの中小施設などで多種多様な業務を受注してきたが、近年では、２０１９年「国際的ラグビー競技イベント横浜大会」「国際的スポーツ競技イベント東京大会」などの世界的大会を受注することが出来た。

日頃の業務実績が信用信頼となり昨年オープンした「ぴあアリーナ」、「横浜武道館」、「KT Zepp YOKOHAMA」、「パシフィコ横浜ノース」への受注に繋がってきており、今後横浜では、新たに2万規模の、「Kアリーナ」や旧横浜文化体育館の跡地に予定されている仮称「横浜ユナイテッドアリーナ」の大型施設の開設予定があり今までの実績・信頼・ノウハウを活用し業務拡大へと邁進していく。

株式会社西日本シミズ

取締役

宮薗克寛

1990年シミズスポーツ装飾センター入社。福岡ドーム準備段階から福岡へ異動、93年開業時にはプロ野球興行運営担当として奔走。また日本相撲協会との取引に従事。2012年より大相撲九州場所会場設営監理業務を遂行。

《福岡ドームとシミズ》

平成5年（1993年）、国内では東京ドームに続き、国内初の屋根開閉式ドーム球場として開業した福岡ドーム（現呼称：福岡ＰａｙＰａｙドーム）は当時の球団オーナー代行（中内正氏）の意向により野球場としての機能のみならず、多目的施設を兼ね備えた『ホークスタウン』としてスタート。平成7年（1995年）にはシーホークホテル＆リゾート（現ヒルトン福岡シーホーク）もダイエーグループとしてオープンしました。令和4年（2022年）が30周年にあたる福岡ドーム、当初の顧客名は株式会社福岡ドーム様との会場運営・客席臨時清掃・会場設営工事の請負指定業者契約を締結し、プロ野球・コンサート・各種イベント・展示会等、同会場で開催される殆どの催事に係る業務を受注してきました。

当時、シミズオクトグループにおいては舞台系業務の全国展開（コンサートツアー）は進んでおり、福岡地区においても「シミズ舞台は知っているが、シミズスポーツ？」という状況下、運営・設営の両面での営業拡充に努め、現地人員の採用・教育を進めてまいりました。現在の運営面においてはスポーツ関連売上実績よりもエンタメ関連売上実績が上回るほどまでに成長したと感じています。

また西日本シミズの礎は福岡ドームでの実績によるものが大きく、付随した社員の努力、グループ間の支援・応援によるものとも強く感じます。球団・球場オーナーがソフトバンク様へ移行、請負業務自体も多様化してきましたが、御担当各位からはシミズへの変わらない信頼感の高さも感じ取れます。

［小職もプロ野球ダイエーホークス時代の『王監督への生卵事件』（1996年5月、日生球場：近鉄戦終了後）による警備強化として王監督の球場入退館時の周辺警戒を球団担当者より依頼され、以降継続して現在に至っております。］

昨今では2019年国際的ラグビー競技イベントにおいても九州地区2会場を担当し、警備会社の取りまとめ（高根社員）・各自治体への社員出向（柳原社員・尾脇社員）による業務協力など、多岐にわたる任務を遂行、シミズオクト社員との連携により無事に会期終了を迎えられました。

昨年来のコロナ禍による甚大な影響を乗り越える気構えと今後の各種主催者とのウィズコロナ施策により、より一層の業務充実・ワークライフバランス充実に向けて努力してまいります。

株式会社シミズサービス千葉

取締役副社長
松村 謙

学生時代からシミズでアルバイトし、卒業と同時にシミズスポーツ装飾センターへ入社。後楽園球場を皮切りにシミズサービス千葉・大阪支店・横浜シミズを経験。スポーツ系イベント運営全般を担当し、シミズオクトとシミズサービス千葉の取締役副社長として従事。現在66才。

株式会社シミズサービス千葉は、87年3月創業し、88年3月に千葉市松波町の栄和コンサルタント社の事務所内に拠点を構え設立された。

シミズにおいては、初めてのグループ会社となった。

89年10月、千葉県日本コンベンションセンター国際展示場【幕張メッセ】が開館し千葉県主催オープンセレモニー後、第28回東京モーターショーがこけら落として開催され、改札業務を受注することができた。

以後東京モーターショーは幕張メッセにおいて09年まで隔年開催された。

90年3月には、千葉マリンスタジアムが開場となり、日常清掃・定期清掃・グラウンドメンテ等の業務を受注し、千葉マリンスタジアム内に事務所を構えることとなった。

90年3月、巨人vsロッテオープン戦、同年4月マドンナコンサート、91年5月、ヤクルトvs中日公式戦・ロッテvs西武公式戦が開催された。

92年に、川崎市をフランチャイズとしていた、プロ野球ロッテオリオンズが千葉マリンスタジアムに本拠地を移転することが計画されており、警備運営業務への営業活動を本格化し、受注することができた。

受注に至っては、後に、取締役に就任された、元ロッテオリオンズ釘田章一郎氏・元県庁出身の石毛博氏の人脈・経験が大きな力となった。

県内においては、95年千葉都市モノレール開業・96年京葉高速鉄道全線開業そして、97年には東京湾アクアラインも開通した。

幕張メッセや千葉マリンスタジアムを中心にその他周辺イベントにおける業務受注・営業拡大・人材確保等の為、99年幕張本郷駅前に本社を移転した。当初、スポーツ系業務を中心としていたが、既に90年10月、千葉県袖ケ浦に千葉スタジオがオープンしており、スポーツ系・舞台系連携して、県内大型イベント等へ対応していくこととなった。

00年前後においては、次世代ワールドホビーフェア・ジャンプフェスタ・サマーソニック・カウントダウンJAPAN・気志團万博等・幕張メッセ・千葉マリンスタジアム。幕張海浜公園・袖ケ浦海浜公園等でのイベントが増えた。05年と10年においては、千葉ロッテマリーンズが日本一となり県内にて優勝パレードも行われた。

千葉国民体育大会の開会式が千葉マリンスタジアムで開催され、県内各地において競技が行われた10年に本社を海浜幕張住友ケミカルセンタービルへ移転した。

千葉県フクダ電子アリーナ・千葉市こてはし温水プール・秋津運動公園などの施設管理業務への関わりも出来てきた。

21年、1年延期された、『国際的スポーツ競技イベント東京大会』へは、幕張メッセを中心に、警備運営・聖火リレー運営・設営等幅広い業務を受注でき、貴重な経験と実績を得ることができた。

幕張メッセ駐車場内に新マリンスタジアム建設計画や船橋オートレース場跡地での千葉ジェッツアリーナ（仮称）建設が予定されています。

創業35年を迎えるに至り、地元密着・顧客密着を更に強化し、業務拡大を目指してまいります。

株式会社埼玉シミズ

取締役

髙橋正人

1988年シミズスポーツに入社。警備部に配属。2002年国際的サッカー競技イベントの事務局出向などを担当。現在、埼玉シミズ取締役を拝命しておりますが、社内外を問わず、人とのつながりを大切に業務に邁進したいと思います。

２０００年３月15日、同年９月に開業する、国内最大規模の「さいたまスーパーアリーナ」に対応すべく、株式会社埼玉シミズが設立されました。従来からの得意先、浦和レッドダイヤモンズ、大宮アルディージャはもとより、さいたまスーパーアリーナの可動設備、イベント技術サービスの受注を果たし、埼玉県における地元企業としてのスタートをいたしました。

翌２００１年10月には国内最大の球技専用スタジアム「埼玉スタジアム２００２」もオープンとなり、２００２年国際的サッカー競技イベントでの警備業務を受託し、徐々に実績を上げていきました。

２００５年には、これまでの「さいたまスーパーアリーナ」での受託業務、イベントでの警備・運営業務に依存していた体制から、制作部門を立ち上げ、いわゆる舞台系、スポーツ系両面からの売上を目指すよう、新たなるスタートを切りましたが、しかしながら、しばらくの間は、思うようには売上が伸びず、苦難の道でありました。

そのような中で、２００８年に埼玉スタジアムでのサポータートラブルにより、不祥事案が発生し、組織の見直し、体制強化を余儀なくされました。しかし、ピンチをチャンスに変えるべく努力をし、小さいながらもスタジオを開設、今振り返れば、現在の基礎となる考え方、方向性が従業員一同で共有できた「きっかけの年」かと思っています。

２０１１年には東日本大震災の影響も受けましたが、その後の復興気運の醸成、国際的ラグビー競技イベント、国際的スポーツ競技イベント東京大会への期待感からのスポーツイベントの盛り上がり、コンサート業界の躍進等の機会を捉え、２０１５年には志木スタジオを開設、グループで掲げた中長期計画「Ｇｏｌｄ Ｍｅｄａｌ Ｐｌａｎ」を実現すべく、自治体、主要得意先の拡大に努め、「さいたま国際マラソン」、国際的ラグビー競技イベント等で、制作部門、業務部門共に受注し、国際的スポーツ競技イベントでも培った力を充分に発揮することができ、数多くの県内大型イベントの受注を継続しております。

今では、群馬、栃木それぞれにも拠点を持ち、北関東エリアでも順調に業績を伸ばしています。また、２０２２年には埼玉シミズの新社屋建築を計画し、さらなる業務の充実を図っていきたいと考えています。

最後になりますが、私が制作部門に疎かったため、色々アドバイスをいただいた故・鈴木義昭（当時・シミズオクト取締役）さんからの命題、「首都圏におけるグループ制作部門の充実」と現業務のさらなる推進を従業員一同の結束のもと邁進していく所存です。

埼玉シミズ新社屋のイメージ図

株式会社沖縄シミズ

取締役社長
内田康博

２０１１年に沖縄県那覇市にある奥武山野球場が読売巨人軍の春のキャンプ地として決まり、指定管理会社を公募されることとなりました。その指定管理会社に福岡にある照明会社社長よりシミズも一緒になっての公募依頼があり、沖縄在住の数社とチームを組んでの参加となりました。当初、協力体制の中での予定でしたが、那覇市の公募条件の中に那覇市に法人があることが明記されており、そのために（株）沖縄シミズが発足されました。

指定管理会社として残念な結果に終わりましたが、これからの沖縄におけるスポーツイベント・自治体のイベント・コンサートツアー等の増加が見込まれると想定出来るために存続させました。那覇市営奥武山野球場が２０１０年《沖縄セルラースタジアム那覇》と命名され、それ以後、読売巨人軍春のキャンプや年試合の公式戦が継続して開催されており、4年に1度の「世界のウチナーンチュ大会」がこのスタジアムで開催され、世界中に移住していった先人たちの2世、3世が集い、毎回数十万の海んちゅ、島んちゅが熱狂します。２０２２年には第7回を迎えます。

２０１１年の巨人軍のキャンプ業務からシミズオクトグループの力を借り、業務系がスタート。その後、制作系としてレイヤー部材・トラス・モーター等を沖縄に配置しスタートし、ステージの設営もできるようになりました。現在は、５００インチが組めるぐらいのＬＥＤも確保しており、沖縄セルラースタジアム那覇に限らず、沖縄コンベンションセンター展示棟・マリンビーチでのステージ設営など多くの会場で業務を行うことが出来、放送局各社、イベンター、同業各社様からの受注も増えつつあります。

沖縄には、今まで宜野湾にあるコンベンションセンター展示棟が室内での最大キャパでしたが、２０２１年4月に最大1万人収容できる沖縄アリーナが完成。Ｂリーグ琉球ゴールデンキングスのホームアリーナですが、コンサートやスポーツ競技・式典など多くのイベントが可能となり新たなビジネスが展開出来る事と思います。又、現在Ｊ２のチームであるＦＣ琉球が那覇市の奥武山公園内にサッカー場を建設計画中です。新型コロナが収束すれば、多くの観光客が沖縄を訪問することが出来る事が期待できますし、それに伴い、地域のイベントも活性することと考えられます。

沖縄シミズに明るい兆しが差し込んできました。グループ各社の協力をいただき頑張る所存です。宜しくお願いいたします。

第7章　逆境に負けるな

2032年の社員たちへ

株式会社シミズオクト 取締役副社長

清水佳代子

千葉スタジオにてオクタノルムから飛沫防止パネルＢＯＸを制作

今、２０２２年に『ハロー！バックステージⅢ』の編集をするために『ハロー！バックステージⅡ』を繰り返し読んでいます。『ハロー！バックステージ』は10年に1回のペースで出版をしていますので、そのサイクルで次にⅣを作るとすると、それは２０３２年となります。

この『ハロー！バックステージⅢ』を読み返している２０３２年の社員の皆さん、今、日本は、世界はどんな感じでしょうか？　地球温暖化は大丈夫でしょうか？　大地震は起きていないでしょうか？　そしてＣＯＶＩＤ－19は治まっていますでしょうか？　そしてその他の疫病に苦しめられていないでしょうか？

もし人類がこれらの災害や疫病を乗り越え、イベント業界が２０３２年も活況であったなら私としてはとても嬉しいと思います。「あーコロナって流行ったよね、あの時。大変だったけど、あの数年間は勉強になった」10年後の社員がそんな感想を持って会社の歴史を振り返る、そうであれば嬉しいと思います。

しかし、今の私にはそう楽観視する事はできません。私たち人類が地球をいじめ続けてきたために地球が悲鳴をあげている。それは悪くなる事はあっても、良くなる事は今後もないと思われるからです。私たち人類はその地球の悲鳴と共存して生きていく事を模索しなければいけません。身の安全を保ち、経済活動もしていくためには創意工夫で世界を作っていかなければなりません。

そして、10年後の社員が、２０２０年からの数年間、私たちがどんな思いで創意工夫をし、疫病という災難を乗り越えようとしたか、その記録を読んでもらって、未来にも起こりうるかもしれない災難に負けないように、今の私たちのスピリットを継承してくだされば、嬉しいと思います。

最初は日本に関係ないと思っていた

２０１９年の秋も深まった頃でしょうか。テレビで中国・武漢で謎のウイルスが発見され疫病が始まったというニュースが放送されました。疫病に関してはＳＡＲＳや鳥インフルエンザなど、日本ではそれほど問題にならなかったものも過去にあったため、それほど心配はしていなかったと記憶しています。その頃、ＭＩＳＩＡさんが中国湖南のテレビ局の超人気音楽番組に日本人で初めて出演し、そのテレビ局の人たちが来日していました。そしてＭＩＳＩＡさんは中国のコロナ禍に対する支援のため「Ｌｏｖｅ　ｆｏｒ　Ｃｈｉｎａ」プロジェクトを行っていらっしゃり、私も「加油中国」と書いた札を持って映像を撮り参加しました。その時には日本がコロナ禍になるとは想像していませんでした。

２０２０年３月２５日 東京ドームでのコンサートが中止 ここからイベント業界のコロナ禍が始まった

対岸の火事と思っていたのかもしれない日本なのに、その後の水際対策などに失敗した日本ではどんどん新型コロナウイルスの感染者が増えて行きました。そしてその影響は不特定大多数の観客が集

飛沫防止パネルBOX
初披露の生配信

撮影チームと共に自社スタジオで
飛沫パネル防止BOXに入った生配信を行う

まるイベント業界にも及び、3月24日に東京ドーム満席の状態で無事に終了する事ができたPerfumeのコンサートが、翌日正午、政府からの要請で中止が発表されました。観客は既に会場のそばまで来ていたため大混乱となった様子は、その場にいた私には忘れる事ができません。

これがコンサート業界の悪夢の始まりでした

豪華客船ダイヤモンド・プリンセスの中でクラスターが発生

その少し前、まだギリギリ大規模なイベントが行われていた2020年1月の事、みなとみらいに程近い臨港パークに於いてRed Bull Crashed Ice Yokohamaが有観客で行われました。イベント自体は大盛況に終わりましたが、スタッフの多くに印象深く恐怖として植え付けられた事があります。それは会場からすぐそばに長期停泊を余儀なくされていたダイヤモンド・プリンセス号の存在です。自分たちが盛り上がり歓声をあげている最中で、すぐ側に船の中に閉じ込められ苦しい思いをしている何千人の人たちがいる。これは、いくら考えないようにしようとしても心の中に黒く侵食してくるコロナの影でありました。

それから数週間後、ダイヤモンド・プリンセス号の乗客たちは陸に降りる事ができる事となりました。しかし、強制を伴わないお願いベースの自主規制に完璧に従う人は少なく、市中のコロナウイルス感染はどんどん広がっていきました。外国からの渡航者や海外からの帰国者などを中心に少しずつコロナ感染者の数は増えていき、とうとうパンデミックとなったのです。

コンサートやツアーのほとんどの公演は中止もしくは延期。ライブハウスは閑古鳥、もしくは休止・閉店。無理をして行われた公演のいくつかからは観客も巻き込んだクラスターが発生、世間から大変なバッシングを受けていました。エンターテインメント業界だけでなく、飲食業、旅行業、運輸、その他「人と人」の対面や移動を伴う商売は次々に経営困難に陥って行きました。

#春は必ず来る

「春は必ず来る」とは、日本の音楽関連業界団体が皆を鼓舞するためにスローガンとして掲げた言葉です。とにかく暖かくなる時期まで頑張ろうと思った私たちでした。実際3月には、コロナウイルス感染者が東京で20人を切るような日々が続き、やはり暖かくなるとコロナウイルスが死滅するのかと明るい気持ちになってきました。私たちも、夏にはオリンピックができるのではないかと希望を持っていました。

ところが、桜が散る頃に雲行きが怪しくなってきました。感染者数はうなぎ登りに上がり、東京2020オリンピック・パラリンピック競技大会は結局1年延期する事になったのです。4年以上の歳月をかけて準備してきたオリンピックですが、世の中の意見は中止せよとの声が半数を超える時もあり、私たちも声高にオリンピックをやって欲しいとは言えない状況にありました。

さらに夏の風物詩でもある大型野外フェスはすべて中止。そう、夏になってもコロナウイルスは死滅するどころかますます猛威を振るったのです。春を楽しみにしていた私たちは落胆の一言でした。

1964年に開催された東京オリンピックで、社員12人ながら沢山の会場の仕事を任されたシミズオクトでありましたが、オリンピックを2回体験できた社員は殆どいません。しかし先人たちのスピリットは受け継がれていました。スポーツに育てられたシミズオクトだからこそスポーツに恩返しをしなければならない、そんな気持ちは1年間持ち越しとなりました。

コロナ禍でのシミズオクトの取り組み

1、プロデュース部

清水佳代子

① 映像セクション

プロデュース部の人数の半分は映像のセクションです。実は大きなタワーを建てるようなコンサート業務の数々が中止になっていた頃も、映像、特に映像を撮る仕事の数は減っていませんでした。プロデュース部の部長を兼務していた私は、コロナ禍が始まってからも、ガラガラの電車に乗って毎日のように会社に来ていました。ガラガラのプロデュース部でしたが、映像のセクションだけはほとんど

グリーンバック装備の
「シミズクリエイティブスタジオ」からのオンライン配信

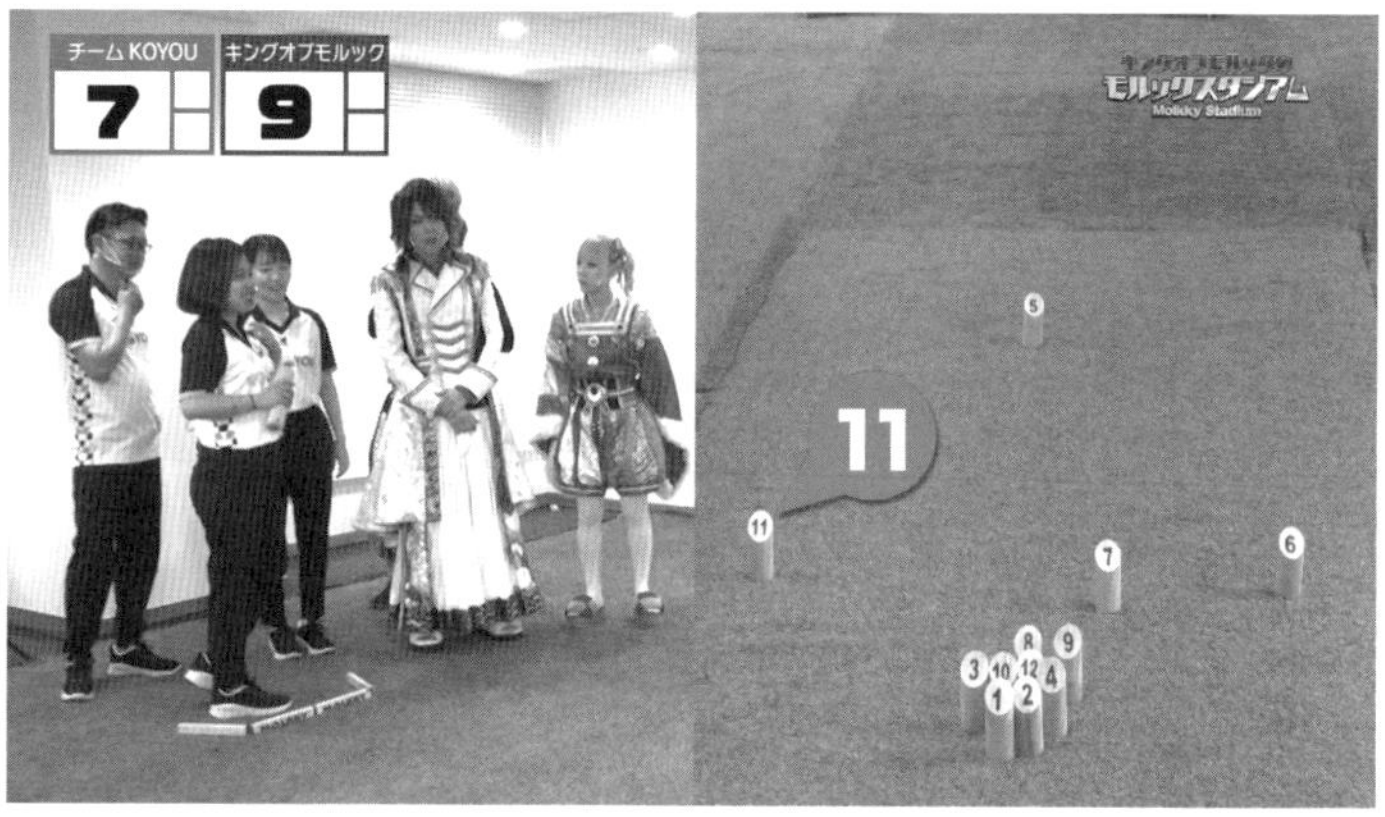

制作したテレビ番組「キングオブモルックのモルックスタジアム」

毎日人がいる、もしくは機材を持って帰ってくるという人たちがいました。コロナ禍でステイホームの方々が増え、映像コンテンツの需要が上がったためだと思われます。

そんな中、私たちの研究を続け、様々な試みをいたしました。

○映像の配信

コロナ禍前の私たちが1番多くやっていたビジネスは、ソールドアウトでチケットが買えないファンの皆様が全国の映画館にて中継でコンサートを見る事ができるための配信ビジネスでした。そこで従来から培っていたノウハウがコロナ禍でも活きました。

コロナ禍でも映画館はその頃は営業していましたので、無観客で行ったアーティストのライブを全国の映画館に配信するようになりました。

また、更にいよいよ緊急事態宣言になり映画館も休館に追い込まれるようになると、今度は一般の方々が有料・無料でアーティストが無観客の会場で行ったライブを視聴できるような仕組みになり、その時も私たちは、カメラ、スイッチング、VE、音声、配信システムなどの業務を継続的に行えるようになりました。

また、自社スタジオの中にグリーンバックを導入し、自らもしくは私たちが制作した映像と組み合わせて、配信をするアーティストさんにパッケージで使ってもらう取り組みも始めました。

○映像の制作

それにしても、コロナ禍以前に比較すると仕事の量は減ってしまいました。そこで私たちは、テレビ番組の制作をするようになりました。実は、テレビ番組制作は20年位前まではちょくちょくとやっていました。しかし、大型映像ビジネス(大型コンサート会場にてLEDの大型スクリーンを設置して映像を流すビジネス)の活況により、だんだんやらなくなってしまっていたテレビの制作ですが、いろいろな意味で時間の余裕があった私たち。懇意にさせていただいているTOKYO MXさんにお声掛けし、深夜のテレビドラマ「5分間の恋」「不器用な彼女2」の制作を行いました。さらに、新番組「さらば青春の光のモルック勝ったら10万円!」(その後、「キングオブモルックのモルックスタジアム」へと名称変更)の制作をやる事になりました。こちらは企画、ディレクション、制作管理、カメラ技術、音声、大道具、編集など番組に関わる全ての業務をやらせていただきました。3クールやらせていただき、とうとう番組はゴールデンに進出しましたが、その頃からコロナ禍が穏やかになり大型コンサートの開催が戻ってきた事から、現在はやっていません。しかし、企画からテープを納品するところまで全部の仕事をやらせていただいた事は今後の新しいビジネスへのステップになったと思っております。

②制作セクション

プロデュースに関わっているアーティストとコラボレーションで「飛沫防止パネルBOX」を開発。これが業界内のスマッシュヒットに。

シミズオクト新木場スタジオには「オクタノルム」と言う部材が沢山収納してあります。こちらは単純に説明すると、展示会場でコマを仕切るために使うアルミでできた棒のようなものです。この棒に化粧ベニヤを挟んで壁を作るのです。コロナ禍、展示会のビジネスも中止延期が相次ぎ、沢山のオクタノルムがストックされていました。

コロナ禍も初期の頃でしたでしょうか。このオクタノルムの棒に化粧ベニヤの代わりに透明パネルを挟んで人を囲い込むボックスを作り、さらには動きやすいように下にはキャスターを付けます。その中にアーティストが入ってパフォーマンスをすれば、飛沫は飛び散らず、つまり感染予防をしながらライブをやる事ができます。

さらに、このアイディアの良いところは、すべての材料が会社にストックされているものなのです。必要なのは創意工夫だけ。人間、困ると何かを思いつくと言いますが、この事です。

このアイディアは引っ張りだこになりました。プロデュースに関わったバンド、ジュリアナの祟りの協力を得て行った、全員が飛沫防止パネルBOXの中に入った配信ライブは、ステージ上のアーティスト同士の感染の予防になるため、沢山の地上波テレビに紹介されました。

来場者もボックスの中に入りライブを楽しむ様子

テレビ番組放送一覧

news zero（日本テレビ）
まるっと！サタデー（TBSテレビ）
とくダネ！（フジテレビ）
あるある発見バラエティ
新shock感　それな！って言わせて（テレビ東京）
news TOKYO FLAG
（TOKYO MX）
おうちにいようよ　ちちんぷいぷい&ミント！
（MBS）
Channel News Asia
（シンガポール）

　また、このコンセプトは様々な形の飛沫防止パネルに形を変え、スタジオ、学校、病院、個人宅、その他の様々な場所に納品されました。

　その後、ライブに於いて、ファンクラブ限定ではありましたが、来場者の皆様1人ずつ飛沫防止BOXの中に入っていただき、マスクを外して楽しんでいただく試みも行い、そちらも様々なメディアに取り上げていただきました。

　その後もライブハウスのルイードさんと組んで毎月コロナ対策の新しい取り組みを施したライブを行い、そちらを地上波で放送していただく事も行いました。

そして2021年、東京2020オリンピック・パラリンピックが行われた

　そして迎えた2021年、オリンピックが無観客で行われました。いろいろ意見はあるでしょうが、私はよくぞやる事ができたという気持ちでいっぱいです。

　私自身もオリンピック会期中に競技場に出向きましたが、無観客ながら白熱した試合が毎日行われており、心を打つものがありました。オリンピックが無事に終了した後にパラリンピックが始まる前、台風が東京を直撃しました。台風が去って晴れ上がった日に、私は撤去が終わったオリンピック会場を訪問しご挨拶をしましたが、その時、会場の中は水浸しでした。ちょうどオリンピックが終わってから台風が来た、これは本当にラッキーだったと思います。

　そして各種野外フェスも、完全ではありませんが厳しすぎる位の対策を打った上で、いくつかが行われました。2022年の今、フルキャパシティーでコンサートをやっているところも増えてきました。ツアーもこれから増えていくと思います。

　一方で2022年はオミクロン株と言う非常に感染力の高いコロナウイルス変異株が日本でじわじわと感染者数を増やしてきました。

　私たちはもう、マスクを外して何も考えずに対面式ライブに行ってビールを飲みながら友人と騒ぐ事はできないのかもしれません。少なくともしばらくの間はできないでしょう。それでもきっと私たちは音楽やスポーツを愛し、友人と楽しみながら健康も確保する、そんな方法を見つけていくと思います。そしてスポーツとエンターテインメント業界に寄り添う仕事をしている私たちは、いつもその事を考えていきたいと思っております。

飛沫防止パネルBOXに入ったまま縦横無尽に動き回りライブを行うジュリアナの祟り

10年間継続している
東日本大震災の復興支援活動

株式会社シミズオクト
イベント・スペース開発部 次長
市村 剛

テレビ番組制作の業界からシミズの営業部門に転職し、主に大手広告代理店からの受注で様々な企業プロモーションイベントから、ロンドン、リオの国際的スポーツ競技イベントのパレードなどの計画立案から現場ディレクション業務を行ってきた。

２０１１年３月11日（金）14時46分に三陸沖を震源とする国内観測史上最大規模のマグニチュード９・０の地震が発生し、直後に大規模な津波が広範囲にわたって沿岸部に押し寄せた『東日本大震災』。震災関連死・直接死・行方不明者は合計で約２万２，２００人、全壊した住宅被害は約12万２，０００戸にも上り、直後の避難者は約47万人で仮設住宅入居者は最大約12万４，０００戸。この大震災の発生からシミズグループとして支援が始まり、避難所への間仕切り提供や炊き出し支援などが行われました。

私も震災から約１ヶ月後に現地視察へ行き、言葉を失う程の光景を目の当たりにし、現地の方々に話を聞く中で「何かできるコトを」という感情が湧きました。そして社内にて小柴副社長を筆頭とした『シミズオクトグループ東北復興支援プロジェクト』が発足し、各部門からメンバーが選出され、様々な支援活動を行う事になりました。『サマーフェスタ福島いわき』、『南三陸町ＨＯＰＥ ＦＥＳＴＩＶＡＬ』、『気仙沼サンマフェスティバル』へ、社内からボランティアを募ってシミズグループでできるコトとしてステージ設営・運営協力が行われました。

私が発起人として支援活動を手掛けるようになったきっかけは、現地視察時にイオンモール名取の駐車場にて自衛隊と共にキャンドルアーティストのキャンドル ジュンさんがアーティストを招聘して復興ライブをしていたのを見て、面識もないキャンドル ジュンさんへ声がけをし、そこから様々な地で行われた支援活動への協力が始まりました。その他にも岩手県大槌町の慰霊祭業務を受注して大槌町役場へ約半月ほど常駐した経緯から、大槌町でも支援活動できるコトとして、シミズのジャイアンツアカデミーによる野球教室を、岩手県（大槌町・釜石市・山田町合同）の他に福島県会津若松市などの少年野球チームを対象に行いました。

様々な活動の中で一番大規模だったのは岩手県野田村での『野田ホタテ祭り』の復活開催協力でした。津波で漁港が大きな被害に遭い毎年行っていたホタテまつりの開催が中止を余儀なくされ、震災から２年後の２０１３年12月に再開されました。かつての野田村では行われた事のない規模のイベントにすべく、実施計画作成・進行台本作成・ステージ設営・現場運営・出演者のキャスティング、さらにはイベント告知ＣＭ放映までを行う支援計画を立案し、社内の復興支援プロジェクト会議にて提案をしました。

承認されるか不安だった中、当時の取締役の鈴木義昭さんから『いいじゃないか、やろう！』との一声で承認され、その後は鈴木義昭さんの段取りで物事が一気に進み、当初はあまり面識がなかったのですが凄まじいパワーの持ち主でとても心強かったのを鮮明に覚えています。

いざ現場は総勢約40名の社内ボランティアで支援に出向き、普段は人工（にんく）として働く事の無いスポーツ系部門の方々も一丸となって設営をし、その陣頭指揮も鈴木義昭さんが行い予定よりも早く完了が出来ました。

しかし本番は前日の夜に大きな余震が発生し、さらに沿岸部ではほとんど降らないと言われていた大雪となり、地元の幼稚園児の出演がキャンセルになるなどの事態に見舞われましたが何とか本番を終えることが出来ました。宿泊施設では野田村漁港の方々が交流会を開いていただき、野田村の小田祐士村長も参加してくださいました。その時の交流会を覚えていただけてシミズオクトとの思い出を野田村の方々と今でも話していただけていると伺いました。

様々な支援活動を行い２０２１年で東日本大震災から10年が経過しましたが、支援活動を続けている方々や各地の方々との関係性は今でも続いています。キャンドル ジュンさんが代表のＬＯＶＥ ＦＯＲ ＮＩＰＰＯＮ主催の３月11日に福島で行われるイベントへの協力や、清水会長のご厚意で行われる『お疲れサンマ会』にて社員に振る舞っていただく気仙沼さんまと野田村のホタテの手配なども続いており、野田村の小田村長には来社いただいて参加もしていただきました。

復興支援イベントは『笑顔になれるコミュニティの場の提供』『震災を風化させない』『被災地域の現状の発信』『絆をつくる』など様々な思いで実施されており、そこにシミズの強みである人材・資機材の支援で会場を作り上げる協力を行って来ました。それを通じて部門の垣根を超えて一致団結すると凄まじいパワーを発揮できる会社との認識ができました。

支援協力を10年間継続してきた今では、協力する目的に加えて、社内ボランティアとして参加する若手社員などに対して親切丁寧に教えられるコミュニティの場として有意義な活動にもなっています。

現在シミズで継続している復興支援イベント協力は少なくなっていますが、ゆったりとした時間の中で様々な人との交流が出来て、通常業務では得ることが出来ないモノを得られるこの活動を今後も継続していけたらと願っています。

オープニングでの清水会長の挨拶　写真提供：野田村

コロナ禍で生き抜くための シミズサバイバル戦略

ゼロベースからの営業活動で得たもの

株式会社シミズオクト
イベント・スペース開発部 イベント制作課 課長
岡本 誠

アルバイトを経て2002年入社。警備運営の実施部署より代理店対応の営業部署に異動し、2012年、国際的スポーツ競技イベントパレード、東北六魂祭など大型雑踏イベントを担当。

2020年1月以降、日本で新型コロナウイルスが感染拡大し、様々なイベントが中止や規模縮小や延期となり、シミズオクトグループは休業を余儀なくされました。この困難な状況をサバイバルすべく「今できること」を探るために清水社長から『シミズサバイバル戦略』として①「新しい生活様式」に対応した新サービス・製品の開発、②社会貢献活動、③働き方の近代化という検討すべき指針が出されました。

それを受け麻野取締役とイベント・スペース開発部の市村次長が清水社長を座長に『シミズサバイバル戦略会議』を発足。各部門代表者から提案発表や検討会議が行われました。世の中では飛沫感染防止アイテムが売り出され、シミズでも取扱可能な製品の開発が実施されました。システムパネルを利用したアクリルの間仕切りをプロデュース部が考案し、商品開発室ではトリフォスでのフット式消毒スタンドの製作など様々なアイテムが開発されました。

イベント・スペース開発部でも新木場スタジオと合同で感染防止対策アイテムやコロナ禍でも行えるイベントなど100案を超えるアイディアが出されました。それらを売込むために感染防止対策製品カタログをイベント・スペース開発部で作成し、同戦略会議を通じて各部門・支店・グループ会社へ営業ツールとして展開し受注に向けての動きが始まりました。

しかし消失した売上補填には程遠く、さらなる施策の必要があり、ワクチン接種の報道を見て、シミズのイベントノウハウを活用出来るマーケットでは無いかとの市村次長の発想から、実施する自治体へ売込む資料として運営・備品の計画から来場者の動向シミュレーションを作成し、同戦略会議を通じて各部門へ営業ツールとして展開され、各所で営業活動が開始されました。

ツールを活用し営業をどのように行うかが最大の課題でした。まずは、今までの業務や個人的に知り合った自治体との繋がりのヒヤリングを全部員に行う事から開始。併せてランダムに各自治体へ電話しましたが、すでに様々な会社から営業電話が入っており面識の無いシミズには多忙との理由で取り次いでもらえず、アポなし訪問し資料を持ち込む営業も行いました。しかし話を聞いてもらう時間は貰えず、資料を手渡してくるだけが殆どでした。

今までの営業スタイルは関係性が出来ている顧客への営業が主で、自治体との関係性はほぼ皆無だったことを思い知らされ、ゼロベースから営業し受注に結び付ける大変さを痛感しました。

その中でも伝手があった自治体に対面で話せる機会を得られ、紹介営業の大切さも実感しました。いざワクチン接種業務の話に進むと色々な与件があり、ワクチン接種について知識不足の中でも話を伺いながら理解を深めていきました。我々の強みの運営シミュレーション・オペレーションの説明には先方から感心される部分もありました。

最初に受注確定をいただいた文京区様には東京ドームで来場者誘導を行っている会社と認識されていた事で集団接種会場の設営と運営業務の受注に至りました。その後も部内の伝手から佐倉市様のご担当に辿り着き、千葉マリンスタジアムの運営も行っている旨を伝え、更なる信頼を得ることが出来ました。両自治体の業務受注は、ただ物や人の手配が可能という事だけではなく、大会場での実績や、設営と運営を合わせて計画作成が出来る点を対面でしっかりアピールができたからこそ受注に至ったと思います。

受注後は打合せを繰り返し行い計画作成しましたが、国の方針が中々定まらず、先方もコロナ感染者対応など多忙で思うように進まない部分もあり、何とか模擬訓練を経て無事に本番を迎える事が出来ました。特に佐倉市様の模擬訓練では商業施設内で初のため市長も来場され報道陣も多く集まり注目を集める中で実施されました。この際は社内他部署で同業務の営業中の方々を現場応援に向かい入れて内容共有を行いました。

更にこの業務では、接種スペースを間仕切るパーテーションが必要で全国的に実施がなされている中、リース備品が枯渇する状況が想定された為、新木場スタジオにてオリジナルの木製パーテーションを製作していただき、通算約1,200枚以上を各会場に売る事が出来ました。

その他の営業手法として広報室からの提案で、営業ツールの案内チラシを自社公式サイトにトップ掲載していただき、複数の問合せが来ることにも結び付きました。様々な苦労と工夫と発想からワクチン接種業務を受注し、その結果として2021年度で中止となった大型イベントの補填となる億単位の売上までに至りました。

この営業活動を通して、畑違いの顧客の方々に運営や設営の理解を得るのは、より丁寧な説明が必要であり、シミズが保有しているノウハウが様々な事業に活かせる事、ゼロから仕事に繋げる営業の大変さを改めて学びました。また今回の営業で新規顧客を多く開拓出来たので、他の提案もして更なる売上UPに繋げて行ければと思っております。

ワクチン接種 集団接種会場

シミズオクトグループの歩み

―日本のイベント50年史―

1970年代から急増した大型イベント。
その進化とともに歩んできたシミズオクトの歴史を公開。

	1971年 <13期> 昭和46年度 s46.2～s47.1	1972年 <14期> 昭和47年度 s47.2～s48.1	1973年 <15期> 昭和48年度 s48.2～s49.1
グループの出来事	**創業40周年祝典** **本社青柳移転**	**シミズ舞台工芸設立** **シミズ産業設立** **先代社長没** **本社増築**（工場、駐車場）	**立川駅前ビル退去** **役員就任** 清水誠幸 松原延憲 桜井満
主要イベント	セルジオ・メンデス 三越ファッションショー 日栄住宅 はたの章 TBS東京バザール 後楽園タムラサーカス	朝鮮駒沢 ファミリーサーカス 初春まつり 日本の秋まつり 民音歌の大行進 フジカラー NTVゴルフガーデンオープン 東京音楽祭 ロックフェスティバル TBS東京バザール	マンスデ芸術団 民音歌の大行進 埼玉銀行 大シベリア博 TBS東京バザール
国内外の出来事	沖縄返還協定調印 日本マクドナルド1号店 江夏オールスター9連続三振 日本シリーズ巨人V7（阪急） 『限りなく透明に近いブルー』 『戦争を知らない子供たち』	連合赤軍事件 札幌オリンピック 70Mジャンプ日本メダル独占 日本列島改造論 米ウォーターゲート事件 日中国交樹立 日本シリーズ巨人V8（阪急）	変動相場制移行 ハイセイコーブーム 金大中事件 石油ショック パ・リーグ2シーズン制 王セ・リーグ初三冠王 『じっと我慢の子であった』

1974年
<16期>
昭和49年度
s49.2〜s50.1

よみうりランド営業所建設

スペインサーカス
日本の秋まつり
仙台宮城まつり
電設展
金剛山の歌
木下サーカス
ＴＢＳ東京バザール

アーロン７１５本ホームラン
モナリザ展１５０万人
長嶋茂雄現役引退　巨人軍監督就任
佐藤栄作ノーベル平和賞
日本シリーズロッテ（中日）

1975年
<17期>
昭和50年度
s50.2〜s51.1

長島副社長没
マグシーバー発足

木下サーカス
国士計画ゴルフ
日本テレビ音楽祭
西城秀樹
金剛山の歌
サマーロックフェスティバル
ワールドロックフェスティバル
ＴＢＳ東京バザール

英、初の女性党首を選出（サッチャー）
ベトナム戦争終結
沖縄海洋博開幕
パ・リーグ指名打者制
ウィンブルドン　沢松・アン・清村組優勝
日本シリーズ阪急（広島）

1976年
<18期>
昭和51年度
s51.2〜s52.1

よみうりランド事業所発足
府中スタジオ天幕作業場
後楽園スタジオ増強

上海京劇公演
アメリカンアイスショー
西城秀樹
日本テレビ音楽祭
キグレサーカス
サマーロックフェスティバル
パイオニアボウル
ＴＢＳ東京バザール

ロッキード事件
南北ベトナム統一
毛沢東死去
具志堅世界チャンピオン（以後13防衛）
日本シリーズ阪急Ｖ２（巨人）
「戦後生まれ総人口の半数を越える」

1977年
<19期>
昭和52年度
s52.2〜s53.1

よみうりランド倉庫天幕
後楽園人工芝事件
レストラン〝ぶどう〟

富士スピードウェイ
世界マジックフェスティバル
世界フィギュアスケート選手権
ミラージュボウル
キグレサーカス
スリーリングサーカス
スーパーカー
サントリービアフェスト

樋口全米女子プロＶ
王 ホームラン７５６号
中野浩一世界自転車
選手権優勝（以後10連覇）
日本シリーズ阪急Ｖ３（巨人）
国際サッカー　ペレ・釜本引退試合
平均寿命、男72．69歳、女77．95歳歳で世界一となる

1978年
<20期>
昭和53年度
s53.2~s54.1

グループの出来事

横浜支店
本社工場ビル落成式
後楽園スタジオ拡大
伝記出版（先代7回忌）

主要イベント

谷津遊園スケート場オープン
キャンディーズ
ピンク・レディー
矢沢永吉
代々木世界ロータリー
日商100年祭
かぐや姫

国内外の出来事

横浜球場オープン
成田空港開港
1$＝¥200の大台割れ
両国花火大会17年振復活（80万人参加）
青木世界マッチプレーV
日本シリーズ ヤクルトV（阪急）

1979年
<21期>
昭和54年度
s54.2~s55.1

グループの出来事

本間興業倒産

主要イベント

80JAM
ピンク・レディー
ビートルマニア
ジャパンジャム京都
エレクトロオペラ
アリス
ポーラ
西城秀樹

国内外の出来事

第2次石油ショック
西武球場オープン
東京サミット開催
冠大会第1号 キリンワールドバスケット
日本シリーズ 広島V（近鉄）
第1回国際女子マラソン
『ウォークマン、天中殺インベーダーゲーム』

1980年
<22期>
昭和55年度
s55.2~s56.1

グループの出来事

立川スタジオ発足（本社製作機能移転）
本社ビル事務部門移転
役員就任 志倉龍男
役員退任 石多清市

主要イベント

日本平HOTJAM
甲斐バンド
消防100年
海援隊
山口百恵ファイナル
YMO
ABBA
新宿TONY

国内外の出来事

張本 3000安打
ボルグ・ウィンブルドン6連覇
初の衆参同日選挙
モスクワオリンピック開幕
イラン・イラク戦争
日本シリーズ 広島V2（近鉄）
『それなりに、カラスの勝手、ピッカピカの1年生』

1981年
<23期>
昭和56年度
s56.2~s57.1

グループの出来事

府中スタジオ移転（立川ST）

主要イベント

ピンク・レディーさよなら
たのきんコンサート
アリスさよなら
中国パンダサーカス
美空ひばり
代々木室内陸上
ローマ法王

国内外の出来事

中国残留日本人孤児初来日
山下・世界柔道2階級制覇
沖縄でヤンバルクイナ発見
日本シリーズ 巨人V 8年ぶり（日本ハム）
『窓ぎわのトットちゃん』
『蜂の一刺し』

1982年
<24期>
昭和57年度
s57.2〜s58.1

シアターアート、メロディハウス倒産
石舘事件
役員就任 井上寛 志倉和子 高木智康

ジャパンスーパークロス
サイモン&ガーファンクル
神宮花火
松田聖子
大東京まつり
RCサクセション
世界耐久レース
ミラージュボウル

ホテルニュージャパン火災
東北新幹線開通
落合三冠王、4人目
ブレジネフ死去
上越新幹線開業
日本シリーズ 西武V(中日)
『テレホンカード、ゲートボール、アラレちゃん』

1983年
<25期>
昭和58年度
s58.2〜s59.1

吉本没
スポーツ新事務所
役員就任 久保賢治 前田正剛 長島隆夫 四辻勝

TDLオープニングイベント
イーストオープン
国際スポーツフェア
リチャード・クレイダーマン
ソフィスティケイテッド・レディ
世界卓球選手権
吉田拓郎
デュランデュラン

東京ディズニーランドオープン
戸塚ヨットスクール事件
大韓航空機事件
パ・リーグ プレーオフ実施
福本 盗塁新記録
日本シリーズ 西武V2(巨人)
『おしん、フォーカス現象、笑っていいとも』

1984年
<26期>
昭和59年度
s59.2〜s60.1

山下・丸山・芳雄没
13回忌ビデオ
役員就任 橋場忠雄
役員退任 志倉龍男、志倉和子
監査役就任 増田充男
監査役退任 五十嵐寿一

ウイズ
チョー・ヨンピル
アルフィー
東京競馬場
PAXMUSIKA
阿含宗
長渕剛
ビリージョエル

怪人21面相 グリコ森永事件
ソ連 ロス五輪不参加
新紙幣発行
新日鉄釜石ラクビーV7
ブーマー外国人初三冠王
日本シリーズ 広島V(阪急)

1985年
<27期>
昭和60年度
s60.2〜s61.1

後楽園スタジオ廃止
横浜支店オープン
長期計画発表
新スタジオ土地(借地権)
役員退任 喜多政道、松原延憲 四辻勝、桜井満

つくば博
スティービー・ワンダー
CASIOスーパーサウンド
松田聖子
チェッカーズ
安全地帯
日本青年館受注
両国国技館オープン
クイーン

AIDS第1号
NTT、日本たばこ株式会社発足
柔道山下203連勝
日航ジャンボ機墜落
落合(パ)・バース(セ) 三冠王
日本シリーズ 阪神V(西武)
『金妻』

	1986年 <28期> 昭和61年度 s61.2~s62.1	1987年 <29期> 昭和62年度 s62.2~s63.1	1988年 <30期> 昭和63年度 s63.2~h1.1	1989年 <31期> 平成元年度 h1.2~h2.1
グループの出来事	**新スタジオ起工式、五十嵐監査役死去** **馬場スタジオ落成式** **舞台・営業・事業移転** **スポーツ　朝日ビルより入居** **役員就任**　漆崎雄一、向井光男 喜多政道、榎繁雄、石塚勝	**シミズサービス千葉設立** **役員退任**　井上寛	**立川スタジオ移転** **シミズ第二ビル、馬場4丁目** **先代17回忌レリーフ** **労働安全衛生委員会** **役員就任**　中西等、松原茂喜、小松田奈史 中津川滋、羽根信男、西村英夫 **役員退任**　喜多政道、高木智康	**小グループ制導入** **コントロールセンター** **役員就任**　保坂誠、小林茂勝、内田康博 **役員退任**　知久三郎
主要イベント	THE ALFEE ベイエリアコンサート 東京コレクション ボブ・ディラン ユーミン ディズニーオンアイス おニャン子クラブ ホイットニー・ヒューストン	スターライトエキスプレス マイケル・ジャクソン マドンナ 夢工場 多摩社教受注 さよなら後楽園球場 さよなら国鉄 山下久美子	東京ドームオープン やまなしスポレク さいたま博 イリュージョン よみうりランドBANDIT リングリングサーカス ミック・ジャガー クエストホール	横浜アリーナオープン 横浜博覧会 幕張メッセオープン アイーダ ピット89 世界らん展 シーナ・イーストン カルメン
国内外の出来事	米国債務超過国に チェルノブイリ原発事故 男女雇用均等法 落合（パ）・バース（セ）　2年連続三冠王 大島三原山大噴火 日本シリーズ 西武V（広島） 『新人類、レトロ、スーパーマリオ、財テク』	南極捕鯨禁止 東京地価前年比76％上 国鉄民営化 衣笠 2131試合連続記録 岡本綾子全米賞金女王 日本航空、民営化 日本シリーズ 西武V2（巨人） 『サラダ記念日、塀の中の懲りない面々』	青函トンネル開業 非課税貯蓄廃止 本州四国連絡橋開業 BIS基準決定 ソウル五輪 阪急、オリックスに 南海、ダイエーに 日本シリーズ 西武V3（中日）	天皇崩御 リクルート事件 消費税導入 天安門事件 ベルリンの壁消滅 日本シリーズ 巨人V（近鉄） 千代の富士　965勝新記録

1990年
<32期>
平成2年度
h2.2~h3.1

千葉STオープン
SHIPS設立
部門別損益計算
SSR
役員就任　山下修一
監査役就任　城所近之助

東京体育館オープン
千葉マリンスタジアム
よみうりランドプール
トゥーランドット
ジョージ・マイケル
ビリー・ジョエル
花博開閉会式
アメリカンサーカス

ゴルバチョフ ソ連初代大統領
花の万博
湾岸戦争
東西両ドイツ統一
近鉄野茂 投手4冠 新人王・MVP
日本シリーズ 西武V（巨人）
体協開会式ナチス式入場行進中止

1991年
<33期>
平成3年度
h3.2~h4.1

シミズコンサルタント設立
SSR部・人材開発部発足
役員就任　望月求
千葉巌

'91世界陸上
東京モーターショー
MCハマー
ジョージ・マイケル
幸福の科学
スティング
オリビア・ニュートンジョン
ポール・サイモン

海外渡航者100万人超
雲仙普賢岳火砕流
エリツィン ロシア初代大統領
ソ連邦消滅
世界陸上マラソン 谷口初金メダル
日本シリーズ 西武V2（広島）

1992年
<34期>
平成4年度
h4.2~h5.1

城所監査役入院
西日本シミズ設立（産業廃止）
エイトマン事故
御宿ヘルシーリゾート
役員退任　西村英夫、石塚勝、長島隆夫

ガンズ&ローゼス
東京シティマラソン
大恐竜博
マイケル・ジャクソン
三陸博
セビリア万博
グリーンウェイブ相模原
ファシナシオン

細川新党結成
PKO法案可決
バルセロナオリンピック
1$=¥119最高値
アジア杯サッカー初優勝
日本シリーズ 西武V3（ヤクルト）
アルベールビル ノルディック総合金メダル

1993年
<35期>
平成5年度
h5.2~h6.1

シミズグループ増資
城所監査役没
新株発行（スポーツ）

北京ファッションショー
福岡ツインドームオープン
LIVE UFO第1回
多摩21くらしの祭典
Jリーグ開幕
ジョージ・ルーカス展
TUBE
ポール・マッカトニー

荻原健司W杯個人総合優勝
東京サミット
55年体制崩壊
北海道南西沖地震
JR東日本上場
第1回 Jリーグチャンピオンシップ
日本シリーズ ヤクルトV（西武）
世界陸上女子マラソン 浅利 金メダル

1994年
<36期>
平成6年度
h6.2~h7.1

グループの出来事
SIMPL、ビジュアル スタート
立川スタジオ廃止
Jリーグ強化プロジェクト
舞台千葉営業所
福岡スタジオ、SSR、KT-11
役員就任 清水満男、松岡健、尾根優一
監査役就任 清水誠幸
役員退任 松原茂喜、千葉厳

主要イベント
広島アジア大会
バーンズコレクション
浜田省吾
国際フィギィアスケート
まつり博三重
サルティンバンコ
ジャネット・ジャクソン
TMN
シカン展

国内外の出来事
阪神淡路大震災
リレハンメルオリンピック
松本サリン事件発生
関西空港開港
預金金利完全自由化
イチロー史上初年200安打
日本シリーズ 巨人V 長島巨人初の日本一(西武)
バレーボール プロ化
『イチロー、価格破壊』

1995年
<37期>
平成7年度
h7.2~h8.1

グループの出来事
横浜シミズ設立(コンサルタント廃止)
シミズビジュアル スポーツへ移管
大阪支店設立
役員退任 望月求、山下修一、榎繁雄

主要イベント
ローリング・ストーンズ
ユニバーシアード福岡
DREAMS COME TRUE
ちば緑化フェアー
鯖江世界体操

国内外の出来事
地下鉄サリン事件 麻原逮捕
PL法施工
WINDOWS95発売
青島都知事誕生、都市博中止
日本シリーズ ヤクルトV(オリックス)

1996年
<38期>
平成8年度
h8.2~h9.1

グループの出来事
シミズ千駄ヶ谷ビルの購入
名古屋支店開設、臨海支店開設
新木場支店開設、食堂部開設
保坂誠取締役没
役員就任 清水三千代、青木陽一、川村道男
清水希人、野崎裕、田口勝比古
諏佐正夫、水流 正
役員退任 向井光男

主要イベント
三大テノール
アレグリア
ミュージカル・アニー
世界テーマパーク&リゾートフェア
故保坂社長東京ドーム社葬
アクティオ30周年パーティー
東京アワーズ
メガネファッションフェスタ
Mr.Children

国内外の出来事
2002年ワールドカップ 日韓合同開催決定
東京三菱銀行発足
住専処理法案可決
O157患者6000人
日本シリーズ オリックスV(巨人)
アトランタオリンピック
『メイクドラマ』

1997年
<39期>
平成9年度
h9.2~h10.1

グループの出来事
札幌支店開設
プラザレイヤースタンド販売
LED導入
千葉スタジオ2期工事地鎮祭
役員退任 羽根信男、小林茂勝、小松田奈史

主要イベント
タイガー・ウッズ
長野オリンピックトーチリレー
NHL公式戦
グランプリファイナル福岡
タンゴ ブエノスアイレス
ニュースキンコンベンション
K-1グランプリ

国内外の出来事
大阪・名古屋ドームオープン
国際フォーラム・ビッグサイト・
TFT・大館樹海ドームオープン
フジテレビ臨海へ移転
第2国立劇場オープン
アクアライン・長野新幹線開通
サカキバラ殺人

1998年
<40期>
平成10年度
h10.2〜h11.1

役員就任　林 有厚、小柴季彦、松村 謙
小松田奈史、宇田川直人
監査役就任　中島章知
役員退任　漆崎雄一、清水満男、清水三千代
橋場忠雄、川村道男、青木陽一
監査役退任　清水誠幸、川崎 則男
大久保宗明、岡部定一郎
ステージ用語辞典
埼玉支店開設
千葉スタジオ2期落成式

長野オリンピック開・閉会式
U2
ローリング・ストーンズ
アントニオ猪木引退試合
三大テノール
セリーヌ・ディオン
岡本太郎記念館
エルトン・ジョン
ビリー・ジョエル
SPEED

長野冬季オリンピック開催
ワールドカップサッカー日本初出場
横浜国際競技場オープン
消費税5%
金融再生委員会
金融監督庁
小渕内閣発足
日本シリーズ　横浜V（西武）
『環境ホルモン』

1999年
<41期>
平成11年度
h11.2〜h12.1

シミズビジュアル設立、北海道シミズ設立
マンダラ式事業計画
LUNA SEA事故
MTCIインターネット網
給与改定委員会（能力給制度）
安全衛生常任事務局設置
舞台工芸赤字決算、先代27回忌法要
物故者慰霊祭、建装部廃止
役員退任　前田正剛、清水希人
役員就任　清水太郎、橋場忠雄、吉田克己

GLAY 20万人コンサート
世界室内陸上選手権前橋大会
SPEED4ドームツアー
熊本国体
フジサンケイゴルフトーナメント
東京ミレナリオ
東京ゲームショー
ゆず
サザンオールスターズ
LUNA SEA
エアロ・スミス
ラルク アン シェル
松任谷由実　シャングリラI

東海村臨界反応事故
池袋通り魔事件
音羽幼稚園児殺害事件
パレットタウンオープン
松坂（西武）・上原（巨人）
石原都知事誕生
日本シリーズ ダイエーV（中日）
『リベンジ・ブッチホン』

2000年
<42期>
平成12年度
h12.2〜h13.1

埼玉シミズ（3/15）設立、仙台支店開設
監査役退任　中島章知
役員就任　漆崎雄一、岡村紀美男
監査役就任　増田允男
役員退任　大島 國男
舞台工芸刷新策、ギャラクシー倒産
札幌ドーム指定業者、東京スタジアム指定業者
さいたまスーパーアリーナ指定業者
ビジュアル内紛
役員就任　佐藤文典、役員退任、田口勝比古
MTCI問題、MTCIサーバーSTOP

東京ドームホテルオープン
サルティンバンコ
サザンオールスターズ茅ヶ崎ライブ
さいたまスーパーアリーナ オープン
36万人銀座巨人優勝パレード
J-Phone キャンペーン
JR仙台駐車場警備業務
GLAY、MISIA、筋肉番付
宇多田ヒカル、B'z
国際フィギュアースケート選手権
21世紀の石原裕次郎を探せ
小柳ゆき、ザ・イエロー・モンキー

省庁再編成
小渕首相死去・森内閣発足
沖縄サミット
シドニーオリンピック（高橋金メダル）
南・北朝鮮首脳会議
介護保険制度
皇太后逝去
18歳未満殺人事件
日本シリーズ　巨人V（ダイエー）
『おっはー』

2001年
<43期>
平成13年度
h13.2~h14.1

グループの出来事

シミズオクト誕生（スポーツ・舞台工芸合併）
役員就任　須永英二、能見正明、鈴木義昭
監査役退任　増田允男
監査役就任　二見行彦、荻原正篤
ＩＳＯ９００１導入決定
「株式会社シミズオクト誕生」発行
「ハロー！バックステージ」発行
ＪＡＳＳＴ設立（４月）
監査役就任　保科正明

主要イベント

札幌ドーム
埼玉スタジアム
宮城スタジアム
新潟スタジアム
大分スタジアム
サルティンバンコ
北九州博覧祭
ＧＬＡＹツアー
ＳＭＡＰツアー

国内外の出来事

小泉内閣発足
狂牛病
米国同時多発テロ（9／11）
アフガニスタン爆撃
失業率年間平均５％台
平均株価一万円割れ
日本シリーズ ヤクルトＶ（近鉄）
『聖域なき構造改革』

2002年
<44期>
平成14年度
h14.2~h15.1

グループの出来事

ＩＳＯ９００１資格取得（５月）
一般労働者派遣業許可（５月）
取締役退任　漆崎雄一、野崎 裕、松岡 健
能見正明、鈴木義昭、松村 謙
諏佐正夫、小松田奈史
監査役退任　二見行彦、保科正明
取締役就任　岡村紀美男、落合旭
監査役就任　久保賢治
副社長就任　清水太郎
役員退任（１月）　佐藤文典
技術管理部・与信管理・実行予算書・注文書
ビジュアル吸収合併（１月）
ＸＬジェットプリンター導入
横浜国際プール塩素ガス発生事故

主要イベント

ＦＩＦＡ２００２ワールドカップ
日本10会場中８会場に関与
日本ハム　H16年度札幌移転決定
ＳＭＡＰツアー
銀座　巨人優勝パレード
倉木麻衣ツアー
Ｆｕｊｉジャズフェスティバル復活
モーニング娘。
ＭＩＳＩＡ　ツアー
ＷＣ会場設営（札幌・新潟・茨城）
ＩＭＣ仮設工事（パシフィコ横浜）
ＷＣ前夜祭イベント（山下公園）

国内外の出来事

北朝鮮拉致問題
国会議員秘書給与流用事件
失業率年間平均５％台
株価８千円台
ノーベル賞　小柴昌俊・田中耕一
原子力発電所トラブル隠し
松井秀喜ヤンキース移籍
ゴルフワールドカップ日本優勝
日本シリーズ 巨人Ｖ（西武）
ＷＣ日本一次リーグ突破
『たまちゃん』『拉致』

2003年
<45期>
平成15年度
h15.1~h16.1

東京ドームチケット外野入場券事件
ISO9001適応事業所拡大
LED10㎜購入
臨時株主総会：増資決議
根本公認会計士　顧問契約
定例会議　火曜・水曜・金曜会の設置
与信・債権管理の強化・拡大
サイン事業拡大
人材スカウト部　新設
日本舞台技術安全協会（JASST）
アメリカ合衆国エンタテイメント技術産業団体（ESTA）の賛助会員となる
相談役退任　漆崎雄一

SMAPツアー
松任谷由実　シャングリラⅡ
QUIDUM
a-nation
サザンオールスターズ
MISIAツアー
X-TRAIL
東京国際マラソン
東京国際女子マラソン
東レ パンパシフィック
大阪世界柔道選手権
スポーツマンNo1
国民文化祭やまがた

SARS流行
BSE狂牛病、鳥インフルエンザ：食料安定供給の問題
イラク戦争
自衛隊の海外派遣
松井　NYでの活躍
日本シリーズ
ダイエーvs阪神　阪神 16年ぶりセ 優勝
『なんでだろう、マニフェスト、毒まんじゅう』

2004年
<46期>
平成16年度
h16.2~h17.1

事業計画発表大会　創業70周年記念関連
先代社長 33回忌法要
千葉スタジオ第3次土地購入、第3スタジオ建設、
第2スタジオ改築 エレベーター設置、
オクトホール、冷暖房装置設置
アジア戦略室　中国清水舞展公司・北京駐在事務所
指定管理業者指定1号　千葉市 蘇我球技場
社内野球大会　東京ドーム
社史編纂「裏方ひとすじⅡ」
東京ディスプレイ協同組合 35回親睦野球大会　優勝
ディスプレイ健康保険組合 32回野球大会　優勝
東京都総合組合保険施設振興協会 28回野球大会 ベストエイト
コンサート　パネルディスカッション
サッカー　トークショー
プロ野球OB　座談会
感謝の集い「北島三郎 シミズオクトの風雪」
特別公演　東京ドームホテル
千葉スタジオ　社員の集い、社屋対抗演芸合戦 特産物ブース、まぐろ解体ショー

GLAY EXPO 2004 in USA
a-nation
アレグリアⅡ
サマーソニック2004
BOA LIVE TOUR
矢井田瞳ドーム tour 2004
THE TOUR OF MISIA 2004
CHAGE&ASKA〝熱風〟コンサート
キリンチャレンジカップ2004
「PRIDE男祭り2004」
東京お宝市場2004
世界らん展日本大賞2004
国体秋季大会開閉会式
サントリー スポーツフェステバル 2004
第84回天皇杯全日本サッカー選手権

米国産牛肉輸入禁止　牛丼の販売中止
問われる企業倫理　三菱ふそうトラック、三菱自動車工業
有価証券虚偽記載　西武鉄道
政治家・官僚の年金未納・未加入問題
夏季オリンピック・アテネ大会　金16、銀9、銅12
プロ野球　オリックス、近鉄　合併
プロ野球　史上初のストライキ決行
新規参入　楽天、ソフトバンク ダイエー買収
新潟県中越地震、スマトラ島沖地震
20年ぶり、日本銀行改刷（新紙幣発行）

2005年
<47期>
平成17年度
h17.2~h18.1

グループの出来事

定時株主総会
代表取締役会長就任　清水卓治
取締役社長就任　清水太郎
取締役就任　中津川滋
監査役就任　井口祐一
監査役退任　荻原正篤
週刊シミズオクトsports　創刊
清水卓治の有源清水
SHIPS・ダラス　解散
SHIPS・ニューヨーク設立
東デ協親睦野球大会2連覇
文京区少年野球「原辰徳杯争奪戦」後援
海外研修・デンバー・ニューヨーク・シアトル
愛・地球博　報告会
フクダ電子アリーナ完成
指定管理　開業　人材開発塾　開講
馬場スタ増改築　舞台系部門　SKビル　移転

主要イベント

愛・地球博　―愛知万博―
SMAP 2005 tour
WE WILL ROCK you
a-nation 2005
DOORS
サザンオールスターズ
ジャパンフェスタ　2006
世界らん展日本大賞2005
東京国際マラソン
FIFA TOYOTA CUP
天皇杯全日本サッカー選手権
SUMMER SONIC '05
ROCK in JAPAN FES 2005
ファイトイッパーツ　イベント

国内外の出来事

大手テレビ局買収　騒動相次ぐ
（ライブドア・楽天・フジテレビ・TBS）
個人情報保護法施行
愛・地球博　愛知万博　開幕
ペイオフ全面解禁
郵政民営化法成立
パキスタン　大地震
耐震強度偽装事件
ライブドア　証券取引法
違反・有価証券虚偽記載
人口　初の自然減
サッカー　W杯出場
全国高校野球選手権
駒大苫小牧　2連覇
ロッテ　31年ぶり日本一
ガンバ大阪Jリーグ優勝
「小泉劇場」「想定内・外」

2006年
<48期>
平成18年度
h18.2~h19.1

グループの出来事

定時株主総会
取締役就任　松岡　健
社外取締役就任　青木陽一
社外取締役就任　石毛　博
監査役就任　伊勢本金四郎
取締役退任　岡村紀美男
監査役退任　久保賢治
千葉・横浜・埼玉シミズ
監査役就任　岡村紀美男
高田馬場スタジオ　増改築　地鎮祭
千葉スタジオ開設15周年　記念式典・物故者慰霊祭
社員旅行実施

主要イベント

SMAP tour 2006
2006年FIBA
バスケットボール世界選手権
THE無人島FES　2006
2006 X-TRAIL JAM in 東京ドーム
松任谷由実　THE LAST
WEDNESDAY TOUR
B'z LIVE-GYM 2006
KYOSUKE HIMURO + GLAY 2006
ディズニーシー5周年アニバーサリー
FIFA CLUB WORLD CUP JAPAN
ジャンプフェスタ 2007
ウドーミュージックフェスティバル
ROCK in JAPAN FES 2006
MISIA ツアー 2007
We Will Rock You

国内外の出来事

トリノ五輪　フィギュア金　荒川静香
WBC　日本初代世界一
少子・高齢化共に世界一
W杯　一次リーグ　日本　敗退
ゼロ金利政策　解除
全国高校野球　早実　初優勝
東京都　16年夏季五輪　候補都市
秋篠宮妃　男子出産
安倍内閣　発足
地価　3大都市圏　16年ぶり上昇
日本ハム　44年ぶり日本一
浦和レッズ　Jリーグ優勝
松坂　Rソックス交渉権60億
景気拡大　「いざなぎ超え」
「イナバウアー」「品格」

2007年
<49期>
平成19年度
h19.1～h20.1

定時株主総会
代表取締役就任 清水太郎
取締役副社長就任 小松田奈史
取締役副社長就任 清水佳代子
常務取締役就任 中津川滋
監査役退任 伊勢本金四郎、岡村紀美男
清水(北京)舞台設計 有限公司 設立
取締役退任 尾根優一
高田馬場スタジオ 増改築竣工式・披露宴
人材センター開設
横浜シミズ 新羽横浜シミズビル・横浜スタジオ地鎮祭
(株)ファーマーズ・フォレスト 資本参加
宇都宮市農林公園
ろまんちっく村 指定管理者
東デ協親睦野球大会4連覇
文京区少年野球
「原辰徳杯」争奪戦後援
シミズオクト土曜講座
エンタメ業界の裏舞台開講

第1回東京マラソン
大阪世界陸上選手権大会
東京モーターショー
ユニバーサル技能五輪大会
BOA ARENA TOUR 2007
松任谷由実 SHANGRILA Ⅲ
Mr.Children HOME 2007
春夏期間ローソンセミナー2007
DCJ CICLASS発表会
2007 X・TRAIL JAM IN TOKYO DOME
倖田來未2007 TOUR
DREAMS COME TRUE
DWL2007
マッスルシアター
「KAT-TUN」コンサート警備案内業務
ROCK IN JAPAN FESTIVAL 2007

第1回東京マラソン開催
能登半島沖地震・新潟越中
地震発生(共に震度6強)
長崎市長銃撃事件発生
訪問介護企業コムスン介護
事業打ち切り
参議院選挙で自民党が民主党に歴史的大敗
安倍首相辞意表明、福田内閣発足
郵政民営化スタート
俳優・コメディアン 植木等 死去
前大阪府知事 横山ノック死去
ミュージシャン(ZARD)坂井泉水死去
作詞家 阿久悠 死去
タレント・そのまんま東、宮崎県知事当選
年金記録問題
「段ボール肉まん」「おふくろさん騒動」

2008年
<50期>
平成20年度
h20.2～h21.1

定時株主総会
監査役就任 漆崎雄一
横浜シミズ倉庫開設
浦和レッズとガンバ大阪 サポーター衝突事件
スポーツ体制見直し 埼玉シミズ体制見直し
埼玉シミズ移転・スタジオ開設
福岡スタジオ移転
登龍塾
新高輪プリンスホテル飛天の間、墜落事故死(塚本社員) 塚本家と合同葬
北京事務所の閉鎖
清水北京独立
プライバシーマーク取得への体制・教育

サザンオールスターズ
真夏の大感謝祭30周年LIVE
第30回公文指導者研究大会
東方神起TOUR
SMAP 2008 TOUR
ケツメイシTOUR 2008
B'z LIVE GYM
PLEASURE 2008
FIFAクラブワールドカップ 2008
安室奈美恵TOUR
春夏期間ローソンセミナー 2008
小田和正ドームツアー
太王四神記プレミアイベント
hide memorial summit
X JAPAN コンサート
シルク・ドゥ・ソレイユ Zed

サブプライムローン問題の影響により輸入原油高・
食糧品などの値上げ
一ドル92円台13年2ヶ月ぶりの安値
輸入企業中心に業績下方修正、株価が下落
後期高齢者医療制度スタート
中国四川省大地震
日本人3名同時ノベール物理学賞受賞
USA大統領選挙民主党オバマ氏当選
福田首相辞任、麻生内閣誕生
北京オリンピック開催
北島康介2大会金メダル獲得
桑田・清原・野茂氏現役引退

2009年
<51期>
平成21年度
h21.2～h22.1

グループの出来事

定時株主総会
監査役退任　井口祐一
監査役就任　林 正之（9月29日死去）
取締役就任　小柴季彦
企画力養成研修開催
プライバシーマーク取得
安全指導部の開設
安全方針8ヶ条を発表
会計・給与システム導入
中国研修生の受入増員
モッタイナガールズ設立
資源の節約活動を開始
エコアクション21取得への体制・教育
下落合スタジオ購入
千葉スタジオ隣接地購入
旧多摩営業所購入
SHIPS UK設立
沖縄シミズ設立
千葉スタジオ20周年
北海道シミズ10周年
清水会長御母堂清子氏ご逝去・法要
社員旅行実施

主要イベント

アンディ・ラウ2009中国ツアー
Business Link 2009
Mr.CHILDREN TOUR 09
TOKYO GIRLS COLLECTION 2009 S/S
AFCチャンピオンズリーグ
世界真光文明教団　立教50周年大祭
ガンダム　THE　FIRST
石原裕次郎23回忌
天皇陛下御即位二十周年をお祝いする国民祭典
倖田來未 2009ツアー
国際グランプリ陸上 2009大阪大会
ARASHI ANNIVERSARY TOUR 5×10
2009 柔道グランドスラム東京
コルテオ
浜崎あゆみアリーナツアー
東京モーターショー

国内外の出来事

新型インフルエンザが猛威をふるい、大阪を中心に軒並みイベントが中止に
WBCで全日本が2大会連続世界一に輝く
広島スタジアムオープン
富士サーキットがF1撤退表明
衆議院総選挙で自民党大敗
民主党鳩山内閣誕生　事業仕分けを行う
高速道路一部値下・無料化
政治献金疑惑あいつぐ
亀田興毅・大毅兄弟で初の世界チャンピオンに
日本航空破綻
石川遼最年少ゴルフ賞金王に
巨人軍7年ぶり21回目の日本一
マイケル・ジャクソン死去
裁判員制度スタート
2016東京オリンピック招致失敗

2010年

<52期>
平成22年度
h22.2~h23.1

定時株主総会
監査役就任　渡邉彰男
取締役就任　能見正明、鈴木義昭
東京マラソンEXPO 2010 ブース出展
新アルバイト賃金システム・
新販売管理システム導入
MLB　視察
南アフリカW杯　視察
下落合スタジオ完成に伴い舞台組織変更
テキスタイル部、品質管理部　開設
シミズオクト下落合スタジオ清祓い
すばらしき地球の仲間たち in 東京タワー　開催
GIANTS method シミズオクトベースボールアカデミー開校
エコアクション24の認証を取得

B'z ドームツアー
東アジアサッカー選手権　2010
のだめカンタービレファイナルコンサート
SUMURAI　BLUE　PARK
平城遷都1300年祭
aikoアリーナツアー
『JUNSU/JEJUNG/YUCHUN』コンサート
We are SMAP 2010 TOUR
GREEN TOKYO
HELLO KITTY & FRIENDS
EXILE LIVE TOUR 2010
2010世界柔道選手権大会
Koshi Inaba Live 20
TOKYO GIRLS COLLECTION 2010 A/W
ゆめ半島千葉国体

バンクーバーオリンピック開催
浅田真央は銀メダル、上村愛子は4位に終わる
世界各地で大型地震発生
トヨタ車リコール続出
豊田社長アメリカ公聴会出席
世界フィギュアで高橋大介 日本男子初の金メダル
上海万博開催
南アフリカW杯サッカー開幕、日本ベスト16
チリ鉱山落盤事故69日ぶりに33人救出
ノーベル化学賞日本人2名受賞
中国漁船、尖閣沖で巡視船と衝突　衝突映像ネット流出
千葉ロッテマリーンズ、リーグ3位から日本一に
北朝鮮軍、韓国延坪島に砲撃

2011年

<53期>
平成23年度
h23.2~h24.1

定時株主総会
監査役就任　橋場忠雄、伊勢本金四郎
取締役就任　鈴木和美
神宮球場、大井海浜公園
横浜プール　業務撤退
東日本大震災により、プロ野球、Jリーグ、
各種イベントが相次ぎ延期、または中止に
第1回営業推進会議
上海モーターショー　トヨタブース受注
東日本大震災救済プロジェクト始動
宮城県名取市で炊き出し
非常勤監査役　石毛博氏　逝去
ビルメン協同組合野球大会
初出場、初優勝
広友リース㈱と中国における業務提携契約に調印
シミズオクト大運動会　開催
BABA FEST 2011　開催
社員メンタルヘルス研修会
強羅荘売却方針決まる

DREAMS COME TRUE
WONDERLAND 2011
世界体操2011　東京大会
ワンピースドームツアー
ARASHI　チャリティーイベント
小田和正ツアー
SUMMERSONIC 11
福山雅治ツアー
浜崎あゆみアリーナツアー
東京マラソン2011
大阪マラソン2011
KOOZA　公演
a-nation
SMTOWN LIVE in TOKYO
B'z Tour

アジアカップ　サッカー日本代表優勝
東日本大震災　M9.0を記録、死者1万4949人　不明9880人
福島原発事故、計画停電
ビンラディン容疑者を米軍が殺害
小笠原諸島、平泉　世界遺産登録
女子W杯なでしこJAPAN世界一　国民栄誉賞を受賞
中国高速鉄道脱線事故35人死亡
新潟福島豪雨　40万人避難勧告
為替1ドル75円台突入戦後最高値を更新
島田紳助　暴力団関係者との親密交際で引退
野田民主党代表を新首相に選出
米アップル社　ジョブズ氏死去
横浜DeNAベイスターズ誕生
オリンパス損失隠しを発表
維新の会　橋本氏　大阪市長
金正日総書記死去
オウム真理教平田容疑者逮捕

2012年
<54期>
平成24年度
h24.2～h25.1

グループの出来事

定時株主総会
監査役就任　中津川滋(埼玉シミズ)
取締役就任　松村 謙、菊池幸男(沖縄シミズ)
オランダ ネプチューン社オーナー、
ハンス・エイラーズ社長　来社
バックステージ共和国パーティー
「営業イノベーション」方針に基づき事業計画報告会
キョードー東京　嵐田三郎会長逝去
「アルレ・グローブ」お披露目レセプション
東京スカイツリーオープニング業務
MLB視察　ヤンキーススタジアム
キャッシュマンGM副社長訪問
パワーアップコンクール審査方法にて、
品質管理委員会を設置
シミズグループ東北復興支援プロジェクト
「Kリーグ野球教室 in 福島」
「野田ホタテまつり」開催
多摩支店建て替え新築工事調印発注
九州場所会場設営受注
社員旅行実施

主要イベント

2012 MLB開幕戦
東京スカイツリーオープニング関連業務
AKB48 in TOKYO DOME－1830mの夢－
嵐　ライブツアー
ゆずデビュー15周年感謝際ドーム公演
GIFT of SMAP
SMTOWN LIVE
WORLD TOUR Ⅲ in TOKYO
感謝の集いありがとう in 東北
世界フィギュアスケート国別対抗 2012
東日本大震災復興支援ベースボールマッチ
矢沢永吉 40th ANNIVERSARY LIVE
Mr.CHILDREN TOUR
POPSAURUS 2012
福山☆冬の大感謝祭 其の十二
BIGBANG DOME TOUR
第30回オリンピック日本代表選手団メダリストパレード

国内外の出来事

復興庁が発足
東電の全原発停止
東京都が尖閣買取表明
高速バス激突7人死亡
全原発が停止
野田再改造内閣発足
オウム真理教高橋容疑者逮捕
小沢新党発足
ロンドンオリンピック開催
メダル最多38個
韓国大統領　竹島上陸
尖閣を国有化、尖閣国有化巡り中国全土で反日デモ
新横綱に日馬富士
石原都知事が辞職
東京駅新装オープン
ノーベル生理・医学賞に山中教授
巨人が3年ぶり日本一
衆議院が解散
自民党圧勝　安倍内閣発足

2013年
<55期>
平成25年度
h25.2～h26.1

グループの出来事

プロ野球業務従事者決起大会　開催
シミズグループ創業80周年
社員の集い/パワーアップコンクール開催
2020年東京オリンピック・パラリンピック開催決定
下落合スタジオ隣接地購入
80周年記念社員旅行実施

主要イベント

東京マラソン2013
スポーツ祭東京2013
EXILE LIVE TOUR 2013
ポール・マッカートニーOut There Japan Tour
消防団120年・自治体消防65周年記念LIVE
4大陸フィギュア選手権
ニッポン放送開局60周年記念LIVE
楽天野球団優勝パレード
AKB真夏のドームツアー
ROCK IN JAPAN FES 2013
ARASHI LIVE TOUR LOVE
サザンオールスターズ
SUPER SUMMER LIVE 2013
福山☆冬の大感謝祭 其の十三
BIG BANG DOME TOUR
関ジャニ∞LIVE TOUR

国内外の出来事

アベノミクス始動
特定機密保護法が成立
2020夏季五輪東京開催決定
参議院で自民圧勝
猪瀬都知事辞任
消費増税14年4月実施決定
福島第一原発汚染水深刻に
伊豆大島土石流被害
日本TPP交渉に参加
日中日韓首脳会談開けず
スノーデン容疑者米情報収集を暴露
中国が尖閣上空に防空識別圏
北朝鮮で金正恩氏の独裁強化
アルジェリアで人質事件邦人犠牲
フィリピン台風死者不明7千人
エジプト政変モルシ政権崩壊
イラン核合意、シリアで化学兵器使用
中国天安門に車突入、中国でPM2.5の汚染深刻化
マーク・フィッシャー 没

2014年
<56期>
平成26年度
h26.2〜h27.1

監査役就任　桑原 誠
東北支店仙台スタジオ　開設
熱海社員旅行　開催
「2020 Gold Medal Plan」
中長期計画策定
Stage Co社製スーパールーフ機材購入

ARASHI DOME TOUR 2014
ももクロの春の一大事2014国立競技場
AKB48選抜総選挙／大島優子卒業コンサート
EXILE TRIBE PERFECT YEAR LIVE TOUR
ISU世界フィギュアスケート選手権大会2014
JA全農2014年世界卓球団体選手権大会
マラソンフェスティバル ナゴヤ・愛知2014
国宝高松塚古墳壁画修理作業室の公開
FUKUYAMA MASAHARU
WE'RE BROS TOUR 2014
嵐ーワクワク学校ー 2014
SMAP
SEKAI NO OWARI
関ジャニ∞LIVE TOUR
SAYONARA国立競技場FINAL

解釈改憲で集団的自衛権容認
衆議院で与党圧勝
消費税10%への引上げ延期
御嶽山が噴火57人死亡
広島で土砂災害74人死亡
朝日新聞が記事取消、社長辞任
日本人3人にノーベル物理学賞
STAP細胞論文に捏造や改ざん
7年ぶりの円安株高
テニスの錦織、全米準優勝
ウクライナ危機
イスラム国が勢力拡大
エボラ出血熱感染拡大
韓国旅客船事故304人死亡不明
米、キューバが国交正常化へ
米中間選挙で共和が過半数奪還
英スコットランド住民投票で独立否決
ノーベル平和賞にマララさん
パキスタンで学校襲撃
香港民主化デモ隊、幹線道路を占拠

2015年
<57期>
平成27年度
h27.2〜h28.1

ラグビーW杯・オリンピック・
パラリンピック研修会　開催
大阪支店　中央区へ移転
二輪車安全運転講習会開催（下落合スタジオ駐車場）
名古屋支店　千種区へ移転
シミズグループ清友会大運動会開催（東京体育館）
シミズオクト交流・懇親会
開催（TFTホール1000）
新木場スタジオの購入
北海道シミズ札幌スタジオ開設

FIFAクラブワールドカップ2015
サザンオールスターズ
EIKICHI YAZAWA ROCK IN DOME 2015
Mr.Children stadium tour 2015
関ジャニ∞の元気が出るLIVE!
DREAMS COME TRUE
氣志團万博2015
第1回AKBグループ 大運動会
ニコニコ超会議2015
第3回国連防災世界会議
ARASHI Blast in Miyagi
Kis-My-Ft2 tour 2015
東方神起 LIVE TOUR
モンストフェスティバル2015
長渕剛10万人オールナイトライブ 2015
ULTRA JAPAN 2015

安全保障関連法が成立
ISが邦人人質殺害
TPP交渉が大筋合意
川内原発が再稼働
戦後70年で安倍首相談話
東芝不正会計で歴代社長辞任
新国立競技場、エンブレム白紙に
辺野古移転、国が着手
日本人科学者2人がノーベル賞
ラグビーW杯で歴史的勝利
外国人観光客激増、爆買い
世界各地でイスラム過激派テロ
中東難民、欧州に殺到
COP21でパリ協定締結
中国経済にブレーキ
ギリシャ金融危機
米軍南シナ海で航行の自由作戦
アジア投資銀と人民元SDR
VWが排ガス不正
イラン核協議、最終合意
米・キューバ国交回復
米9年半ぶり利上げ

2016年
<58期>
平成28年度
h28.2〜h29.1

グループの出来事

シミズグループポータルサイト　開設
会長査閲・スポーツ系業務従事者
決起大会　開催
千葉スタジオ25周年記念行事　開催
新木場スタジオ　開所式
漆崎雄一氏を偲ぶ会　開催
鈴木義昭取締役　死去

主要イベント

ワンワンといっしょ!夢のキャラクター大集合
a-nation stadium fes
BABYMETAL
WORLD TOUR 2016 LEGEND
第6回大阪マラソン
楽天ジャパンオープン2016
いわて国体・いわて大会
ゆず20周年突入記念弾き語りライブ
AAA Special Live 2016 in Dome
EXO PLANET #3
The EXO'rDIUM in JAPAN
KAT-TUN 10th ANNIVERSARY LIVE TOUR
伊勢志摩サミット 三重県立サンアリーナ
ドラゴンクエスト ライブスペクタクル
超いきものまつり2016 地元でSHOW!
リオデジャネイロオリンピック・パラリンピック
桑田佳祐　年越しライブ

国内外の出来事

天皇陛下退位の意向示唆
熊本地震発生
米大統領、歴史的な広島訪問
安倍首相、真珠湾慰霊
消費増税再延期
参院選改憲
障害者施設で大量殺人事件
日銀、マイナス金利初導入
日露、北方四島共同経済活動へ
リオ五輪、過去最多41メダル
米大統領選、トランプ氏勝利
英国、EU離脱決定
世界でテロ頻発、邦人犠牲も
韓国大統領の弾劾案可決
北朝鮮、2回の核実験
シリア内戦泥沼化、大量難民発生
TPP、12カ国署名も漂流へ
地球温暖化対策パリ協定発効
米大統領、88年ぶりキューバ訪問
パナマ文書、税回避明らかに

2017年
<59期>
平成29年度
h29.2〜h30.1

グループの出来事

新任　取締役　斎藤正樹、麻野浩昭
グラスシティ後楽　事務所開設
東北震災復興
「未来にはばたけ!少年少女野球大会
in 東京ドーム」開催
取手スタジオ　開所式
東北支店
福島県福島市に福島営業所を開所
社員旅行実施

主要イベント

2017冬季アジア札幌大会
2017 WBC一次ラウンドGAME
Paul McCartney ONE ON ONE JAPAN TOUR
第101回日本陸上競技選手権大会
西野かな Dome Tour 2017 〝Many Thanks〟
NHK杯国際フィギュアスケート競技大会
武蔵野の森総合スポーツプラザ施設警備
THE YELLOW MONKEY SUPER BIG EGG 2017
B'z LIVE-GYM 2017-2018〝LIVE DINOSAUR〟
安室奈美恵LIVE STYLE 2016-2017
東京国際フォーラム20周年パーティ
星野源LIVE TOUR『Continues』
全日本体操種目別選手権
サカナクション
SAKANAQUARIUM2017 10th
ANNIVERSARY
ジャニーズWEST TOUR 2018

国内外の出来事

天皇退位、2019年4月末に決定
衆院選自民大勝、民進が分裂
森友・加計・日報、政権揺るがす
「ものづくり」信頼揺らぐ
アパートに9遺体、男逮捕
桐生祥秀、ついに9秒台へ
「共謀罪」法が成立
九州北部豪雨、死者・不明41人
将棋、藤井四段が29連勝
電通に有罪、働き方改革へ機運
北朝鮮、核・ミサイル開発加速
トランプ米政権発足、混乱続く
中国、習近平氏「1強」確率
IS拠点陥落、事実上崩壊
韓国、文在寅大統領政権発足
欧州テロ、選挙で右派伸長
金正男氏暗殺される
ミャンマーからロヒンギャ難民
NYダウ、2万4000ドル突破
国連、核禁止条約採択

2018年

<60期/HD第1期>
平成30年度
h30.2～h31.1

創業85周年記念ポロシャツの配布
東京2020オリンピック・パラリンピック競技大会に向け、警備共同企業体（JV）が設立
当社は12社の理事会社の一員として、JVにおける中核的な役割を担う
沖縄シミズ事務所を那覇市西に移転
ファシリティマネジメント部
長野県松本市に信州営業所を開設
㈱シミズオクトホールディングスを設立

安室奈美恵 Final Tour 2018 ～Finally～
品川・青海公共コンテナふ頭立哨警備
L'Arc～en～Ciel
『2018 L'ArChristmas』
矢沢永吉 69th ANNIVERSARY TOUR 2018
セイコーゴールデンGP 陸上
BTS WORLD TOUR
三代目J Soul Brothers LIVE TOUR 2018
Taylor Swift reputation Stadium Tour in Japan
リポビタンDチャレンジカップ2018
Hey!Say!JUMP LIVE TOUR SENSE or LOVE
NEWS 15th ANNIVERSARY LIVE 2018
松任谷由実 TIME MACHINE TOUR Traveling
米津玄師 ARENA TOUR
ちばアクアラインマラソン 2018
羽生選手「2連覇おめでとう」パレード

オウム松本元死刑囚ら刑執行
日産ゴーン会長逮捕
財務省森友文書改ざん
西日本豪雨、北海道地震、災害相次ぐ
安倍首相「2島先行返還」へかじ
陸自「イラク日報」見つかり公表
平昌五輪で最多メダル
中央省庁で障害者雇用水増し
働き方改革、外国人就労で関連法
日銀政策修正、金利上昇容認
米朝が史上初の首脳会談
米中貿易摩擦激化
朝鮮半島非核化、南北同意
米、イラン核合意離脱、制裁再発動
韓国最高裁、徴用工への賠償命じる
メルケル独首相「引退」
米中間選挙、下院で民主党が過半数
習近平主席「1強」強化
サウジ記者殺害、皇太子に疑惑
米国抜きTPP11発効

2019年

<61期/HD第2期>
平成31（令和1）年度
h31.2～r2.1

HD　取締役就任　須永英二、鈴木和美、浅倉隆顕
監査役就任　澤部利藏
新浦安ハウス　購入
沼袋ハウス　購入
東北震災復興「未来にはばたけ！少年少女野球大会in東京ドーム」開催
東京オリンピック・パラリンピックテスト大会開始
一般財団法人シミズオクトベースボールアカデミーを設立
東北支店　岩手県盛岡市に盛岡営業所を開所
ユニット型ルーフステージ「モバイルステージ」を日本で初導入
「令和元年秋の交通功労者等表彰式」にて清水会長が表彰
備品・ユニフォームセンターがシミズ第一・第二ビルに移転
天皇陛下御即位をお祝いする国民祭典

オリンピック・パラリンピック関連
●自転車ロードレーステストイベント
●フェンシングテストイベント
●女子ソフトボールプレ大会
●テニステストイベント
●テコンドー・レスリング　テストイベント
●READY STEADY TOKYO
●ウエイトリフティング
ラグビーワールドカップ2019日本大会
会場：東京、豊田、大阪、神戸
天皇陛下御即位をお祝いする国民祭典
東レPPO テニストーナメント
G20 大阪サミット 2019
国立競技場オープニングイベント
TWICE DOME TOUR 2019
マラソン グランドチャンピオンシップ

令和へ代替わり
消費税10%、軽減税率導入
台風・豪雨で甚大被害
京アニ放火殺人事件36人死亡
ラグビーW杯で列島熱狂
日韓関係悪化、打開糸口探る
衆院選自公勝利も改憲ライン割る
安倍政権、歴代最長
首里城火災、正殿など焼失
ローマ教皇38年ぶり来日
抗議デモで香港騒乱
米中貿易摩擦激化
米大統領、初の北朝鮮入り
渋野日向子メジャー制覇
英EU離脱混迷、選挙で決着
核合意履行停止、米イラン緊張
ノートルダム大聖堂炎上
イチロー引退、国民栄誉賞辞退
米離脱でINF全廃条約失効

2020年
<62期/HD第3期>
令和2年度
r2.2～r3.1

グループの出来事

新高円寺ハウス　購入
シミズオクトHDが、会社分割により
不動産管理事業をシミズオクトから継承
新型コロナウイルス感染拡大
新型コロナウイルス緊急対策本部発足
東京オリンピック・パラリンピック
開催延期決定
埼玉シミズ本社を
さいたま市大宮区下町に移転
新型コロナウイルス感染症対策による
「一時帰休」の実施
就業規則を改訂

主要イベント

世界らん展2020 -花と緑の祭典-
ARASHI EXHIBITION JOURNEY 嵐を旅する展覧会
Perfume 8th Tour 2020 "P Cubed" in Dome
東方神起 LIVE TOUR -XV-
THE YELLOW MONKEY 30th Anniversary Live
サザンオールスターズ無観客ライブ
レッドブル・アイスクロス・チャンピオンシップ
福岡国際映画祭ドライブインシアター
首里城 復興祈願モニュメント
ウポポイ開業記念式典
倖田來未 20th ANNIVERSARY TOUR 2020
This is 嵐 LIVE
立川談春　独演会

国内外の出来事

新型コロナ猛威、初の緊急事態宣言
東京五輪、1年延期
安倍首相が退陣、後任に菅氏
九州で豪雨、死者多数
参院選買収事件で河井元法相夫妻逮捕
将棋の藤井聡太さん最年少二冠
「鬼滅の刃」大ヒット
コロナ対応で混乱
広がる「新しい日常」
ゴーン被告逃亡、レバノンで会見
コロナでパンデミック宣言
米大統領選でバイデン氏勝利
香港統制強める中国
英国、EU離脱
全米で人種差別抗議デモ
RCEP署名、アジア巨大経済圏
核兵器禁止条約発効
イスラエル、アラブ諸国国交正常化
強まるGAFA規制論
民間初の有人宇宙船、ISSに

2021年
<63期/HD第4期>
令和3年度
r3.2～r4.1

グループの出来事

東京オリンピック・パラリンピック開催
日本サッカー協会
100周年表彰にて表彰される
木材価格高騰「ウッドショック」
オリジナルサイン「トリフォス」商標登録
TOKYO2020報告会開催

主要イベント

東京2020オリンピック・パラリンピック
新型コロナウイルスワクチン接種会場設営・運営
三代目J Soul Brothers LIVE TOUR 2021
桑田佳祐 LIVE TOUR 2021
Hey! Say! JUMP Fab! -Arena speaks.-
MAN WITH A MISSION TOUR
第58回ゴルフ日本シリーズJTカップ
三菱電機レディス2021
第75回全日本体操団体選手権大会
SASUKE Ninja Warrior 2021
B.LEAGUE U18 CHAMPIONSHIP 2021
[Alexandros] 2021年ライブハウスツアー
関ジャニ∞全国ツアー
福山雅治 WE'RE BROS. TOUR 2021-2022
King Gnu Live Tour 2021 AW

国内外の出来事

新型コロナ、緊急事態宣言
医療者ワクチン接種始まる
東京五輪・パラリンピック開催
照ノ富士、2場所連続V
笹生、全米女子オープンゴルフV
熱海で大規模な土石流
みずほ銀、またシステム障害
岸田内閣発足
日ハム新庄監督が就任
松山、マスターズゴルフV
バイデン米大統領就任
ミャンマークーデター、国軍が全権掌握
米、アフガンから撤収開始
G7、中国に重大懸念
米露首脳が初会談
アマゾン創業者ら、宇宙飛行
タリバン、アフガン制圧
米フェイスブック、「メタ」に社名変更
COP26の全体会合
大谷翔平、米大リーグMVP

あとがき

株式会社シミズオクト　代表取締役社長

清水太郎

シミズオクトグループは、今年創業90周年を迎えます。これもひとえに、クライアントの皆さまはもとより、協力会社の皆さま、シミズのOB・OG、ひいては無数のアルバイトの皆さまのお引き立てがあったからこそと、感謝申し上げます。

ここに至るまでの道のりは、決して平坦なものではなく、数々の事故や失敗・トラブルの連続で、栄光の道のりどころではなく、私自身のシミズ人生を振り返ってみても、赤面したり青ざめたりするようなエピソードが、まざまざと記憶に蘇ってきます。

しかしながら、同時に、90年間の歴史というのは、失敗にも負けず、なお困難に立ち向かっていった、勇者たちの歴史でもあるわけで、その重みを考えた時に、これからの未来に立ちはだかるであろう困難に対しても、正面から取り組んでゆくという勇気が湧いてきます。

現在、イベント業界はコロナ禍により大変な打撃を受けています。２０２０年の2月下旬以降、イベントの実施に関して、５０００人を上限とし、会場の収容人数の50%とする、という人数制限がかけられることになり、実際には、ほとんど全てのコンサート、スポーツ、イベントが中止に追い込まれました。

プロスポーツ業界の取り組み

プロスポーツ界は、一般社団法人日本野球機構（NPB）とJリーグが力を合わせ、「新型コロナウイルス対策連絡会議」を設立し、感染対策に関するガイドラインを制定するなど、正常化に向けて様々な取り組みを行ない、段階的に観客数を増やしてゆきましたが、エンターテインメント業界は、小規模な劇場やライブハウスで、感染対策を十分に取らずにクラスターが発生してしまった事例などもあり、「ライブは危険」というイメージが固定してしまい、なかなか正常化に向けての一歩が踏み出せない、という状況が続きました。

しかしながら、東京２０２０オリンピック・パラリンピック競技大会が、一年延期に加え、無観客という形になってしまったものの、日本人選手が大活躍する中で、成功裡に終わり、また、FUJI ROCK FESTIVAL '21やSUPERSONIC ２０２１が、クラスターを発生させることなく無事終了したことなどから、感染対策を行った上で、経済優先に舵を切ろうという機運が生まれてまいりました。

２０２２年初頭の現在、ようやくコンサートやスポーツイベントが、観客数１００%で実施されるようになり、イベント正常化に向けての光が見えてまいりました。今後も一往一来の状況が続くとは思いますが、徐々にその波も小さくなり、次第に混乱も収束してゆくものと思われます。

さまざまな分野で生まれた変化

そのような状況の中、コロナ禍の収束につれ、元に戻ってくるものもありますが、元には戻らないものもあると思っています。俗に「時代は螺旋状に繰り返す」といいますが、例えば、ミュージシャンたちは、この2年間、有観客ライブが開催できない中、少しでも活躍の場を確保しようと、オンラインライブやSNSを用いた映像配信などを積極的に行なってきました。

リアルライブの臨場感・一体感は、実際に会場に行かなければ楽しめないものであり、オンラインライブはリアルライブの１００%代替えになるわけではありませんので、オンラインライブの価値自体には変わりがないものの、その一方で、今後はリアルライブとオンラインライブをハイブリッドし、VR／ARやメタバースといった新しい映像技術を用いることで、オンラインライブの世界が、飛躍的に進化してゆくということが予想されます。

このコロナ禍は、さまざまな分野において、変化のスピードを加速させたといわれており、テレワークやWeb会議、非接触型決済などの技術が、一気に一般化しました。エンターテインメントの世界も例外ではなく、今後は映像を軸に、リアルライブとオンラインライブがハイブリッドしながら、新しい形のエンターテインメントが生み出されてゆくことと思います。

勇気を持って、柔軟な発想で進化を

そんな中で、シミズはどうあるべきなのか、時代の変化に合わせて、柔軟な発想で、我々も変化してゆかなければなりません。変わってゆくことは、決してたやすいことではありませんが、激動のシミズ90年の歴史の中で、先輩社員たちが積み重ねてきた苦労に想いを馳せ、勇気を持って、これからの変化の時代に立ち向かって行きたいと考えております。今後ともご指導・ご鞭撻のほどよろしくお願い申し上げます。

バックステージカンパニー 既刊・新刊

お求めは全国書店、ネット書店にて。お問い合わせはシミズオクト プロデュース部(03-3360-7168)まで。

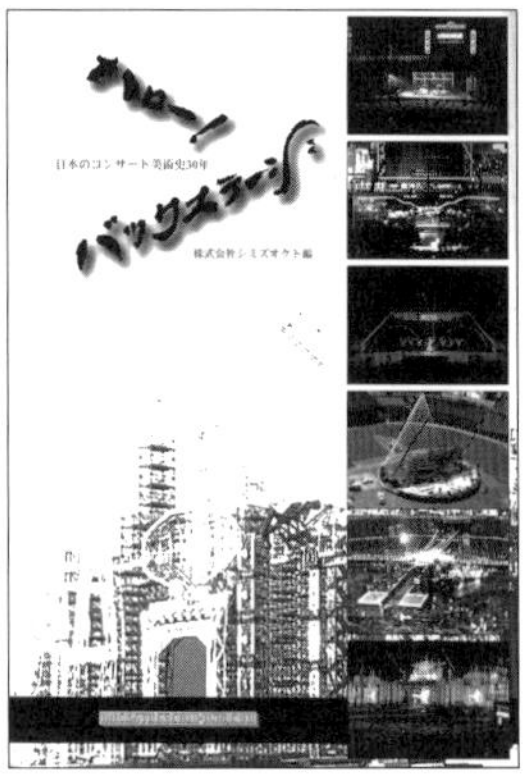

ハロー! バックステージ

日本のコンサート美術史30年／シミズオクト創業70周年記念誌
シミズオクト編

ステージ美術の全てを1冊に完全収録。
キャンディーズ、山口百恵、ピンク・レディー、マドンナ、マイケル・ジャクソン、
ドリカム、アルフィー、ユーミン、ミュージカル「アニー」、三大テノール、他多数

定価 : 本体2500円+税
ISBN978-4-9900799-1-8 (ISBN 10h 4-9900799-1-4)

ハロー! バックステージII

日本のコンサート美術史40年／シミズオクト創業80周年記念誌
シミズオクト編

黎明期のグランド・ファンクやレッド・ツェッペリンからサザン、ドリカム、GLAY、氣志團。
手探りで道なき道を進んだスタッフたちの記録。
Mr. Children、浜田省吾、浜崎あゆみ、東京マラソン、矢沢永吉、
スカイツリーオープニング、石原裕次郎23回忌法要、他多数。

定価 : 本体2500円+税　　ISBN978-4-905189-06-0

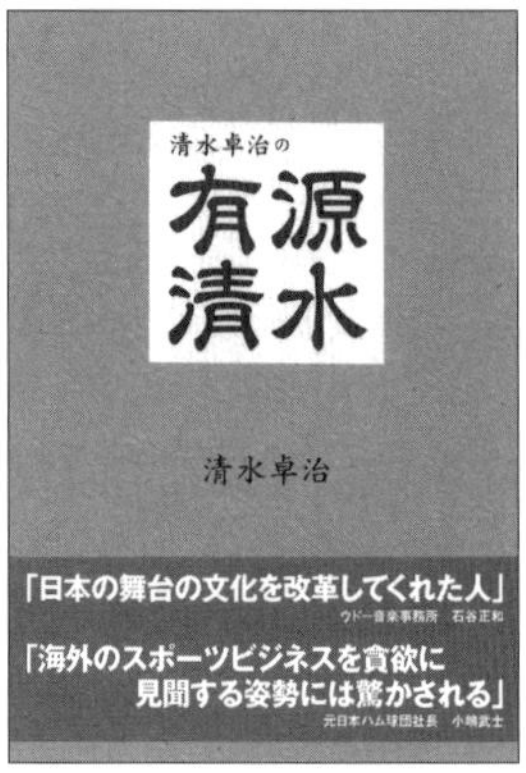

清水卓治の有源清水

〜イベント業界の全てがわかる! ロックとスポーツを支えた男の日記〜
清水卓治著

ホームページとイベントマガジンBANZAIに連載をしていた
「清水卓治の有源清水」からイベント成功に懸ける裏方の心情や苦労、
業界を取り巻く様々な変遷や課題が赤裸々に綴られたコラムを書籍にまとめた1冊。

定価 : 本体1500円+税　(A5並製)167ページ　ISBN978-4-905189-04-6

バックステージ用語事典

シミズオクト編

コンサートや舞台関係の演出、舞台装置、部材、音響、照明、映像に役立つ用語の解説を
和英、英和、略語合わせて6000語収録! 豊富な写真、コラムも満載。
2003年からリニューアル増刷を繰り返したあのベストセラーが
2022年秋、装いも新たに帰って来る!!

予価 : 本体2000円+税

ハロー! バックステージ III

2022年3月12日 初版第1刷発行

発行人　：清水佳代子
発行所　：バックステージカンパニー

印刷・製本：株式会社エイエヌオフセット
ISBN978-4-905189-08-4

<スタッフ>
編集委員会　：シミズオクト常務会
(清水卓治、清水太郎、清水佳代子、須永英二、松村謙、
小柴季彦、能見正明、落合旭、麻野浩昭、寺戸昭浩)
161-0033 東京都新宿区下落合1-4-1
TEL:03-3360-7051／FAX:03-3360-7054

編集部スタッフ　：篠崎典子、永野裕樹、多部実季、今村真人、谷治江理子、原麻里子、
野中桂太、高橋裕介、島香里、代田惠美
デザイン　：新井敦、宮山然(シミズオクト)、野村正路(シミズオクト)
DTP編集　：新井敦
アート・ディレクション：宮崎裕介

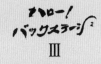